科学版精品课程立体化教材

税收理论与实务

（第二版）

王　韬　陈平路　编著

科学出版社
北京

内 容 简 介

本书系统介绍了中国现行税收制度中各个税种的构成要素和计算方法、税收法规政策的更新变动，以及主要税种在各种情形下的实际税务处理方法。本书的特点是好用好读。好用表现在本书充分考虑到教学的实际需要，尽力做到各章内容相对独立，篇幅大体均衡，便于教师根据不同的学时和教学节奏安排讲授内容；各章配有适量的习题、例题和案例分析；此外还给教师提供教学课件与习题解答。好读表现在本书尽量避免税法条文的罗列，合理组织章节内容，辅以大量案例和专栏，语言明晰流畅。

本书既可作为大专院校财经管理类专业学生和 MBA 的"税收理论与实务"、"中国税收"或"税收学"等课程的教学用书使用，也可作为企业涉税人员和税务机关工作人员的参考书。

图书在版编目（CIP）数据

税收理论与实务/王韬，陈平路编著．–2 版．–北京：科学出版社，2013.3

科学版精品课程立体化教材

ISBN 978-7-03-036927-7

Ⅰ.①税… Ⅱ.①王…②陈… Ⅲ.①税收理论－中国－高等学校－教材②税收管理－中国－高等学校－教材 Ⅳ.①F812.42

中国版本图书馆 CIP 数据核字（2013）第 042314 号

责任编辑：陈　亮　张　宁 / 责任校对：刘文娟
责任印制：徐晓晨 / 封面设计：蓝正设计

科学出版社出版
北京东黄城根北街 16 号
邮政编码：100717
http://www.sciencep.com

北京虎彩文化传播有限公司 印刷
科学出版社发行　各地新华书店经销

*

2007 年 1 月第　一　版　开本：787×1092 1/16
2013 年 3 月第　二　版　印张：23 1/2
2019 年 2 月第十次印刷　字数：557 000

定价：58.00 元

（如有印装质量问题，我社负责调换）

第二版前言

本版主要做了以下两个方面的修订：

其一是税收法规内容上的更新。税收的理论与法规是随着经济和人文理念的进步而改变的，因而世界上没有哪个国家的税制会长期稳定不变。中国正处在转型期，税制变革的速度自然会更快，力度会更大。自本书第一版出版以来，中国的主要税种几乎都有较大变更，作为一本以介绍中国现行税收制度为主的教材，本版对相关内容都做了更新，包括目前最新的营业税改征增值税试点。

其二是编写质量上的改进。在本书第一版前言中，作者曾指出一本好的教材至少要满足三个条件：介绍的理论与方法有一定难度；内容取舍和章节安排与教学节奏大体吻合；文字上具有一定的可读性。税收制度本身是由巨量繁琐枯燥的条文构成的，因而达到这三个条件并非易事，只能逐步改进。本版在这三个方面，尤其是可读性方面又做了更大的努力。

参加本版修订工作的有：刘华教授（第1章）、陈平路副教授（第2、3章）、张睿博士（第4章）、罗光博士（第5、6章）、刘芳副教授（第7章）、林颖教授（第8、10章）、郑红霞副教授（第9、11章）。全书由王韬统筹、定稿，陈平路协助修订中的组织协调工作。

许多兄弟院校和培训机构在税收教学中都采用了本书作为教材，作者特借此机会向所有使用本书的师生表示衷心的感谢。同时希望选用本书的教师能通过电子邮件告知您的姓名与工作单位，以便作者加强与您的联系，通过多种途径共同探讨税收课程的教学内容与方法。

邮箱：王韬 taowang@mail. hust. edu. cn；陈平路 chen. pinglu@mail. hust. edu. cn。

王　韬

华中科技大学管理学院

财政金融管理系

2013年1月

第一版前言

中国在20世纪80年代完成“利改税”改革之后，税收就变为政府取得财政收入和宏观调控的主要工具。因此，政府对税收从那时起就十分重视，甚至偏重，以至于税收增长速度长期远远超过国民经济的增长速度。有意思的是中国的纳税人，在很长一段时期里，虽然缴纳的税是越来越多，可思维却沉浸在无税的计划经济里，对税收相当地木然。所以，那时我们上课总要花不少时间强调税收对企业、对个人的重要性。

今天，我们已不必介绍税收对于纳税人的重要性了。学生们，特别是那些来自企业的MBA和EMBA的学生们，他们强烈要求开设税收课程的行为表明，从事经济活动的人们已经完全明了税收与他们那种千丝万缕、挥之不去的密切关系。税收是经营者强制性的、无偿的成本支出，随着中国市场经济改革的深入和普及，经营者对此再也不可能熟视无睹了。于是他们有了掌握税收知识的渴望，于是税收学也就渐行渐热了。

“税收理论与实务”这门课程，作者大约是在1997年开始讲授的，从那时起，一直在准备资料和讲义，酝酿编写这本教材。显而易见，准备过程实在是太长了，个中原因除了工作牵扯之外，主要是写好这本教材并非易事。作者以为，一本好的教材至少要满足三个条件：

教材是用于课堂教学的，教材的内容就应当由具有一定难度的理论与方法构成，一般学生需要老师的讲解并做相当多的练习才能掌握这些理论和方法，这就要求教材一定要有适当的习题。从本质上说，教材正是为了帮助学生能回答这些问题而编写的。如果一本书只是告诉读者一些知识，读者一看就懂，那就是一本知识普及读物，而不适宜作为教材。税法本身只有条文，习题必须设计编选，这本教材名为《税收理论与实务》，因此还应该有实例和案例。编选习题、收集案例都需假以时日。所以，早期许多税收教材甚至没有习题，现在大多数税收教材的习题也显不足或不配套。

教材要受学时和篇幅的双重约束，内容的取舍不仅要考虑字数限制，更要考虑与学时相适应。非但如此，课堂教学一般是以两个或四个学时为单元的，为了配合教学节奏，教材的章节还应尽可能大体均衡，便于教师根据学时要求取舍讲授内容，并尽可能保持每一单元课堂内容的相对完整性。“税收理论与实务”是关于现行税收法规及其理论的学科，现行税收法规成千上万，再加上理论，内容庞杂，取舍困难自是不言而喻。此外，现行税种有二十多个，复杂的如企业所得税和增值税，相关的法规与日俱增；简单的如城市房地产税和船舶吨税，寥寥千言，还是新中国成立初期就颁布执行的，至今未变。这对于保持教材的章节均衡与教学节奏显然是很大的障碍。

教材还应该具有一定的可读性，除了结构合理，语言准确流畅之外，还应尽可能增加内容的知识性与生动性。税收法规本身是条文规定，使用的语句生涩难懂，要使税收教材具有可读性，就要对这些法规条文加以归纳、整理、改写，同时增加解释、例子和必要的背景资料。税收教材毕竟不是税收法规集，其主要目的是阐释现行税收的基本规定和计算方法，使学生通过学习而掌握查找、理解、运用税收法规的能力。简而言之，税收教材不是用于作为税收征纳法规依据的，而是用于教给学生上述能力的，因而可以在不背离税收法规原意的前提下，兼顾逻辑、易懂和可读性。

这本《税收理论与实务》教材正是基于上述考虑来编写的，所以编写周期很长。全书分为十一章，重要而复杂的税种各占一章，如增值税、营业税、消费税、关税、个人所得税等；企业所得税实际上占用了几乎两章；其他小而简单的税种则根据税收分类合并划分为三章；税收的基本原理占用一章。各章内容相对独立、大体均衡，便于教师根据学时要求确定教学内容和节奏。每章都编选了适量的习题，包括判断题、选择题和计算题。每章都根据内容需要编选了例题和案例，同时还编选了部分兼顾知识性和趣味性的专栏文章。

为了方便教师使用这本教材，作者组织编写了本书的 PowerPoint 课件、补充案例与习题、习题解答、教学安排推荐方案以及各章相关税收法规目录，放置在我们的网页上，教师可以登录 http://finance. hust. edu. cn，下载这些文件，也可以直接向科学出版社索要相关课件（电子邮箱：jingguanfa@mail. sciencep. com）。

读者可以登录国家税务总局的网站 http://www. chinatax. gov. cn，点击法规库查到各章相关税收法规文件的原文。事实上，国家税务总局的网站建设较之过去有了长足的进步，其中的法规库几乎囊括了全部的中国税收法规，而且更新及时，因而是所有涉税人员最为重要的资料来源。

本书的初稿是在作者多年教学所积累的讲义及著作的基础上，根据作者的上述思路和要求增补更新而成的。增补的内容主要是习题、案例和专栏等；更新主要是反映税收法规和政策大量的变动，如房产交易的营业税新规、个人所得税的新扣除标准、农业税的废除等。所以，本书所介绍的税收法规是目前截止最新的。对于初稿，作者又邀请具有长期税收课程教学经验的老师进行了审核、讨论和修改。在此基础上，作者最后完成本书的修改、润色和定稿。

参加本书增补更新的有：刘华（第 1 章）、许评（第 2～4 章）、罗光（第 5、6 章）、任常军（第 7、8 章）、郑红霞（第 9～11 章）；研究生汪丽华、饶慧协助参与了第 3、4、9、11 章的增补更新工作。参加初稿审核修改的老师有：刘芳、刘华、陈平路、陈卫华、张睿和罗光。财政金融管理系的博士和硕士研究生试做了全部习题，给出了习题答案。博士生许评还协助作者做了大量文字编辑工作。此外，本书的完成还曾受益于许多教师、学生和友人的帮助，尤其是科学出版社的陈亮编辑，没有他的热心关注与敦促，本书拖延的时间将会更长。

作者在此谨向所有参与和帮助本书编写的老师、同学和朋友们表示由衷的感谢。

虽然作者已经竭尽所能编写本书，然而即便是从作者自己设定的标准来看都还有不少未尽人意之处，遑论完全满足广大读者的要求了。好在税制是不断改革的，税收教材内容就必须适时更新，因而总有修改再版的机会。作者诚恳地希望使用本书的师生不吝赐教，将对本书的意见和要求及时告诉作者，以便作者不断改进本书，使之成为一本真正好用的《税收理论与实务》教材。作者的电子邮箱：tao. w@263. net。

王 韬

2006 年 8 月

目 录

第1章

税收导论

在我国，中央与地方政府每年的开支都在数万亿元以上。为了筹集资金，满足政府职能的需要，政府就要对各种社会经济活动征税。作为商场的经营者，应就商品销售额缴纳相关的增值税、城市维护建设税(简称城建税)及教育费附加、企业所得税等。作为酒店的经营者，应就酒店所提供的服务缴纳相关营业税、城建税及教育费附加、企业所得税等。作为企业员工或政府雇员，应就所取得的工资薪金收入缴纳个人所得税。即使是自谋职业的个体经营者，也要就其经济活动类型缴纳相关税收。只要能列举的经济活动，政府都可以对其征税。因此，本章将着重介绍税收的定义、特征及评判标准，并在此基础上分析税收的职能、税收制度及其构成要素等。具体税种将在以后章节介绍。

1.1 税收的特征

对税收的定义，我国学者在认识上基本没有差异，大都认为税收是国家为了实现其职能，凭借政治权力，依据法律规定，强制、无偿地取得财政收入的一种方式。我国学者对税收的这种定义与美国国家税务局对税收的定义几乎是一致的。美国国家税务局对税收的定义为："依据立法机关行使课税权强制征收的，为获得用于公共或政府目的的收入而征收的一种强制性捐献。税收不是为取得某些特权或享受服务的付款，因此它和依据政府的专门职能和权力征收的其他各种目的的收费是不同的。"①从我国学者与美国国家税务局对税收的定义来看，两者均强调：谁是税收征收主体，为什么征税以及凭借什么征税。

国家是税收征收的唯一主体。国家是政治权力的象征，其他任何组织和个人都不具备这种政治强权。在税收征收过程中，国家委托税收征收部门，对纳税义务人(简称纳税人)的应税收入依法进行征收，形成国家最重要的财政收入。在我国，国家主要委托

---

① 墨菲 K E，希金斯 M. 美国联邦税制．解学智，夏琛舸，张津译．大连：东北财经大学出版社，2001.

税务机关、财政部门和海关系统等国家行政机关，对税收进行征收管理。由于征税主体与纳税主体是管理与被管理的关系，纳税人在税收征管过程中处于被动地位，应主动根据国家法律规定缴纳税收。

税收的目的是国家实现其职能。在日常生活中，我们很难离开国防、道路、学校、失业保障等各种服务，而这些服务大多是由政府提供的。人们关心的是此类服务能否由经济组织与个人来提供。答案是否定的。原因在于国防、道路、学校、失业保障等服务产品具有显著外溢性，经济组织与个人无法获得提供这类服务产品的全部收益，造成其缺乏提供这类服务的动力。而政府提供这些公共产品，需要耗费一定的人力、物力与财力，但政府本身并不从事生产活动，它需要获得财政收入。为了满足社会公共服务要求，社会的一部分产品必须以税收的形式集中到国家手中。

国家凭借政治权力征税。一般来说，国家权力可归纳为政治权力和财产权力。通过政治权力，国家无偿地参与社会产品的分配，将纳税人支配的部分经济资源转移到国家手中。通过财产权力，国家参与国有企业利润分配，取得利润分红。很显然，国家政治权力是高于国家财产权力的，国家征税唯一凭借的是政治权力，而不是财产权力。

专栏 1-1　　我国税收的起源与发展

税收，我国古代又称贡、助、彻、租等。我国最早的税收始于夏代，夏“贡”是我国税收的最初形式。其主要形式包括以下两种：一是被征服的部落，必须以土地产品进贡；二是本部落的臣属要将自有土地上的一部分物产进行纳贡。到了商代，“贡”逐渐演变为“助”。“助”是指种私有田者必须耕种一定比例的公田，公田的收获全部归王室所有，私田收获归耕种者所有。到了周代，“助”又演变为“彻”。“彻”是指贡与助的混合，即不同的人口、耕地和地区，可以采用贡或助的纳税方法。春秋时期，鲁国地区适应土地私有制的发展，实行了“初税亩”，即土地不再区分公田与私田，均采用“履亩而税”的征税方式。“初税亩”的出现，标志着我国税收从雏形阶段进入了成熟时期。

经过三国、两晋、南北朝、隋朝的税收制度发展，我国唐朝初期建立了“租庸调制”，实行有田则有租、有家则有调、有身则有庸的税收制度。在这里，“租”是指田租，“调”是指缴纳部分土地所产，“庸”是指役力税。公元 780 年，唐德宗废除“租庸调制”，推行“两税法”，即一律按财产、人丁确定等级，进行夏、秋两次征税。两税法对税收制度的重大贡献在于首次采用实物、货币双重计税单位。唐朝以后的五代、宋朝、元朝直至明朝中期都沿用“两税法”。明朝万历年间，实行“一条鞭法”，将田赋和徭役合二为一，按亩缴纳。

1840 年鸦片战争后，我国沦为半殖民地半封建社会，我国税收制度也体现出了这个特征。除关税由外国列强控制，也产生了为解决财政困难而设立的商业税——厘金及对鸦片征收的土药税。民国时期，我国全面引进西方近代税收制度，逐渐建立了两套税收体系：一套是以关税、盐税、直接税、货物税四大类税为体系的中央税收体系；另一套是以田赋、营业牌照税、使用牌照税、筵席及娱乐税、屠宰税、契税等为体系的地方税收体系。

新中国成立后，我国建立了社会主义新税制。经过多次改革和调整，我国的税收制度逐渐走向完善。例如，1973 年改革工商税制，进行税种合并，以降低征税成本；在 20 世纪 80 年代初实行"两步利改税"，促进了我国复税制体系的建立；为适应当时经济发展状况，在 1994 年转而推行分税制，这使得增值税成为第一主体税。我国的税收制度在不断向前发展，但是仍存在一些问题需要进一步调整解决。

1.1.1 税收的形式特征

税收的形式特征是指税收区别于国家信用、财政发行、国有企业利润上缴等其他财政收入形式的基本标志。税收的形式特征是由其分配本质决定的。理论界通常把税收的形式特征概括为无偿性、强制性和固定性，即所谓的"税收三性"。从税收的形式特征中，我们可以理解其为什么能够成为我国财政收入的最主要形式。

1. 税收的无偿性

税收的无偿性，是指国家征税后既不直接向纳税人返还税款，也不直接向纳税人支付任何报酬或劳务。由于公共产品具有非排他性和非竞争性，因而政府只能无偿提供公共服务，故筹集其费用也只能以无偿为主。无偿性是税收的关键特征，它使税收明显区别于国债、国有企业利润上缴等其他国家财政收入形式，这决定了税收是国家筹集财政收入的主要手段。

理解税收的无偿性，应注意以下几个问题。其一，税收的无偿性主要针对纳税人的具体纳税行为而言。但就整体纳税人而言，纳税人的纳税行为则是有偿的。原因在于国家通过税收无偿筹集财政收入后，还要通过财政预算，以政府购买或转移支付的形式把财政收入花费出去。不管国家财政以何种方式支出，其受益人将是整体纳税人，尽管具体的纳税人从中所获得的收益是有差异的。其二，税收的无偿性并不意味着国家可以随意参与社会产品的分配，相反，只能按照法律规定的水准，取得纳税人的经济资源。当然，国家参与社会产品分配的程度，取决于国家对社会经济调控的力度。其三，我们强调具体纳税人纳税的无偿性，并不意味着国家不需要为纳税人服务。恰恰相反，国家需要为纳税人提供优良的纳税服务，从而方便纳税人纳税。例如，我国税务机关设立的"12366 纳税服务热线"，全程为纳税人提供纳税咨询、办税指南、涉税举报、投诉监督等各种服务，并取得了良好的社会效果。目前，"12366 纳税服务热线"已成为税务机关向纳税人提供纳税服务的重要手段和税务机关与纳税人、社会各界相互沟通的桥梁。

2. 税收的强制性

税收的强制性，是指国家凭借政治权力，通过法律形式对社会产品进行的强制性分配，而非纳税人的一种自愿缴纳行为。国家征税之所以具有强制性，就在于税收的无偿性这种特殊分配形式。国家通过税收无偿筹集财政收入，提供公共产品与服务，履行国家职能；对纳税人而言，其权利是享受国家提供的公共产品与服务。离开了税收的强制性，国家税收筹集财政收入的职能将无法实现，国家其他职能的实现也会受到影响。因此，对于纳税人不履行其纳税义务的行为，各国都会依据法律法规进行处罚，我国也不例外。例如，2006 年 5 月～2009 年 2 月，东星航空公司采取隐匿、转移经营收入等方式，逃避了 5 000 多万元的纳税义务。据此，武汉中院一审判处公司实际控制人、董事长兰世立有期徒刑 4 年①。

我国税收的强制性表现为国家征税的直接依据是政治权力而不是生产资料的所有权，国家征税是按照国家意志依法进行征收，而不是按照纳税人的意志来征缴。

3. 税收的固定性

税收的固定性是指国家预先通过法律形式，对征收对象、纳税人、征收比例、纳税期限等税制要素进行统一规定，并在一定的时期内，保持这些税制要素的相对稳定性与连续性。税收的固定性对国家与纳税人双方都具有重要意义。对纳税人而言，税收固定性的重要性主要体现在两个方面：一是纳税人合法权益得到保障。纳税人只需要按照国家税法规定纳税，超出法律规定的税收或负担，纳税人有权拒绝缴纳与承担。二是有利于纳税人的生产经营活动。纳税人税收负担不仅与生产产品、提供服务的类型相关，而且还与其经营规模、经营方式等密切相关。税收的固定性，有利于纳税人选择合理的生产经营方式，从而有利于纳税人生产与经营的发展。如果税收没有固定性，任由国家税收征管部门确定征收数额，则纳税人不仅谈不上税收合法权益，而且其经济资源配置效率也会受到损害。

对国家而言，税收固定性的重要性也体现在两个方面：一是保证国家财政收入稳定与可靠。征收对象、纳税人、征收比例、纳税期限等税制要素的稳定性，决定了国家参与社会产品分配的广度与深度，也保证了国家财政收入的稳定性。二是有利于国家规范执法。税收的固定性要求国家对纳税人征税，只能按预先规定的标准进行，不得随意提高或降低预定的征收标准。

强调税收的固定性，并不意味着税收的征税对象、征收比例与征收范围等长期固定不变。事实上，随着社会经济条件的变化，税收的征税对象、征收比例与征收范围等也在发生变化。我国增值税与消费税改革就是一个很好的例证。但任何税制的改革，都必须在法律许可的条件下，且需保持相对的稳定性。

税收在征收上的强制性、在缴纳上的无偿性、在征收范围与比例上的固定性，是税收的三个形式特征。税收的“三性”成为区别税与非税的重要依据。判定什么是税，什么不是税，不在于它的名称是什么，而是要看它是否同时具有税收的三个形式特征。目前，我国地方税务系统所征收的教育费附加，虽然名称上不叫税，但具备税收的三个典型形式特征，因此，教育费附加应该是一种税收。

1.1.2 税收与其他财政收入的区别

除通过税收筹集财政收入外，国家还可以通过国家信用、财政发行、国有企业利润

① 张真真．原东星航空负责人兰世立获刑 4 年．湖北日报，2010-04-11.

上缴、收取政府规费等方式来筹集财政收入。税收的形式特征使税收与其他政府财政筹集方式有明显区别，这种区别又是它在财政收入方面的特征。把税收与国家信用、财政发行、国有企业利润、政府规费等财政收入形式进行区别，有利于我们更好地了解税收的特征。

1. 税收与国家信用的区别

当政府的财政收入与实际的财政支出存在缺口时，政府必须考虑税收以外的其他筹集方式，如国家信用、财政发行、国有企业利润上缴等。从各国的实践来看，通常采用的是国家信用方式。即国家通过债务市场，借入债权人的资金，并按市场要求，支付债权人的本金及利息。一般来说，国家信用包括内债与外债。通常内债以发行公债、国库券的方式取得；外债是以发行国际债券、国外贷款方式取得。很显然，税收与国家信用明显不同。首先，税收具有很强的强制性，而国家信用则没有这种强制性。投资者购买国家公债，主要是出于经济利益上的考虑。国家不能通过强制措施来影响投资者的投资行为。在理论上，投资者与国家是买者与卖者的关系，双方的法律地位完全平等。其次，税收具有无偿性，而国家信用则具有鲜明的有偿性。国家通过税收筹集财政收入，不需要直接向纳税人支付任何报酬，是国家对纳税人经济资源的无偿占用。而国家信用不仅需要偿还信用的本金，而且还要按规定支付利息。我国的国内公债一般是到期偿还本金及一次性支付利息。最后，税收具有固定性，而国家信用则不具有固定性。国家只要按照税法规定征税，就可以取得固定性的财政收入。而国家发行国债，不仅要受到国家财政赤字规模、不同政治派别、社会闲置资金数量、银行利率、物价水平的影响，而且还受国债发行规模及发行时间的影响。因此，国家信用不具有固定性。

我国国家信用主要以国内公债为主，对外也发行少量的国债。自 1979 年恢复国债发行到 2010 年，我国共发行国债 173 890 亿元，其中截止到 2010 年年底国债余额规模达 67 548.11 亿元①。

2. 税收与财政发行的区别

除采用税收、国家信用筹集财政收入外，国家还可能采用财政发行方式。所谓财政发行，是指国家为弥补财政赤字而开动印钞机印制钞票的行为。与税收相比，国家财政发行具有两个显著特点：一是税收涉及国家参与纳税人经济资源分配，而财政发行涉及国家参与所有居民经济资源分配。国家税收不管表现形式如何，总是以具体的税种形式出现，而任何一个具体税种的纳税人和征税对象都是特定的，因此，税收总是涉及国家参与具体纳税人经济资源的分配。财政发行涉及对象不局限于纳税人，而是涉及所有的居民，不仅包括纳税人，也包括非纳税人。二是税收具有固定性，而财政发行不具有固定性。为了保障国家财政收入的稳定性，也便于纳税人纳税及保护纳税人的正当权益，税收必须具有固定性。否则，既会影响国家财政收入稳定，从而影响国家职能的履行，又会损害纳税人的正当权益，特别是纳税人税收筹划的权利。财政发行虽然与国家税收

---

① 根据历年的《中国统计年鉴》的数据整理计算而得。

一样，也能为国家筹集财政收入，但由于财政发行没有相应的物资保障，往往会造成通货膨胀，从而扰乱社会经济资源配置效率及正常社会秩序。因此，是否使用财政发行政策及确定财政发行的数量应经过慎重考虑。我国只在1958～1960年、1968～1975年、1985年后的几年中出现过数额不等的财政发行，其方式主要是财政部向中国人民银行的借款和存款账户透支，从而出现财政发行①。

3. 税收与国有企业利润的区别

国有企业利润一般是指国有企业上缴利润而形成的财政收入。在20世纪80年代前它曾经是我国财政收入最重要的来源，虽然目前国有企业利润上缴收入在国家财政收入中的地位已大不如前，但仍然是国家财政收入的一个经常性来源渠道。国有企业利润与税收相比，具有显著的区别，突出表现在以下三个方面：第一，从强制性来看，在国有企业中，国家凭借财产权力参与企业利润的分配，而不是凭借其政治权力。如果国家没有投资或入股，则国家便不再享有企业利润分配的这种权利。而税收则不同，其具有很强的强制性。只要纳税人的经济活动符合税法规定的纳税条件，就需按税法规定进行纳税。第二，从固定性来看，税收对征税对象、征税范围、税率、纳税期限以及征收管理办法等都从法律上做了严格规定。但国有企业利润与税收不同，其上缴比例、上缴期限、扣除项目等并没有严格约束，上缴利润是以企业实现的利润为依据，利润多的多缴，利润少的少缴，无利润的则不缴。而且，不同时期、不同地区利润上缴方法也都不一致。因此，国有企业利润上缴不具有固定性。第三，从无偿性来看，税收参与社会产品的分配，不存在直接向纳税人支付报酬问题，具有明显的无偿性。而国有企业上缴利润与此不同，国家要取得企业利润，必须投资于企业，有投资才有回报，不存在无偿性分配问题。

目前，我国国有企业利润上缴比例过低是一个不争的社会现实。根据中国工商银行、中国石油与中国移动2012年公布的2011年年报，三家国有企业分别取得税后利润2 084亿元、1 460亿元与1 259亿元，合计4 803亿元，但出资比例均超出70%的大股东——国家，却只获得1 469亿元的分红，仅为税后利润总额的30%。

4. 税收与政府规费的区别

与国有企业利润一样，政府规费也是国家财政收入的一个经常性来源渠道。所谓政府规费，是指经法律法规授权由政府有关部门对公民、法人和其他组织进行登记、注册、颁发证书时所收取的证书费、执照费、登记费等。目前，国家机关对企业和居民收取的政府规费主要有三类：一是事业性收费，其主要包括房屋租金、排污费等；二是对特定收益收取的费用，其主要包括牌照工本费、手续费、诉讼费、商标注册费等；三是资源管理费，其主要包括石油部门收取的矿区使用费、集体企业开采国家资源而缴纳的矿山管理费等。

与国家税收相比，政府规费具有不同特征，具体体现在以下三个方面：一是征收主

① 潘沛海. 财政理论与实践. 大连：大连理工大学出版社，1992.

体不同。税收的征收主体是国家；而政府规费的征收主体是具体的行政事业单位与行业主管部门。二是两者用途不同。政府规费收入通常是为了满足收费单位的业务支出需要，具有专款专用的性质；而税收作为各种财政支出的主要来源，大多数税种并不与特定财政支出项目相对应。三是有偿性方面。税收收入由国家预算统一安排使用，具有无偿性，纳税人缴纳的税收与国家提供的公共产品和服务之间不具有对称性；而政府规费通常具有补偿性，主要用于成本补偿的需要，特定的政府规费与特定的服务往往具有对称性。目前，政府性收费是我国除税收外最重要的财政收入来源。2010 年，我国纳入财政预算的行政事业性收费为 2 996.39 亿元，贡献财政收入约为 3.6%①。

1.1.3 税收职能

所谓税收职能，是指税收本身具有的内在职责与功能。尽管国内外财税学者对税收职能的表述不尽相同，但大多数学者认同税收具有财政收入职能、经济调控职能与经济信息职能三项职能。但在不同的历史时期，国家对税收职能的利用是不一样的。在市场经济发展水平比较低下的时期，各国政府都比较重视税收的财政收入职能，对税收的经济调控职能与经济信息职能往往重视不够，甚至根本不予考虑。而在市场经济水平比较发达的今天，世界各国政府不仅重视税收的财政收入职能，而且还非常重视税收的经济调控职能与经济信息职能。可以这样说，不同时积极运用税收三项职能的国家是不存在的。当然，世界各国由于所处经济发展水平及经济环境不同，其对税收职能运用的侧重点是有所差异的。

1. 财政收入职能

国家税收与财政收入职能天生是一对孪生姐妹。自国家税收诞生之日起，税收的财政收入职能便产生了。所有开征税收国家的最初目的，都是为了获取国家财政收入。因此，税收的财政收入职能是税收最基本的职能。所谓税收的财政收入职能，通俗地讲，就是税收为国家筹集资金，形成国家财政收入的职能。

国家通常要履行对内职能与对外职能两种职能。其中，对内职能包括政治统治职能、社会管理职能等；对外职能包括保卫职能、交往职能等。不管履行哪种职能，国家都需要筹集一部分社会财富作为物资基础。离开物资基础来谈国家职能，犹如巧妇难为无米之炊。这就要求国家有相应的收入来源，即财政收入。国家取得财政收入的方式，通常有税收、国家信用、财政发行、国有企业利润等方式。其中，税收是国家取得财政收入的主要方式。通过图 1-1，我们可以清楚地了解 1994～2010 年我国税收收入状况及其在我国财政收入中的地位。自 1994 年以来，我国的税收收入占整个财政收入的比例一直在 80%以上。其原因在于税收与其他几种方式相比，具有明显的优点：与货币发行相比，税收不必担心物价的普遍上涨与经济的较大波动；与国家信用相比，税收不会引起财政收入的波动，具有相对的稳定性；与国有企业利润相比，税收不受国有企业经

---

① 国家统计局．中国统计年鉴．北京：中国统计出版社，2011.

营状况的局限，而具有收入的普遍性。从图 1-1 中我们也可以看到，税收在财政收入中的比例呈现出下降的趋势，这主要是由于税收之外的其他方式，如政府规费收入、国有企业利润等，尤其是政府规费收入中土地出让金的数额增加得更加快速，所占比重也不断上升。以 2009 年的数据为例，我国全年税收收入为 59 521.59 亿元，比 2008 年增长 9.8%。而全年土地出让金收入为 14 239.7 亿元，比 2008 年增长 43.2%，其增速远远高于税收收入的增速①。

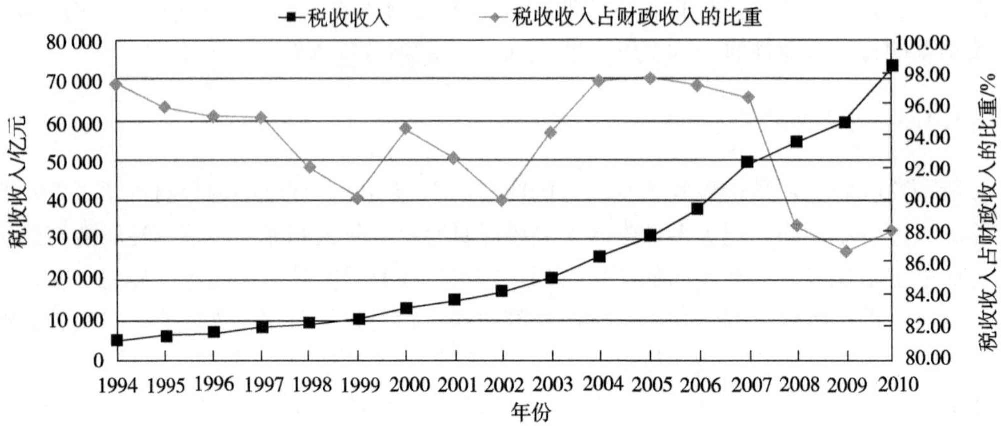

图 1-1 1994～2010 年税收收入在我国财政收入中的地位

资料来源：国家统计局．中国统计年鉴．北京：中国统计出版社，2011

2. 经济调控职能

税收在实现国家财政收入职能的过程中，也会影响纳税人的收入分配格局，从而对经济主体的经济决策产生影响。我们把这种影响称为税收的经济调控职能。一般来说，税收的经济调控职能主要表现在社会总需求与总供给、社会经济资源配置以及社会财富分配的调节等方面。一国政府可以有意识地通过这种影响，来实现宏观经济调控意图。例如，为了克服美国次贷危机对我国经济的负面影响，我国政府及时提出了扩大内需的经济政策，其中一项政策便是 2009 年年初国务院出台的《汽车产业调整和振兴规划》。在该政策中，明确规定对 1.6 升及以下小排量乘用车，车辆购置税由 10%的比例调整为 5%。受此规定的影响，2009 年 1.6 升及以下车型销售量达 719.55 万辆，同比增长 71%。为此，“购置税减免政策”被“江淮和悦·2009 中国汽车焦点新闻”评为当年最有效的救市政策②。

税收具有经济调控职能，但国家通过什么方式来实现税收的经济调控职能呢？一般来讲，国家运用变动税制的方式，来实现税收经济调控的职能。国家税制要素主要包括征税对象、纳税人、税率、税目、纳税环节、纳税期限、纳税地点等，任一税制要素发生变化，税制均会发生变化。当然，税制的变化也包括开征、停征或废除某一税种等。

① 财政部．全国土地出让金收支基本情况．2009.

② 王万利，蓝明晖，钱瑜．十大焦点浓缩 2009 年中国汽车市场．北京商报，2010-02-19.

随着国家调整税收分配方法，纳税人的税后经济利益一定会发生相应的变化。受这种利益调整的影响，纳税人会主动调整自己经营与决策的行为，以追求企业利润最大化。国家正是通过这种引导来进行宏观经济调控的。

3. 经济信息职能

纳税状况不仅是纳税人经营状况的反映，而且也是国民经济运行状况的缩影。国家在税收实现财政收入职能的过程中，通过对纳税人纳税状况进行分析，就可以了解国民经济运行状况，从而为国家宏观经济调控提供重要的经济信息。当税收收入增长过快时，经济学家除认为税制设计可能存在问题外，还会认为经济增长可能过热。其政策建议既可能是适度从紧货币政策，也可能是适度从紧财政政策，或者是两者的统一。当税收收入增幅下降过快时，政府则可能出台相反的调控政策。例如，2008 年下半年不仅国税收入增幅下降过快，而且地税收入增幅也下降过快，它给我国政府的第一反应是宏观经济运行出现了困难。于是在 2008 年年末、2009 年年初，我国政府出台一系列的刺激经济增长的方案，并取得了良好的社会与经济效果，成功实现了经济增长保八预定目标。

税收经济信息职能的充分实现，是以纳税人的税收遵从为前提条件的。如果纳税人的经济信息失真，国家所得到的经济信息将是不全面的，其宏观经济政策的有效性也会受到严重影响，甚至导致经济政策完全失效。因此，对纳税人实行有效征收、规范管理、严格稽查，是发挥税收的经济信息职能所必需的。

1.2 税收评价标准

美国法律专家奥利弗·温德尔·霍姆斯的一句名言是“我喜欢缴纳税款，因为用它们我能买到文明”。然而，现代社会中赞同这种观点的人并不多。关于税收的评价标准，亚当·斯密于 1776 年在《国民财富的性质和原因的研究》中，就对良好税制的必要条件进行了系统明确的阐述。这四个必要条件便是公平、确定、便利和效率。尽管阿尔多·瓦格纳(A. Wagner)、阿·马歇尔(A. Marshall)、约瑟夫·斯蒂格里兹(J. Stiglitz)等学者提出了不同的税收评价标准并产生了一定的社会影响，但普遍被人们所接受的观点还是亚当·斯密于 1776 年提出的税收评价理论。

1.2.1 税收公平

公平历来都是设计税收必须考虑的重要原则，从来没有任何经济学家、社会学家或政治学家反对把公平作为税收评价标准。目前，大多数学者同意衡量税收公平的标准是纳税人对政府收入的贡献应反映纳税人的支付能力。所谓纳税人的支付能力，通俗地讲，就是纳税人可控的经济资源。构成我国现行税制的税种大都是以纳税人的经济资源为基础的。例如，增值税是以纳税人商品销售的增值额为基础的；营业税以纳税人提供应税劳务、转让无形资产或销售不动产取得的营业额为计征对象；企业所得税以企业生产经营和其他所得为基础；个人所得税以自然人取得的各项所得为基础；房产税、车船税、车辆购置税等则是以纳税人持有或掌握的财产为基础。

根据纳税人的支付能力，即纳税能力，税收公平包括横向公平与纵向公平这两种公平。横向公平是指纳税能力相同的纳税人缴纳同等额度的税款；纵向公平是指纳税能力不同的纳税人缴纳不同额度的税款。例如，欧阳与慕容同为湖北省某高校青年教师，月工资收入都为6 000元，均没有其他额外收入，其他条件也相同。根据我国税法规定，他们缴纳个人所得税均为145元[(6 000－3 500)×10%－105]。这两个纳税人的所得额相同，缴纳的个人所得税也相同，我们可以肯定税收反映了两人的纳税能力，存在税收横向公平。但给定的条件发生变化，则结论可能有所不同。如果欧阳已婚并供养妻子和一个小孩，而慕容仍单身，不用供养他人，则此时税收存在横向不公平。

为了了解税收纵向公平的概念，我们仍然采用欧阳与慕容的例子。在这里，我们假设欧阳与慕容其他条件都相同，仅工资水平不同，欧阳月收入还是6 000元，慕容月收入为10 000元。根据我国税法的规定，欧阳应缴纳个人所得税145元，慕容应缴纳个人所得税745元[(10 000－3 500)×20%－555]。很显然，我们可以认为税收是纵向公平的。因为慕容纳税能力强，每月比欧阳多缴纳个人所得税600元(745－145)。

税收公平的含义虽然容易理解，但要实施却非易事。在税收征管过程中，很难找到合适的标准来对纳税人之间的纳税能力进行判断与比较。健康状况、受教育程度、家庭负担及个人嗜好等因素都可能将看似福利水平相同的人置入不同的境况。要改进税收公平是要付出代价的：税收公平每增进一次，都会增加一次税法的复杂性。

专栏1-2　　交多少税合理

西尔维亚·哈代，73岁，是英国德文郡一位退休的社会工作者，住在德文郡埃克塞特市贝洛克路一套两居室的住房中。根据英国地方政府的规定，她应该就住这套住房缴纳市政税。市政税是英国地方政府根据居民的房产而征收的地方税，居民根据房产价值按相应的税率纳税，市政税是英国地方政府最重要的收入来源。由于房价上升和通货膨胀，英国各地的市政税都大幅增加，居民对此意见纷纷。根据埃克塞特市地方政府的规定，2004～2005财年，哈代女士应缴市政税683英镑，但她认为太高了，所以只按自己认为合理的数额缴纳了629.29英镑，其余的53.71英镑一直未缴，从而遭到埃克塞特市地方税务部门的起诉，但哈代女士拒绝缴纳所欠税款。她说，过去4年里，市政税率提高了38%，而她的退休金只增加了6.8%。她说："我只根据通货膨胀情况，按我自己认为合理的数额缴纳市政税，除此之外不会多缴一分钱。"这样，哈代女士被判监禁7天。2005年9月底哈代女士从监狱释放。

2006年10月7日，埃克塞特市地方法院又向她发出了传票，原因是哈代女士还欠缴2005～2006财年的市政税323英镑。按规定，她应缴市政税708.25英镑，但她只缴了385.25英镑，还欠323英镑。地方法院表示，如果哈代女士不缴欠税，将查封她的财产或再次判她监禁。但她愿意为此再次走进监狱。

由于市政税率增加过快，英国许多地方的居民纷纷表示抗议。他们认为，通货膨胀率和房价上升，使许多退休者承担不起税率过高的市政税，如果全额缴纳，他们必须省吃俭用，降低生活水平。据报道，在英国，1/5的退休者靠房产等不动产生活，他们希望改革市政税，使之更公平。另据报道，2005年11月下旬，英国一家保险和资产管理公司公布的研究报告让大部分英国人大吃一惊：夫妇两人年收入4万多英镑，两人一生中就要支付100万英镑的各类税收；即使年收入刚刚超过英国平均家庭年收入3万英镑的家庭，夫妇两人一生中也要面临60.3万英镑的税单。

资料来源：蒙丽珍，古炳玮．公共财政学．大连：东北财经大学出版社，2007.

1.2.2 税收确定

评价税收的第二个标准是税收的确定性。所谓税收的确定性，是指纳税人知道何时纳税、何地纳税及如何纳税。

一般来说，何时纳税是由具体的税收法规来确定的，不同的税种具有不同的纳税时间规定。例如，我国现行《中华人民共和国营业税暂行条例》(简称营业税条例)规定，营业税的纳税期限有5种：5日、10日、15日、一个月或一个季度。纳税人以一个月或者以一个季度为一个纳税期，自期满之日起15日内申报税款；以5日、10日或者15日为一个纳税期的，自期满之日起5日内预缴税款，于次月1日起15日内申报纳税并结清上月应纳税款。又如，我国现行《中华人民共和国企业所得税法》(简称《企业所得税法》)第五十四条规定，企业所得税实行分月或分季预缴。企业应当自月份或季度终了之日起15日内，向税务机关报送预缴企业所得税纳税申报表，预缴税款；企业应当自年度终了之日起5个月内，向税务机关报送年度企业所得税纳税申报表，并汇算清缴，结清应缴应退税款。

何地纳税，在税法中也称纳税地点。我国纳税人的纳税地点，也是由具体的税法形式规定的。一般来讲，纳税人的具体纳税地点有就地纳税、营业行为所在地纳税、集中纳税、口岸纳税等形式。所谓就地纳税，是指纳税人向其机构所在地或者居住地的主管税务机关申报纳税。我国的增值税、营业税、消费税等税种采用的主要是就地纳税形式。所谓营业行为所在地纳税，是指纳税人离开其机构所在地或者居住地的主管税务机关，向营业行为发生地主管税务机关进行申报纳税。例如，我国营业税条例第十四条明确规定，纳税人提供的建筑业劳务以及国务院财政、税务主管部门规定的其他应税劳务，应当向应税劳务发生地的主管税务机关申报纳税。所谓集中纳税，是指对少数由国家税务总局或其授权税务机关批准实行统一核算的生产经营单位，由其主管部门直接申报纳税。例如，对铁路运营(不包括铁道部直属独立核算企业)、金融、保险企业(不包括中国人民保险总公司所属各省、自治区、直辖市分公司)等，分别由中央各部、行、总公司集中缴纳营业税与企业所得税。口岸纳税，是指缴纳进出口关税的纳税人向进出口口岸地海关纳税，其主要适用于关税。

除何时纳税与何地纳税外，税收确定还应包括纳税人知悉如何纳税。自1994年我国税制大规模改革以来，除企业所得税税制变化较大外，其他税种整体来说变化幅度并不大。税制的整体稳定性，有利于纳税人计算应纳税额。知悉如何纳税，对我国纳税人而言，具有相当重要的意义。

1.2.3 税收便利

评价税收的第三个标准是税收的便利性。从纳税人的角度来看，税收便利是指国家税收政策规定应便利于纳税人缴纳税款。这个便利的标准就是纳税人在遵从税法时，花费较少时间与其他经济成本。在我国主体税种中，营业税较好地体现了这个标准，而个人所得税则与该标准有一定差异。根据作者对武汉高校年收入 12 万元个人所得税申报情况的调查，发现申报者仅完成收入核对一项就需要一天时间。不少申报者抱怨个人所得税申报很不方便，时间成本太高，影响了他们对个人所得税的遵从。在我国的小税种体系中，车船使用税得到了纳税人很好的遵从，原因在于纳税人很容易计算应纳车船税款，在购买"交强险"时，很方便地由保险机构代收代缴。

从征税方——国家的角度来看，税收便利是指国家容易对税收实施管理。这个便利的标准是国家税收征管办法能够被大多数的纳税人所理解，并按照税法规定的程序进行纳税。我国香港政府对出租车行业征收的销售税就较好地体现了税收便利。当出租车到达目的地时，乘客不仅要向出租车经营者支付里程费用，而且还需要同时支付 5 港元的固定税金。出租车经营者在收取该笔税金后，需在规定的时间上缴政府。对出租车乘客而言，他是没机会偷逃税金的，因为该笔税金是与出租车里程费用捆绑的。因此，政府的工作主要集中到出租车的行业管理上来，对具体的消费者就不用管理了。在美国，联邦所得税则没有体现出这种税收便利。它不仅不易被广大纳税人所理解，而且操作起来还很困难。因此，税务学者、税务律师、税收筹划师、税单填报者等提供的税收服务已成为一个庞大的产业。如果对美国联邦所得税法进行简化，约有 50 万白领将因此而失业①。

我国企业所得税与美国联邦所得税一样，也同样表现出税收不便利。不管是从纳税人的角度，还是从税收征管方的角度，双方都会觉得企业所得税相对其他税种而言过于复杂。虽然我国的《企业所得税法》基本规定是比较稳定的，但相关的税收补充规定较多，一般的纳税人很难对企业所得税有一个完整与正确的认识，即使是税收专家有时也会感到难以完全把握《企业所得税法》及其有关补充规定。而作为征税方的我国税务机关，尽管花费了大量时间与财力来征收企业所得税，但其征管质量不高已成为一个不争的社会现实。

1.2.4 税收效率

税收效率是评价税收的第四个标准。所谓税收效率，是指税收征纳双方费用最小化。其标准不仅是税收征收方费用最小化，而且也是纳税人纳税费用最小化。亚当·斯密于 1776 年在其名著《国富论》中，明确提出一切赋税的征收尽可能使人民的支出成为国家的收入。它体现的就是国家税务机关税收征收费用最小化思想。根据国内外税收学者的普遍看法，税务机关税收征收效率，主要通过一定时期的入库税收收入与征税成本

① 霍尔 R E，拉布什卡 A. 单一税. 史耀斌译. 北京：中国财政经济出版社，2003.

来衡量。在入库税收收入一定的条件下，成本高意味着税收效率低；成本低意味着税收效率高。

目前，我国税务机关的税收征管成本主要包括税务人员的工资、奖金、福利费，税务机关办公用房、配套设施及办公经费，税收征收管理和税制改革费用等。自1994年税制改革以来，我国税收收入得到高速增长，与此同时，税收征收成本也在快速上升。根据国家税务总局公布的相关数据测算，1994年税制改革前，我国税收征收成本率为3.12%，税制改革后的1996年税收征收成本率上升到4.73%。目前，我国税收征收成本率上升到5%～8%。而同期，美国的税收征收成本率为0.58%，新加坡为0.95%，澳大利亚为1.05%，日本为1.13%，英国为1.76%①。与国外税收机关的征收成本相比，我国税收征收成本明显偏高。

我国税收管理部门与税收学者在讨论税收征管成本时，往往注重税务机关的征收成本，而对纳税人的纳税成本，即纳税人税收遵从成本关注度不高。这不仅与税收征管部门的征税成本较容易计算有关，而且也与纳税人缴纳税收不需要国家财政的直接支出，以及纳税人的纳税成本不像税务机关征税成本那样容易度量有关。虽然纳税人纳税成本不易度量，但大多数税收专家、学者还是同意纳税人税收遵从成本应包括以下内容：①货币成本。通常纳税人的货币成本主要包括办税人员经费、办税设备经费、税务代理费用等。此外，企业的税收公关费用也是企业的一项重要支出。货币成本是纳税人税收遵从的主要成本。②时间成本。纳税人税收遵从的货币成本容易引起人们的关注，而对纳税人税收遵从的时间成本明显关注不够。本书认为纳税人的时间成本应包括收集、保存必要资料和数据，填写纳税申报表等活动所花费的时间价值。根据世界银行与普华永道2006年12月联合公布的调查报告，我国内地企业每年用于纳税的时间高达872小时，其中，增值税384小时，社会保险与住房基金288小时，企业所得税200小时；交税48次，其中，增值税12次，土地使用税1次，财产税1次，印花税2次，教育费附加13次等。③心理成本。除货币成本与时间成本外，纳税人的纳税成本还应包括纳税人的心理成本。纳税人的心理成本主要包括纳税人在纳税过程中对税法所产生的不公平感、心理上的疑虑等。尽管纳税人的心理成本很难度量，但纳税人的心理成本对其遵从行为有着重要影响。

不管是从纳税人的角度，还是从国家征税机关的角度来看，我国的税收效率是低下的，有待进一步提高。

1.3 税收制度

税收制度，简称税制，是国家各项税收法规与征收管理制度的总称。作为国家授权的征税机关，只能在国家税收法律法规允许的范围内向纳税人进行征税。作为纳税人，则需按国家税法的规定来履行相关纳税义务，但不需承担税法规定之外的纳税义务。税收制度同时也构成纳税人税收筹划的前提基础。我国现行的税收制度建立于1994年税

① 傅道忠．税收成本及其控制．扬州大学税务学院学报，2006，(2)：11～13.

制改革的基础上，后经一定程度的调整与修改，才形成了如今比较完善的税收体系。

1.3.1 税收制度的内涵

税收制度作为税收的具体表现形式，是由各个税种的税法、条例、细则、规定等组成的。因此，在我国税收理论界，经常亦把税收制度称为税收法律制度。一般来说，税收制度通常包括税制结构、税收征收管理制度与税收管理体制三个方面的内容。

1. 税制结构

税制结构决定国家税收由哪些税种组成和各税种要素的具体内容，是税收制度的核心内容，决定税收调节社会经济的广度和深度。狭义上的税收制度专指税制结构。

一国的税制结构是由该国的政治环境与经济条件决定的，由于各国的政治经济条件不尽相同，其税制结构也有所差异，税制结构完全相同的两国是不存在的。例如，在西亚一些国家，由于拥有丰富的石油资源，但缺乏其他经济资源，为了鼓励国外资本到本国进行投资，这些国家仅仅对企业经营利润进行征税。因此，这些国家的税制结构是以企业所得税为主的。而欧美经济发达国家由于市场经济发展水平较高，其政策的出发点是保护本国市场经济健康发展。同时，流转税制容易影响纳税人的经济资源配置效率，所得税税制对纳税人的经济资源配置的影响呈中性。因此，欧美国家的税制结构往往是以所得税为主。而在我国，由于国家承担了较重的经济建设任务，需要政府掌握相当的财力，造成国家财政倚重流转税；同时，我国政府也重视社会分配公平问题，需要利用所得税来对社会收入分配进行调节。因此，我国的税制结构是流转税与所得税并重的税制结构。

2. 税收征收管理制度

税收征收管理制度是国家税务机关组织税收征收工作，对纳税人履行纳税义务进行管理、监督、检查的制度，主要用于解决国家对日常征税活动如何实施、组织、管理的问题，主要包括管理、征收、检查和法律责任等方面内容。管理包括税务登记、账簿和凭证管理、纳税申报、法律责任等一系列基本制度以及对日常税收工作的指导和管理；征收是组织应纳税款及时足额缴入国库，其主要方式有查账征收、查定征收、查验征收、定期定额征收、委托代征税款和邮寄纳税等；检查是对纳税人履行税法规定的权利和义务情况进行稽查和检验，其主要方式有重点稽查、分类计划检查、集中性检查、临时检查和专项检查；法律责任是对纳税人和征税人违反税收法律、行政法规的行为而进行的处罚，主要包括违反税务管理基本规定行为的处罚、扣缴义务人违反账簿和凭证管理的处罚，对偷税的定义及其法律责任等。这几方面各有其不同的范围，共同构成征管制度的有机整体。2001 年 4 月 28 日，第九届全国人民代表大会常务委员会通过修订后的《中华人民共和国税收征收管理法》，这是我国税收征管制度的主要法律依据。我国传统的税收征管体制是实行税收专管员制度，专管员对企业税收的征收、管理和检查全权负责。现行税收征收管理制度正朝着自行申报、重点稽查、以计算机网络为依托的方向发展。

3. 税收管理体制

税收管理体制是在各级国家机构之间划分税收管理权限的制度。税收管理权限是指国家各级权力机关在制定税收制度以及执行税收制度方面的权利界限，其主要包括税收立法权、税收法律法规解释权、税种的开征或停征权、税目税率的调整权、税收的加征和减免权等。按大类分，税收管理权限还可划分为税收立法权与税收执法权两类。新中国成立以来，税收管理权限基本属于中央，地方政府和税务机关的权力很小。随着1994年分税制财政体制的施行，税收管理体制也相应地得到改革，中央开始逐步地将部分权限下放给地方。

1.3.2 税制构成的基本要素

任何政府在考虑一新税种的开设时，都避免不了这样几个问题：向谁征税、向什么征税、征收多少及如何征收等。这些内容共同组成了一个税种的构成要素，简称税制要素。用税收专业术语来讲，这些内容就是征税对象、纳税人、税率、税目、计税依据、纳税环节、纳税期限、减免和加征、税收处罚等。其中，征税对象、纳税人和税率是设计任一税种都必不可少的最基本的税制要素。

1. 征税对象

在中央电视台财经频道中，我们经常会听到一些有关税收的名词，如个人取得工资收入要缴纳个人所得税、房产二手交易要缴纳营业税、卖股票要缴纳证券交易印花税、购买汽车要缴纳车辆购置税等。这些税种之所以有不同的称呼，主要就在于它们的征税对象不同。所谓征税对象，又称课税对象，是征纳税双方权利义务共同指向的客体或标的物。例如，个人所得税的征税对象是自然人取得的各种应税所得，如个人取得的工资收入、购买福利彩票所取得的中奖收入等；房产二手交易营业税的征税对象是买卖双方所交易的房产；股票交易印花税的征税对象是A股、B股股权转让书据；车辆购置税的征税对象是纳税人所购置的车辆等。

征税对象是税收制度的首要要素，是一种税区别于另一种税的主要标志，常用于规定税名。不同征税对象体现不同税种征税的基本范围，凡列入征税对象的，就是属于该税种的征收范围，凡未列入征税对象的，就不属于该税种的征收范围。因此，征税对象也是税收分类的主要依据。

征税对象随着社会生产力的发展变化而变化。在自然经济中，土地和人丁曾是主要的征税对象。在市场经济中，商品的流转额、企业利润和个人所得成为主要的征税对象。在可以作为征税对象的客体比较广泛的情况下，选择征税对象应遵循有利于保证财政收入、有利于调节经济和适当简化的原则。例如，要保证财政收入，就必须选择经常而普遍存在的经济活动及其成果作为征税对象。

2. 纳税人

随着社会经济的发展，越来越多的工薪族加入了个人所得税的纳税行列，以前那种税收与自己无关的观念正悄然发生改变。何为纳税人呢？在税法中，纳税人就是指按税法规定直接负有纳税义务的单位和个人。确定纳税人的目的，就是为了解决向谁征税的问题。在我国增值税、消费税、营业税、资源税等暂行条例中，其第一条款便是规定该税种的纳税人。纳税人可以是自然人，也可以是法人。所谓自然人，是指在民事上享有权利并承担义务的个人。所谓法人，是指依法成立并能独立行使法定权利并承担义务的社会组织。在我国，法人主要有机关法人、事业法人、企业法人和社团法人四种。不同税种的纳税人是由其征税对象的性质决定的，如个人所得税的纳税人是个人，企业所得税的纳税人是企业单位。

专栏 1-3 “死亡者无须纳税”

雷弗先生是瑞典的一名实业家。他因拒交税款而被税务局推上法庭。

雷弗是一名长期依靠人工心脏的病人，按照瑞典法律，“当一个瑞典公民的心脏或大脑停止工作后，此人即被认为死亡者”。

“死亡者无须纳税”。

凭借上述有关法律，雷弗在法庭上慷慨陈词：“我的心脏已停止跳动，试问，我在纳税者之列吗?!”原告的律师和参加庭审的法官都对这桩讼事头疼。

资料来源：汤笑．死亡心理探秘．北京：中国城市出版社，2003.

在实际纳税过程中，与纳税人紧密相关的概念有负税人、代扣代缴义务人与代收代缴义务人。负税人是指最终承担税款的单位与个人，它是一个经济学意义上的概念。在纳税人的税款负担不能转嫁的情况下，纳税人同时也是负税人。如果纳税人可以将税款负担转嫁给其他人，则纳税人就不是负税人。如对服装征收增值税，生产、销售服装的企业成为纳税人，但通过税负转嫁，绝大部分税收都由消费者承担，故消费者是服装增值税的负税人。西方人讲人一起床就要“纳税”，指的就是人起床后就要吃饭、喝水，而食品和水中含有税款，只要消费就要负担其中隐含的税款，这里的“纳税”指的是负税人的概念。代扣代缴义务人是指有义务从持有的纳税人收入中扣除纳税人的应纳税款并代为缴纳的企业、单位和个人，如出版社代扣作者稿酬所得的个人所得税等。代收代缴人与代扣代缴义务人不同，代收代缴义务人不直接持有纳税人的收入，而是在与纳税人的经济交往中向纳税人收取应纳税额并代为缴纳。如国务院令【2008】539 号文件第四条规定，委托加工的应税消费品，由受托方在向委托方交货时，代收代缴委托方应该缴纳的消费税。

3. 税率

纳税人税收负担的轻重除与生产的产品、提供的服务相关外，还与税制设计的税率密切相关。所谓税率，是税法规定的应征税额与征税对象之间的比例。在征税对象确定的条件下，税率越高，纳税人的税收负担就越重；税率越低，纳税人的税收负担就越轻。因此，税率不仅体现国家宏观政策导向，而且还关系到纳税人税收负担。在我国的税收征管实践中，税率一般可以分为三种类型，即比例税率、累进税率和定额税率。

1)比例税率

比例税率是指对于同一征税对象，不论其数额大小，均按同一比例征税的一种税率制度。例如，小明买彩票中了500万元的大奖，因为这个奖他需要缴纳多少的个人所得税呢？他需要缴纳100万元，即500×20%=100(万元)。比例税率的主要特点是税率不随征税数额的变动而变化，强调纳税人之间横向公平。我国的增值税、营业税、城建税、企业所得税等均采用比例税率。在实际应用中，比例税率分为单一比例税率和差别比例税率。其中，差别比例税率分为四种，即产品差别比例税率、行业差别比例税率、地区差别比例税率和幅度差别比例税率。

2)累进税率

累进税率是指税率随着征税对象数额增大而随之提高的一种税率制度。即按征税对象数额大小分为若干等级，不同等级的课税数额分别适用由低到高的不同税率。通常多用于所得税和财产税。我国的个人所得税、土地增值税等采用的主要就是累进税率。采用累进税率时，表现为税额增长速度大于征税对象数量的增长速度。它有利于调节纳税人的收入和财富。因此，世界上不少国家把累进税率作为维护社会公平的一项重要制度设计。在具体运用中，累进税率可分为以下几种：

(1)全额累进税率。即征税对象的全部数量都按其相应等级的累进税率计算征税。在这种累进税率形式下，一个纳税人的全部课税对象数额仅仅适用一个征税比例，当课税对象数额提高到一个较高级次时，全部课税对象数额都按照高一级的税率征税。从这个意义上说，全额累进税率仍是一种特殊的比例税率。全额累进税率具有计算简便、累进幅度大、调节收入有效的优点，但这种累进税率在临界点会出现税额的增加超过征税对象增加的不合理现象。因此，我国税法已不采用该税率形式。

(2)超额累进税率。即把征税对象的数额划分为若干等级，对每个等级部分的数额分别规定相应税率，当课税对象的数额增加到需要提高一级税率时，仅就超过上一等级的部分，按高一级税率征税。换言之，同一个课税对象，可能适用几个等级的税率。该课税对象的全部应纳税额为多个等级部分应纳税额的合计数。超额累进税率与全额累进税率相比，有以下三方面的优点：在名义税率相同的情况下，超额累进税率的负担要轻于全额累进税率的负担；在累进级次的临界点附近，超额累进税率克服了全额累进税率的税负跳跃式增减的不合理现象；在累进程度上，超额累进税率较之全额累进税率平缓得多。为了解决超额累进税率计税稍显复杂的问题，实际工作中通常采用简化的计算方法，即速算扣除数法。详细内容见第6章。

(3)超率累进税率。即以征税对象数额的相对率为累进依据，规定几个等级和等级税率，各就其超额部分分别采用相应等级税率征收。在我国现行税制中，土地增值税采用的就是该税率形式。

3)定额税率

定额税率，又称固定税额，是指根据课征对象的计量单位，直接规定固定的征税数额。适用定额税率的征税对象通常为那些价格稳定、质量和规格标准比较统一的商品。

我国的资源税、城镇土地适用税、车船税等税种主要采用该税率形式。在税收征管活动中，固定税率又可分为三种表现形式：①地区差别定额税率。即对同一征税对象按照不同地区分别规定不同的征税数额。这种税率具有调节不同地区之间级差收入的作用。②分类分级定额税率。即把征税对象按一定标准分为类、项或级，然后按不同的类、项或级分别规定不同的征税数额。③幅度定额税率。即在统一规定的征税幅度内，各地区再根据纳税人拥有的征税对象或发生课税行为的具体情况，确定纳税人的具体适用税率。定额税率计税简单，税额不受价格影响。但这种形式税率弹性较差，税收收入不能随征税对象价格增长而增长，而且不能反映征税对象的性质，当同一商品质量不同，价格又相差很大时，税负就显得极不合理。

1.3.3 税制构成的其他要素

任一税收制度都必须包括纳税人、征税对象和税率三项要素，因此，这三项要素是税制构成的基本要素。除这些必要的基本要素外，税制中还会包括一些其他要素，尽管这些其他要素不一定在每个具体税收法规中都有明确的规定。

1. 税目

税目，又称课税品目，是指税法规定的征税对象范围以内的具体征税项目。设置税目具有两方面的作用：一是明确某一种税的征收范围，体现征税的广度，凡属于列举税目之内的项目均为征税对象，反之则为非征税对象；二是对具体征税项目加以归类和界定，以便针对不同的税目确定适用的税率和征收方法。如我国消费税便设置了 14 个税目，营业税设置了 9 个税目。在我国现行税收体系中，税目通常包括两种形式：①列举性税目。即将每一种商品或经营项目采用一一列举的方法，分别规定税目，必要时还可以在税目之下划分若干个子税目。列举性税目的优点是界限明确，便于征管人员掌握；缺点是税目过多，不便于查找，不利于征管。②概括性税目。即按照商品大类或行业采用概括方法设计税目。概括性税目的优点在于税目较少，查找方便；缺点是税目过粗，不便于贯彻合理负担政策。

2. 计税依据

计税依据，也称计税基数，是据以解决征税对象应纳税款的直接数量依据，这个依据可以是征收对象的一定价值量，也可以是一定的实物量。在我国，有些税种的征税对象与计税依据是一致的，如消费税、营业税等。有些税种是有差异的，如作为企业所得税征税对象的生产、经营所得，其他所得与清算所得，只是说明对纳税人的上述所得需要征税，而作为计税依据的所得额，则是从纳税人全部所得额中依法扣除有关项目后的余额。计税依据可以分为三种类型：第一类是从价计征的税收，以征税对象的实物量与单位价格的乘积(如销售额、营业额、所得额等)作为计税依据，如增值税、营业税、个人所得税；第二类是从量计征的税收，直接以征税对象的实物量(如重量、面积、体积、容积等)作为计税依据，如我国的资源税；第三类是采用从价计征与从量计征相结合的税收，以征税对象的销售额和实物量同时作为计税依据，综合计算应纳税额，如我国对卷烟征收的消费税。

3. 纳税环节

纳税环节是指税法规定的征税对象在从生产到消费的流转过程中，应当缴纳税款的环节。税法规定征税对象哪个环节征税，哪个环节就是纳税环节。例如，白酒在工业生产环节需要缴纳增值税、消费税，在批发、零售环节需要缴纳增值税，在进口环节需要缴纳增值税、消费税，这些环节就是相应税收的征税环节。一般来说，不同的税种其征税环节是不一样的。流转税在商品与服务的生产和流通环节征税，而所得税则在收入分配环节征税。

税种按其在商品流转过程中纳税环节的多少，分为单环节征收税和多环节征收税。单环节征收税是指只在一个纳税环节征税的税种，如对除香烟以外的应税消费品征收消费税只在出厂销售环节、委托加工环节或报关进口环节中的一个环节征税。多环节征收税是指对同一税种在两个或两个以上环节征税的税种，如对工业品征收增值税是在生产制造环节、商业批发环节和商业零售环节等多个环节层层征税。

确定纳税环节，是课税制度的一个重要问题。课税环节设计的怎么样，关系到税种设计的好坏。正是由于增值税的道道征收，使得增值税逃避税收的可能性降低，其被称为设计得最科学的税种。

4. 纳税期限

纳税期限是纳税人向国家缴纳税款的法定期限，也是税收强制性和固定性在征收时间上的体现。国家开征的每一税种都有纳税期限的规定，合理确定和严格执行纳税期限，对于保证财政收入的稳定性和及时性有着重要作用。我国现行税制的纳税期限有三种形式：①按期纳税；②按次纳税；③按年计征，分期预缴。

按期纳税，主要是指根据纳税义务发生时间，确定纳税间隔期，实行按日纳税。在我国，增值税、消费税以1日、3日、5日、10日、15日、1个月或1个季度为1个纳税期。营业税以5日、10日、15日、1个月或1个季度为1个纳税期。三个流转税种的具体纳税间隔期限由主管税务机关根据纳税人具体情况分别核定。按次纳税，是指根据纳税行为的发生次数确定纳税期限。这种缴纳方法，在个人所得税中经常用到。按年计征，分期预缴，即按规定的期限预缴税款，年度结算后汇算清缴，多退少补。企业所得税、房产税、土地使用税等税种采用这种方法。采用哪种形式的纳税期限缴纳税款，同征税对象的性质有着密切的关系。一般来说，商品课税大都采用“按期纳税”形式，所得税采取“按年计征，分期预缴”形式。无论采取哪种形式，如纳税期限申报期的最后一天遇公休或节假日，都可以顺延。

与纳税期限有关的规定有两个：一是纳税义务发生时间，其是指应税行为发生的时间，它并不意味着纳税人一旦发生应税行为，就得立即缴纳税款；二是缴库期限，其是指税法规定的纳税期限满后，纳税人将应纳税款入缴国库的期限。

专栏 1-4　　节假日能影响纳税时间

某进出口公司进口了一批电子设备及其零件，总价值 5 000 万元。该货物于 2003 年 9 月 5 日星期一到达连云港，可以当日报关，也可以次日报关。海关进出口货物的收、发货人或者他们的代理人，应当在海关签发税款缴纳证的次日起 7 日内向指定银行缴纳税款。

选择一，该进出口公司于星期一即 9 月 5 日报关，星期三填发税收缴纳证，则公司从星期四起应在 7 日内缴纳税款，于最后 1 日之内缴纳税款。

选择二，推迟一天于星期二即 9 月 6 日报关，星期四即 9 月 8 日填发税款缴纳证，则公司从星期五 9 月 9 日起应在 7 日内向指定银行缴纳税款，依次计算，公司最迟在下周一即 9 月 20 日之前交税。这样，纳税人可以利用两个节假日，占有税款达 11 天。

从事外贸业务的企业其纳税义务时间与报关时间紧密相连，通过灵活运用报关时间就能够延迟纳税义务的发生时间。特别是对于进出口业务较多的企业，百万元的税款延迟交一日，多占有一天，就可获得可观的货币收益，有时还能解决企业遇到的流动资金周转问题。

资料来源：北京税收与市场调查研究中心．纳税筹划方法集萃．北京：机械工业出版社，2005.

5. 税收的减免和加征

减税是指从应纳税款中减征部分税款，免税是指免征全部税款。税收减免是国家根据一定时期的社会经济政策对纳税人生产经营活动中的某些特殊情况所采取的减轻或免除税收负担的措施。如 2010 年 4 月 14 日青海玉树地区发生地震后，国家税务总局很快就颁布了《关于支持青海玉树地震灾区恢复重建有关税收征管问题的通知》(国税函【2010】164 号)，该文件涉及延期申报、延期缴纳税款、欠税核销和税务登记证件工本费免收四项内容，以帮助地震灾区尽快恢复正常的生产生活秩序。减免税必须有法律、行政法规的明确规定，其他各类部门擅自做出的减免税无效。我国的减免税制度主要包括以下主要内容：

(1)减免税种类。税收减免一般分为法定减免、特案减免和临时减免。法定减免是指税收法规中列举的减免，在每一税种的基本法规中，一般都列有一些减免税条款，这些条款一般具有很大的稳定性，一般极少变动。例如，《中华人民共和国增值税暂行条例》(简称增值税条例)中就规定了七项免税条目；在营业税条例中，也规定了七项免税条目。特案减免是指两种情况下所产生的减免：一种是在各税种基本法规确定后，由于政治经济情况发生变化所作的新的减免税规定；另一种是在某些基本税种中不能或不宜一一列举而需以专案形式采取的减免税。特案减免分为有限期和无限期两种。对于有限期特案减免，期满后恢复征税。临时减免一般是为了照顾纳税人的特殊困难而进行的减免。例如，2008 年我国汶川发生“5・12”特大地震后，财政部、国家税务总局及时发布了《关于认真落实抗震救灾及灾后重建税收政策问题的通知》(财税【2008】62 号)，对于在地震中遭受到损失的纳税人，给予适当的税收临时减免。

(2)减免税形式。减免税形式分为税基式减免、税额式减免与税率式减免。税基式减免是指通过缩小计税依据进行减免；税额式减免是指直接减免应纳税额；税率式减免是指通过适用低税率减免税，如高新技术企业的企业所得税适用15%的税率。

(3)起征点和免征额。起征点是指达到开始征税界限，便全额进行征税。免征额是指税法中免于征税的税额，免征额部分不征税，超过部分按适用税率征税。起征点与免征额的高低体现着征税面与税收负担量的变化，都是对不同收入纳税人的一种普遍照顾。为了扶持个体经济的发展，鼓励国有企业下岗失业人员及其他人员自谋职业和自主创业，我国政府将增值税和营业税的起征点做了较大幅度的提高。在2011年修订的增值税条例中将增值税的起征点规定为：销售货物的月销售额为5 000～20 000元；销售应税劳务的月销售额为5 000～20 000元；按次纳税的每次(日)销售额为300～500元。在同年修订的营业税条例中将营业税的起征点规定为：按期纳税的月营业额为5 000～20 000元；按次纳税的每次(日)营业额为300～500元。

税收加征是指根据规定的税率计算出应纳税额后，再加征一定成数的税额。例如，现行个人所得税规定，对于个人一次性劳动报酬，其应纳税所得额超过2万元，在2万元至5万元之间的部分加征五成，超过5万元的部分加征十成。

6. 税收处罚

凡是纳税人，包括纳税人和代征扣缴义务人在内，不按国家税法办事、逃避纳税义务、违反税务管理规定的行为，都是违章行为，都应依法受到处罚。这是税法强制性的具体规定。纳税人违反税法的行为可以归纳为两大类：

(1)构成偷税的行为。对纳税人的偷税行为，根据《中华人民共和国税收征管法》第六十三条的规定，除追缴其少缴或不缴的税款、滞纳金外，还要处不缴或少缴税款50%以上5倍以下的罚款。此外，如果纳税人的纳税行为构成犯罪的，还将根据《中华人民共和国刑法》有关规定，依法追究其刑事责任。

(2)未构成偷税的其他违法行为。此类违法行为主要表现在三个方面：一是未及时申报纳税。税务机关除责令其限期申报外，还可根据情节的轻重，处以2 000元以下或2 000元以上10 000元以下的罚款。二是税款计算错误导致少缴税款的行为。税务机关可以在3年内追征税款、滞纳金；有特殊情况的，还可以延长到5年。三是有意拖欠税款的行为。由税务机关责令其限期缴纳，如果逾期还未缴纳的，要强制追缴其不缴或少缴的税款，并处不缴或少缴税款5倍以下的罚款。

1.4 税收种类的划分

世界各国的国情不同，决定了各国的税收制度也不可能完全相同。因此，为了便于对不同国家的税制进行分析、比较和研究，同时也是为了设计本国税制、分析税收负担、加强征管而服务，有必要依据不同的标准将所有的税种加以分类。

出于不同目的，财政学者或财税管理官员对税收分类有着不同的标准。因此，税收分类就有多个标准，每个理论都有各自的赞成者与反对者。目前，这些税收分类标准有以征税对象为标准的分类，以税负是否转嫁为标准的分类，以税收与价格的关系为标准的分类，以税收的计税依据为标准的分类，以税收的归属为标准的分类，以税收的形态为标准的分类和以征收机构为标准的分类等。其中，征税对象、税负是否转嫁、税收的计税依据、税收的归属标准为常用的分类标准。在本书中，我们将主要对这些常用标准进行介绍。

1.4.1 以征税对象为标准分类

以征税对象为标准，可将我国税种分为流转税类，所得税类，资源、财产税类，目的、行为税类四大类。它是世界各国普遍采用的方式，也是税收分类中最基本、最重要的形式。我国国家税务总局对税收法规分类采用的就是这种分类方式。

1. 流转税类

流转税类是以商品流转额或劳务流转额为征税对象的税收总称，其主要包括增值税、消费税、营业税、关税、烟叶税。该类税收既可以全部流转额作为计税依据，也可以部分流转额作为计税依据。在税率确定的条件下，纳税人的流转税负担主要与流转额相关，与生产、经营成本无关，即与纳税人是否有经营利润无关。流转税的征税方法很容易造成纳税人资本损失，有悖于纳税人资本完整原则。因此，流转税占经济发达国家税收收入的比重呈下降的趋势，与此相反，所得税则呈现上升的趋势。与世界经济发达国家国情不同，我国还是经济欠发达国家，稳定增长的财政收入对我国国家职能的履行具有重要影响。而流转税具有税源稳定、征收方便的特点，容易满足国家筹集财政收入的需要。因此，在将来的一段时间内，流转税在我国税收体系中还会占有相当重要的地位。

2. 所得税类

所得税类是以纳税人收益所得额为征税对象征收的一类税，纳税人的收益所得额可分为两类，即利润所得额和其他所得额。利润所得额主要是指纳税人按税法规定取得生产经营收入与符合税法规定的成本支出的差额；其他所得额主要是指工资、劳务报酬、股息和利息收入等。在我国税收体系中，所得税类主要包括企业所得税与个人所得税。与流转税类不同，纳税人所得税类的负担主要与其取得的所得相关，有所得才承担税收，无所得则不承担税收。因此，所得税类税收不存在侵蚀纳税人资本问题。此外，所得税类税收一般采用累进税率，能较好地体现纳税人纳税能力，政府利用该类政策容易实现社会收入分配公平。因此，世界各国普遍开征所得税。但所得类税收对征管人员的素质及税收机关的征管手段要求较高，在未达到这些要求的条件下，贸然把所得税作为国家财政收入的主要来源是不可取的。随着我国税收征管水平的提高与征管人员素质的提高，所得类税收占我国税收收入的比重也将逐渐提高。

3. 资源、财产税类

资源、财产税类是以纳税人拥有支配财产或开发和利用自然资源为征税对象征收的一类税，自然资源包括地下资源、地上资源和空间资源三类。一般来说，世界各国所开征的资源、财产税并不是对所有的资源、财产进行征税，而是有选择地对部分资源与财产进行征税。例如，我国在1994年规定资源税实行从量定额征收的办法，征税范围仅限于原油、天然气、煤炭、其他非金属矿原矿等7个品目。资源、财产税类的特点是税源稳定，税负难以转嫁，可以为财政收入提供稳定的来源。在我国，此类税收主要包括资源税、城镇土地使用税、房产税等。在古希腊、古罗马时代，便开征了土地税(对土地及其房屋征收的税种)，这是世界上最早的财产税。

由于资源税实行从量计征，未能很好地起到保护资源、保护环境的作用。在2010年6月1日，我国资源税改革率先在新疆试点，将天然气资源税由从量计征改为从价计征。2011年11月1日，修订后的《中华人民共和国资源税暂行条例》(简称资源税条例)在我国全面实施，原油、天然气的资源税将从现行的从量计征改为从价计征，税率为5%。

4. 目的、行为税类

目的、行为税类是以特定行为或出于某种财政、经济目的而设置的税。该类税收存在税源易变动、征管困难等特征，但该类税收可以体现国家的宏观政策调控意图，积极规范或引导纳税人的行为。例如，为了维护股市的稳定与健康发展，我国政府在2008年9月19日起将证券交易印花税由双方当事人征收改为单边征收，这在金融危机中对稳定股价起到了很好的刺激作用。在我国税收体系中，该类税收主要包括城建税、耕地占用税、车辆购置税、车船使用税、印花税、契税和固定资产投资方向调节税等。

目前，在四大税类中，流转税类和所得税类在税收总额中所占的比重是最高的，具体可参见表1-1。

表1-1　2006～2010年税收分类统计

年份	2006	2007	2008	2009	2010
流转税类/亿元	24 876.27	30 552.98	31 486.15	34 980.16	49 372.77
(比重/%)	(66.10)	(61.79)	(58.78)	(59.60)	(64.08)
所得税类/亿元	9 533.02	12 859.92	14 895.24	15 483.72	19 386.16
(比重/%)	(25.33)	(26.01)	(27.81)	(26.38)	(25.16)
资源、财产税类/亿元	1 130.65	1 624.90	2 336.21	2 782.28	3 327.96
(比重/%)	(3.00)	(3.29)	(4.36)	(4.74)	(4.32)
目的、行为税类/亿元	2 095.60	4 410.53	4 849.51	5 440.83	4 963.17
(比重/%)	(5.57)	(8.92)	(9.05)	(9.27)	(6.44)
合计/亿元	37 635.54	49 448.33	53 567.11	58 686.99	77 050.06

资料来源：根据历年的《中国税务年鉴》的数据整理计算得来

1.4.2　以税负是否转嫁为标准分类

在经营过程中，纳税人会通过各种经营策略或手段将自己承担的税收负担转嫁给消费者或其他经营者。如果纳税人的目的能成功实现或部分实现，我们称之为实现了税负转嫁；反之，则称之为未能实现税负转嫁。以此为标准，本书将各税种分为两类，即直接税和间接税。我们把由纳税人直接负担，不易转嫁出去的税种，称为直接税；税负能够转嫁出去的税种称为间接税。直接税的特点是纳税人与负税人是同一主体。在我国税收体系中，直接税税种主要包括企业所得税、个人所得税及财产税等。间接税的特点是纳税人与负税人发生分离。例如，对卷烟在生产环节征收消费税时，纳税人是卷烟厂，但是它不会去承担这个税负，而是把消费税纳入价格之中，转嫁给消费者，由消费者来承担税负。在我国税收体系中，间接税税种主要包括营业税、消费税、增值税及关税等。

很显然，我国实行的是以直接税和间接税为双主体的税制。应该指出的是，对于特定的税种，判定税负能否转嫁是很困难的。例如，对于一般被认定为直接税的企业所得税，也可能通过降低工资、提高劳动强度等办法将税负转嫁给雇员。另外，税负转嫁还与企业所处的市场结构关系密切。在完全竞争的市场条件下，企业税负能否转嫁出去，还取决于同行业其他企业的决策。

1.4.3 以税收的计税依据为标准分类

以税收的计税依据为标准，可将各税种分为两类，即从价税和从量税。营业税中交通运输业按营业额的3%计征，像这种以征税对象的价格的一定比例计算征收的税种属于从价税；城镇土地使用税在大城市(50万人以上)为1.5～30元/平方米，像这种以征税对象的重量、容积、面积、数量等为计征标准，按确定的单位税额计征的税种就是从量税。

从价税符合商品经济的要求，有利于贯彻国家税收政策，因而我国的大部分税种都采用了从价税这种计税方法，如我国现行的增值税、营业税等。从价税税类的税种在我国的财政收入中占据重要位置，仅仅从增值税来看，2010年国内增值税达到21 093亿元(不含海关代征的增值税)，占整个税收收入的28.8%①。与从价税相比，从量税计算简便，税额不受价格的影响，收入稳定；它的缺点是只限于计量单位明确的征税对象征税，税源受到很大的限制，而且当商品价格提高时税额不能相应增加，税收收入不能随国民收入增长而增长，因而收入弹性差。但考虑到税收管理部门税收征管的方便，我国还是对少量税种采用了从量征税的方法。在我国税收体系中，资源税、车船使用税和耕地占用税等少数税种采用的就是从量计税的方法。此外，为了弥补税制设计的缺陷，我国对部分特定商品采用既从价计征又从量计征的复合计税方法。采用这种复合计税方法的主要是消费税中的卷烟、白酒，以及进口商品中的录像机、放像机、摄像机、数字照相机和摄录一体机等。

① 根据2011年《中国统计年鉴》相关数据整理计算得出。

1.4.4 以税收的归属为标准分类

以税收的归属为标准，可将各个税种分为三类，即中央税、地方税和中央与地方共享税。中央税是指属于中央财政固定收入，归中央政府支配和使用的税种，如我国现行税制中的关税、海关代征的消费税和增值税等。地方税是指属于地方财政固定收入，归地方政府支配和使用的税种，如我国现行税制中的房产税、车船使用税等。中央与地方共享税则是指中央政府和地方政府共同享有，按一定比例分成的税种，如我国现行税制中的个人所得税、增值税等。

为了保障中央政府的宏观调控能力，我国将税源广泛、征收相对容易的税种划为中央税。因此，从税收收入分配体制上看，我国中央级税收收入占国家整个税收收入比重较大。2006年，中央级税收收入占全国税收收入的63.8%；2007年，仍基本保持这一格局，为64%。

在美国税收中，近年来美国联邦政府税收收入约占2/3，州和地方政府约占1/3①，这和我国中央级和地方级的分配格局差不多。但我国税收分配体制与美国有很大区别，具体表现在以下两个方面：一是美国建立了较为完善的政府间转移制度，能够平衡各级政府的财政收支；二是美国税制实行联邦、州和地方三个层次税制，地方具有很高的征税权，而这些方面都是我国地方政府所欠缺的。

1.5 我国税收管理体制

税收管理体制就是指在各级国家机构之间划分税收管理权限的制度或制度体系。它是国家税收制度的重要组成部分，也是一国财政管理体制的重要内容。一国采用何种类型的税收管理体制，是与该国的国情密不可分的。我国国内生产总值(GDP)在世界上排名虽然有了较大的上升，但不能否认我国仍然是经济发展中国家，还需要中央政府集中国家财力、物力与人力，来进行国民经济建设。因此，我国在税收立法和税收政策制定方面，均强调税权集中与税收统一，税收立法权、征收权高度集中于中央。与此相适应，我国地方政府在税收立法权和税收政策制定等方面的权限则很小，一般只能在中央立法许可的范围内，来进行税收立法与税收政策制定。我国的税收管理体制属于显著的中央集权型管理体制。而美国除整体经济水平高度发达外，各地经济水平发展比较均衡及政治上的原因，美国政府在税收管理体制上，赋予了联邦政府和地方政府独立的税收立法权、执法权和司法权，联邦政府和地方政府分级管理，互不干涉。美国这种类型的税收管理体制就属于典型的分权型税收管理体制。与我国和美国的税收管理体制不同，德国则将大多数的税种立法权集中于联邦政府，但将税收收益权与征收权分归州和地方两级政府，各州在联邦法律明确授权下享有一定的立法权。德国的这种税收管理体制是典型的集权与分权混合型税收管理体制。

---

① 美国税务管理员联合会．美国税收制度概述．美国通网站，2008-09-27.

1.5.1 我国的税收立法

税收立法是税法实施的前提，一切税收都只能在法律许可的范围内进行开征与管理，在现代经济条件下，未经法律授权而征收的税种是不存在的。而要做好税收的立法工作，首先要明确中央政府和地方政府的税收立法权。所谓税收立法权，是指享有立法权的国家机关制定、修改、解释和废除税收法律、法规和规范性文件的权力。它包括两方面的内容：一是什么机关享有税收立法权；二是享有税收立法权的机关在税收立法权上是如何划分的。根据税收法律法规作用的法律效力，我国的税收立法权可分为以下几类。

1. 全国人民代表大会及其常务委员会制定的税收法律

我国没有设置专门的税收基本法，因此除《中华人民共和国宪法》外，税收法律在税法体系中具有最高的法律效力，是其他机关制定税收法规、规章的法律依据，其他各级机关制定的税收法规、规章都不得与税收法律相抵触。根据我国税收管理体制，全国性税种的立法权，包括全部中央税、中央与地方共享税和在全国范围内征收的地方税税法的制定、公布和税种的开征、停征权，属于全国人民代表大会及其常务委员会。目前，我国以法律形式存在的税种及管理方法并不多，仅有全国人民代表大会通过的《企业所得税法》、《中华人民共和国个人所得税法》(简称《个人所得税法》)，以及全国人民代表大会常务委员会通过的《中华人民共和国税收征收管理法》三部税收法律法规。

2. 国务院制定的税收行政法规

国务院是我国最高的行政机关，有权依据宪法和法律或全国人民代表大会授权制定行政法规。我国还是发展中国家，经济环境变化较快，因此，我国绝大多数税种都是以税收行政法规的形式存在的，即我国大多数税种是由国务院制定的。目前，通过全国人民代表大会授权，国务院制定的行政法规有增值税、营业税、消费税、资源税、土地增值税等暂行条例；依据宪法和法律，国务院制定的税收法规有《中华人民共和国企业所得税法实施条例》(简称《企业所得税法实施条例》)、《中华人民共和国税收征收管理法实施细则》、《中华人民共和国个人所得税法实施细则》等。

3. 国务院税务主管部门制定的税收部门规章

制定税收部门规章的范围包括对有关税收法律、法规的具体解释，税收征收管理的具体规定、办法等。有权制定税收部门规章的税务主管部门是财政部、国家税务总局、海关总署和国务院关税税则委员会。目前，财政部与国家税务总局联合颁布的税收规章主要有《中华人民共和国增值税暂行条例实施细则》(简称增值税实施细则)、《中华人民共和国营业税暂行条例实施细则》及《中华人民共和国消费税暂行条例实施细则》等。国家税务总局制定的税收部门规章主要有《税务登记管理办法》、《税务代理试行办法》等。国务院关税税则委员会制定的税收部门规章主要有《中华人民共和国海关进出口税则》及《中华人民共和国海关关于入境旅客行李物品和个人邮递物品征收进口税办法》等。

4. 地方部门颁布的地方性税收法规、规章

根据我国法律的规定，省级人民代表大会及其常务委员会和省级人民政府，在不与国家的税收法律、法规相抵触的前提下，拥有可以根据本地区经济发展的具体情况，开征全国性税种以外的地方税种的立法权。此外，省级人民政府还可以在全国性地方条例规定的幅度内，确定本地区适用的税率或税额。例如，《城镇土地使用税暂行条例实施细则》、《房产税暂行条例实施细则》、《车船使用税暂行条例实施细则》等地方性税收法规由各省、自治区、直辖市人民政府自行制定。香港和澳门两个特别行政区实行独立的税收制度，中央政府不在这两个特别行政区征税。

1.5.2 税收执法权的划分

孟子认为，“徒法不足以自行”。顾名思义，纸上的法律再完备，若没有贯彻执法和执法制度，它也不能完全奏效。我国税收执法权是指有关征收机关按照税收法律法规文件的规定征收税款的权力。我国税收执法机关一般包括国家税务总局、各地国家税务局、地方税务局、海关总署以及各地海关、地方财政部门等。

1. 税收执法权划分的原则

根据国务院《关于实行财政分税制有关问题的通知》(国发明电【1993】18 号)等有关法律、法规的规定，我国税收执法权划分的基本原则是按税种划分为中央收入和地方收入。按收入归属划分税收管理权限，即将维护国家权益、实施宏观调控所必需的税种划为中央税；将同国民经济发展直接相关的主要税种划为中央与地方共享税；将适合地方征管的税种划为地方税，并充实地方税税种，增加地方税收收入。对中央税，其税收管理权由国务院及其税务主管部门(财政部和国家税务总局)掌握，由中央税务机构负责征收；对地方税，其管理权由地方人民政府及其税务主管部门掌握，由地方税务机构负责征收；对中央与地方共享税，原则上由中央税务机构直接划入地方金库。

2. 中央与地方税收收入划分

中央政府固定收入主要包括消费税(含海关环节代征的部分)、车辆购置税、关税、海关代征的进口环节增值税。

地方政府固定收入主要包括城镇土地使用税、耕地占用税、土地增值税、房产税、车船使用税、契税、筵席税。

中央与地方共享收入主要包括增值税(不含进口环节海关代征的部分)、营业税、企业所得税、个人所得税、资源税、城建税和证券交易印花税。

3. 税收征管范围的划分

为了落实分税制体制，我国不仅将税收系统分为国税部门与地税部门，而且也将它们的各自征管范围进行了划分。为了保障中央政府筹集财政收入的需要，我国把容易征收且征管成本较低的税种划到国家税务局系统，把那些征收困难且征收成本较高的税种

划到地方税务系统。

国家税务局系统负责征收管理的项目有：增值税，消费税，车辆购置税，铁道部门、各银行总行、各保险总公司集中缴纳的营业税、所得税、城建税，中央企业缴纳的所得税，中央与地方所属企业、事业单位组成的联营企业、股份制企业缴纳的所得税，地方银行、非银行金融企业缴纳的所得税，海洋石油企业缴纳的所得税、资源税，证券交易税，个人所得税中对储蓄存款征收的部分，中央税的滞纳金、补税、罚款。

地方税务系统负责征收管理的项目有：营业税，城建税(国家税务局征的除外)，地方所属企业所得税，个人所得税，资源税，城镇土地使用税，耕地占用税，土地增值税，房产税，车船税，印花税，契税，烟叶税，屠宰税，筵席税及其地方附加，地方税的滞纳金、补税、罚款等。

除国家税务局系统与地方税务系统外，国家海关部门也是我国重要的税收征收管理部门。目前，海关部门主要负责征收关税、船舶吨税、行李和邮递物品进口关税，以及进口环节增值税和消费税。由海关部门负责征收这些税种主要是基于两方面的原因：一是这些税种与货物进出口密切相关，由海关部门负责可以减少税收流失；二是减少税收征管成本，如果改由税务部门征管，其征管成本会有较大幅度的上升。

此外，为了兼顾历史原因与照顾地方利益，我国还有一些小税种由地方财政部门负责征收。目前，地方财政部门负责征收管理的税种主要有烟叶税、契税和耕地占用税。有些地区，该类税收已由地方税务部门负责征管。从趋势来看，今后该类税收应由地方税务部门征管。其原因有两个：一是由地方税务系统负责征收这些税种，并不改变税收收入的地方政府所有权；二是由地方税务系统负责征管这些税种，可以有效地降低征管成本。

1.5.3 税务机构设置

我国现行的税务机构设置是1994年根据分税制体制改革的需要而设立的。一方面是为了使税收收入在中央政府和地方政府之间的划分落到实处，保证各级政府能够征收到相应的足够的税收；另一方面是为了使各级政府对相应的税收更好地加以管理、调控。由此我国分设了两套税务系统：一套是国家税务局系统；另一套是地方税务系统。

在中央设置国家税务总局(正部级)，其是直属国务院的行政职能机关。国家税务总局对国家税务局系统实行机构、编制、干部、经费的垂直管理，协同省级人民政府对省级地方税务局实行双重领导。

1. 国家税务局机构设置

国家税务局系统包括省、自治区、直辖市国家税务局，地区、地级市、自治州、盟国家税务局，县、县级市、旗国家税务局，征收分局、税务所。征收分局、税务所是县级国家税务局的派出机构，前者一般按照行政区划、经济区划或者行业设置，后者一般按照经济区划或者行政区划设置。

省级国家税务局是国家税务总局直属的正厅(局)级行政机构，是本地区主管国家税务工作的职能部门，负责贯彻执行国家的有关税收法律、法规和规章，并结合本地实际情况制定具体实施办法。局长、副局长均由国家税务总局任命。

2. 地方税务局机构设置

地方税务局系统包括省、自治区、直辖市地方税务局，地区、地级市、自治州、盟地方税务局，县、县级市、旗地方税务局，征收分局、税务所。省级以下地方税务局实行上级税务机关和同级政府双重领导，以上级税务机关垂直领导为主的管理体制，即地区(市)、县(市)地方税务局的机构设置、干部管理、人员编制和经费开支均由所在省(自治区、直辖市)地方税务局垂直管理。

省级地方税务局是省级人民政府所属的主管本地区地方税收工作的职能部门，一般为正厅(局)级行政机构，实行地方政府和国家税务总局双重领导，以地方政府领导为主的管理体制。

专栏 1-5　　我国有多少个税务机构

截至 2007 年年底，全国省以下国家税务局系统共有 31 个省(自治区、直辖市)局、15 个副省级城市局、336 个地(市、州、盟)局、81 个直辖市区局、152 个副省级城市局、840 个地(市、州、盟)区局和 2 054 个县(市、旗)局，另外设置有 2 898 个稽查局、直属分局等直属机构，10 507 个税务分局、税务所等派出机构，4 153 个信息中心、机关服务中心等事业单位。地方税务局系统共有 30 个省(自治区、直辖市)局、15 个副省级城市局、317 个地(市、州、盟)局、71 个直辖市区局、106 个副省级城市区局、571 个地(市、州、盟)区局和 1 949 个县(市、旗)局，另设置 4 977 个稽查局、直属分局等直属机构，18 178 个税务分局、税务所等派出机构，2 132 个信息中心、机关服务中心等事业单位。

资料来源：安仲文，李静敏．税收管理．大连：东北财经大学出版社，2010.

国家税务总局对省级地方税务局的领导，主要体现在税收政策、业务的指导和协调，对国家统一的税收制度、政策的监督，组织经验交流等方面。省级地方税务局的局长人选由地方政府征求国家税务总局意见之后任免。

1994 年分设的两套税务系统对保障中央政府集中财力起到了良好的效果，但不可否认的是两套税务系统也是造成我国税收征管成本过高的重要原因。同时，随着我国税务系统计算机使用水平的提高，现有的技术水平已能解决 1994 年分税制改革时所面临的财力分配困难问题。因此，将两套税务机构进行合并的呼声常见于各种期刊、电视等媒体。

习题

一、判断题

1. 税收的“三性”可以不必全部具有，只要具有无偿性和强制性就可称之为税(　　)
2. 征税机关(如税务机关)是税收征收的唯一主体(　　)

3. 一些地方征收的养路费、车辆购置附加费、铁路建设基金、电力建设基金、三峡工程建设基金属于税收(　　)

4. 为了便于征税，印花税一般通过税务机关委托发证、鉴证以及其他有关部门代为征收(　　)

5. 税收制度的首要要素为纳税人，其是一种税区别于另一种税的标志(　　)

6. 税收确定原则是税收固定性的一种体现(　　)

7. 在现行消费税中，计税依据分为从价计征和从量计征两种形式(　　)

8. 我国中央税、中央与地方共享税的立法权在中央，地方税立法权在地方(　　)

9. 增值税和消费税都是直接税(　　)

10.《企业所得税法》和《个人所得税法》属于我国的税收法律，是我国的税收基本法(　　)

二、单项选择题

1. 全国性地方税的开征、停征权属于(　　)

A. 全国人民代表大会及其常务委员会　　B. 国务院

C. 财政部和国家税务局　　D. 地方人民代表大会及其常务委员会

2. 下列各项中，表述正确的是(　　)

A. 税目是区分不同税种的主要标志　　B. 税率是衡量税负轻重的重要标志

C. 征税对象就是征纳双方权利义务的标的物　　D. 税目体现着征税的深度

3. 下列税种中属于对流转环节课税的是(　　)

A. 契税　　B. 资源税

C. 营业税　　D. 企业所得税

4. 我国目前税制基本上是(　　)

A. 直接税和间接税双主体　　B. 直接税为主体

C. 间接税为主体　　D. 无主体

5. 以下对于税收概念的相关理解不正确的是(　　)

A. 税收是我国政府取得收入的最主要形式　　B. 国家征税的依据是财产权利

C. 国家征税是为了满足社会公共需要　　D. 税收“三性”是区别税与非税的标志

三、多项选择题

1. 县级国家税务局的派出机构有(　　)

A. 征收分局　　B. 税务所

C. 代扣代缴义务人　　D. 代征人

2. 下列属于特定目的、行为的税种有(　　)

A. 城建税　　B. 土地增值税

C. 印花税　　D. 契税

3. 下列税种中，由全国人民代表大会立法确立的有(　　)

A. 增值税　　B. 企业所得税

C. 土地增值税　　D. 个人所得税

4. 下列各项中，有权制定税收规章的税务主管机关有(　　)

A. 国务院　　B. 财政部

C. 国家税务总局　　D. 海关总署

5. 国家税务局系统负责征收和管理的项目有(　　)

A. 保险总公司集中缴纳的营业税　　B. 证券交易印花税

C. 土地增值税　　D. 车辆购置税

6. 下列属于税基式减免的有( )

A. 起征点
B. 免征额
C. 高新技术企业实行15%的所得税率
D. 软件企业税负超过3%的部分即征即退

7. 中国现行税制中采用的累进税率有( )

A. 全额累进税率
B. 超率累进税率
C. 超额累进税率
D. 超倍累进税率

8. 下列税种中，全部属于中央政府固定收入的有( )

A. 消费税
B. 增值税
C. 车辆购置税
D. 资源税

9. 现行消费税中，计税依据可分为( )

A. 从量计征
B. 定额计征
C. 从价计征
D. 从价从量计征

10. 主要由地方税务机关征收的税种有( )

A. 增值税
B. 营业税
C. 个人所得税
D. 契税

第2章

增　值　税

增值税是对纳税人在生产、销售商品或提供劳务过程中实现的增值额征收的一种税。它是由销售税改进而来的，因而保留了销售税对流转过程中的商品普遍征收、每个环节都征收的特点。不同的是，由于它是对增值额征收的，因而避免了销售税重复课税的弊端。这样，增值税既能保证财政收入的均衡稳定，又能促进专业化生产与分工协作，提高生产效率。此外，增值税的制度设计还方便了出口退税，并且具有防止偷漏税的连锁机制。鉴于此，世界各国普遍将产品税改革为增值税。

我国从1979年起在部分城市试行增值税。1982年财政部制定了《增值税暂行办法》，并自1983年1月1日开始在全国的一些工业行业范围内试行。1984年9月，在总结经验的基础上，国务院又制定了《中华人民共和国增值税条例(草案)》，并自1984年10月起施行。1993年12月13日，国务院发布了《中华人民共和国增值税暂行条例》，并自1994年1月1日起施行。为进一步完善税制，积极应对国际金融危机对我国经济的影响，2008年11月5日国务院第34次常务会议修订了《中华人民共和国增值税暂行条例》，决定自2009年1月1日起全面实施增值税转型改革。本章的基本税法依据即为此次修订的条例及其实施细则。

本章将介绍增值额的经济含义；增值税购进扣税法的基本原理；增值税的征税对象、纳税人等基本要素；一般纳税人和小规模纳税人不同的应纳增值税税额计算方法；对兼营业务和混合销售业务的增值税处理规定；增值税的出口退税方法等。虽然在我国现行增值税中，采用的是增值税专用发票，并且增值税专用发票起着至关重要的作用，但由于篇幅所限，只得略去不述。

2.1　增值税概述

在流转税中，增值税是技术性最强的税种，其原理和计算都比消费税和营业税要复杂一些。增值税是对每一个流转环节所产生的增值额征税，那么，在税制设计上就有两个根本性的问题必须解决：第一，对于任何一个流转环节而言，如何确定它所产生的增值额？第二，如何保证在每一个流转环节确实是对并且仅仅是对它的增值额征税？本节将介绍增值税的原理，并回答上述两个问题，然后以此为基础介绍增值税的类型和范围。

2.1.1 增值额

增值税是一种流转税，即在商品流转过程中征收的税种。什么是商品流转过程呢？以制造业为例，一个商品在实现最终消费前，一般要经历原材料生产、零部件生产、组装、批发、零售等许多个生产销售环节，这就是制造业商品的流转过程。其中的任何一个生产销售环节就是该过程中的一个流转环节。显然有些流转过程会包含许多流转环节，而有些流转过程可能由很少的流转环节组成。例如，修理空调等提供劳务的活动就只有一个流转环节。商品每经过一个流转环节就会增加新的附加值。

从原理上而言，增值税是对商品生产和流通等流转过程中各环节的新增价值，即增值额征税。增值额是增值税的核心内容，是纳税人在一定时期内从事生产经营活动新创造的那部分价值。那么，如何确定一个流转环节的增值额呢？

从分析的角度看，一个流转环节的增值额有两种简单的描述形式：

一是减法表达式，即用该环节当期总产出价值扣除当期总投入价值，也就是

增值额＝产出－投入

二是加法表达式，即当期该环节的工资薪金与利润之和，也就是

增值额＝利润＋工资

根据减法表达式可知，如果从生产经营的角度考虑，增值额是当期商品销售收入扣除非增值项目的余额。非增值项目就是对外采购的物品，相当于商品购入额，也可理解为物化后的劳动。这样增值额也就是

增值额＝商品销售额－投入品购进额

由此不难知道，增值额具有一个重要性质：就一项商品生产经营的全过程而言，其增值额是该商品所经过的诸生产经营环节的增值额之和，它等于该商品实现最终消费时的销售额。下面的例子说明了这一性质。

【例 2-1】 农民种植小麦，以每公斤两元卖给面粉厂；面粉厂将小麦磨成面粉，并以每公斤 6 元的价格卖给面包店；面包店用面粉制成面包，并以每公斤 12 元的价格卖给了零售商，零售商又以每公斤 15 元的价格卖给了工程师；工程师消费了面包。试问：本例中每个流转环节的增值额各是多少？整个流转过程的总增值额是多少？

计算过程如表 2-1 所示。由表 2-1 可以看出，实现最终消费的商品是零售面包，它的销售额为 15 元，与 4 个流转环节的增值额 2 元、4 元、6 元、3 元之和正好相等。

表 2-1 货物在各环节的增值额(单位：元)

经营环节	购进额	销售额	增值额
小麦种植	0	2	2
面粉生产	2	6	4
面包生产	6	12	6
面包零售	12	15	3
合计			15

注：任一产品的生产链都找不到起点，本例中假设小麦种植环节没有购买任何生产资料

理解了增值额的概念，下面来看它和按照销售额全额征收的产品税有什么区别。产品税对每个商品交易环节都按销售额全额征税，它的最大弊端就是多环节重复征税。同一种产品，如果经过的经营环节不同，税负就会不同，流转环节越多，税负就越重。表 2-2 对产品税和增值税进行了比较。

表 2-2 产品税和增值税的比较(单位：元)

经营环节	购进额	产品税(税率 10%)	增值额	增值税(税率 10%)
生产	60	6	60	6
批发	80	8	20	2
零售	100	10	20	2
合计		24		10

例如，一件商品的产品税税率为 10%，生产环节的销售收入为 60 元，应纳税额为 60 元×10%=6 元，如果是直销给消费者，该商品的总体税负就是 10%；如果是销售给批发商，批发商加价后销售收入为 80 元，应纳税额为 80 元×10%=8 元，由于该收入中的 60 元已经交过 6 元的税，该商品至此已总共交了 14 元的税，如果批发商采用直销方式，那么，该商品的总体税负就增加到 17.5%；如果批发商将它卖给零售商，零售商的销售收入为 100 元，应纳税额为 100 元×10%=10 元，同理可知该商品这时的总体税负就进一步增加到了 24%。

显然，如果批发次数增加，该商品的总体税负就会随之增加而越来越重，呈阶梯式的递增。传统产品税的这种多环节阶梯式课税制与现代社会化大生产是相矛盾的，不仅扭曲了商业竞争，而且容易造成小而全和大而全的企业，严重阻碍专业化协作生产经营方式的发展。

而采用增值税，各流转环节的增值额之和正好等于该产品最后的售价。这样，如果征收统一税率的增值税，那么对每一生产环节增值额征收的增值税之和，实际上就等价于按商品最终销售额征收的增值税。而且对于同一类商品，不论生产经营环节增加或减少，只要其最后售价相同，其整体税负必然相等。例如，在表 2-2 中，生产、批发、零售三个不同环节始终保持了 10%的税收负担率，换言之，就是流转环节对增值税税负是中性的。这样税收收入就不受生产经营环节变化的影响而保持稳定，并有利于专业化协作生产经营和完善流通体系，适应社会化大生产的要求。

另外，现代增值税制一般是实行“凭发票注明税款扣税法”，不仅简化了征收管理手续，而且形成了各个生产经营环节之间勾稽关系，可有效地防止偷漏税。由于增值税上

述税收负担的合理性和征收管理上的先进性，使得该税种在法国取得成功后，在半个世纪的时间里就发展成为一个国际性税种。

2.1.2 增值税计算原理

根据增值额的经济含义，如果税率已知，对应于增值额的加法表示和减法表示，增值税的计算方法从原理上说可以有以下四种：

(1)直接相加法，即

增值税=(利润+工资)×税率

(2)间接相加法，即

增值税=利润×税率+工资×税率

(3)直接相减法，即

增值税=(产出-投入)×税率

(4)间接相减法，即

增值税=产出×税率-投入×税率

直接法和间接法在数学上是等价的，但在经济解释上则不同。直接法是直接利用增值额概念计算税额，经济含义上十分清楚。然而，采用直接法必须满足一个条件，即增值税的税率必须单一，如果对产出品和投入品规定的税率不相同，则难以使用直接法。不幸的是，世界各国的增值税基本上都是实行的差别税率，这就决定了直接法虽然概念准确，却不适用。相反，间接法虽然在概念上不是直接对增值额征税，但正因为它在数学上与直接法等价，而在计算中又不受差别税率的影响，实际运用起来简单可行。

另外，加法中对收入只是象征性地列举了利润和工资，企业实际上的收入种类和项目却非常多，很难核定其中哪些属于增值，哪些不属于增值，所以加法实际上不便于使用。而减法则基本上无此困难，虽然涉及的项目也可能很多，但通常可以分清哪一项是投入，哪一项是产出。

由于上述原因，世界上实行增值税的国家一般都是采用间接相减法来计算增值税税额。显然，采用间接相减法计算增值税足以保证对增值额足额征税，并且不会对企业增值额以外的收入或项目征税。

2.1.3 购进扣税法

前面分析表明，间接相减法是一种很好的增值税计算方法，在税制设计时该如何实现这个原理呢？如果税务机关机械地执行间接相减法，对同一纳税人每一项产出品收税，对每一项投入品也收税，然后计算并留下二者的差，其余的退回给该纳税人，那么，即使征收能够实现，其征收过程也会异常复杂，征收成本将难以承受。所以，各国税务机关在增值税的征收中实际使用的是一种简单易行的变通方法，这种方法一般称为“购进扣税法”。即在计算进项税额时，按当期购进商品已纳税额计算。实际征收中，采用凭增值税专用发票或其他合法扣税凭证注明税款进行抵扣的办法计算应纳税款。

假定增值税的税率为 t，对于一种商品的任意第 i 个流转环节，我们将投入价值乘以税率的积($t\times I_i$)称为该环节的进项税，产出价值乘以税率的积($t\times O_i$)称为该环节的销项税。

如果规定在每一个流转环节均由卖方向买方收取销项税，那么，在任意第 i 个环节，经营者在购进投入品时要向他的卖方支付进项税，而在销售时又要向他的买方收取销项税。因此，只要规定经营者必须将其收取的销项税减去其已支付的进项税之后的余额缴税，就等价于采用间接相减法对该环节征收了增值税。这样，投入和产出的税收征收与缴纳都是伴随着商品的流转过程而由纳税人自行完成的，税务机关只要收取余额就行，从而大幅度简化了征收过程，降低了征收成本。

不难理解，假定在任意一个环节，进项税能完全扣除，并且能够向买方收取足额的销项税，则对于任何一种产品，采取购进扣税法有如下效果：每一个中间环节的税负均为零；增值税本质上是对最终消费者征税；税务机关征收的增值税税额随着产品的流转而增加；增值税税率表示的是总体税负，而不是环节税负。

2.1.4 增值税的类型与范围

世界各国的增值税基本上都是采取的购进扣税法，但对于购进固定资产的进项税是否扣除以及如何扣除则有所不同，这就形成了不同的增值税类型。另外，关于是否对所有的经济活动都实行增值税，不同的国家也有不同的规定，从而形成了不同的增值税范围。

1. 增值税的类型

在国民收入核算体系中，如果不考虑国外部门，则有国民收入核算恒等式：

国内生产总值(GDP)＝消费(C)＋投资(I)＋政府采购性支出(G)

国民收入的定义如下：

国民收入＝国内生产总值－折旧－间接税

此外，还有个人收入、个人可支配收入等一系列概念。国内生产总值、国民收入、个人收入、个人可支配收入具有包含关系，从数值上看，呈递减之势。一般而言，政府采购性支出是不负担税收的，而且它还是税收的去向和用途，因此有可能征税的对象就是消费和投资这两大部分，投资在企业层面对应的主要是购进固定资产。消费这一部分无论如何都要承担增值税，而对投资，即固定资产这一部分的处理各国则有差异。

根据购进扣税法的定义，在计算应纳税额时，对纳税人当期购买任何投入品所缴纳的进项税都应该扣除。但是，固定资产是一类比较特殊的投入品，通常，固定资产的购置价值很高，使用年限很长，其价值是无形地逐渐地物化到最终产品上去的，故对于购进固定资产当期的进项税是否应当扣除以及应当如何扣除就可以有所选择。这就形成了不同的增值税类型。所以，尽管世界各国的增值税基本上都是采取购进扣税法，但采用的增值税类型则有所不同。

对购买固定资产已缴纳的增值税是否准予扣除的问题，实质上就是在应纳税增值额的计算中是否应当包含固定资产价值的问题，据此，增值税可分为三种类型。

(1)消费型增值税。其特点是对企业购进固定资产的已纳税金，允许从当期按销售额计算的增值税总额中一次全部扣除。这样，应税增值额中就不包含固定资产购进额，即

应税增值额＝销售收入－中间性产品购进额－当期固定资产购进额

此时，税基最小。在这种情况下，从整个社会来看，负担增值税的就只有国内生产总值中消费这一部分，因而称之为消费型增值税。实行消费型增值税，由于企业用于固定资产投资的部分不用负担增值税，故可以起到刺激投资、加速设备更新和提高资本有机构成的作用，但不利于保证财政收入。

(2)收入型增值税。其特点是对企业购进的固定资产，只允许从当期以及以后各期的销售额中扣除其折旧部分，也就是说，每一个时期的应税增值额为

应税增值额＝销售收入－中间性产品购进额－固定资产折旧

此时，税基稍大于消费型增值税的税基。从整个社会来看，产品销售收入扣除劳动对象价值和固定资产折旧后，与国民收入体系中国民收入概念最为接近，这就意味着此时负担增值税的是国民收入部分，因而称之为收入型增值税。实行收入型增值税，从整个使用周期来看，固定资产购进时已纳的税金还是得到了扣除，不过扣除过程缓慢平稳。因此，采用收入型增值税既有利于保证财政收入的稳定性，对于固定资产投资也有较大的鼓励作用。

(3)生产型增值税。其特点是对企业购进固定资产的价值完全不允许扣除，而只允许扣除原材料等中间性产品的价值，即

应税增值额＝销售收入－中间性产品购进额

这时，税基最大。这种情况下，负担增值税的是包括固定资产和消费资料的所有不会构成其他产品实体的最终产品。由于一个社会在一定时期内生产的全部最终产品和劳务价值之和在国民收入核算体系中对应的就是国民生产总值，所以这种增值税被称为生产型增值税。显然，生产型增值税不利于扩大投资，但有充足的增值税收入。

【例2-2】 假定某企业当期商品销售额为100万元，外购原材料等中间性产品50万元，购入机器设备等固定资产40万元，当期计入成本的折旧费为10万元。这样，在不同类型的增值税下该企业当期的增值额如表2-3所示。

表2-3 不同类型增值税制度下的增值额(单位：万元)

类型	当期销售额	允许扣除的外购中间性产品	允许扣除的固定资产	增值额
消费型	100	50	40	10
收入型	100	50	10	40
生产型	100	50	0	50

从表2-3可以看出，不同类型的增值税制度下，由于对外购固定资产价款的扣除额不同，计算出的增值额也不同，在同一纳税期间允许扣除的数额越多，增值额就越少。

增值税类型的选择与各国的实际情况密切相关。一般来说，经济发达的国家大都采用消费型或收入型增值税，发展中国家则较多采用生产型增值税。随着我国财政实力的增强和全球金融危机的影响，我国从 2009 年起已将生产型增值税转变为消费型增值税。

2. 增值税的范围

从原理上说，只要有生产经营活动就会有增值，这意味着在社会全部的生产经营领域都可以征收增值税，但增值税的实施范围实际上需要根据本国的经济发展状况和财政政策的需要予以选择，目前世界各国的增值税实施范围大体上有三种。

(1)小范围增值税。小范围增值税的实施范围仅限于工业制造业。工业制造业生产流程复杂，配套环节多，普遍需要协作生产，在这一范围内实施增值税，可以有效地解决重复征税问题，使税制适应和促进工业生产的发展。此外，将增值税控制在这一领域实施，也比较容易操作。目前在这个范围内实施增值税的主要是一些发展中国家和初步实行增值税的国家。

(2)中范围增值税。中范围增值税的实施范围除了工业制造业之外，还包括商业批发和零售业以及部分生产性劳务服务。就商品的流转过程而言，商业领域类似于工业制造业，也存在随着商品的流通环节增多而出现重复征税、税负不均的问题，在这一领域实施增值税可以促进商品的流通，形成健全的流通体系。另外，像修理、修配这样的劳务和工业制造颇为类似，对此实施增值税可体现税收公平。目前在中范围内实行增值税的主要有中国和大多数发展中国家。

(3)大范围增值税。大范围增值税的实施范围不仅包括上述领域，而且还向前延伸到所有服务行业，向后延伸到农业。这实际上就是在全社会范围内实行增值税，它使得增值税在所有的生产经营环节有了连贯性和统一性，不仅可使增值税在全社会达到税负公平，而且在税款抵扣、出口退税等问题上可以采用更为彻底的措施。不过，由于大范围增值税涉及全部服务业和农业，征收管理困难较大。目前实行大范围增值税的主要是西方发达国家，如欧盟各国。

增值税的范围小，征收就比较方便，但由于抵扣链不完整，对均衡税负十分不利，所以，增值税一般会由小范围向大范围演进。例如，法国最初只对工业生产和商品批发环节征收增值税，1966 年将其征收范围扩大到商品零售环节和农业，1978 年又进一步扩大到自由职业者。发展至今，法国增值税的征收范围包括农业、商业、工业、服务业和自由职业者，即法国境内所有有偿提供产品和服务的经营活动都应缴纳增值税，因而是一种全面的大范围增值税。

自 2012 年开始，我国拉开了增值税范围改革的帷幕，原属于营业税征收范围的交通运输业和部分现代服务业在试点地区改征增值税，这标志着我国增值税开始由中范围向大范围演进。具体内容将在营业税部分介绍。

2.1.5 增值税的优点

从世界范围看，增值税是个很年轻的税种。20 世纪初，欧美学者提出了增值税的想法。将增值税加以实践的是法国。1936 年法国政府将多环节课征的营业税改为一次性征收的生产税。单一生产税虽然克服了重复征收的问题，但没能解决日益严重的逃税问题。为了缓解逃税的压力，法国于1948年又进行了商品征税制度的改革，将一次课征制改为分阶段征收制，产品每经过一个经营环节都必须纳税，计税依据为企业经营所增加的价值额，即准予扣除前一阶段的已纳税款。1948年改革时并未使用增值税这个名称，直到1954年法国政府将扣除范围扩大到企业购入固定资产的已纳税款，才正式定名为增值税。

此后，增值税在欧洲得到推广，很快又扩展到欧洲之外的国家。目前，世界上已有100多个国家实行了增值税。增值税在半个多世纪的时间里能得到众多国家的广泛认可和推行，这在世界税制发展史上是罕见的，被称为20世纪人类在财税领域的一次最重要改革和成就。增值税得以推广，最主要的原因是其改变了传统的流转税按全额层层征税的做法，改为对每一生产流通环节的增值额进行征税，由此产生自身独特的功能和作用。

增值税是一种革新了的流转税，相对于传统的阶梯式流转税，如销售税，增值税有以下几个方面的优点：

(1)在流转过程中无重复征税。一件商品从原材料加工开始直至最终进入消费，要经过许多流转环节，在流转过程中的任何一个环节，增值税都只对尚未征过税的增值部分征税，因而有效地克服了传统流转税重复征税的弊端。这是增值税最显著、最重要的特征和优点。

(2)有利于专业化协作生产的发展和流通体系的形成。就实行增值税的货物而言，是联合生产，还是专业化生产，税负始终不变，不会随生产结构变化而异。同时，实行增值税的货物无论经过多少流转环节，其税负也是一致的。增值税的征税结果，不会对纳税人的生产经营活动和消费者的消费选择产生影响，体现了中性原则，因而有利于发展先进的生产结构和健全的流通体系。

(3)便于出口退税。在国际贸易中，各国都是以不含税的价格输出货物，而将出口货物从最初制造环节到出口环节所累计缴纳的税款如数退给出口货物的纳税人。由于增值税具有税率与整体税负相一致的特征，出口时容易计算应退税额，做到彻底退税。

(4)有内在的自我控制机制。增值税实行进项税额抵扣制，通过增值税专用发票注明税款将本环节的应纳税额与上、下环节的应纳税额联系起来，使得纳税人之间相互制约，自动地保证增值税收入不易流失。

(5)有较好的收入弹性。就全社会而言，纳税人创造的增值之和，相当于全社会的国民收入。增值税是以增值额为征税对象的，这样增值税的收入规模就与同期国民收入相联系，具有收入弹性，在国民收入增长时，能为政府取得更多的财政收入；在国民收入下降时，国家税收也下降，有利于经济的恢复和发展。

1994年税制改革后，增值税一跃成为我国现行税制中最为重要的税种。从收入角度而言，增值税一枝独秀，其他税种都无法与其匹敌。仅以税务机关征收的国内增值税来看(不含海关代征部分)，1994年它占我国税收总收入的比例高达46.12%，接近一半的收入是由其创造的。随着所得税重要性的增强，增值税的比重在下降，但目前仍占到税收总收入的1/3左右，因而该税种对我国财政收入及经济发展的影响极大。虽然如此，我国迄今为止仍然没有颁布增值税法，现行增值税法的基本依据还是暂行条例，这反映了我国税收立法层次较低的老问题。1994～2010 年国内增值税收入及比重见图 2-1。

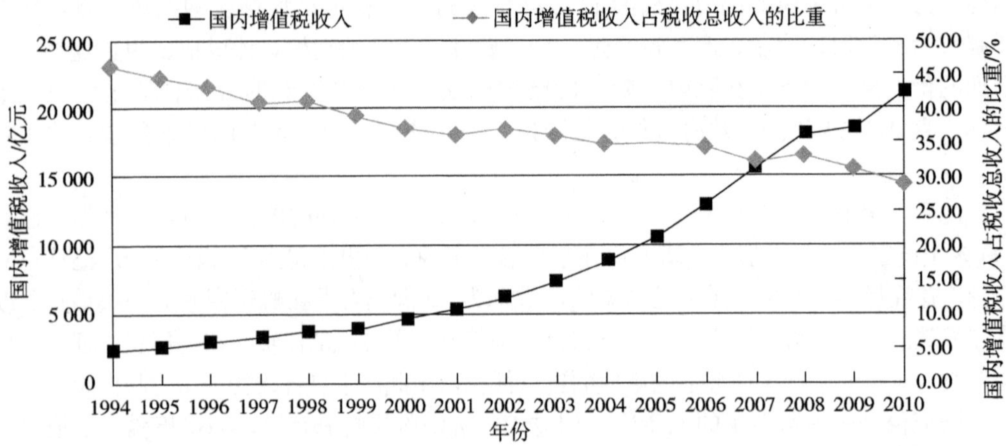

图 2-1　1994～2010 年国内增值税收入及比重

资料来源：国家税务总局，http://www.chinatax.gov.cn，经整理

2.2　纳税人

凡在中华人民共和国境内销售货物或者提供加工、修理修配劳务，以及进口货物的单位和个人，为增值税的纳税人。

具体而言，单位是指企业、行政单位、事业单位、军事单位、社会团体及其他单位。个人是指个体工商户及其他个人。此处对单位和个人的规定具有普适性，也适用于后面章节的消费税、营业税等税种。

在我国，外商投资企业和外国企业曾经缴纳工商统一税，而不缴纳其他流转税。根据 1993 年 12 月 29 日全国人民代表大会常务委员会第五次会议通过的《全国人大常委会关于外商投资企业和外国企业适用增值税、消费税、营业税等税收暂行条例的决定》，从 1994 年 1 月 1 日起，外商投资企业和外国企业与内资纳税人一样缴纳增值税、消费税和营业税等流转税。

此外，增值税对纳税人还做了如下具体规定：一是把企业租赁或承包给其他单位或者个人经营的，以承租人或承包人为纳税人。二是对报关进口的货物，以进口货物的收货人或办理报关手续的单位和个人为进口货物的纳税人。三是对代理进口货物，以海关开具的进口增值税专用缴款书上的纳税人为增值税纳税人。即对报关进口货物，凡是海关的进口增值税专用缴款书开具给委托方的，对代理方不征增值税；凡是海关的进口增值税专用缴款书开具给代理方的，对代理方应按规定征收增值税。四是境外的单位或个人在境内销售应税劳务而在境内未设有经营机构的，其应纳税款以代理人为扣缴义务人；没有代理人的，以购买方为扣缴义务人。

由于增值税实行凭增值税专用发票抵扣税款的制度，对于纳税人会计核算是否健全，是否能够准确核算销项税额、进项税额和应纳税额有较高的要求。但是，对于众多的纳税人来说，其会计核算水平却高低不同。另外，某些经营规模很小的纳税人，其销售货物或提供应税劳务的对象多是最终消费者，也无须开具增值税专用发票。因此，为严格增值税的征收管理，并对某些经营规模小的纳税人简化计税办法，我国现行增值税将纳税人分为一般纳税人和小规模纳税人，并采取不同的征收方法和管理方法。

划分两种纳税人的原则标准是会计核算水平和经营规模。会计核算水平是指会计核算制度是否健全、能否规范准确地计算增值税；为了便于操作，经营规模被量化为年应征增值税销售额(简称应税销售额)。然而，两者的划分标准也不是一成不变的，总体趋势是降低年应税销售额标准①。将更多纳税人纳入一般纳税人范围，可以进一步消除重复征税因素，完善增值税抵扣链条，公平税收环境。

2.2.1 小规模纳税人

小规模纳税人是指年应税销售额少于规定标准，并且会计核算不健全，不能按规定报送有关税务资料的增值税纳税人。所谓会计核算不健全，是指不能按照国家统一的会计制度和税务机关的要求准确核算增值税的销项税额、进项税额和应纳税额。根据增值税实施细则的规定，小规模纳税人的认定标准如下：①从事货物生产或者提供应税劳务的纳税人，以及以从事货物生产或者提供应税劳务为主，并兼营货物批发或者零售的纳税人，年应税销售额在 50 万元以下(含本数，下同)的。“以从事货物生产或者提供应税劳务为主”是指纳税人的年货物生产或者提供应税劳务的销售额占年应税销售额的比重在 50%以上。②上述规定以外的纳税人，年应税销售额在 80 万元以下的。

另外，在实际工作中，有些个人增值税纳税人通常不具备履行一般纳税人义务的能力，其经营活动具有不定性和偶发性，不便于管理，因而无论其年应税销售额是否超过小规模纳税人规定标准，都只能是小规模纳税人，至于非企业性单位、不经常发生应税行为的企业可选择按小规模纳税人纳税。

2.2.2 一般纳税人

一般纳税人是指年应税销售额超过小规模纳税人标准的企业和企业性单位。非企业性单位如果经常发生增值税应税行为，并且符合一般纳税人条件的，可以认定为一般纳税人。

小规模纳税人以及新开业的纳税人也可以向主管税务机关申请一般纳税人资格认定。需要满足如下两个条件：①有固定的生产经营场所；②能够按照国家统一的会计制度规定设置账簿，根据合法、有效凭证核算，能够提供准确税务资料。

新开业的符合一般纳税人条件的企业，应在办理税务登记 30 日内申请办理一般纳税人认定手续。已开业的小规模企业，其年应税销售额超过小规模纳税人标准的，应在申报期结束后 40 个工作日内向主管税务机关报送《增值税一般纳税人申请认定表》，申请一般纳税人资格认定。

---

① 2009 年 1 月 1 日之前，区分两类纳税人的标准是：对于从事货物生产或提供应税劳务的纳税人，以及以从事货物生产或提供应税劳务为主，并兼营货物批发或零售的纳税人，年应税销售额在 100 万元以下的为小规模纳税人；对于从事货物批发或零售的纳税人年应税销售额在 180 万元以下的为小规模纳税人。

纳税人总、分支机构实行统一核算，其总机构年应税销售额超过小规模企业标准，但分支机构年应税销售额未超过小规模企业标准的，其分支机构可申请办理一般纳税人认定手续，但需提供总机构所在地主管税务机关批准其总机构为一般纳税人的证明。但分支机构属于小规模商业企业的，该分支机构不得认定为一般纳税人。

个体经营者符合增值税条例规定条件的，经批准可以认定为一般纳税义务人。为了加强对加油站成品油销售的增值税征收管理，对从事成品油销售的加油站，无论其年应税销售额是多少，一律按增值税一般纳税义务人征税(国税函【2001】882 号)。

2.2.3 一般纳税人和小规模纳税人的区别

一般纳税人和小规模纳税人在征收管理和税款计算方面存在着很大差异。

小规模纳税人与一般纳税人在税款征收管理上的主要区别在于：小规模纳税人销售货物不得使用增值税专用发票，购买货物也不能获取增值税专用发票，即使确需开具专用发票，也只能申请由主管国家税务机关代开；小规模纳税人不能享有税款抵扣权；小规模纳税人按简易办法依征收率计算应纳税额，不能抵扣进项税额。

一般纳税人的主要权利包括：可以到指定的地点购买专用发票；在对外销售货物或提供应税劳务时，可以开具专用发票；在购进货物或接受应税劳务时，有权向销售方索取专用发票；有权凭专用发票注明税款抵扣进项税额。一般纳税人的主要义务包括：及时申请办理认定手续；健全财务核算制度，准确地核算销项税额、进项税额和应纳税额；按规定保管、使用专用发票，并在每月《增值税纳税申报表》附列资料中如实申报专用发票的购、用(包括报废)、存情况。否则，将失去专用发票的使用权和进项税额的抵扣权。

2.2.4 新办商贸企业纳税人资格管理

与从事货物生产或者提供应税劳务的企业不同，商贸企业用很少的投资就可以进行注册经营，而且可以快速抽逃资金。由于增值税专用发票具有抵扣功能，几乎相当于现金，如果管理不善，会出现严重的骗税风险。有一段时期税务机关查处大量商贸企业增值税违法案件，犯罪分子大多以注册商贸企业作掩护，骗购增值税专用发票，以虚开后迅速逃走的手段骗取国家税款。为了打击和防范虚开发票和骗抵税款的犯罪活动，国家对新办商贸企业一般纳税人实行单独的认定管理办法。

新开业纳税人(包括新办小型商贸企业)，无论预计或实际的销售额是否超过标准，若符合固定生产经营场所和会计制度、账簿等要求的，均可自税务登记日起 30 日内申请一般纳税人认定。小型商贸企业是指注册资金不超过 80 万元、职工人数不超过 10 人的批发企业。年销售额未达到标准但符合条件仍认定为一般纳税人的小型商贸批发企业，其纳税辅导期为 3 个月。

2.3 征税范围和税率

本节将具体介绍我国现行增值税的征税范围和税率这两个基本要素。

2.3.1 征税范围

我国现行的增值税属于中范围增值税，它只对销售和进口有形动产这类货物，以及提供加工、修理修配劳务这类具有生产性质的劳务服务的经营业务征收。至于销售无形资产和不动产以及提供其他性质的劳务，则属于营业税的征税范围。这就是说，在我国的现行税制中，增值税与营业税在征税范围上是互补的，难免产生交叉和混淆。为了便于叙述，在本章将分别简称应纳增值税的货物和劳务为“应税货物”和“应税劳务”。类似地，在营业税一章(第 4 章)简称为“应税劳务”的，对应的是应纳营业税的劳务。

1. 征税范围的一般规定

我国现行增值税的征税范围是境内销售货物和进口货物，以及提供加工、修理修配劳务。属于增值税征税范围的货物，无论是销售的货物还是进口的货物，是指有形动产，包括电力、热力、气体在内，但不包括不动产和无形资产。不动产和无形资产的销售属于营业税的征税范围。换句话说，增值税的应税货物只包括有形动产，也就是日常购买的彩电、服装、巧克力等商品，以及企业购买的原材料、机器、设备等生产资料，但不包括版权、专利等无形资产，以及住宅、厂房等不动产。

所谓销售货物，是指有偿转让货物的所有权，即销售方将货物的所有权转让给购买方，同时从购买方取得货币、货物或其他经济利益的行为。

所谓进口货物，是指报关进口的货物。按照国际惯例，进口货物的增值税在其出口国已经全额退税，对进口货物全额征收增值税，不进行任何抵扣，以便保证进口货物与国产货物税负的一致，进而保护国内工业的发展。进口的货物，在报关进口时缴纳进口环节增值税。对保税区、保税仓库、保税行中的货物，在从这些保税区域中转出而投入国内市场时征收进口环节增值税。

增值税所说的加工，是指受托加工货物，即委托方提供原料及主要材料，受托方按照委托方的要求制造货物并收取加工费的业务。所谓修理修配，是指受托对损伤和丧失功能的货物进行修复，使其恢复原状和功能的业务。有偿提供的这类劳务就是增值税的应税劳务，而单位或个体工商户聘用的员工为本单位或雇主提供加工、修理修配劳务则不属于增值税的应税劳务。

以上是增值税征税范围的一般规定，由此可知，增值税的主要征税范围是销售货物。然而，在有些情况下，纳税人的行为究竟算不算“销售”并不清楚。在另外一些情况下，销售的某些物品究竟算不算应税“货物”也不十分清楚。税法要针对这两类情况做出明确规定。

2. 视同销售货物

如果甲单位将生产的货物赠送给乙单位，是否需要缴纳增值税呢？赠送行为明显有别于销售行为，似乎从情理上不应该征税。然而如果税务部门真的这样处理，有业务往来的单位就可以不用货币结算，而直接相互赠送，从而少缴增值税税款，这样就会形成税法的巨大漏洞。因此，税法要考虑到类似情况，将其视同销售处理，这样才起到堵塞漏洞的作用。

增值税实施细则中明确规定单位或个体工商户的视同销售货物行为有如下几种：①货物交付其他单位或者个人代销；②销售代销货物；③设有两个以上机构并实行统一核算的纳税人，将货物从一个机构移送其他机构用于销售，但相关机构设在同一县(市)的除外；④将自产或者委托加工的货物用于非增值税应税项目、集体福利或者个人消费；⑤将自产、委托加工或者购进的货物作为投资，提供给其他单位或者个体工商户、分配给股东或者投资者或无偿赠送其他单位或者个人。

将上述行为确定为视同销售货物行为，征收增值税，其目的有三个：第一，保证增值税税款抵扣制度的实施，不致因发生上述行为而造成税款抵扣环节的中断；第二，避免因发生上述行为而造成货物销售税收负担不平衡的矛盾，防止以上述行为逃避纳税的现象；第三，体现增值税计算的配比原则。

案例研究 2-1　　无偿提供劳务是否应视同销售

2005 年，某市税务机关在对该市某汽车维修保洁公司 2004 年度增值税纳税情况进行检查时，发现该厂 2004 年汽车维修耗用原材料成本全年分布均匀，但下半年收入却远远大于上半年。经查发现该公司当年 1 月与该市一汽车销售公司签订有一份合同。合同主要内容如下：①2004 年 2 月 1 日～5 月 30 日，汽车销售公司需要进行修理的汽车一律由汽车维修保洁公司免费修理，以此作为两家业务建立的标志；②从 2004 年 6 月 1 日起，汽车销售公司需要进行修理的汽车原则上不再交其他厂家修理，一律交给该汽车维修保洁公司修理，收费标准按市场上通行的标准收取。

随后，稽查人员通过检查台账，发现该汽车维修保洁公司 2004 年 2 月 1 日～5 月 30 日，共无偿为汽车销售公司修理汽车 203 辆(次)。若按 2004 年 6 月 1 日以后的收费标准计算，共计无偿为汽车销售公司提供的不含税修理劳务收入达 36 万元。于是，稽查局认定无偿修理汽车属“视同销售”行为，向汽车维修保洁公司下达了补缴 61 200 元增值税的税务处理决定书。汽车维修保洁公司按照市税务稽查局的要求，缴纳了相应税款，随后向市税务局提出复议申请，要求撤销市税务稽查局的税务处理决定，退还已经补缴的增值税。理由是税法规定“提供加工、修理修配劳务，是指有偿提供加工、修理修配劳务”。而汽车维修保洁公司为汽车销售公司无偿修理汽车的行为不能作为“提供修理修配劳务”征收增值税。那么，汽车维修保洁公司为汽车销售公司无偿修理汽车的行为，能否像市税务稽查局所说的那样按“视同销售”征收增值税呢？

税法规定了八种“视同销售”的行为，均是对货物的转移、自用、投资、赠送、分配等方面做出的“视同销售货物”征税的具体规定，但却没有一项涉及“劳务”征税问题。此外，无论是有关的法律、法规，还是税收规范性文件，均没有关于“劳务”方面的“视同销售”征税问题的具体规定。依据行政执法中“行政主体无明文规定的行政行为违法，民事主体无明文禁止的行为则合法”的基本原则，在税收法律、法规没有明确规定无偿提供修理修配劳务可按“视同销售”征收增值税的情况下，市税务稽查局对汽车维修保洁公司为汽车销售公司无偿修理汽车的行为，按照“视同销售”征收增值税是违法的。所以，市税务局做出了撤销市税务稽查局的税务处理决定、退还补缴增值税的复议决定。

资料来源：王康宁．无偿提供劳务不应视同销售．中国税务报，2003-10-29，经整理。

3. 特别规定的应税货物

有些物品是否属于应税"货物"并不明显。例如，金银在商店里卖肯定是货物，但在银行里则是货币储备，银行出售金银与出售外汇其实很类似，算不算销售"货物"实在说不清；又如，邮票既可以作为邮资，那是邮局收取的服务费，又可以作为收藏品，出售邮票算不算销售"货物"也只有靠税法的硬性规定。

常见的几种被指定为增值税应税货物的货物包括：①货物期货(包括商品期货和贵金属期货)，在期货的实物交割环节纳税；②银行销售金银的业务；③典当业的死当物品销售业务和寄售业代委托人销售寄售物品的业务；④集邮商品(如邮票、首日封、邮折等)的生产以及邮政部门以外的其他单位和个人销售的。

4. 征税范围的其他特殊规定

增值税条例中明确规定的免征增值税项目包括：①农业生产者销售的自产农产品；②避孕药品和用具；③古旧图书；④直接用于科学研究、科学实验和教学的进口仪器、设备；⑤外国政府、国际组织无偿援助的进口物资和设备；⑥由残疾人的组织直接进口供残疾人专用的物品；⑦销售的自己使用过的物品。

除了上述七类项目外，财政部、国家税务总局还规定了其他增值税优惠政策。总体而言，这些优惠政策较为分散，涉及五花八门的货物及行业，如资源综合利用及节能减排方面(财税【2008】156号)、宣传文化方面(财税【2009】147号)、有机肥生产销售和批发、农民专业合作社、出境口岸免税店、燃油电厂从政府财政专户取得的发电补贴、动漫软件等。而且不少优惠政策都有时间限制，过了某一时点即告失效，这是本部分内容难以掌握的重要原因。

对个人销售额未达到起征点的免征增值税。①销售货物的起征点为月销售额5 000～20 000元，②销售应税劳务的起征点为5 000～20 000元，③按次纳税的起征点为每次(日)销售额300～500元。需要注意的是，起征点适用范围仅限于个人不涉及单位，未达到起征点的，免征增值税，达到起征点的，按照全额缴纳增值税。

纳税人兼营免税、减税项目的，应当分别核算免税、减税项目的销售额；未分别核算销售额的，不得免税、减税。

2.3.2 税率和征收率

由于增值税采用的是购进扣税计税方法，税率档次要尽可能少，否则，计算将非常复杂。税率档次过多引起的第一个麻烦就是必须确定每一种货物的税率档次，对于货物种类繁多的企业，如商贸广场、超市，准确选择每一种货物的适用税率将极大地增加增值税的征税成本与纳税成本，有时还会遇到难以确定适用税率的问题。另外，税率档次多，使用税率错误将在所难免，从而有可能导致低征高扣或高征低扣的情形出现，造成计税错误、税负不均等许多不良后果。

税率档次少，调节经济的功能就差。不过，增值税本来就属于中性税，它的主要职能是普遍征收、公平税负和保证财政收入，而不是调节经济。要使流转税发挥调节经济的作用，一般要设计与之相应的其他流转税税种。我国在增值税之外，还有消费税和营业税等流转税。因此，减少增值税税率档次也是可行的。

1. 税率

我国增值税采取的是基本税率再加一档低税率的差别税率模式，此外还有对出口货物实施的零税率。具体的增值税税率见表 2-4。

表 2-4 增值税税率

税率或征收率	比率/%	征税范围
基本税率	17	销售或者进口货物；提供加工、修理修配劳务
低税率	13	①粮食、食用植物油；②自来水、暖气、冷气、热水、煤气、石油液化气、天然气、沼气、居民用煤炭制品；③图书、报纸、杂志；④饲料、化肥、农药、农机(不包括农机零部件)、农膜；⑤国务院规定的其他货物：农产品、音像制品、电子出版物、二甲醚等
零税率	0	出口货物

需要注意的是，提供加工、修理修配劳务只适用基本税率，而没有低税率 13%的情况。

对非增值税类型的流转税而言，零税率和免税是等价的，对一件货物实行零税率和对其免税是同一个意思。而对于增值税而言，零税率和免税有很大区别：纳税人出口的货物，由于增值税的税率是商品流转过程的总体税负，因而出口环节的零税率意味着商品在出口时不仅要免税，而且在以前环节征收的增值税也要全部退还给出口商，从而以无税产品进入国际市场。显然，零税率有鼓励出口的作用。我国根据经济形势的变化和调节出口产品结构规定了出口退税率，对大部分出口产品实行零税率，不难想到，总会有一些商品国家并不鼓励出口，对这些商品就不能适用零税率。目前，国务院规定不适用零税率的商品有出口的原油，援外出口货物，糖，以及国家禁止出口的天然牛黄、麝香、铜及铜基合金(电解铜除外)等。

出口货物包括两类：一类是直接报关出口的货物；另一类是运送到海关管理的保税工厂、保税仓库或保税区的货物。对于后者，货物有可能又从保税工厂、保税仓库或保税区运往我国境内其他地区，对这种货物规定按进口货物征税。

2. 征收率

税率适用于一般纳税人，对于小规模纳税人，在计算增值税税额时则要采用增值税征收率。由于小规模纳税人经营规模小，且一般会计核算不健全，难以按上述两档税率计税和使用增值税专用发票抵扣进项税额，故实行按销售额与征收率计算应纳税额的简易办法。征收率是应纳税额与应税销售额的比率，但由于不能抵扣进项税额，它反映的是本环节的实际税负而不是总体税负。小规模纳税人增值税征收率为3%①。必须注意，征收率不是税率，而只是一种简易计税措施。

特殊情况下针对一般纳税人也存在使用征收率的情况，具体规定如下：其一是对于一些特定货物销售行为，如寄售商店代销寄售物品、典当业销售死当物品等，按4%的征收率计征增值税(国税发【1999】40号)；其二是对于工业企业一般纳税人，由于生产某些货物(如小型水力发电单位生产的电力、自来水、混凝土)所用的外购项目少，进项税额也相应很少，按17%的税率征税会使企业的税负加重。因此，规定一般纳税人生产这些货物，可按简易办法依照6%的征收率计算缴纳增值税。当然，适用于6%征收率的纳税人，也可不按简易办法而按有关对一般增值税纳税人的规定计算缴纳增值税。但一般纳税人生产上述货物所选择的计算缴纳增值税的办法至少36个月内不得变更(财税【2009】9号)。

一般纳税人和小规模销售自己使用过的物品和旧货时也采用征收率计算应纳税额。在日常生活中，“自己使用过的物品”和“旧货”并没有什么本质区别，但在增值税处理上，两者是截然不同的。

(1)销售自己使用过的物品。2009年1月1日以后增值税由生产型改为消费型，固定资产的增值税处理在这前后有明显变化。一般纳税人销售自己使用过的在此日期之前购进或者自制的固定资产，按照4%征收率减半征收增值税；销售自己使用过的在此日期之后购进或者自制的固定资产则按照适用税率征收增值税。对于先期试点增值税由生产型改为消费型的企业，则以试点日期为界按照上述方法处理(财税【2008】170号)。一般纳税人销售自己使用过的除固定资产以外的物品，应按照适用税率征收增值税。

小规模纳税人(除其他个人外)销售自己使用过的固定资产，应按2%征收率征收增值税。小规模纳税人销售自己使用过的除固定资产以外的物品，应按3%征收率征收增值税。

(2)销售旧货。旧货是指进入二次流通的具有部分使用价值的货物(含旧汽车、旧摩托车和旧游艇)，但不包括自己使用过的物品。纳税人销售旧货，按照简易办法依照4%征收率减半征收增值税。

对自己使用过的物品和旧货按简易办法征收增值税后，不得抵扣进项税额(财税【2009】9号)。

2.4 一般纳税人应纳税额的计算

增值额作为增值税的计税依据，只是对增值税本质特征的一种理论抽象，在具体的税务实践中，并不是直接按增值额征税的。我国现行增值税对一般纳税人采用的是凭专用发票注明税款进行抵扣的“购进扣税法”，以应税销售额为计税依据，并用销项税额减去进项税额的方法。即当期应纳增值税税额为当期销项税额与当期进项税额之差。为保证收

① 2009年之前小规模纳税人征收率有两种，即6%和4%，适用范围的一般规定为：商业企业属于小规模纳税人的，其适用的征收率为4%；工业企业小规模纳税人销售货物或者应税劳务的，按6%的征收率征税。降低小规模纳税人的征收率。修订后的增值税条例对小规模纳税人不再设置工业和商业两档征收率，将征收率统一降至3%。

入，税法的许多具体规定都使得销项税额尽可能大，而进项税额尽可能小。

从计算关系而言，增值税构成城建税和教育费附加的计税依据；除此之外，由于增值税是价外税，其他税种不把增值税作为税基，而增值税将其他价内税如消费税、关税等作为税基。

“购进扣税法”真正体现了增值税的优点，然而其复杂程度也大大增加。“购进扣税法”的流程见图 2-2。

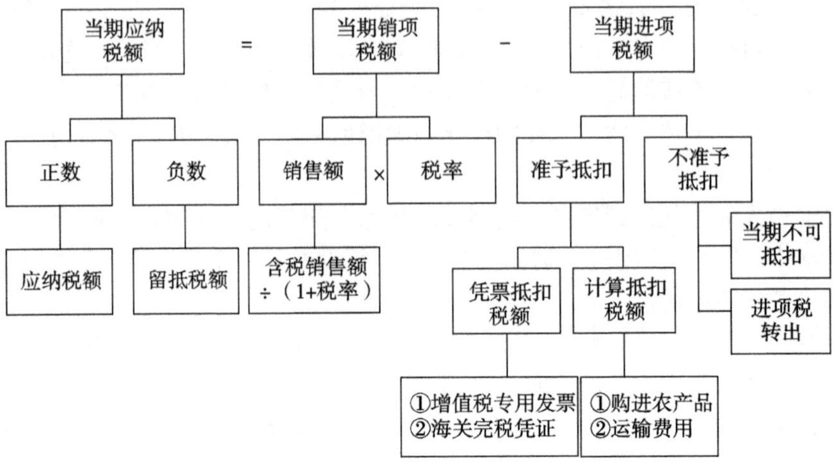

图 2-2　一般纳税人增值税计算办法

资料来源：刘颖．2010 年 CPA 考试基础阶段应试指导及全真模拟测试：税法，轻松过关一．北京：经济科学出版社，2010

需要注意的是，如果纳税人以人民币以外的货币结算销售额的，应当折合成人民币计算，其销售额的人民币折合率可以选择销售额发生的当天或者当月 1 日的人民币汇率中间价。纳税人应在事先确定采用何种折合率，确定后 1 年内不得变更。其他税种计算时涉及外汇的，也基本遵循以上原则。

2.4.1　当期销项税额的计算

当期销项税额是指纳税人当期销售货物或应税劳务，按不含税销售额和适用税率计算出来，并向购买方收取的增值税税额。这表明，对销售方而言，销项税额并不是纳税人应纳增值税税额，且销售额应是不含销项增值税税额的销售额，体现了增值税价外税的性质。当期销项税额的基本公式如下：

当期销项税额＝当期销售额×税率

1. 销售额确定的基本规定

销售额是指纳税人销售货物或提供应税劳务向购买方收取的全部价款和价外费用。销售货物还包括销售残次品、半成品、附产品、废品和下脚料等。

所谓价外费用，是指随着销售货物或提供应税劳务时，在价格以外收取的一切费用。其主要包括价外向购买方收取的手续费、补贴、基金、集资费、返还利润、奖励费、违约金、滞纳金、延期付款利息、赔偿金、代收款项、代垫款项、包装费、包装物租金、储备费、优质费、运输装卸费以及其他各种性质的价外收费。凡收取的价外费用，无论其会计制度如何核算，均应并入销售额计算应纳税额。如价外费用包含了增值税，需要先将价外费用换算为不含税价，再并入销售额征税。

税法同时规定，如下四个项目不属于价外费用，不必并入销售额中计税，具体为：①受托加工应征消费税的消费品所代收代缴的消费税。②承运部门的运费发票开具给购货方，并由纳税人将该项发票转交给购货方时，纳税人所代垫的运费。③代为收取的政府性基金或者行政事业性收费[①]。④销售货物的同时代办保险等而向购买方收取的保险费，以及向购买方收取的代购买方缴纳的车辆购置税、车辆牌照费。

将各种性质的价外费用并入销售额计算征税，目的是防止以各种名目的收费减少销售额逃避纳税的现象。由于价外费用按会计制度规定，一般都不在“主营业务收入”科目中核算，而在“其他应付款”、“其他业务收入”、“营业外收入”等科目中核算，这样企业在核算实务时，容易对价外费用不按规定核算销项税额，而是将发生的价外费用直接计入有关费用科目。因此，纳税人应仔细核算各项价外收费，做到正确计税。

2. 特殊销售方式的销售额

(1)折扣销售。折扣销售是指销货方在销售货物或提供应税劳务时，因购货方购货数量较大等原因，而给予购货方的价格优惠。由于折扣是在实现销售时同时发生的，因此税法规定，若将折扣额另开发票的，不论其在财务上如何处理，均不得从销售额中减除折扣额。凡是将折扣额在同一发票注明的，可按折扣后的销售额征收增值税。之所以这样规定，是从保证增值税征税、扣税相一致的角度考虑的。如果允许对销售额开一张销货发票，对折扣额再开一张退款红字发票，就可能出现销货方按减除折扣额后的销售额计算销项税额，而购货方却按未减除折扣额的金额计算进项税额进行抵扣的现象，从而造成增值税计算征收上的混乱。

上述“折扣销售”是指货物价格的折扣，如果纳税人将自产、委托加工和购买的货物用于实物折扣，则该实物款项不能从货物销售额中减除，且该实物应按增值税“视同销售”中的“赠送他人”有关规定计算征收增值税。

(2)以旧换新。以旧换新是指纳税人在销售自己的货物时，有偿收回旧货物的行为。采取以旧换新方式销售货物，应按新货物的同期销售价格确定销售额，不得扣减旧货物的收购价格。这样规定，是为了严格增值税的计算征收，防止出现销售额不实，减少纳税的现象。对于金银首饰，由于业务特殊，以旧换新的销售业务按销售方实际收取的不含增值税的全部价款征收增值税。

【例 2-3】 某音响制造公司为增值税一般纳税人，主要经营业务是生产和销售某种品牌的多功能音响。5 月公司发生了以下经营活动：①向甲商场销售 150 台音响，每台价格

---

① 需要同时符合以下条件：①由国务院或者财政部批准设立的政府性基金，由国务院或者省级人民政府及其财政、价格主管部门批准设立的行政事业性收费；②收取时开具省级以上财政部门印制的财政票据；③所收款项全额上缴财政。

800元，以10%的折扣给该商场经理1.2万元回扣，回扣没有开票。②向乙商场销售200台音响，每台价格800元，给予乙商场15%的折扣，销售额16万元和折扣额2.4万元在专用发票上注明。③零售140台，每台价格1 200元，其中采取以旧换新方式，收回100台，每台价格100元。计算该公司当月净销售额。

解：该公司在当月的经营过程中，涉及折扣方式销售和以旧换新方式销售这两种销售方式。第①、②笔业务都属于折扣销售，但二者在增值税计税方面有所不同。对于第①笔业务，虽然给予了回扣，但由于其折扣额没有开发票，因此折扣额1.2万元不得从销售额中减除。对于第②笔业务，其销售额16万元和折扣额2.4万元在同一张发票上分别注明，可以按照折扣后的余额(160 000－24 000)元作为销售额计算增值税。第③笔业务涉及的是另一种销售方式——以旧换新。应按新音响的同期销售价格确定销售额，不得抵扣旧货物的收购价格(100×100)元。因此公司当月净销售额为

150×800＋(160 000－24 000)＋140×1 200＝424 000(元)

(3)还本销售。还本销售是指纳税人在销售货物后，到一定期限由销售方一次或分次退还给购货方全部或部分价款。这种方式实际上是一种筹集资金，以提供货物使用换取还本不付息的方法。增值税条例规定，采取还本销售方式销售的货物，其销售额就是货物的销售价格，不得从销售额中减除还本支出。这样规定的理由是，国家不能以减少税收来承担企业融资成本。

(4)以物易物方式销售。以物易物是一种较为特殊的购销活动，是指购销双方不是以货币结算，而是以同等价款的货物相互结算，实现货物购销的一种方式。其税务处理应为：以物易物双方都应作购销处理，以各自发出的货物核算销售额并计算销项税额，以各自收到的货物核算购进额并计算进项税额。

(5)包装物押金。纳税人销售货物时，向购货方出租出借包装物并收取包装物押金，目的是促使购货方及早退回包装物以便周转使用。纳税人为销售货物而出租出借包装物所收取的押金，单独记账核算的，不并入销售额征税，但对因逾期未收回包装物不再退还的押金，应按所包装货物的适用税率征收增值税。这里，“逾期”一般是以一年为期限，对已收取一年以上的押金，无论会不会退还均并入销售额征税。

特别地，对销售除啤酒、黄酒外的其他酒类产品而收取的包装物押金，税法规定，无论是否返还以及会计上如何核算，均应并入当期销售额征税。

【例2-4】 某啤酒生产企业为增值税一般纳税人，生产销售啤酒，同时收取包装物押金。2009年12月啤酒销售额为100万元，“其他应付款——押金”余额为50万元，其中2008年6月收取的啤酒周转箱押金20万元，2009年6月收取的啤酒周转箱押金30万元。计算该企业当期销项税额。

解：该企业2008年6月收取的20万元的押金已逾期，应并入销售额计算增值税。当期销项税额为

100×17%＋20×17%÷(1＋17%)＝19.906(万元)

案例研究 2-2 为纳税人维权应关注行业特殊规定

某市城市燃气发展有限公司液化气分公司主要经营液化石油气，兼营灶具及配件零售。2005 年 1 月被认定为增值税一般纳税人。根据当地质量监督部门的规定，各气站只能充装有产权的气瓶，严禁充装机动(个人)气瓶，气站应有足够数量的气瓶供用户租赁使用。

近期，当地国税稽查局对该公司税收检查时发现，该公司截至检查日账面反映逾期一年以上未退还液化气包装物押金 1 186 696 元(含税)。税务人员认为，包装物是为包装本企业产品而储备的各种容器，如桶、箱、瓶、坛、袋等。液化气瓶属于“瓶”类包装物。因此，该公司向用户收取的已超过一年的气瓶押金，应作为“逾期未返还”包装物押金，按所包装货物 13%的适用税率申报缴纳增值税。该公司应补缴增值税 1 186 696÷(1+13%)×13%=136 522.55 元，并将该行为定性为偷税，追缴少缴的税款，处 50%的罚款，税款、罚款合计 204 783.83 元。

针对税务机关的处理决定，企业财务人员专程咨询了当地的税务师事务所，税务师认为液化气瓶不能视为包装物。税务师的主要依据为行业的具体规定。《国民经济行业分类》(GB/T4754-2002)规定，容器分为压力容器和包装容器。包装容器具有可替代性。国家标准化管理委员会《关于解释气瓶分类问题的复函》(标委高新【2005】11 号)明确规定：“金属压力容器制造是指用于存装压缩气体、液化气体及其他具有一定压力的液体物质的金属容器(不论其是否配有顶盖、塞子，或衬有除铁、钢、铝以外的材料)的制造。其包括：氧气瓶、液化气瓶等类似金属容器；容积超过 300 升的金属制箱、罐、槽、桶及类似容器。不包括：包装用金属斗、筒、罐、桶、盒等，列入 3433(金属包装容器制造)；用于上述用途，但随机械或热能设备的水箱、油罐及类似容器的制造随其附属的机械列入相关行业。”从上述规定来看，液化气瓶属于不可替代的金属压力容器，并且不具有包装容器的可替代性。另外，国家质量技术监督总局《关于气瓶押金征收增值税有关问题》(质检特函【2005】33 号)就液化气瓶归类问题答复“液化石油气钢瓶等在内的钢质气瓶应属于金属压力容器，而不属于包装容器。我局认为不应将气瓶视为包装物对其押金征收增值税。”

根据这些规定，税务师和企业一起向当地税务机关进行了陈述、申辩。税务机关法规部门在听取了企业的意见和参考了纳税人提供的行业规定后认为，国家标准化管理委员会(简称标委会)文件和质检总局答复属于行业权威答复，对其特殊行业的分类解释应当采信。所以，液化气瓶不属于税法上的“包装物”，不能征税，税务机关撤销了处理、处罚决定。税务师提醒纳税人，要高度关注与经营相关的行业特殊规定，如果企业生产的产品属于行业特例，则要与税务机关及时进行沟通，取得税务机关的认可，以避免不必要的损失。

资料来源：晓伟．为纳税人维权应关注行业特殊规定．税收征纳，2009，(2)：19～21，经整理。

(6)增值税一般纳税人因销售货物退回或折让而退还给购买方的增值税税额，有销售货物退回或折让证明单的，应从发生销售货物退回或折让当期的销项税额中扣减。

3. 应税销售额的特殊情况处理

一般情况下，应税销售额就等于销售额即价款与价外费用之和。但对于下述情况，则要按规定另行确定应税销售额。

1)价格偏低或无销售额时的销售额确定

增值税是从价计征的，纳税人有可能压低价格以达到少纳税的目的，从而出现价格无正当理由明显偏低的现象。此外，纳税人之间也可能不以资金的形式反映销售行为，从而没有销售额，如视同销售行为和以物易物行为。对上述情况，应按下列顺序确定销售额：①按纳税人最近时期同类货物的平均销售价格确定；②按其他纳税人最近时期同类货物的平均销售价格确定；③用以上两种方法均不能确定其销售额的情况下，可按组成计税价格确定。

若所销售的货物是不征收消费税的货物，组成计税价格的计算公式为

$$组成计税价格=成本\times(1+成本利润率)$$

若所销售的货物是征收消费税的货物，其组成计税价格要加计消费税税额，如果该货物消费税是从价计税，则计算公式为

$$组成计税价格=\frac{成本\times(1+成本利润率)}{1-消费税税率}$$

如果该货物的消费税是复合计税方式，则计算公式为

$$组成计税价格=\frac{成本\times(1+成本利润率)+从量消费税}{1-消费税税率}$$

公式中的成本，对于销售自产货物的，为实际生产成本；对于销售外购货物的，为实际采购成本。公式中的成本利润率为10%。但对属于应从价定率征收消费税的货物，其组成价格公式中的成本利润率为消费税法规中的成本利润率。

2)价税合并定价时的销售额确定

一般纳税人销售货物或应税劳务采用销售额和销项税额合并定价方法的，应按下列公式将其含税销售额换算为不含税销售额：

$$销售额=\frac{含税销售额}{1+税率}$$

2.4.2 当期进项税额的计算

当期进项税额是指纳税人当期购进货物或者接受应税劳务支付或者负担的增值税税额。这一概念中有两点值得注意：第一，进项税额是由购货方支付给销货方的，一般不需要购货方另行计算；第二，进项税额是抵扣销项税额的依据。

进项税额是一个与销项税额相对应的概念。它们之间的关系是，销售方收取的销项税

额，就是购买方支付的进项税额。对于任何一个一般纳税人而言，由于其在经营活动中既会发生销售货物或提供应税劳务，又会发生购进货物或接受应税劳务，故每一个一般纳税人都会有收取的销项税额和支付的进项税额。增值税的核心就是用纳税人收取的销项税额补偿其支付的进项税额，补偿后的余额为纳税人实际缴纳的增值税税额。这样，进项税额作为可抵扣的部分，对于纳税人实际纳税多少就产生了举足轻重的作用。

然而，并不是纳税人支付的所有进项税额都可以从销项税额中抵扣。当纳税人购进的货物或接受的应税劳务不是用于增值税应税项目，而是用于非应税项目时，其支付的进项税额就不能从销项税额中抵扣。税法对于不能抵扣进项税额的项目做了严格的规定，随意抵扣进项税额均构成偷税。因此，掌握进项税额的内容，把握哪些进项税额可以抵扣，哪些进项税额不能抵扣十分重要。

1. 可以抵扣的进项税额

最直接的可以抵扣的进项税额就是增值税扣税凭证上注明的进项税额，其包含两类：一类是从销售方取得的专用发票上注明的增值税税额；另一类是进口货物从海关取得的海关进口增值税专用缴款书上注明的增值税税额。对一般纳税人丢失防伪税控系统开具的增值税专用发票，经购货单位主管税务机关审核批准后，可以抵扣进项税额。对纳税人丢失的海关进口增值税专用缴款书，纳税人应当凭海关出具的相关证明，向主管税务机关提出抵扣申请。经主管税务机关审核认可后，成为可予以抵扣进项税额。

除了扣税凭证，还存在按规定的扣除率计算的进项税额，主要有农产品收购、运输费用等。

(1)增值税一般纳税人向农业生产者购进的农业产品，或者向小规模纳税人购买的农业产品，准予按照买价和13%的扣除率计算抵扣进项税额。

这里的“农业产品”是指直接从事植物的种植、收购和动物的饲养、捕捞的单位和个人销售的自产农业产品。购买农业产品的买价，包括纳税人购进农产品在农产品收购发票或者销售发票上注明的价款和按规定缴纳的烟叶税。之所以对免税农业产品的收购者允许计算抵扣增值税进项税额，是因为虽然对这些农业产品没有征税，但对生产农业产品所投入的中间产品(如化肥、农药等)已经征税，故农业产品是间接含税，如不允许抵扣，将加重以农业产品为原料的工业产品的税收负担。

(2)增值税一般纳税人外购、销售货物以及在生产经营中所支付的运输费用，按运输费用结算单据(普通发票)上注明的运费金额，依7%的扣除率计算抵扣进项税额，但随同运费支付的装卸费、保险费等其他杂费不得计算扣除进项税额。

准予作为抵扣凭证的运费结算单据(普通发票)，是指国有铁路、民用航空、公路和水上运输单位开具的货票，以及从事货物运输的非国有运输单位开具的套印全国统一发票监制章的货票。准予计算可抵扣进项税额的货物运费金额是指运输单位开具的货票上注明的运费和建设基金。增值税一般纳税人支付的国际货物运输代理费用，不得作为运输费用抵扣进项税额。

【例 2-5】 某米业集团6月从某农场收购一批稻谷，在稻谷收购发票上注明价款50万元，运输公司将这批稻谷运回集团支付运费1.2万元，该米业集团6月该业务可抵扣的增值税进项税额为多少?

解:准予抵扣的进项税额=50×13%+1.2×7%=6.584(万元)

专栏 2-1 废旧物资发票的抵扣问题

2009 年实施修订后的增值税条例取消了废旧物资发票抵扣税款的规定,这意味着今后废旧物资发票将不再作为抵扣凭证,失去抵扣税款的功能。长期以来,国家对废旧物资回收经营行业给予增值税优惠政策,自 2001 年 5 月起,对废旧物资回收经营单位销售的废旧物资免征增值税,并允许生产企业购进免税废旧物资凭普通发票按 10%抵扣增值税。这种做法,虽然起到了扶持废旧物资回收、促进循环利用的作用,但违反了"征多少扣多少、未征税不扣税"的增值税基本原理,给不法分子可乘之机,在执行中出现了比较严重的问题。一是产废企业容易偷逃增值税,隐瞒销售废旧物资时应纳的增值税。二是诱发利废企业虚增进项税额抵扣行为,导致回收单位虚开废旧物资销售发票享受免税,利废企业用虚开的发票多抵扣税款,从而使国家税款大量流失。不仅破坏了税收征管秩序,也严重影响了回收行业的规范和健康发展。经多方征求意见,并报国务院批准,在修订增值税条例时,取消了废旧物资发票的抵扣功能,对回收单位恢复照章征税,利废企业凭对方开具的专用发票抵扣税款。

2. 不得抵扣的进项税额

纳税人的进项税额不能抵扣主要是购进的货物或劳务无法产生对应的销项税额,或是票证不规范造成的。

1)不得抵扣进项税额的情形

首先是看纳税人的类型。有下列情形之一者,应按销售额依照增值税税率计算应纳税额,不得抵扣进项税额,也不得使用增值税专用发票:①一般纳税人会计核算不健全,或者不能够提供准确税务资料的;②纳税人销售额超过小规模纳税人标准,未申请办理一般纳税人认定手续的(国税发【2009】10 号)。即便作为一般纳税人,如果购进货物或者应税劳务时取得的增值税扣税凭证不符合法律、行政法规或者国务院税务主管部门有关规定,其进项税额也不得从销项税额中抵扣。

另外,下述几种情形也不能抵扣进项税额:①用于非增值税应税项目、免征增值税项目、集体福利或者个人消费的购进货物或者应税劳务;②非正常损失的购进货物及相关的应税劳务;③非正常损失的在产品、产成品所耗用的购进货物或者应税劳务;④国务院财政、税务主管部门规定的纳税人自用消费品;⑤上述规定的货物的运输费用和销售免税货物的运输费用。

2)不得抵扣进项税额的处理

如果在购入时不予以抵扣,会计处理时应直接计入购货的成本。例如,某企业购入一批材料用于在建工程,增值税发票注明价款 100 000 元,增值税 17 000 元,则该企业不得抵扣增值税进项税,该批货物采购成本为 117 000 元。

如果企业当期购进的货物或应税劳务事先并未确定将其用于以上非生产、经营项目，其进项税额就会在当期销项税额中予以抵扣。但已抵扣进项税额的购进货物或应税劳务如果事后改变用途，用于以上不得抵扣的项目，则应将该项购进货物或应税劳务的进项税额从当期发生的进项税额中扣减。例如，某企业将数月前外购的一批生产用材料改变用途，用于职工福利，账面成本 10 000 元，则需要转出进项税额 10 000×17%=1 700 (元)。无法准确确定该项进项税额的，按当期实际成本计算应扣减的进项税额。实际成本(进价+运费+保险费+其他有关费用)乘以按征税时该货物或应税劳务适用的税率计算应扣减的进项税额。

【例 2-6】 某食品有限公司为增值税一般纳税人，2012 年 3 月发生业务如下：①购进花生酱一批，取得增值税专用发票上注明价款 50 万元，增值税为 8.5 万元，当月将其中的 30%用于集体福利；②2 月外购价值两万元的货物，本月将其全部发放给职工；③2 月向农业生产者收购的花生因保管不善，本月发生霉烂，账面成本 8.7 万元。计算该公司 3 月准予抵扣的进项税额。

解：对于业务①，购进原材料中的用于集体福利的 30%的部分是不能予以扣除的；对于业务②，已经进行抵扣的外购货物用于集体福利时，要转出；对于业务③，已经抵扣的购进农产品花生，发生非正常损失，需要转出。该公司 3 月准予抵扣的进项税额为

$$8.5\times(1-30\%)-2\times17\%-8.7\div(1-13\%)\times13\%=4.31(\text{万元})$$

对纳税人兼营免税项目或非应税项目(不包括固定资产在建工程)而无法准确划分不得抵扣的进项税额的，按下列公式计算：

$$\begin{array}{c}\text{不得抵扣的}\\\text{进项税额}\end{array}=\begin{array}{c}\text{当月无法划分的}\\\text{全部进项税额}\end{array}\times\begin{array}{c}\text{当月免税项目销售额、非}\\\text{增值税应税劳务营业额合计}\end{array}\div\begin{array}{c}\text{当月全部销售}\\\text{额、营业额合计}\end{array}$$

【例 2-7】 某制药厂为增值税一般纳税人，该厂 4 月销售抗生素药品 100 万元(不含税)，销售免税药品 50 万元(不含税)，当月购入生产用原材料一批，取得增值税专用发票上注明税款 6.8 万元，抗生素药品与免税药品无法划分耗材情况。计算 4 月应纳增值税税额。

解：4 月应纳增值税税额为

$$100\times17\%-[6.8-6.8\times50\div(100+50)]=12.47(\text{万元})$$

案例研究 2-3 不是同一种货物盈亏，不能相互冲减

某烟草公司 2009 年年初对下属各仓库库存的商品进行了盘点清查，对盘盈和盘亏的包装物和烟叶，由于财务人员在涉税问题上处理不当，留下了隐患。近日，被税务机关检查发现，该公司盘亏包装物和烟叶，少转出增值税进项税 88 510.80 元，要求该单位补缴税款 88 510.80 元，并给予 1 倍罚款。

原来该公司下属有 14 个仓库，所有仓库都是租赁乡镇街道的民用一般建筑，因此容易引起货物的非正常损失。这次公司对仓库库存货物进行盘点清查时发现有的货物盘盈，而有的货物却盘亏了。对此财务人员认为，各仓库都是公司的下属部门，应该作为

一个整体看待，对盘盈和盘亏相互冲减后，其余额才是这次盘存的最终结果。实际上，该公司盘盈的货物与盘亏的货物，不是同一种类的货物。因此，不应该依据相互冲减后的余额计算应该转出的进项税。而应该对盘盈的货物与盘亏的货物分别进行会计处理，并对实际盘亏的货物，全额计算应该转出的进项税。依据增值税实施细则第二十四条规定，该公司由于对货物管理不善，造成货物损失，应该属于非正常损失。依据增值税条例第十条第一款第二项规定，非正常损失的购进货物，其进项税额不得从销项税额中抵扣。

如果是同一种货物，仅仅是由于企业管理不到位，造成一个仓库的某种货物减少，这种货物的减少，就不是真正的损失，对这种货物的盘存金额，可以在两个仓库之间相互冲减，以其盘亏余额计算应该转出的进项税额。如果公司盘盈的货物和盘亏的货物不是同一种货物，那么盘亏的货物就是实际的损失，应该以盘亏的全额计算转出的进项税。如果以盘亏和盘盈相抵后的净盘亏数作为计算进项税额转出的基数，就会造成少转出进项税，造成少缴纳增值税的情况。

资料来源：彭保红．不是同一种货物盈亏，不能相互冲减．税收征纳，2009，(8)：23，经整理。

2.4.3 应纳税额的计算

在计算出当期进项税额和当期销项税额之后，可以采用“购进扣税法”计算增值税应纳税额。纳税人销售货物或提供劳务，其应纳税额为当期销项税额抵扣当期进项税额后的余额。计算公式为

应纳税额＝当期销项税额－当期进项税额

其中，应纳税额一般是正数，但在某些情况下也可能出现负数。企业的生产流通环节是一个连续的但不是一一对应的过程，如果本期购进了大量原材料、零配件、燃料、动力，但由于行情不好等原因，仅销售了少量货物，就可能出现当期销项税额小于当期进项税额的情况。如果应纳税额为负数，其不足抵扣的部分可以结转到下期继续抵扣。

在进行增值税计算时，为什么如此强调“当期”这个概念呢？纳税人的经营活动周而复始地进行，但纳税的计算是每隔固定时间进行一次。只有在纳税期限内实际发生的销项税额、进项税额，才是法定的当期销项税额或当期进项税额。因此纳税期限是重要的时间限定，即当期进项税额一定只能从当期销项税额中抵扣。如果背离这一原则，就会被视为违反税法规定的行为。增值税条例对增值税纳税义务发生时间及纳税期限做了细致严格的规定。例如，纳税人采用预收货款方式销售货物，第一个纳税期取得预收款，第二个纳税期发货，那么该笔收入应作为哪一期的收入计算销项税额呢？税法明确了此类行为的纳税义务发生时间为货物发出的当天，这样当期销项税额的问题就明确了。

需要特别注意的是，进项税额抵扣是有时间限制的，错过了时限，纳税人就会丧失进项税额抵扣权力。《关于调整增值税扣税凭证抵扣期限有关问题的通知》(国税函【2009】617号)将扣税凭证的抵扣期限由90天延长至180天，具体规定如下：增值税一般纳税人取得2010年1月1日以后开具的增值税专用发票、公路内河货物运输业统一发票和机动车销售统一发票，应在开具之日起180日内到税务机关办理认证，并在认证

通过的次月申报期内，向主管税务机关申报抵扣进项税额。

专栏 2-2　　透视增值税专用发票“死刑档案”

增值税实行的是征多少扣多少的税款抵扣制度。企业销售自己的产品或商品，给购货方开具增值税发票，注明已纳税额；购货方作为生产者或经营者，在本道环节把加工过的产品或商品再销售出去时，就可以把购进上一环节时已纳税款抵扣掉，只就本环节增值部分依率缴纳税款。这种层层抵扣、环环相接的特性，像链条一样将纳税人与国家利益连在一起。在这根链条上，上串下连的是增值税发票。征税靠这张发票来征，扣税也凭这张发票来扣。如果开具这张增值税发票的纳税人，根本不曾依率缴足过税款，完全是虚填销售额和销项税金，让购货方凭这张发票到税务机关抵扣税款，就等于从国库中吞噬了税金。1994 年，当“比人民币还值钱”的增值税发票面市时，虽然许多人还没有搞明白增值税和增值税发票是怎么回事，但已有“明白人”打它的主意了。

1994 年 1 月 19 日，当《中国税务报》还未来得及解答“如何管理和使用增值税发票”时，湖北省广水市税务局在检查该市生产资料公司使用增值税发票情况时，已经发现了该市首张假增值税发票；1994 年 2 月 7 日，成都市 200 名税务干部和公安干警出击扫荡黑色游击队——街头票贩子，共抓获票贩子 26 人，查出各种票证 864 份，其中增值税发票 134 份。

1998 年审查的金华县税案，共有 218 家企业参与虚开增值税发票，价税合计 63.1 亿元，抵扣税款 7.4 亿元，共涉及虚开增值税发票的犯罪嫌疑人 154 人，60 多人被判刑；24 名当地党政干部和税务人员受到法律的制裁；9 人被判死刑，4 人已被执行死刑。其中，被称做金华虚开第一人的胡银峰，创下了一天之中为人虚开 100 多张增值税发票的纪录，据说开发票开得他手腕子都酸了，当然他得到的回报是好几百万元。2002 年审结的潮汕虚开增值税发票骗取出口退税案中，地方性、区域性的虚开犯罪活动被演绎到了极致。100 多个犯罪团伙参与虚开增值税发票，价税合计 323 亿元，涉嫌偷骗税 42 亿元。这些数字还只是 1999 年至 2000 年 6 月的，此系列骗税案共判处发生法律效力的犯罪分子 133 人，其中被判处 5 年以上有期徒刑直至死刑的 102 人，19 人被判死刑，6 人已被执行死刑。

从 1994 年年初至 2003 年 12 月，已有 194 人因增值税发票犯罪被一审判处死刑，70 人已被执行死刑。其中，因伪造、倒卖增值税发票被判死刑的达 20 人，15 人已被执行死刑；因倒卖、虚开增值税发票被判死刑的有 174 人，55 人已被执行死刑；在所有死刑案件中，共有 12 名税务人员被判死刑，4 人已被执行死刑。

资料来源：王祺元．回顾十年税制改革　透视增值税专用发票“死刑档案”．经济参考报，2004-06-21，经整理。

2.5　小规模纳税人应纳税额的计算

简易办法和传统的流转税征收方式类似，并非按增值额征税，而是按销售全额征税。然而增值税区别于其他税种，它是价外税，因此简易办法要先把应纳税额折算出来。小规模纳税人销售货物或提供应税劳务，与一般纳税人按“购进扣税法”计算增值税不同。我国增值税对小规模纳税人销售货物或提供应税劳务，按简易办法计算应纳税额。所谓简易办法，就是按销售额以征收率计算应纳税额，不得抵扣进项税额。计算公式为

$$应纳税额=销售额\times征收率$$

这里的销售额同前面所讲述的一般纳税人销售额所包含的内容是一致的，都是销售货物或提供应税劳务向购买方收取的全部价款和价外费用，但不包含按3%的征收率收取的增值税税额。而一般说来，小规模纳税人在销售货物或应税劳务时，只能开具普通发票，取得的销售额均为含税销售额。因此，当小规模纳税人销售货物或应税劳务采取价税合并收取方式时，其销售额要换算为不含税销售额，换算公式为

$$销售额=\frac{含税销售额}{1+征收率}$$

【例 2-8】 某街道工厂生产“美丽牌”金属门窗，年销售额不足 50 万元。该厂 10 月销售门窗一批，获得含税销售收入 31 800 元；另购进材料一批，价格为 8 000 元，支付增值税税额 1 360 元，款项已付。此外，企业接受委托加工特制门窗一批，收取加工费 21 200 元。计算该厂 10 月应该缴纳的增值税税额。

解：由于该企业属于小规模纳税人，因此其购进货物的进项税额不能抵扣，需采用简易计算方法计算应纳增值税。

不含税销售额=(31 800+21 200)÷(1+3%)=51 456.31(元)

应纳增值税税额=51 456.31×3%=1 543.69(元)

此外，为鼓励小规模纳税人使用税控收款机，对小规模纳税人因购置税控收款机而取得的增值税专用发票，经主管税务机关审核批准后，可按发票上注明的增值税税额，抵免当期应纳增值税。当期应纳税额不足抵免的，未抵免部分可在下期继续抵免。

对于销售某些特定货物或生产某些特定产品的纳税人，即使是一般纳税人，也可以按简易计算方法计征增值税，在计算应纳税额时，也需要用上述公式将含税销售额转化为不含税销售额。

2.6 特定行为的增值税处理

我国目前的增值税属于中范围增值税，其实施范围仅包括工业制造业、商业批发和零售业，以及部分生产性劳务服务，而并未延伸到整个社会。对于服务业，如交通运输、金融保险、建筑安装、文化体育等，则征收营业税。但由于在实际经济活动中，企业往往是按照需要进行经营，一般可能会涉及多种业务，从而有可能出现同时涉及增值税和营业税，而难以确定究竟应该如何纳税的问题。本节介绍增值税对于这些情况的具体规定。

2.6.1 兼营行为

兼营行为可分为兼营不同税率的货物或应税劳务及兼营非应税劳务两种情况。

1. 兼营不同税率的货物或应税劳务

所谓兼营不同税率的货物或应税劳务，是指纳税人销售不同税率的货物，或者既销售货物又提供应税劳务。例如，农村供销社既销售税率为17%的家用电器，又销售税率为13%的化肥、农药等；农业机械厂既生产销售税率为13%的农机，又利用本厂设备从事税率为17%的加工、修理修配业务。对这种兼营行为，税法规定应当分别核算不同税率货物或应税劳务的销售额；未分别核算销售额的，从高适用税率。

所谓分别核算，主要是指对兼营的不同税率货物或应税劳务在取得收入后，应分别如实记账，记录各自的销售额，并按照不同的税率各自计算应纳税额，以避免适用税率混乱，出现少缴税款或多缴税款的现象。对于未分别核算销售额的，从高适用税率，这有利于促进纳税人健全账簿，正确核算应纳税额。

【例2-9】 湖北龙昌发展有限公司为增值税一般纳税人，生产增值税低税率花生油和适用17%税率的应税加工食品。该公司4月的花生油含税销售额为60万元，加工食品含税销售额为40万元；用于生产花生油的进项税额为3万元，用于加工食品的进项税额为2万元。该公司在财务上未分别核算不同项目的销售额。那么，该公司4月应纳增值税税额为

(60＋40)÷(1＋17%)×17%－(3＋2)＝9.53(万元)

实际销售收入＝60＋40－9.53＝90.47(万元)

如果该公司在财务上能够实行不同项目单独核算，那么该公司当月应纳增值税税额为

[40÷(1＋17%)×17%－2]＋[60÷(1＋13%)×13%－3]＝7.71(万元)

实际销售收入＝60＋40－7.71＝92.29(万元)

企业单独核算每月可以节减增值税约1.82万元(92.29－90.47)。

2. 兼营非应税劳务

兼营非应税劳务是指增值税纳税人在从事应纳增值税的货物销售或提供应税劳务的同时，还从事非应税劳务(即应纳营业税的各项劳务)，且从事的非应税劳务与某一项销售货物或提供应税劳务并无直接联系和从属关系。例如，一家建筑装饰材料商店，一方面批发零售建筑装饰材料，同时还对外承揽安装、装饰工程业务，安装、装饰工程业务只收取工程费，不提供材料，这样，该商店就发生了兼营非应税劳务的行为。

纳税人兼营非应税劳务的，应分别核算货物或应税劳务和非应税劳务的销售额，对货物和应税劳务的销售额按各自适用的税率征收增值税，对非应税劳务的营业额按适用税率征收营业税。纳税人未分别核算的，由主管税务机关核定货物或者应税劳务的销售额以及非应税劳务的营业额。

2.6.2 混合销售行为

按照我国现行税法，增值税的应税劳务是加工、修理修配劳务，而交通运输业、建筑业、金融保险业、邮电通信业、文化体育业、娱乐业、服务业等则属于应缴营业税的劳务，就增值税而言，它们是非应税劳务。

一项销售行为如果既涉及货物又涉及非应税劳务，而且涉及货物的项目与涉及非应税劳务的项目在这项销售行为中不能分开，这种情况就是混合销售行为。例如，当商场采取送货上门的销售方式时，就同时涉及了所销售的货物和属于非应税劳务的运输服务，因而是混合销售行为。又如，锅炉厂生产销售锅炉并提供上门安装、调试服务，因其发生的安装调试服务为增值税非应税劳务，且与锅炉销售不可分割，因此属于混合销售行为。

混合销售行为涉及两个税种，按照有关规定，纳税人的混合销售行为应该缴纳哪种税，取决于该纳税人以何种业务为主对于从事货物的生产、批发或零售的企业、企业性单位及个体经营者，包括以从事货物的生产、批发或零售为主，并兼营非应税劳务的企业、企业性单位及个体工商户在内，其混合销售行为视为销售货物，应当缴纳增值税；。其他单位和个人的混合销售行为，视为销售非应税劳务，不征收增值税。这里所说的“以从事货物的生产、批发或零售为主，并兼营非应税劳务”，是指纳税人年货物销售额与非应税劳务营业额的合计数额中，年货物销售额超过50%，非应税劳务营业额不到50%。对属于应当征收增值税的混合销售行为，其所涉及的非应税劳务所用购进货物的进项税额，凡符合增值税进项税额抵扣规定的，可以从销项税额中抵扣。

上述规定的一个例外是：对于纳税人提供建筑劳务的同时销售自产货物的行为，应当分别核算货物的销售额和建筑劳务的营业额，并根据其销售货物的销售额计算缴纳增值税，建筑劳务的营业额不缴纳增值税；未分别核算的，由主管税务机关核定其货物的销售额和建筑劳务的营业额(国家税务总局公告 2011 年第 23 号)。

【例 2-10】 某空调专卖店销售空调并上门安装，合同规定，空调价款和安装费一并由购买方支付。该专卖店 2 月销售空调并开具增值税专用发票，注明销售收入 40 万元，另开具普通发票注明安装费 2.34 万元。当期其他购进可供抵扣的进项税额为 5 万元。计算该专卖店 2 月应纳增值税税额。

解：在这项业务中，既涉及销售货物(空调)，又涉及提供非应税劳务(安装劳务)，非应税劳务是为了销售货物而提供的，二者之间具有紧密相连的从属关系，因此，这属于以货物销售为主的混合销售行为，其取得的货款和安装费应一并作为货物销售额，征收增值税。该专卖店 2 月应纳增值税为

$$40\times17\%+2.34\div(1+17\%)\times17\%-5=2.14(\text{万元})$$

2.7 进口货物的增值税处理

申报进入我国海关境内的货物，均应缴纳增值税。只要是报关进口的应税货物，不论其是国外产制还是我国已出口而转销国内的货物，是进口者自行采购还是国外捐赠的货

物，是进口者自用还是作为贸易或其他用途等，均应按照规定缴纳进口环节的增值税。

出口退税是各国对出口货物普遍采取的政策，从货物的税收含量来分析，进口货物不含出口国征收的增值税，进口国为了使进口货物与国内生产的货物保持税负平衡，所以不再允许抵扣进项税额。退一步说，即使出口国的货物在出口时没有退税，该货物的增值税也不是由进口国征收的，进口国对别国征收的税额自然不允许抵扣。所以，我国增值税条例规定，纳税人进口货物，一般纳税人和小规模纳税人一样，必须按照组成计税价格和规定的税率计算应纳税额，不得抵扣任何税额。计算公式为

$$应纳税额=组成计税价格\times税率$$

至于组成计税价格，如果是不征收消费税的进口货物，其计算公式为

$$组成计税价格=关税完税价格+关税$$

对于应征消费税的进口货物，则其组成计税价格的计算公式为

$$组成计税价格=关税完税价格+关税+消费税$$

即

$$组成计税价格=\frac{关税完税价格+关税}{1-消费税税率}$$

或

$$组成计税价格=\frac{关税完税价格+关税+定额消费税}{1-消费税税率}$$

对于应纳消费税的货物是按含消费税的价格计征增值税的，因为消费税是价内税。但是，如果进口货物在国内用于销售等生产经营项目，其在进口环节缴纳的增值税可以作为进项税额，在销售后的销项税额中抵扣。

【例2-11】 某外贸公司7月从法国进口高级香水一批，到岸价为70 000元，进口关税为17 500元，其消费税税率为30%。当月，该公司将这批香水在国内销售给A公司，获取不含税销售收入180 000元。计算该公司当月应纳增值税税额。

解：该外贸公司7月发生了两次应纳增值税的行为，一次为进口货物，应按组成计税价格计算进口环节应纳的增值税；另一次为在国内销售进口货物，应按销售收入计算，在进口环节缴纳的增值税可作为进项税额扣除。

在进口环节：

组成计税价格=(70 000+17 500)÷(1−30%)=125 000(元)

应纳增值税=125 000×17%=21 250(元)

在国内销售环节：

销项税额=180 000×17%=30 600(元)

应纳增值税=销项税额−进项税额=30 600−21 250=9 350(元)

该公司当月应纳进口环节增值税为21 250元，应纳国内销售环节增值税9 350元。

2.8 出口货物退(免)税

出口货物退(免)税是国际贸易中通常采用的并为世界各国普遍接受的税收措施。实行出口退(免)税的目的在于通过退还或免征流转税来鼓励各国出口货物公平竞争。税收属于国家行为，增值税、消费税税负具有可转嫁的性质，如果进入国际市场的商品含流转税，那么外国最终消费者势必将承担出口国政府的税负，这种税负的转嫁不符合税收的公平原则。此外，商品含流转税进入国际市场，会增加商品的成本，降低竞争力。因此，对出口货物退(免)税已成为世界各国普遍接受的惯例。

2.8.1 出口货物的基本政策

我国的出口货物税收政策分为出口免税并退税、出口免税不退税、出口不免税也不退税三类。

1. 出口免税并退税

出口免税是指对货物在出口销售环节不征增值税，这是把货物出口环节与出口前的销售环节都同样视为一个征税环节；出口退税是指对货物在出口前实际承担的税收负担，按规定的退税率计算后予以退还。

可以退(免)税的出口货物一般应具备以下四个条件：①必须属于增值税征税范围；②必须是报关离境的货物；③必须是财务上作销售处理的货物；④出口货物必须结汇(部分货物除外)。

在出口货物中，有一些虽然不同时具备上述四个条件，但由于这些货物销售方式、流转环节、结算办法的特殊性，以及国际间的特殊情况，国家特准退还或免征其增值税和消费税。这些货物主要有：①对外承包工程公司运出境外用于对外承包项目的货物；②对外承接修理修配业务的企业用于对外修理修配的货物；③外轮供应公司、远洋运输供应公司销售给外轮、远洋国轮而收取外汇的货物；④利用国际金融组织或外国政府贷款，采取国际招标方式，由国内企业中标或由外国企业中标后再分包给国内企业销售的机电产品；⑤企业在国内采购并运往境外作为在国外投资的货物。

2. 出口免税不退税

出口不退税是指适用这个政策的出口货物因在前一道生产、销售环节或进口环节是免税的，故出口时该货物的价格中本身就不含税，也无须退税。例如，①来料加工复出口的货物，即原材料进口免税，加工自制的货物出口不退税。②避孕药品和用具、古旧图书，内销免税，出口也免税。③出口卷烟：有出口卷烟权的企业出口国家出口卷烟计划内的卷烟，在生产环节免征增值税、消费税，出口环节不办理退税。其他非计划内出口的卷烟照章征收增值税和消费税，出口一律不退税。④军品以及军队系统企业出口军需工厂生产或军需部门调拨的货物免税。⑤国家规定的其他免税货物，如农业生产者销售的自产农业产品、饲料、农膜等。

下列企业出口的货物，除另有规定外，给予免税，但不予退税：①属于生产企业的小规模纳税人自营出口或委托外贸企业代理出口的自产货物；②外贸企业从小规模纳税人购进并持普通发票的货物出口，免税但不予退税；③外贸企业直接购进国家规定的免税货物(包括免税农产品)出口的，免税但不予退税。

3. 出口不免税也不退税

出口不免税是指对国家限制或禁止出口的某些货物的出口环节视同内销环节，照常征税；出口不退税是指对这些货物出口不退还出口前其所负担的税款。适用这个政策的主要是税法列举限制或禁止出口的货物，如天然牛黄、麝香等。

2.8.2 出口货物退税的计算

出口货物只有在适用出口免税并退税的政策时，才会涉及如何计算退税的问题。我国税法规定了两种退税计算办法：一是“先征后退”办法，主要适用于收购货物出口的外(工)贸企业；二是“免、抵、退”税办法，主要适用于自营和委托出口自产货物的生产企业，这里生产企业是指独立核算，经主管国税机关认定为增值税一般纳税人，并且具有实际生产能力的企业和企业集团。

自2011年5月1日起，工商登记时间两年以上的集成电路设计、软件设计、动漫设计企业及其他高新技术企业(小规模纳税人除外)从事以下业务的，可实行免抵退税管理办法(国家税务总局公告2011年18号)：①自主研发、设计由其他企业生产加工后进行收购或委托国内其他企业生产加工后收回的货物出口；②委托境外企业加工后进口再使用本企业品牌的货物出口；③自主研发、设计软件，加载到外购的硬件设备中的货物出口；④国家税务总局规定的其他情形。

在进行退税计算时，我国采用的是增值税退税率而并非税率，不同货物的退税率并不相同，而且退税率随着经济形势的变化会经常调整。正在使用或使用过的退税率有17%、16%、15%、14%、13%、11%、9%、8%、6%、5%等多个档次。

1. “先征后退”的计算方法

“先征后退”的计算方法直观简单，故此先进行介绍。外贸企业以及实行外贸企业财务制度的工贸企业收购货物出口，实行“先征后退”的管理办法，其出口销售环节免征增值税。“先征”是指外贸企业收购货物在支付收购货款的同时也支付了生产经营该类商品的企业已纳的增值税税款；“后退”是指货物出口后按收购成本和退税率计算退税额退还给外贸企业，征、退税之差计入企业成本。外贸企业出口货物增值税的计算应依据购进出口货物增值税专用发票上所注明的进项金额和退税税率计算。

应退税额＝外贸收购不含增值税购进金额×退税税率

【例2-12】 某进出口公司5月购进一批服装并全部出口，进货增值税专用发票上计税金额为5万元，退税率为13%。计算该公司5月应退税额。

解：该公司应退税额为5×13%＝0.65(万元)

2. “免、抵、退”税的计算方法

实行“免、抵、退”税管理办法的“免”，是指对生产企业出口的自产货物，免征本企业生产销售环节的增值税；“抵”，是指生产企业出口自产货物所耗用的原材料、零部件、燃料、动力等所含应予退还的进项税额，抵扣内销货物的应纳税额；“退”，是指生产企业出口的自产货物在当月内应抵扣的进项税额大于应纳税额时，对未抵扣完的部分予以退税。

“免、抵、退”税计算原理并不复杂，按照上述逻辑，对于生产企业进行出口，生产销售环节的增值额免税，出口价格应该和退税没有关系，即便增值100倍也是如此。退税应该只和出口产品的进项税额有关，就像“先征后退”一样。然而，对于给定纳税期，出口产品的进项税额是很难确定的。因此，在设计具体计算公式时，还是涉及了出口产品的价格。其计算过程复杂，甚至有些晦涩难懂。

1)当期应纳税额的计算

$$\text{当期应纳税额}=\text{当期内销货物的销项税额}-\left(\text{当期进项税额}-\text{当期免抵退税不得免征和抵扣税额}\right)-\text{上期留抵税额}$$

$$\text{当期免抵退税不得免征和抵扣税额}=\text{出口货物离岸价}\times\text{外汇人民币牌价}\times\left(\text{出口货物征税率}-\text{出口货物退税率}\right)-\text{免抵退税不得免征和抵扣税额抵减额}$$

$$\text{免抵退税不得免征和抵扣税额抵减额}=\text{免税购进原材料价格}\times\left(\text{出口货物征税率}-\text{出口货物退税率}\right)$$

免税购进原材料包括从国内购进免税原材料和进料加工免税进口料件，其中进料加工免税进口料件的价格为组成计税价格：

进口料件组成计税价格＝货物到岸价＋海关实征关税和消费税

如果当期没有免税购进原材料价格，前述公式中的免抵退税不得免征和抵扣税额抵减额，以及后面公式中的免抵退税额抵减额，就不用计算。

2)免抵退税额的计算

$$\text{免抵退税额}=\text{出口货物离岸价}\times\text{外汇人民币牌价}\times\text{出口货物退税率}-\text{免抵退税额抵减额}$$

其中，

免抵退税额抵减额＝免税购进原材料价格×出口货物退税率

3)当期应退税额和免抵税额的计算

①如当期期末留抵税额≤当期免抵退税额，则

当期应退税额＝当期期末留抵税额

当期免抵税额＝当期免抵退税额－当期应退税额

②如当期期末留抵税额＞当期免抵退税额，则

当期应退税额＝当期免抵退税额

当期免抵税额＝0

当期期末留抵税额根据当期《增值税纳税申报表》中“期末留抵税额”确定。

【例 2-13】 某自营出口的生产企业为增值税一般纳税人，适用的增值税税率为17%，退税率为13%。10月有关经营业务如下：购进原材料一批，取得的增值税专用发票上注明的价款为200万元，增值税税额为34万元，材料已验收入库。购进免税进口料件一批，支付国外价款300万元，运抵我国海关前的运费、保管费和装卸费用50万元，进口关税税率为20%，料件已验收入库。上期期末留抵税额30万元。本月内销货物不含税销售额为200万元，收款234万元存入银行。出口货物销售额为500万元。请计算该企业当期的“免、抵、退”税额。

解：(1)免税进口料件组成计税价格为

(300＋50)×(1＋20%)＝420(万元)

(2)免抵退税不得免征和抵扣税额抵减额为

420×(17%－13%)＝16.8(万元)

(3)免抵退税不得免征和抵扣税额为

500×(17%－13%)－16.8＝3.2(万元)

(4)应纳税额为

200×17%－(34－3.2)－30＝－26.8(万元)

(5)免抵退税额抵减额＝420×13%＝54.6(万元)

(6)出口货物免抵退税额＝500×13%－54.6＝10.4(万元)

(7)按规定，当期期末留抵税额＞当期免抵退税额时，当期应退税额＝当期免抵退税额。即该企业当期应退税额＝10.4(万元)

(8)当期免抵税额＝0(万元)

(9)10月期末留抵结转下期继续抵扣税额为

26.8－10.4＝16.4(万元)

习题

一、判断题

1. 从原理上讲，增值税始终只对商品价值中没有纳过税的部分课征(　　)
2. 我国的增值税允许扣除固定资产的已纳税金，所以属于消费型增值税(　　)
3. 只有生产低税率产品的企业才适用13%的低税率(　　)
4. 增值税的“间接计税法”也称“扣税法”(　　)
5. 销售商品向购买方收取的价外费用，应并入销售额计算纳税(　　)
6. 纳税人销售货物收取的包装物押金，一律不得并入销售额征税(　　)
7. 纳税人采用折扣方式销售货物，应按折扣后的销售额征税(　　)
8. 纳税人购进货物无论用于哪些方面，其进项税额均应从销项税额中抵扣(　　)
9. 小规模纳税人的计税销售额应为含税销售额(　　)

10. 购进固定资产已支付的税额允许从销项税额中抵扣(　　)

11. 一般纳税人有权领购使用专用发票(　　)

12. 从事货物零售业务的企业，不认定为一般纳税人(　　)

13. 增值税在生产批发环节为价外税，在零售环节为价内税(　　)

14. 增值税具有避免重复征税的优点(　　)

15. 某企业销售自己使用多年的小汽车应缴纳增值税(　　)

16. 零税率就是免税(　　)

17. 增值税起征点的规定适用所有纳税人，包括单位和个人(　　)

18. 采取赊销方式销售货物，其纳税义务发生的时间为收到货款的当天(　　)

19. 生产企业委托外贸企业代理出口自产货物以及有出口经营权的外贸企业收购货物后委托其他外贸企业代理出口，均适用“免、抵、退”办法(　　)

20. 玩具厂销售自产玩具支付的运输费可以计算抵扣增值税的进项税(　　)

21. 增值税一般纳税人通过防伪税控系统开具的专用发票，经过认证后，可在 270 天内进行抵扣(　　)

22. 某空调厂生产销售空调并负责安装自售空调，单独收取每台 80 元的安装费，因能分清收入，销售空调缴纳增值税，安装费缴纳营业税(　　)

23. 对销售白酒、葡萄酒而收取的包装物押金，无论是否返还以及会计上如何核算，均应并入当期销售额计征增值税(　　)

二、单项选择题

1. 增值税可以分为收入型、消费型、生产型三种类型，其中收入型增值税的征税对象与理论上的增值额完全一致，然而在实践中各国却很少采用收入型增值税，其原因在于(　　)

A. 重复征税无法消除　　B. 减少财政收入

C. 不符合税收中性原则　　D. 给凭发票扣税的计税方法带来困难

2. 下列属于增值税价外收入的有(　　)

A. 增值税纳税人收取的会员费收入

B. 建材厂销售建材送货上门，向客户收取的装卸搬运费

C. 燃油电厂从政府财政专户取得的发电补贴

D. 高校师生食堂在向师生提供餐饮服务的同时向社会提供餐饮服务

3. 某钢琴厂为增值税一般纳税人，本月采取“还本销售”方式销售钢琴，开了普通发票 20 张，共收取了货款 25 万元。企业扣除还本准备金后按规定 23 万元作为销售处理，则增值税计税销售额为(　　)

A. 25 万元　　B. 23 万元　　C. 21.37 万元　　D. 19.66 万元

4. 滇红葡萄酒企业为增值税一般纳税人，某月销售收入为 257.4 万元(含税)，当期发出包装物收取押金为 4.68 万元，当期逾期未归还包装物押金为 2.34 万元。该企业本期应申报的销项税额为(　　)

A. 37.4 万元　　B. 37.74 万元　　C. 38.08 万元　　D. 37.80 万元

5. 下列项目中不应征收增值税的是(　　)

A. 古旧图书　　B. 将产品赠与他人

C. 以物易物　　D. 逾期未收回包装物不再退还的押金

6. 某自行车厂某月自产的 10 辆自行车被盗，每辆成本为 300 元(材料成本占 65%)，每辆对外销售额为 420 元(不含税)，则本月进项税额的抵减额为(　　)

A. 331.5 元　　B. 510 元　　C. 610.3 元　　D. 714 元

7. 委托其他纳税人代销货物，其纳税义务发生的时间为(　　)

A. 发出代销产品的当天　　B. 代销方收到代销产品的当天

C. 按合同约定的收款日期的当天　　D. 收到代销单位销售的代销清单的当天

8. 纳税人采取邮寄方式购买货物所支付的邮寄费用，其进项税额的抵扣处理是(　　)

A. 按 17%的扣除率计算抵扣　　B. 按 10%的扣除率计算抵扣

C. 不得抵扣　　D. 按 7%的扣除率计算抵扣

9. 某电器修理部为小规模纳税人，4 月取得修理收入 20 600 元，当月出售一台使用过的进口旧设备，收取价税合计 12 360 元，当月应纳增值税(　　)

A. 600 元　　B. 793.85 元　　C. 840 元　　D. 2 040 元

10. 下列行为中，涉及的进项税额不得从销项税额中抵扣的是(　　)

A. 将外购的货物用于本单位集体福利

B. 将外购的货物分配给股东和投资者

C. 将外购的货物无偿赠送给其他个人

D. 将外购的货物作为投资提供给其他单位

11. 下列各项中，属于增值税混合销售行为的是(　　)

A. 建材商店在销售建材的同时又为其他客户提供装饰服务

B. 汽车建造公司在生产销售汽车的同时又为客户提供修理服务

C. 塑钢门窗销售商店在销售产品的同时又为客户提供安装服务

D. 电信局为客户提供电话安装服务的同时又销售所安装的电话机

12. 下列各项中，既是增值税法定税率，又是增值税进项税额扣除率的是(　　)

A. 7%　　B. 10%　　C. 13%　　D. 17%

三、多项选择题

1. 下列企业属于增值税小规模纳税人的有(　　)

A. 会计核算健全，年应纳税销售额 100 万元的商业零售企业

B. 会计核算健全，年应纳税销售额 40 万元的生产企业

C. 会计核算健全，年应纳税销售额 70 万元的批发企业

D. 会计核算健全，年应纳税销售额 80 万元的生产企业

2. 下列行为应按“提供加工和修理修配劳务”征收增值税的是(　　)

A. 电梯制造厂为客户安装电梯

B. 企业受托为另一企业加工服装

C. 企业为另一企业修理锅炉

D. 汽车修配厂为本厂修理汽车

3. 纳税人提供下列劳务应当缴纳增值税的有(　　)

A. 汽车的修配　　B. 房屋的修理　　C. 房屋的装潢　　D. 受托加工白酒

4. 下列混合销售应当征收增值税的有(　　)

A. 电信部门销售移动电话并为客户提供电信服务

B. 铝合金厂生产销售铝合金门窗并负责安装

C. 宾馆提供餐饮服务，同时销售烟酒饮料

D. 批发商销售货物并送货上门

5. 下列各项中，应当征收增值税的有(　　)

A. 医院提供治疗并销售药品　　B. 邮局提供邮政服务并销售集邮商品

C. 商店销售空调并负责安装　　D. 汽车修理厂修车并提供洗车服务

6. 将购买的货物用于下列项目，其进项税额不予抵扣的是(　　)

A. 用于产品的生产　　B. 用于机器设备的维修

C. 用于职工集体福利　　D. 用于修建展销厅

7. 下列各项中，企业购进货物的进项税额不能从销项税额中抵扣的有(　　)

A. 用于生产免税产品　　B. 用于装修办公楼的会议室

C. 转售给其他企业　　D. 用于对外投资

8. 在销售价格之外向购货方收取的下列费用，并入销售额计算纳税的是(　　)

A. 手续费　　B. 销项税额　　C. 奖励费　　D. 包装费

9. 下列业务中，免征增值税的是(　　)

A. 牧民销售自养的牛、羊　　B. 电信部门销售的手机

C. 出口货物　　D. 销售自来水

10. 下列经济活动，应当缴纳增值税的是(　　)

A. 电信局销售传呼机并提供传呼服务　　B. 修理汽车

C. 钢窗厂销售钢窗并负责安装　　D. 修缮队粉刷房屋

11. 增值税一般纳税人销售货物，不得开具增值税专用发票的情形是(　　)

A. 向消费者个人销售应税货物　　B. 销售免税货物

C. 销售不动产　　D. 将货物无偿赠送他人

12. 以下适用13%税率计算增值税的项目有(　　)

A. 商店销售食用油　　B. 农民销售自产小麦

C. 书店销售的音像制品　　D. 天然气公司销售液化气

13. 以下免征增值税的项目有(　　)

A. 直接用于科学实验的进口仪器

B. 外国政府无偿援助的进口物资

C. 外国企业无偿援助的进口设备

D. 其他个人销售自己使用过的汽车

14. 税法规定的增值税纳税义务发生时间有(　　)

A. 以预收款方式销售货物的，为收到货款当天

B. 委托他人代销货物的，为货物发出当天

C. 销售应税劳务的，为提供劳务同时收到销售额或取得索取销售额凭证的当天

D. 赊销货物的，为合同约定的收款日期的当天

15. 下列货物的出口，享受增值税出口免税不退税的政策的有(　　)

A. 来料加工复出口的货物

B. 小规模生产企业委托外贸企业代理出口的自产货物

C. 外贸企业出口避孕药品

D. 从农业生产者直接购进的免税农产品出口

16. 增值税一般纳税人销售自产的下列货物，可选择按照简易办法依照6%征收率计算缴纳增值税的有(　　)

A. 用购买的石料生产的石灰

B. 用动物毒素制成的生物制品

C. 以水泥为原料生产的水泥混凝土

D. 县级以下小型水力发电站生产的电力

四、计算题

1. 某灯饰制造厂为增值税一般纳税人，适用17%的税率，该厂10月发生了以下购销业务：①当月实现销售收入为117万元，均为含税销售额；②购入玻璃原材料，取得的增值税专用发票上注明的价款为20万元；③进口玻璃原材料20吨，价款15万元，运抵我国海关前发生的包装费、运输费、保险费等共计5万元，进口关税税率15%；④收回委托加工半成品，取得的增值税专用发票上注明的加工费为4万元；⑤当月该厂将一批灯饰捐赠给当地教育机关，价税合计的价款为2万元。请计算该灯饰制造厂在10月应纳增值税。

2. 某生产小电器企业为增值税小规模纳税人，2009年3月发生下列业务：①外购一批材料用于生产，取得增值税发票，注明价款10 000元，增值税1 700元；外购一台生产设备，取得增值税发票，注明价款40 000元，增值税6 800元；②委托外贸企业进口一批塑料材料，关税完税价格15 000元，关税税率6%，支付了相关税费将材料运回企业；③销售100件自产A型小电器，价税合计取得收入24 720元；④将4件A型小电器赠送给客户使用；⑤将使用过的一批旧包装物出售，价税合计取得收入2 472元；⑥将使用过的一台旧设备出售，原价40 000元，售价16 000元。请计算企业当月应纳增值税。

3. 某酒厂为增值税一般纳税人，7月发生以下购销业务：①从农业生产者手中收购小麦，共支付收购价款20万元，货物由某运输公司负责运输，运费发票注明运输费4万元。②购进货物取得增值税专用发票，注明金额40万元、增值税税额6.8万元；支付给运输单位的购货运输费用2万元，取得普通发票，货物已验收入库。本月将已验收入库货物的80%零售，取得含税销售额52.65万元，20%因保管不善遭雨淋，发生霉烂变质。③本月生产加工一批新型的药酒400件，每件成本价500元，市场上无同类产品，产品全部售给本企业职工，取得不含税销售额17.1万元，药酒消费税税率10%。④销售粮食白酒一批，取得含税销售额46.8万元，同时收取包装物押金收入1.287万元。请计算酒厂应纳增值税。

4. 某印刷厂为增值税一般纳税人，主营书刊、写字本等印刷业务。5月发生以下业务：①接受出版社委托，自行购买纸张，印刷有统一刊号(CN)的图书。购买纸张取得增值税专用发票上注明税额330 000元，向各出版社开具的增值税专用发票上注明金额2 900 000元。②接受学校委托，印刷信纸、信封和练习本。自行购买纸张，取得增值税专用发票上注明税额68 000元，向学校开具的普通发票注明金额520 000元。③销售印刷过程中产生的纸张边角废料，取得含税收入3 000元。④当月购买其他印刷用材料，取得专用发票上注明税额51 000元。送货发生运费2 000元、装卸费5 000元，取得货物运输发票。⑤月末盘点时发现部分库存纸张因保管不善潮湿霉烂，成本为5 700元。本月取得的相关票据符合税法规定，并在当月通过认证和抵扣。请计算该印刷厂当月应纳增值税。

5. 某农用物资生产企业为增值税一般纳税人。5月发生以下业务：①销售农机、农药、化肥一批，货已发出，不含税销售额为30万元，其中有10万元为上月预收款，另收取包装费5 000元；②外购原材料、零部件一批，取得普通发票上注明销售额10万元，另向供货方支付代垫运费3万元，取得运费发票，料已入库；③领用4月外购的钢材一批用于本企业在建工程，成本为5万元，运输费用1 860元；④为农民提供农机维修业务，实现收入6万元。请计算该农机厂当月应纳增值税。

6. 某具有出口经营权的实行"免、抵、退"税工业企业2008年留抵增值税3 800元，2009年发生如下业务：①1月，购买国内原材料A，入库但未付款，税控发票注明价款200 000元，增值税34 000元；进口原材料一批，海关认可发票CIF(成本加保险费加运费)价140 000美元，汇率7.45∶1，关税税率8%，企业缴纳了关税和增值税后海关放行，但海关完税凭证尚未传递回企业。当期内销不含税销售收入150 000元，15日发出赊销商品一批，合同规定发出之日40天付款结账，合同货物含税总金额250 000元。外销出口货物离岸价8 270欧元，汇率10∶1。②2月，得到上月进口货物缴款书及相关报关单据经税务机关批准抵扣，将上年从小规模纳税人处购入的用于生产目的的农业产品发给职工，账面成本87 000元。当期内销货物20万元(不含税)，支付销售运费4 000元，出口货物离岸价14 076欧元，汇率10∶1。请计算各月应纳增值税及出口退税(该企业出口退税率为13%，上述专用发票均经过认证)。

7. 某信息技术服务公司为增值税一般纳税人。该公司主要自行开发软件，并销售计算机硬件和成品机，同时提供技术指导和培训。其中软件产品单独核算，并实行即征即退。10月发生以下业务：①销售本企业自行开发的软件产品，取得不含税销售额21万元，为生产该软件，外购原材料10万元，进项税额1.7万元。②自行销售自产电脑400台，每台不含税价格5 000元；以折扣方式销售给某学校100台，折扣20%，折扣和销售额开具在同一张发票上；采用委托银行收款结算方式发送给外省的某关联企业自产电脑500台，另收取包装费、运输费共1万元，其中4 000元为收回的代垫运费(运输公司将发票开给购货方)。③之前欠某单位货款3万元，当月该单位向该信息技术服务公司购买10台电脑，欠款从货款中扣除，收回不含税价款2万元。④当月购入原材料款清入库，可抵扣进项税额为41万元。请计算该企业当月实际应纳增值税。

8. 某洗衣机厂为增值税一般纳税人，主要生产和销售多功能洗衣机。洗衣机每台售价2 000元(含税价)，成本为1 600元。为打开销售市场，企业欲采用以下四种方案之一进行销售：方案一、采取以旧换新的方式销售，旧货的价格定为200元，即买新货时可以少交200元；方案二、商品九折销售；方案三、购买物品满2 000元返还200元现金；方案四、购买物品满2 000元时赠送价值200元的小商品，其成本为120元，均为含税价格。如果仅考虑增值税，请计算确定企业该选用哪种方案才有最大收益。

9. 某制药企业是增值税一般纳税人，由总机构统一核算，下设的A、B两个分支机构地处两县，分别由两个县税务机关管理。其中A机构为生产企业，生产普通药品和政府规定免税的一种避孕药品，B机构为商业零售企业。8月发生下列业务：①A机构将自产普通药品200箱发出，由甲企业代销；将自产普通药品100箱移送至B机构销售。该药品同类产品不含税销售价格为每箱80 000元。②A机构购入一批原材料用于应税药品生产，专用发票注明价款1 500 000元，增值税255 000元，6%用于本单位职工福利。③A机构购入一批原材料用于生产免税药品，专用发票注明价款100 000元，增值税17 000元。④A机构支付用于生产全部产品使用的包装物款，专用发票注明价款200 000元，增值税34 000元。⑤A机构收到甲企业支付的代销款2 720 000元，次月才能收到代销清单。⑥A机构将自产两箱免税药品用于职工福利。⑦A机构销售免税产品，取得银行存款1 000 000元。假定上述发票均已认证，请计算A机构当期应缴纳的增值税。

10. 某自营出口的生产企业为增值税一般纳税人，出口货物的征税税率为17%，退税税率为13%。2005年4月的有关经营业务如下：购进原材料一批，取得的增值税专用发票注明的价款为200万元，外购货物准予抵扣的进项税额34万元通过认证。上月末留抵税款3万元，本月内销货物不含税销售额100万元，收款117万元存入银行，本月出口货物的销售额折合人民币200万元。请计算该企业当期的“免、抵、退”税额。

第 3 章 消 费 税

消费税是一个古老的税种，它是对特定的消费品和消费行为征收的一种税。在国外，其雏形最早产生于古罗马帝国时期。当时，由于农业、手工业的发展，城市的兴起与商业的繁荣，相继开征了盐税、酒税等产品税，这就是消费税的原形。而在我国，早在公元前 81 年，汉昭帝为避免酒的专卖“与商人争市利”，改酒专卖为征税，允许各地的地主、商人自行酿酒卖酒，每升酒缴税款四文，纳税环节定在销售阶段，这可以说是我国较早的消费税。

然而，在新中国成立后我国税制沿革中，消费税反而显得相对年轻。1993 年年底，国务院正式颁布了《中华人民共和国消费税暂行条例》，并于 1994 年 1 月 1 日起实施，这是消费税的首次亮相。此后消费税税目税率及相关政策进行过多次调整，如 2006 年新增高尔夫球及球具、高档手表、游艇、木制一次性筷子、实木地板 5 个税目。2008 年年底，国务院对《中华人民共和国消费税暂行条例》和细则进行了修订。本章的基本税法依据就是 2008 年 11 月 5 日国务院颁布，2009 年 1 月 1 日施行的《中华人民共和国消费税暂行条例》及 2008 年 12 月 15 日财政部、国家税务总局颁布的《中华人民共和国消费税暂行条例实施细则》。

3.1 消费税概述

本节简要介绍消费税的特点和立法精神，并阐述了它和增值税的关系。

3.1.1 消费税的特点

消费税作为流转税的主体税种，不仅可以保证国家财政收入的稳定增长，而且还可以调节产业结构和消费结构，限制某些奢侈品、高能耗品的生产，正确引导消费。消费税发展至今，已成为世界各国普遍征收的税种。据不完全统计，全世界有 100 多个国家开征了消费税。消费税一般也可称为货物税，与其他的流转税相比，有如下主要特点：

(1)消费税具有独特的调节功能。首先，它通过课征范围的选择、差别税率的安排和征税环节的确定，选择某些消费品课以高税，使高收入者承担更多的税金，可以充分地发挥调节收入的作用；其次，消费税通过对奢侈品和多消费有害的消费品征税，可以“寓禁于征”，达到抑制超前消费，限制不良消费的目的。

(2)消费税通常实行在生产环节单环节征收，与多环节征收的税种相比，消费税征税费用低，征收效率高。

(3)消费税的征税对象与增值税的征税对象重叠，可以弥补增值税因税率单一而对部分产品征税不足的缺陷，确保财政收入和税负公平。

(4)我国消费税实行价内征收，避免与增值税混淆。从国际上看，消费税的征收方法有价内征收和价外征收两种，即消费税的计税依据分为含税价格和不含税价格两种。我国采用了价内征收的方式。其原因是考虑到增值税已实行价外征收办法，而交叉征收的消费税又是增值税的税基的一部分，为了避免征收过程中划分税基的麻烦和产生误解，消费税实行价内征收。这样规定，与我国的历史习惯相适应，也易于为消费者所接受。

3.1.2 消费税的立法精神

消费税的立法精神主要集中体现国家的产业政策和消费政策，以及强化国家对经济进行宏观调控手段的特征。具体表现在以下几个方面：

(1)体现消费政策，调整产业结构。消费税的立法要体现国家的产业政策和消费政策。我国的消费税是一种选择性税种，将烟、酒及酒精、鞭炮列入征税范围是为了抑制对人体健康不利或者过度消费会对人体有害的消费品的生产；将高尔夫球、摩托车、小汽车、贵重首饰及珠宝玉石列入征税范围是为了调节特殊消费。

(2)正确引导消费。征收消费税可以起到对消费行为的调节作用，在消费税的立法过程中，对人们日常生活中的基本消费品和企业正常的生产消费物品不征收消费税，只对目前属于奢侈品的物品以及其他非基本生产用品征收消费税，增加购买者的负担，适当抑制高水平消费。另外，将一次性筷子、实木地板、汽油、轮胎列入征税范围是为了节约一次性资源，限制过量消费。

(3)调节支付能力，缓解分配不公。仅仅依靠个人所得税不可能完全实现税收的公平分配目标，而通过对某些奢侈品或特殊消费品征收消费税，从调节个人支付能力的角度间接增加某些消费者的税收负担，使高收入者的高消费受到一定的抑制，低收入的消费者不负担消费税，支付能力不受影响。所以，开征消费税有利于配合个人所得税及其他相关税种进行调节，缓解目前的社会分配矛盾。

(4)增加财政收入。消费税是在 1994 年原流转税制进行较大改革的背景下出台的。在实行规范化的增值税后，不可能像原来那样设置多档次、相差悬殊的税率，许多原高税率产品改征增值税后，税率调整为 17%，税负下降过多，对财政收入的影响较大。为了保证税制改革后尽量不减少财政收入，同时不削弱税收对某些产品生产和消费的调控作用，需要通过征收消费税来保持产品的原税收负担，即消费税和增值税税负之和在大体上要与原来货物的税负水平相当。当然消费税经过多年运行，维持原税负水平的作用已经不显著，增加财政收入的意图则十分明显。

从1994年消费税实施到2008年，国内消费税的收入从516亿元增加到2 500多亿元，足足增长了约4倍。然而从国内消费税收入占总税收收入比重来看，则由1994年的10%左右降到2008年的不足5%。其中主要原因是我国税收总收入超常规增长，消费税增长比总体水平慢。然而2009年消费税几乎翻倍增长，主要是提高了烟草行业的税率和加强了酒类行业的征管所致。1994～2010年国内消费税收入及比重具体见图3-1。

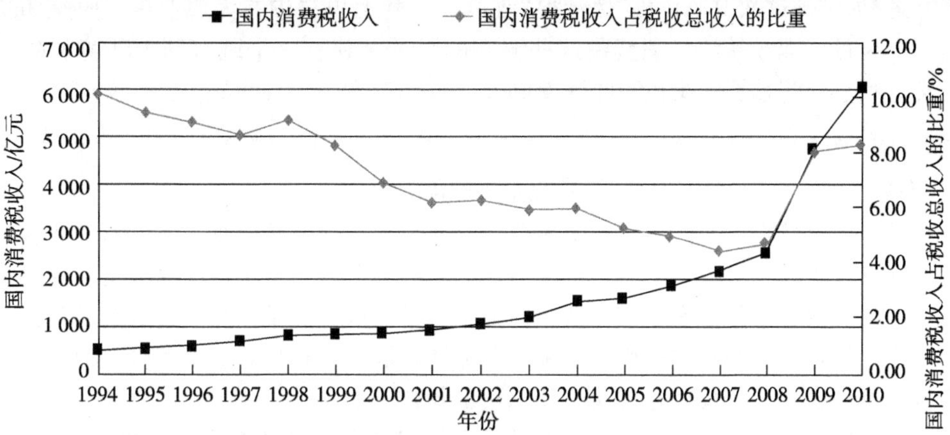

图3-1 1994～2010年国内消费税收入及比重

资料来源：国家税务总局，http://www.chinatax.gov.cn，经整理

3.1.3 消费税和增值税的关系

我国现行的消费税是1994年税制改革时在流转税体系中新设置的一个税种。此次税改前，我国的流转税体系的税率设计很不规范，税率档次多，从而使得不同行业不同产品之间税负相差悬殊，如工业领域中的流转税收入就主要集中在卷烟、石油、化工、电力、冶金、汽车等几个工业部门。1994年税制改革的重心是增值税，对货物实行普遍征收，并且绝大多数货物实行规范统一的税率，因此流转税制格局调整后有一部分高税率的产品税收负担下降较多。为了保证改革后的财政收入不减少，1994年起开征消费税。一方面通过消费税把这部分减少的收入征回来；另一方面与增值税相配合形成双层调节，增值税发挥普遍调节作用，以保证财政收入的稳定增长为主要功能，消费税则作为特殊调节税种，旨在调节产品结构、引导消费方向，当然也肩负一定的财政收入职能。

消费税和增值税的差异主要表现在以下几个方面：①征税范围，增值税对货物实行普遍征收，以保证财政收入作为主要功能，而消费税仅对特定消费品征收，旨在调节产品结构、引导消费方向；②纳税环节，增值税在生产、批发、零售、进出口多环节征收，而消费税基本只在单环节征收；③从价关系，增值税是价外税，消费税是价内税；④收入级次，增值税是共享税，消费税为中央税。

消费税与增值税构成对流转额交叉征税(双层征收)的格局。缴纳增值税的货物并不都缴纳消费税，而缴纳消费税的货物却属于征17%税率增值税的货物。若是增值税小规模纳税人，会涉及增值税的征收率。消费税税额是增值税税基的一部分。因为消费税是价内税，其税额应含于价格之中。注意到消费税的这一特点，有助于进一步理解价内税与价外税的区别。

相对于增值税，调节功能是消费税的长项，因此不少热点问题都和消费税相关。例如，2009年12月举行的哥本哈根联合国气候变化大会中，碳税引起了各方重点关注。事实上，碳税就是一种具有消费税性质的税种。经常见诸报端的环境税、污染税、燃油税改革等，也就隐藏在消费税的税目中。以2009年1月1日正式实施的《成品油价税费改革方案》为例，这次改革俗称"燃油税"改革。实际上税法中并无燃油税，而是消费税中的一个税目，即成品油。消费税这些调整的目的是建立一个既有利于环境和生态保护，又有利于经济发展的绿色税收法律制度，其调节意图十分明显。

专栏 3-1　　碳税的国际经验

碳税被国际社会公认为是削减二氧化碳排放的有效的经济手段之一。二氧化碳的减排政策可以分为两个层面：一是国际层面；二是国内层面。国际层面主要是确定将二氧化碳浓度控制在某个危险水平以下所允许的全球最大碳排放量，然后按照某种规则在国家和地区之间进行碳排放权分配，明确或部分明确各国和地区在碳排放方面的限额；国内层面一般是通过征收碳税，实现二氧化碳减排政策的目标。

大多数国家和地区在设计碳税税率时，是按照石化能源的碳含量采用统一的税率，如芬兰、瑞典、意大利和加拿大不列颠哥伦比亚(BC)省。但也有一些国家，如挪威等，为不同的行业、不同类型的燃料规定了不同税率。名义税率相差较大的主要原因是各国之间除碳税之外一般都有其他的能源税和其他的减排政策，很难将碳税的政策效果与其他政策效果分离出来。当已经存在其他减排政策和其他能源税时，为了实现既定减排目标，可能不需要碳税，或是只需要较低税率的碳税。另一个原因是不同国家和地区的减排目标不一样。不同的减排目标需要的税率一般是不一样的，即使减排目标相同，由于不同产业和不同的居民有着不同的减排成本函数，所需要的税率也各不相同。

从碳税的征收对象来看，虽然都是对石化矿物燃料征税，但税基的宽窄有很大的区别。例如，加拿大BC省碳税的征税对象包括了几乎所有石化能源产品，而意大利仅对矿物油按其含碳量征收碳税，荷兰的能源调整税只对天然气和电力的小规模消费征税。造成这一现象的主要原因是碳税之外其他能源税收和其他减排政策的差异。在加拿大BC省，碳税是主要的能源税收；在意大利，碳税仅是其能源税里非常小的一部分；在荷兰，对能源的大规模使用者有税收以外的其他调节措施。

可供选择的碳税纳税环节较多，理论上可以在能源使用链条的一个或多个环节征收，但在不同的征税环节，效率和可操作性是不一样的。多数国家都是在最终使用环节征收，即在能源使用链条的下游征税，谁排放二氧化碳，向谁征税。其碳税纳税人是使用能源的产业部门和居民。加拿大魁北克省和BC省都选择在批发环节征税，即在能源使用链条的上游征税，如石化产品(汽油、喷气发动机燃料、民用燃料油)的碳税由精炼、加工企业缴纳。一般来说，在上游征税比在下游征税更节约成本，更方便管理。

资料来源：刘小川，汪曾涛．碳税的国际比较及其对我国的启示．中国税务报，2009-05-27，经整理。

3.2 消费税纳税人和征税范围

本节具体介绍消费税纳税人和征税范围两个基本税制要素。

3.2.1 纳税人

消费税的纳税人为在我国境内从事生产、委托加工和进口消费税规定的消费品(简称"应税消费品")的单位和个人。其中委托加工的纳税人为委托方，但税款由受托方代收代缴。此处所称的"单位"和"个人"的定义等同于增值税纳税人规定。境内是指生产、委托加工和进口属于应当缴纳消费税的消费品的起运地或所在地在境内。

消费税主要是单环节纳税，但少量特殊消费品(如卷烟)在多环节纳税，具体有如下几种情况：①生产应税消费品，在销售环节纳税；②自产自用(除连续生产行为)，在移送使用环节纳税；③进口应税消费品，在进口报关环节纳税；④委托加工应税消费品，受托方在向委托方交货时代收代缴(受托方为个人除外)；⑤销售金银首饰、钻石、钻石饰品，在零售环节纳税；⑥卷烟在出厂销售和商业批发两个环节纳税。

专栏 3-2　　白酒行业潜规则与税收新政

消费税通常在生产环节单环节征收，这给企业提供了很大的避税空间。企业可以将销售功能剥离出去另外成立公司，将产品以低价卖给该公司，这种现象尤其以白酒行业为甚。鉴于此，国家出台了《关于加强白酒消费税征收管理的通知》(国税函【2009】380号)来应对这一问题。

消费税的单环节征收方式留给白酒生产企业巨大的操作空间。包括贵州茅台、泸州老窖在内的白酒行业 11 家上市公司全部都有自建的销售公司，企业先将出厂白酒低价出售给自己的销售公司，然后销售公司再加高价格出售给经销商。一位行业资深专家认为通过拉大出厂价格和销售价格的差距进行避税是整个白酒行业的潜规则。

以五粮液为例：2008 年全年，五粮液主营业务收入 73.33 亿元，而 2008 年财务报表中所上缴的消费税总额仅占白酒销售收入的 5.41%，远低于消费税税率。52°五粮液出厂批发价格为 425 元/瓶，而实际上，消费者的购买价格超过 700 元/瓶。统计显示，2008 年全年，贵州茅台共计实现白酒销售收入 82.41 亿元，而所缴纳的消费税总额仅为 4.8 亿元，占销售额的 5.8%；水井坊(600779.SH)2008 年全年销售收入 11.38 亿元，缴纳消费税 7 789 万元，占销售收入的 6.8%。如果没有"潜规则"，按照消费税税率计算，五粮液 2008 年应缴消费税接近 15 亿元；贵州茅台、水井坊 2008 年应缴消费税分别为 17 亿元和 2.3 亿元。潜规则让这三家白酒企业分别"合理避税"11 亿元、12.2 亿元和 1.52 亿元，分别占 2008 年全年净利润的 60%、32%、49%。

2009 年 8 月 1 日起，白酒业消费税征管执行新政策：生产企业销售给销售单位的白酒，生产企业消费税计税价格低于销售单位对外销售价格 70%以下的，消费税最低计税价格由税务机关核定。白酒消费税新政策的实行意味着整个行业潜规则的破灭，通过“合理避税”而获得近一半全年净利润的光景将不复存在。

资料来源：巫燕玲．茅台提价背后：税收新政破白酒业潜规则．中国经营报，2009-12-12，经整理。

3.2.2 征税范围

目前我国消费税的征税范围主要是根据经济发展现状和消费政策、人们的消费水平和结构以及财政的需要，并借鉴国外成功的经验和通行做法确定的。根据消费税的立法精神，在种类繁多的消费品中，只选择了很少的一部分产品对其征税，主要包括：①有危害性的特殊消费品，如烟、酒和酒精、鞭炮及焰火等；②非生活必需品、奢侈品，如贵重首饰及珠宝玉石、化妆品、高尔夫球及球具、高档手表、游艇等；③高能耗及高档消费品，如小汽车、摩托车等；④不可再生的资源性消费品，如成品油、木制一次性筷子、实木地板等；⑤具有一定财政意义的消费品，如汽车轮胎等。这些消费品的生产数量大，可以形成较多的税收收入。

3.3 税目和税率

增值税是普遍征收的，因此只要对货物征收范围进行定义即可。而消费税是选择性征收，用列举的方式规定了征税范围，列举的项目即为税目。消费税的税目和税率设计采用了如下原则：税目按不同的消费产品划分，税率在税目的基础上，采用“一目一率”的方法。因此，消费税的税目和税率总是一一对应，紧密连接在一起的，税目确定，即可确定税率。

3.3.1 税目

现行消费税采用了列举的方式，共设置了 14 个税目，具体包括烟、酒及酒精、化妆品(含成套化妆品)、贵重首饰及珠宝玉石(包括各种金、银、珠宝首饰及珠宝玉石)、鞭炮及焰火、成品油、汽车轮胎、摩托车、小汽车、高尔夫球及球具、高档手表、游艇、木制一次性筷子、实木地板。这些税目都是直观易懂的，然而到具体征收操作环节就会出现模糊和歧义，需要税法做出进一步界定。

例如，什么是“高档手表”，到底是按劳力士、百达翡丽等品牌来认定呢，还是在高档购物广场出售认定呢，抑或按价格来认定呢？财税【2006】033 号文件中明确规定：“高档手表是指销售价格(不含增值税)每只在 10 000 元(含)以上的各类手表。本税目征收范围包括符合以上标准的各类手表。”这样操作性问题就迎刃而解了。

再看小汽车这个税目。大客车是不征消费税的，这一点很明确。然而介于通常 4 门 5 座小轿车和大客车之间的面包车是否属于消费税的征税范围呢？在消费税税目表中，发现小汽车分为乘用车和中轻型商用客车两个子目，因此可以判定，通常我们看到的面包车是需要缴纳消费税的。然而在面包车和大客车之间仍有模糊地带，既有比普通面包车载客多的大面包车，也有比普通大客车载客少的客车。如何精确加以区分，就需要税法的进一步明确。税法是这样规定的："本税目征收范围包括含驾驶员座位在内最多不超过9个座位(含)的，在设计和技术特性上用于载运乘客和货物的各类乘用车和含驾驶员座位在内的座位数在10至23座(含23座)的在设计和技术特性上用于载运乘客和货物的各类中轻型商用客车。"另外，税法中还规定了"含驾驶员人数(额定载客)为区间值的(如8～10人；17～26人)小汽车，按其区间值下限人数确定征收范围"(财税【2006】033号)。这样，连额定载客为17～26人这种区间值的处理都明确了，税收征管过程中就不存在争议性了。

有些税目的界定需要较深入的专业水准，如对成品油税目的规定税法是这样表述的：

成品油。本税目包括汽油、柴油、石脑油、溶剂油、航空煤油、润滑油、燃料油七个子目。

汽油。汽油是指用原油或其他原料加工生产的辛烷值不小于66的可用作汽油发动机燃料的各种轻质油。含铅汽油是指铅含量每升超过0.013克的汽油。汽油分为车用汽油和航空汽油。……

石脑油。石脑油又叫化工轻油，是以原油或其他原料加工生产的用于化工原料的轻质油。石脑油的征收范围包括除汽油、柴油、航空煤油、溶剂油以外的各种轻质油。非标汽油、重整生成油、拔头油、戊烷原料油、轻裂解料(减压柴油VGO和常压柴油AGO)、重裂解料、加氢裂化尾油、芳烃抽余油均属轻质油，属于石脑油征收范围……

上述对产品的界定需要有相当的专业知识，因此对税务机关公务员的要求也随之提高。仅仅熟悉税收制度本身是不够的，在很多情况下，税务人员还要成为所管辖行业的半个专家。

另外，对税目的界定有时是把某些特殊情况下的消费行为排除出去。例如，化妆品为消费税税目，考虑演出这个特定行业，演员出镜需要化妆品，但这是演艺工作的重要组成部分，对这类情况是否需要征税呢？税法规定："化妆品是日常生活中用于修饰美化人体表面的用品。本税目的征收范围包括：香水、香水精、香粉、口红、指甲油、胭脂、眉笔、唇笔、蓝眼油、眼睫毛和成套化妆品等等。舞台、戏剧、影视演员化妆用的上妆油、卸装油、油彩不属于本税目的征收范围。"了解了这一规定，问题的答案就显而易见了。

类似的处理还有鞭炮、焰火和汽车轮胎等税目。例如，鞭炮、焰火的规定为"本税目的征收范围包括：各种鞭炮、焰火。体育上用的发令纸、鞭炮药引线，不按本税目征收"。而汽车轮胎的税法规定为"本税目征收范围包括的汽车轮胎是指用于各种汽车、挂车、专用车和其他机动车上的内、外轮胎。不包括农用拖拉机、收割机、手扶拖拉机的专用轮胎。子午线轮胎和翻新轮胎免征消费税"。

消费税的税目随着经济形势的变化而变动。例如，消费税实施早期，护肤护发品也是税目之一。随着时间推移，这个税目已经不符合任何一条立法精神，因而取消了。而有些税目因环保要求也经过了较大调整，如成品油。其实在其他国家也是如此。例如，2006

年，加拿大财政部部长弗莱赫特在预算报告中就提出取消珠宝业的消费税[①]。

3.3.2 税率

消费税的税率分为比例税率、定额税率以及从价定率和从量定额相结合的复合税率。

定额税率最为简洁，它是对一些价格差异不大、计量单位规范的消费品，如黄酒、啤酒、成品油等采取从量定额征税的办法，这些应税消费品之所以按重量或体积确定单位税额，而不采用从价定率的办法，是考虑到其消耗量很大，以销售数量和单位税额来计算纳税，计税方法简便易行。消费税定额税目、税额规定具体如表3-1所示。

表3-1 消费税定额税目、税额

税目	子目	税额/升
成品油	1. 汽油	
	(1)含铅汽油	1.40元
	(2)无铅汽油	1.00元
	2. 柴油	0.80元
	3. 石脑油	0.80元
	4. 溶剂油	1.00元
	5. 润滑油	1.00元
	6. 燃料油	0.80元
	7. 航空煤油	0.80元

而多数消费品税目实行从价定率征税的办法，具体如表3-2所示。

表3-2 消费税从价税目、税率

税目	子目	税率/%
化妆品(含成套化妆品)		30
贵重首饰及珠宝玉石	1. 金银首饰、铂金首饰和钻石饰品	5
	2. 其他贵重首饰和珠宝玉石	10
鞭炮、焰火		15
汽车轮胎		3
摩托车	1. 气缸容量(排气量)≤250毫升	3
	2. 气缸容量(排气量)>250毫升	10
小汽车	1. 乘用车	
	(1)气缸容量(排气量，下同)≤1.0升	1
	(2)1.0升<气缸容量≤1.5升	3
	(3)1.5升<气缸容量≤2.0升	5
	(4)2.0升<气缸容量≤2.5升	9
	(5)2.5升<气缸容量≤3.0升	12
	(6)3.0升<气缸容量≤4.0升	25
	(7)气缸容量>4.0升	40
	2. 中轻型商用客车	5

① 冯春．加拿大取消珠宝消费税．中国税务报，2006-05-17.

续表

税目	子目	税率/%
高尔夫球及球具		10
高档手表		20
游艇		10
木制一次性筷子		5
实木地板		5

实行从价定率和从量定额相结合的复合计税办法的消费品目前有卷烟和白酒，因此将烟、酒及酒精的税目税率单列，如表3-3所示。由税率表可以看出，烟、酒及酒精这两个税目涉及了所有三种税率形式，因此进行计算时要仔细辨识。另外，财税【2009】084号文件对烟产品消费税政策进行了很大调整，税率已经和现行条例有明显不同。

表3-3 烟、酒及酒精消费税税目、税率(税额)

税目	子目	计税单位	税率(税额)
烟	1. 卷烟		
	工业		
	甲类卷烟：定额税率	标准箱(50 000支)	150元
	比例税率		56%
	乙类卷烟：定额税率	标准箱(50 000支)	150元
	比例税率		36%
	商业批发		5%
	2. 雪茄烟		36%
	3. 烟丝		30%
酒及酒精	1. 白酒：定额税率	每500克	0.5元
	比例税率		20%
	2. 黄酒	吨	240元
	3. 啤酒		
	甲类啤酒	吨	250元
	乙类啤酒	吨	220元
	4. 其他酒		10%
	5. 酒精		5%

注：(1)根据《中华人民共和国消费税暂行条例》、财税【2008】167号以及财税【2009】084号整理而成。(2)甲类卷烟是指每标准条(200支)对外调拨价格在70元以上的(含70元，不含增值税)卷烟；乙类卷烟是指调拨价格在70元以下的卷烟。(3)甲类啤酒是指每吨出厂价格(含包装物及包装物押金)在3 000元以上的(含3 000元，不含增值税)啤酒和酒吧自酿啤酒；乙类啤酒为出厂价格在3 000元以下的啤酒。(4)包装物押金不包括重复使用的塑料周转箱的押金(财税【2006】020号)。(5)黄酒、啤酒实际上只采用从量定额计税，其他酒、酒精只采用从价定率计税，为保持酒类税目的完整性，归入本表

专栏3-3 烟草行业的消费税

财税【2009】084号法规提高了烟产品的税负。关于此次政策调整的原因，相关部门文件中的说法很明确，那就是“为了适当增加财政收入，完善烟产品消费税”。中国控制

吸烟协会曾建议，政府应大幅度提高从量消费税，将每包香烟的消费税由目前的6分提高到1元，这样吸烟人数将会减少1 370万，并可挽救340万人的生命，增加649亿元税收。那么，新政到底能带来多少财政收入呢？

一直以来，烟草业是中央财政的纳税大户是毋庸置疑的。工业和信息化部的数据显示，中国烟草行业2008年生产卷烟4 200余万箱，比2007年同期增加220余万箱，全年利税总额同比增长15.7%，达4 500亿元，占财政总收入的7%。在2008年2 567.80亿元的消费税背后，烟草业占了2/3。从省级政府层面来看，2006年云南烟草业的税收收入为390.91亿元，占该省全部税收收入的48.81%；湖南烟草业的税收收入为208.97亿元，占该省全部税收收入的28.94%；贵州烟草业的税收收入为86.36亿元，占该省全部税收收入的22.96%；安徽、湖北、河南、江西等省烟草业的税收收入也都占该省全部税收收入的10%以上。

在2007年度中国企业所得税纳税百强排行榜中，上海烟草(集团)公司、湖南中烟工业有限责任公司、红塔烟草(集团)有限责任公司等榜上有名，纳税总额最高达26.8亿元。单从消费税这一项来看，烟草业对地方及中央财政的贡献也惊人。深圳市消费税的80%由深圳烟草工业有限责任公司缴纳；湖北烟草部门表示，新税收政策执行后，湖北烟草将有40亿元的利润转为税收。按照如此计算，此次新政将给我国带来的新增消费税肯定超过600亿元。

资料来源：李薇．烟草消费税提高触痛了谁的神经？北京商报，2009-07-01，经整理。

3.3.3 减免税优惠

消费税中的减免税规定很少，远不如增值税和营业税广泛。原因是增值税和营业税是普遍征收的税种，考虑到各种特殊情况和调节经济的作用，就出现了较多的减免税优惠规定。而消费税只对少数应税消费品征收，本来就是在普遍征收的增值税上再来调节，自然税收优惠就少了。重要的减免项目有：为保护生态环境，促进低污染排放汽车的生产和消费，推进汽车工业技术进步，对低污染排放汽车实行减征消费税。对生产销售达到低污染排放限值(相当于欧盟指令94/12/EC、96/69/EC排放标准，简称“欧洲Ⅱ号标准”)的小轿车、越野车和小客车减征30%的消费税(财税【2000】26号)。

3.4 应纳税额的计算

消费税确定计税依据和计算应纳税额的办法可分为从价定率、从量定额以及从价定率和从量定额相结合的复合计税三类。纳税人销售的应税消费品，如果以外汇结算销售额的，和增值税处理方式一致。

在计算方面，消费税和其他税种之间的关系如下：消费税是增值税的税基，所有消费品适用的增值税税率为17%(一般纳税人)；消费税构成城建税和教育费附加的计税依据；除此之外，消费税可在企业所得税前扣除。

3.4.1 从价定率计算

采用从价定率计算的应税消费品，其计税依据是应税消费品的销售额。消费税应纳税额的计算公式为

应纳税额＝应税消费品的销售额×适用税率

应税消费品的销售额和增值税货物的销售额规定是一致的，为纳税人向购买方收取的全部价款和价外费用。其中，价外费用包含价外向购买方收取的五花八门的费用，如手续费、补贴、基金、集资费等也与增值税规定基本一致，在此不一一赘述。能够不计入销售额的只规定了两种情况，分别为代垫运输费用和代为收取的政府性基金或者行政事业性收费，且要符合相关规定。而其他价外费用，无论是否属于纳税人的收入，均应并入销售额计算征税。由于增值税是价外税，故销售额不包含增值税。

如果纳税人应税消费品的销售额中未扣除增值税税款或者因不得开具增值税专用发票而发生价款和增值税税款合并收取的，在计算消费税时，应换算为不含增值税的销售额。其换算公式为

$$应税消费品的销售额=\frac{含增值税的销售额}{1+增值税税率或征收率}$$

【例 3-1】 某化妆品生产企业为增值税一般纳税人，3 月向某单位销售化妆品一批，开具普通发票，取得含税销售额 5.85 万元。化妆品适用消费税税率为 30%。计算该企业 3 月应缴纳的消费税税额。

解：该企业 3 月应缴纳的消费税为 5.85÷(1+17%)×30%=1.5(万元)

3.4.2 从量定额计算

实行从量定额征收办法的应税消费品的计税依据，是应税消费品的销售量。消费税应纳税额的计算公式为

应纳税额＝销售数量×单位税额

这里销售数量为应税消费品的数量，具体为：①销售应税消费品的，为应税消费品的销售数量；②自产自用应税消费品的，为应税消费品的移送使用数量；③委托加工应税消费品的，为纳税人收回的应税消费品的数量；④进口应税消费品的，为海关核定的应税消费品进口征税数量。

按规定，黄酒、啤酒都是以吨为税额单位的，成品油是以升为税额单位的。但是，在实际销售过程中，一些纳税人会把吨和升这两个计量单位混用，为了规范不同产品的计量单位，以便准确计算应纳税额，实施细则给出了吨、升换算表。

3.4.3 从价定率和从量定额相结合的复合计税

卷烟、白酒采用从价定率和从量定额相结合的复合计税方法。其应纳税额计算公式为

应纳税额＝应税销售数量×定额税率＋应税销售额×比例税率

【例 3-2】 某酒厂为增值税一般纳税人，6 月销售白酒 5 吨，每吨不含税销售额为 3 万元。计算该酒厂 6 月应纳消费税税额。

解：该酒厂 6 月应纳消费税税额为 5×3×20%＋5×0.2×0.5＝3.5(万元)

3.4.4 计税依据的其他规定

1. 计税价格明显偏低

应税消费品计税价格明显偏低且无正当理由的，税务机关有权核定其计税价格。应税消费品计税价格的核定权限规定如下：卷烟、白酒和小汽车的计税价格由国家税务总局核定，送财政部备案；其他应税消费品的计税价格由省、自治区和直辖市国家税务局核定；进口的应税消费品的计税价格由海关核定。

2. 外购已税消费品的计税依据

对应税消费品计征消费税，由于某些应税消费品是用外购已缴税的应税消费品连续生产出来的，在对这些连续生产出来的应税消费品计算征税时，按当期生产领用数量计算准予扣除的外购应税消费品已纳消费税税款。上述当期准予扣除的外购应税消费品已纳消费税税款的计算公式为

$$\text{当期准予扣除的外购应税消费品已纳消费税税款}=\text{当期准予扣除的外购应税消费品买价}\times\text{外购应税消费品适用税率}$$

$$\text{当期准予扣除的外购应税消费品买价}=\text{期初库存的外购应税消费品买价}+\text{当期购进的应税消费品买价}-\text{期末库存的外购应税消费品买价}$$

但对酒类、溶剂油等少量消费品外购已税消费品是不允许扣除的。

【例 3-3】 某烟厂 6 月外购应税烟丝，取得增值税专用发票上注明的不含税金额为 5 万元，本月初库存外购应税烟丝金额为 1 万元，月末库存烟丝金额为 3 万元，其余被当月生产卷烟领用。计算当月准予扣除的外购烟丝已纳消费税税款。

解：当月准予扣除的外购烟丝已纳消费税税款为(1＋5－3)×30%＝0.9(万元)

3. 包装物的税务处理

税法对包装物的处理进行了严格规定，具体如下：应纳税额的应税消费品连同包装销售的，无论包装是否单独计价，也不论在会计上如何核算，均应并入应税消费品的销售额中征收消费税，如果包装物不作价随同产品销售，而是收取押金，此项押金则不应并入应税消费品的销售额中征税。但对因逾期未收回的包装物不再退还的和已收取一年以上的押金，应并入应税消费品的销售额，按照应税消费品的适用税率征收消费税。对既作价随同应税消费品销售，又另外收取押金的包装物的押金，凡纳税人在规定的期限

内没有退还的，均应并入应税消费品的销售额，按照应税消费品的适用税率征收消费税。

对酒类产品生产企业销售酒类产品(啤酒、黄酒除外)而收取的包装物押金，无论押金是否返还与会计上如何核算，均需并入酒类产品销售额中，依酒类产品的适用税率征收消费税(财税字【1995】53 号)。

简而言之，一般性消费品及啤酒、黄酒包装物的税务处理是一致的，而其他酒类包装物的税务处理更加苛刻。

【例 3-4】 某酒厂为一般纳税人。本月向一小规模纳税人销售果酒 500 斤(1 斤＝0.5 千克)，开具普通发票上注明金额 93 600 元；同时收取单独核算的包装物押金 2 000 元。计算本月此业务酒厂应缴纳的消费税税额。

解：本月此业务酒厂应缴纳的消费税税额为

(93 600＋2 000)÷(1＋17％)×10％＝8 170.94(元)

4. 酒类企业的消费税规定

值得注意的是，税法对酒类尤其是白酒的征税规定尤其严格，仅消费税部分就有针对酒类包装物、关联企业、外购已税消费品等多项特殊规定。

国税函【2009】380 号文件规定：白酒生产企业销售给销售单位的白酒，生产企业消费税计税价格低于销售单位对外销售价格 70％以下的，消费税最低计税价格由税务机关根据生产规模、白酒品牌、利润水平等情况在销售单位对外销售价 50％～70％范围内自行核定。其中生产规模较大，利润水平较高的企业生产的需要核定消费税最低计税价格的白酒，税务机关核价幅度原则上应选择在销售单位对外销售价格 60％～70％范围内。已核定最低计税价格的白酒，生产企业实际销售价格高于消费税最低计税价格的，按实际销售价格申报纳税；实际销售价格低于消费税最低计税价格的，按最低计税价格申报纳税。

白酒生产企业向商业销售单位收取的“品牌使用费”是随着应税白酒的销售而向购货方收取的，属于应税白酒销售价款的组成部分。因此，不论企业采取何种方式或以何种名义收取价款，均应并入白酒的销售额中缴纳消费税(国税发【2002】109 号)。

另外，白酒生产企业生产领用外购酒和酒精已纳消费税税款是不准予抵扣的(财税【2001】084 号)。

5. 其他规定

其他几个比较重要的特殊规定有：①纳税人用外购的已税珠宝玉石生产的改在零售环节征收消费税的金银首饰(镶嵌首饰)、钻石首饰，在计税时一律不得扣除外购珠宝玉石的已纳税款(财税【1994】095 号)。②纳税人通过自设非独立核算门市部销售的自产应税销售品，应当按照门市部对外销售额或者销售数量征收消费税。③纳税人自产的应税消费品用于换取生产资料和消费资料、投资入股和抵偿债务等方面的，应当按纳税人同类应税消费品的最高销售价格作为计税依据。

【例 3-5】 某摩托车生产企业为增值税一般纳税人，3 月用生产的 5 辆摩托车(税率10%)换取某化妆品厂生产的高档化妆品作为本企业女员工“三八”妇女节的福利。该企业生产的同一型号摩托车销售价格分别为每辆 14 000 元、12 000 元、10 000 元。计算该企业此项活动应缴纳的消费税。

解：该生产企业用于换取化妆品的摩托车，应缴纳消费税为

14 000×5×10%=7 000(元)

3.5 特定行为的消费税处理

企业在实际经济活动中可能会涉及自产自用应税消费品、委托加工应税消费品和兼营不同税率的应税消费品等几种情况，这些情况下企业如何进行纳税，税法都做了具体的规定。

3.5.1 自产自用应税消费品的计算

所谓自产自用应税消费品，是指纳税人在生产应税消费品后，没有将其直接用于对外销售，而是用于自己连续生产应税消费品，或用于其他方面。例如，化妆品厂生产的化妆品，没有直接对外销售，而是用于本厂连续生产成套化妆品，或是以福利的形式发放给本厂的职工。这种常见的经济活动容易在是否纳税或如何纳税上出现问题。因此，有必要清楚地理解税法对自产自用应税消费品的有关规定。

1. 用于连续生产应税消费品

纳税人自产自用的应税消费品，用于连续生产应税消费品的，不纳税。所谓用于连续生产应税消费品，是指纳税人将自产自用的应税消费品作为直接材料生产最终应税消费品，自产自用应税消费品构成最终应税消费品的实体。例如，化妆品厂生产的化妆品，已经是应税消费品，如果用于连续生产应纳消费税的成套化妆品，那么用于连续生产成套化妆品的化妆品就不需要缴纳消费税，只对生产的成套化妆品征收消费税。税法这样规定，体现了税不重征和计税简便的原则。

2. 用于其他方面

纳税人自产自用的应税消费品，除用于连续生产应税消费品外，凡用于其他方面的，于移送使用时纳税。所谓“用于其他方面”，主要有如下几种情况：①用于生产非应税消费品；②用于本单位的各项在建工程；③用于与本单位有隶属关系的管理部门或非生产机构；④用于馈赠、赞助、集资、广告、样品、职工福利、奖励，其是指把自产的应税消费品无偿赠送给他人或以资金的形式投资于外单位某些事业或作为商品广告、经销样品或以福利、奖励的形式发给职工。

纳税人将自产应税消费品用于连续生产应税消费品以外的其他方面，虽然并没有取得销售收入，但是却同样要视同销售计征消费税。这是因为，如果企业以外购的应税消费品用于连续生产应税消费品以外的其他方面，其外购价款中含有消费税税金。为了平

衡外购应税消费品与自产应税消费品之间的税负，使企业无论是使用外购应税消费品，还是用自产的应税消费品，其价款中都同样含有税金。因此，企业自产的应税消费品虽然没有用于销售或连续生产应税消费品，但只要用于税法规定的范围都要视同销售，应依法缴纳消费税。

【例 3-6】 某制药厂某月生产医用酒精 50 吨，成本 40 000 元，其中将 10 吨酒精连续加工跌打正骨水，15 吨对外销售，取得不含税收入 15 000 元。计算该厂当期应缴纳的消费税。

解：当期应缴纳的消费税为

(15 000＋15 000÷15×10)×5％＝1 250(元)

3. 组成计税价格

纳税人自产自用的应税消费品，应当纳税的，按照纳税人生产的同类消费品的销售价格计算纳税。“同类消费品的销售价格”是指纳税人当月销售的同类消费品的销售价格。如果当月同类消费品各期销售价格高低不同，应按销售数量加权平均计算。但销售的应税消费品有如下情况之一的，不得列入加权平均计算：销售价格明显偏低又无正当理由的；无销售价格的。如果当月无销售或者当月未完结，应按照同类消费品上月或最近月份的销售价格计算纳税。

没有同类消费品销售价格的，按照组成计税价格计算纳税。显然，组成计税价格和从量定额征收消费品是无关的。组成计税价格计算公式分为如下两种情况：

(1)从价定率办法。

$$组成计税价格=\frac{成本+利润}{1-比例税率}$$

$$应纳税额=组成计税价格\times比例税率$$

(2)复合计税办法。

$$组成计税价格=\frac{成本+利润+自产自用数量\times定额税率}{1-比例税率}$$

$$应纳税额=组成计税价格\times比例税率+自产自用数量\times定额税率$$

其中，成本是指应税消费品的产品生产成本；利润是指根据应税消费品的全国平均成本利润率计算的利润。应税消费品全国平均成本利润率由国家税务总局确定。全国平均成本利润率规定如表 3-4 所示。

表 3-4 全国平均成本利润率(单位:％)

项目	成本利润率	项目	成本利润率
(1)高尔夫球及球具	10	(11)薯类白酒	5
(2)高档手表	20	(12)其他酒	5
(3)游艇	10	(13)酒精	5
(4)木制一次性筷子	5	(14)化妆品	5

续表

项目	成本利润率	项目	成本利润率
(5)实木地板	5	(15)鞭炮、焰火	5
(6)甲类卷烟	10	(16)贵重首饰及珠宝玉石	6
(7)乙类卷烟	5	(17)汽车轮胎	5
(8)雪茄烟	5	(18)摩托车	6
(9)烟丝	5	(19)乘用车	8
(10)粮食白酒	10	(20)中轻型商用客车	5

【例 3-7】 某摩托车生产企业将生产的气缸容量在 250 毫升以上的摩托车提供给企业管理部门使用，查知无同类产品销售价格，其生产成本为 9 000 元。计算应缴纳的税额。

解：该批摩托车组成计税价格为

[9 000×(1+6%)]÷(1−10%)=10 600(元)

应纳税额=10 600×10%=1 060(元)

消费税的组价公式和增值税的组价公式在采用从价计征时是一致的，但是当采用从量计税和复合计税的方式征税时，两者其实是存在差异的，具体见表 3-5。

表 3-5 增值税与消费税组价公式对比

消费税计税方式	消费税组价	增值税组价	成本利润率
从价计税	(成本+利润)÷(1−比例税率)	成本×(1+成本利润率)÷(1−消费税税率)	消费税的成本利润率
从量计税	不组价	成本×(1+成本利润率)+消费税	10%
复合计税	(成本+利润+自产自用数量×定额税率)÷(1−比例税率)	成本×(1+成本利润率)+从量消费税÷(1−比例税率)	消费税的成本利润率
不缴消费税的货物	不计税	成本×(1+成本利润率)	10%

资料来源：刘颖．2010 年 CPA 考试基础阶段应试指导及全真模拟测试：税法，轻松过关一．北京：经济科学出版社，2010

3.5.2 委托加工应税消费品的计算

社会分工的细化和专业化生产与协作的加强，使得委托加工成为经济活动中一种常见的现象。例如，某私营企业将购来的小轿车底盘和零部件提供给某汽车改装厂，加工组装成小轿车供本企业管理部门使用，则加工、组装成的小轿车就需要缴纳消费税。依税法规定，委托加工的应税消费品，由受托方在向委托方交货时代收代缴税款。

1. 委托加工应税消费品的确定

税法规定，委托加工的应税消费品需要具备两个条件：一是指由委托方提供原料和主要材料；二是受托方只收取加工费和代垫部分辅助材料加工的应税消费品。对于由受托方提供原材料生产的应税消费品，或者受托方先将原材料卖给委托方，再接受加工的应税消费品，以及由受托方以委托方名义购进原材料生产的应税消费品，不论在财务上是否作销售处理，都不得作为委托加工应税消费品，而应当按照销售自制应税消费品缴纳消费税。

之所以将委托加工应税消费品的税务处理单列出来，并且强调其限定的条件，是因为委托加工应税消费品是由受托方代收代缴消费税的，且受托方只就其加工劳务缴纳增值税。如果此时受托方以委托加工应税消费品为由，则只需就加工业务缴纳增值税，从而逃避自制应税消费品应纳消费税的责任。因此，为堵塞税收漏洞，有必要严格确定委托加工应税消费品的条件。

2. 代收代缴税款

对于确实属于委托方提供原料和主要材料，受托方只收取加工费和代垫部分辅助材料加工的应税消费品，税法规定，委托加工应税消费品的(受托方为个人的除外)，受托方是法定的代收代缴义务人，由受托方在向委托方交货时代收代缴消费税。如果受托方为个人，一律于委托方收回后在委托方所在地缴纳消费税。

受托方没有按规定代收代缴税款，除受到一定的处罚外，还要追究委托方的责任，令其补缴税款，在税收征管中，如果发现委托方委托加工的应税消费品，受托方没有代收代缴税款，委托方要补缴税款，受托方就不再补税了。对委托方补征税款的计税依据是：如果收回的应税消费品已直接销售，按销售额计税补征；如果收回的应税消费品尚未销售或用于连续生产等，按组成计税价格计税补征。

委托加工的应税消费品，受托方在交货时已代收代缴消费税，委托方收回后直接销售的，不再征收消费税。

3. 组成计税价格的计算

委托加工的应税消费品，按照受托方同类消费品的销售价格计算纳税；没有同类消费品的销售价格的，按照组成计税价格计算纳税。其中受托方“同类消费品的销售价格”的具体规定和自产自用情况下相一致。而在没有同类消费品的销售价格情况下，组成计税价格计算公式和前面自产自用情况的计算逻辑相似，具体如下：

(1)从价定率办法

$$组成计税价格=\frac{材料成本+加工费}{1-比例税率}$$

(2)复合计税办法

$$组成计税价格=\frac{材料成本+加工费+委托加工数量\times 定额税率}{1-比例税率}$$

其中，材料成本是指委托方所提供加工材料的实际成本。委托加工应税消费品的纳税人，必须在委托加工合同上如实注明(或以其他方式提供)材料成本，凡未提供材料成本的，受托方主管税务机关有权核定其材料成本。从这一条规定可以看出，税法对委托方提供原料和主要材料，并要以明确的方式如实提供材料成本，要求是很严格的，其目的就是防止假冒委托加工应税消费品或少报材料成本，逃避纳税的现象。

而“加工费”是指受托方加工应税消费品向委托方所收取的全部费用(包括代垫辅助材料的实际成本，不包括增值税税金)，这是税法对受托方的要求。受托方必须如实提供向委托方收取的全部费用，这样才能既保证组成计税价格及代收代缴消费税的准确计算，也使受托方按加工费得以正确计算其应纳的增值税。

【例 3-8】 A 企业委托某摩托车厂加工一批排量 250 毫升以上摩托车，提供原材料成本 80 000 元，支付加工费 10 000 元，其中包括摩托车厂代垫的辅助材料 5 000 元。该应税摩托车受托方无同类产品销售价格。计算该摩托车厂在计算代扣代缴消费税税款时的组成计税价格。

解：该摩托车厂在计算代扣代缴消费税税款时的组成计税价格为

(80 000＋10 000)÷(1－10%)＝100 000(元)

4. 委托加工收回的应税消费品已纳税款的扣除

纳税人用委托加工收回的应税消费品连续生产应税消费品，在计征消费税时可以扣除委托加工收回应税消费品的已纳消费税税款。当期准予扣除的委托加工应税消费品已纳税款的计算逻辑和外购已税消费品完全一致。需要说明的是，纳税人用委托加工的已纳税的酒和酒精，已纳税的珠宝玉石生产改在零售环节征收消费税的金银、钻石首饰，在计税时一律不得扣除委托加工收回的珠宝玉石已纳的消费税税款(国税发【1995】094 号)。

【例 3-9】 某化妆品公司长期以来一直委托某加工厂加工应税化妆品，收回后继续生产加工成应税化妆品销售。加工厂一直以 60 元/千克的价格计算代扣代缴的消费税。某月，化妆品公司收回用当月外购的原材料委托加工好的化妆品 3 000 千克，月初库存为 2 000 千克，月末库存为 1 000 千克。当月销售继续生产加工的化妆品 800 箱，每箱售价 600 元。化妆品公司月初进项税余额为零。计算当月该公司化妆品应缴纳的消费税税额。

解：当月该公司化妆品应缴纳的消费税税额为

800×600×30%－(2 000＋3 000－1 000)×60×30%＝72 000(元)

3.5.3 兼营不同税率应税消费品的计算

纳税人的兼营行为是指生产销售应税消费品时不是单一经营某一税率的产品，而是经营多种不同税率的产品。由于税法规定消费税的不同税目适用税率不同，故纳税人发生兼营行为时，税法就要针对不同税率应税消费品的不同核算方式分别规定税务处理方法，以加强税收征管，避免因核算方式不同而出现税款流失的现象。

纳税人兼营不同税率的应税消费品，应当分别核算不同税率应税消费品的销售额、销售数量。未分别核算销售额、销售数量，或者将不同税率的应税消费品组成成套消费品销售的，从高适用税率。即以应税消费品中适用的高税率与混合在一起的销售额、销售数量相乘，得出应纳消费税税额。

如某酒厂既生产白酒，又生产果酒和汽酒。由于白酒适用20%的比例税率和0.5元/斤的定额税率，而果酒和汽酒适用10%的税率。如果该厂分别核算白酒和其他酒的销售额，则应按各自适用的税率计税；但如果不分别核算各自的销售额，则统一按照白酒的税率计算纳税。

案例研究3-1　　消费品的"成套"销售应慎重

随着人们生活和消费水平的提高，"成套"消费品的市场需求日益扩大。对于厂家来讲，销售成套消费品，不仅可以扩大本企业产品的市场需求，而且可以增强企业在市场中的竞争优势。但按规定，纳税人将不同税率的应税消费品组成成套消费品销售的，应从高适用税率。

假设某化妆品公司生产并销售系列化妆品和护肤护发品，其中销路较好的几种产品的出厂价分别为口红40元、眼影60元、粉饼50元、洗面奶30元。另外，该企业新开发润肤霜出厂价为70元。显而易见，以上产品中前三种属于化妆品，适用30%的消费税税率，后两种产品为护肤护发品，无须缴税。因此，如果以上产品各销售一件，那么企业应缴纳消费税45元(150×30%)。现在该公司为推销其新产品润肤霜，打算将前述几种产品与润肤霜组成节日礼品套装销售，出厂价仍为各个品种出厂价之和，即250元。但此时，企业每销售一套以上产品，缴纳的消费税增加到75元(250×30%)，税负增加了近67%。

由于现行消费税采取单环节课征制度，故在出厂之后再将不同税率产品组成成套消费品，就不必再按照较高税率缴纳消费税。对于该厂家，可以在分别销售以上各种产品的同时，向购货方提供礼盒包装物。消费者可以根据需要选择是否使用礼盒。这样，企业既降低了消费税的负担，又增加了消费者的消费选择，可谓一举两得。

资料来源：赵俊峰．兼营行为中的税收筹划．中国会计网，http://www.canet.com.cn，经整理。

3.6 进出口中的消费税处理

纳税人进口应税消费品，其税目、税率(税额)依照《中华人民共和国消费税暂行条例》所附的《消费税税率(税额)表》执行，按照组成计税价格和规定税率计算应纳税额。对于出口应税消费品的退(免)税优惠，国家税务总局也做了专门的规定。

3.6.1 进口应税消费品应纳税额的计算

进口或代理进口应税消费品的单位和个人，为进口应税消费品消费税的纳税人。进口应税消费品以进口商品总值为征税对象。商品总值包括到岸价格、关税和消费税三部分。

进口的应税消费品，实行从价定率办法计算应纳税额的，按照组成计税价格计算纳税。其计算公式为

$$组成计税价格=\frac{关税完税价格+关税}{1-消费税税率}$$

实行从量定额办法计征的应税消费品的应纳税额的计算公式为

$$应纳税额=应纳消费品数量\times消费税单位税额$$

如进口的应税消费品属于复合计税范围的，其组成计税价格计算逻辑和前面自产自用情况是一致的，只是将“成本+利润”替换为“关税完税价格+关税”即可。

【例 3-10】 某公司从国外进口一批应税消费品，经海关核定该批应税消费品完税价格为 50 万元，进口关税税率为 10%，消费税税率为 30%。计算进口环节应缴纳的消费税。

解：进口环节应缴纳的消费税的组成计税价格为

(500 000+500 000×10%)÷(1−30%)=785 714.29(元)

应纳消费税=785 714.29×30%=235 714.29(元)

3.6.2 出口应税消费品退(免)税

纳税人出口应税消费品与出口其他货物一样，按照国家税法规定享受退(免)税优惠。由于出口应税消费品同时涉及退(免)增值税和消费税，且两者在退(免)税的范围限定、办理程序、审核管理上都有很多一致的地方，但两者之间毕竟存在一定实质性区别，主要是增值税为价外税且为多环节征收，而消费税为价内税且为单环节征收。这导致了两者在出口环节有一定差异，主要表现在：①退税比率不同，增值税采用退税率，消费税和法定税率一致；②对于生产企业自产产品自营出口或委托外贸企业代理出口，增值税采用免抵退税政策，消费税采用免税但不退税政策；③对于外贸企业收购货物出口，增值税采用先征后退政策，消费税采用免税并退税政策。下面具体来看这些区别。

出口应税消费品的主要有生产企业和外贸企业。如果生产企业自营出口或委托代理出口自产货物，由于是单环节征收，故该环节免税就达到了不征消费税的目的，这就是所谓“出口免税但不退税”政策。这项政策规定与增值税的规定是不一样的，其原因是，消费税仅在生产企业的生产环节征收，生产环节免税，出口的应税消费品就不含有消费税；而增值税却在货物销售的各个环节征收，即便最后一个企业的生产环节免税了，前面环节已纳的增值税却还存在，因此还要退税。

如果是外贸企业出口应税消费品，它要到生产企业购买消费品，由于是在国内销售，生产企业需缴纳消费税，并将该税加在价格上，外贸企业承担了税负。当外贸企业把消费品出口到国外时，本出口环节不征税，而且国家要把外贸企业所负担的消费税退还回来才能达到不征消费税的目的，这就是所谓“出口免税并退税”政策。

除生产企业、外贸企业外的其他企业，具体是指一般商贸企业，这类企业委托外贸企业代理出口应税消费品一律不予退(免)税。这就是所谓“出口不免税也不退税”政策。

当出口的货物是应税消费品时，其退还增值税要按规定的退税率计算，而其退还消费税则按应税消费品所适用的消费税税率计算。企业应将不同消费税税率的出口应税消费品分开核算和申报，凡划分不清适用税率的，一律从低适用税率计算应退消费税税额。在计算退税时，对采用比例税率征税的消费品，其退税依据是从工厂购进货物时，计算征收消费税的价格。对含增值税的购进金额应换算成不含增值税的金额，作为计算退税的依据。

应退消费税税款＝出口货物的工厂销售额×税率

对采用定额税率征收消费税的消费品，其退税依据是出口报关的数量。

应退消费税税款＝出口数量×单位税额

出口的应税消费品办理退税后，发生退关的，或者国外退货的，报关出口者必须及时向其机构所在地或者居住地主管税务机关申报补缴已退的消费税税款。

习题

一、判断题

1. 对应税消费品征收消费税与征收增值税的征税环节是一样的，都是在应税消费品的批发、零售环节征收(　　)

2. 纳税人把自产自用的应税消费品用做广告或样品的，也应于移送使用时按销售应税消费品计算纳税(　　)

3. 纳税人进口应税消费品，按照组成计税价格和规定的消费税税率计算应纳消费税税额。其组成计税价格的计算公式是组成计税价格＝关税完税价格＋关税(　　)

4. 对应税消费品征收消费税后，不再征收增值税(　　)

5. 应税消费品的销售额，是指纳税人销售应税消费品向购买方收取的全部价款和价外费用，其中也包括向购买方收取的增值税税额(　　)

6. 某金店委托某加工厂加工金银珠宝首饰一批，其消费税应由加工厂向国家缴纳，因而纳税人为首饰加工厂(　　)

7. 某橡胶制品厂将自产汽车轮胎用于本厂汽车队大修理，由于是本厂内部使用，只进行成本转账，故不纳消费税(　　)

8. 纳税人销售应税消费品，作为计税依据的销售额，不仅包括向购买方收取的全部价款，而且包括收取的价外费用(　　)

9. 某卷烟厂为内部接待特制卷烟一批，由于未对外销售，故不纳税(　　)

10. 境内生产的应税消费品一律不减免消费税(　　)

11. 白酒生产企业销售给销售单位的白酒，生产企业消费税计税价格低于销售单位对外销售价格70％以下的，消费税最低计税价格由税务机关根据生产规模、白酒品牌、利润水平等情况在销售单位对外销售价格 50％～70％范围内自行核定(　　)

12. 卷烟只在零售环节征税，而在批发环节不征税(　　)

13. 消费税出口退税额的计算，不受增值税出口退税率调整的影响(　　)

14. 实行出口增值税免抵退政策的企业，其消费税出口退免政策是出口免税并退税(　　)

二、单项选择题

1. 工业企业购进(　　)的已纳消费税，在购入应税消费品被用于连续生产应税消费品时，不可

以抵扣税款

A. 化妆品　　B. 鞭炮、焰火　　C. 石脑油　　D. 白酒

2. 某汽车厂的自产汽车抵偿债务，消费税的计税销售额应选择(　　)

A. 同类消费品中间价　　B. 同类消费品加权平均价

C. 同类消费品最高售价　　D. 组成计税价格

3. 应税消费品的全国平均成本利润率由(　　)确定

A. 省、自治区、直辖市税务局　　B. 国务院

C. 财政部　　D. 国家税务总局

4. 某公司(增值税一般纳税人)销售高档化妆品一批，价款 230 000 元(含税)，另收取包装费 4 000 元，该公司应纳消费税(　　)元

A. 70 200　　B. 60 000　　C. 58 974　　D. 18 000

5. 下列应税消费品应纳消费税的有(　　)

A. 委托加工的应税消费品(受托方已代收代缴消费税)，委托方收回后用于直接销售的

B. 自产自用的应税消费品，用于连续生产应税消费品的

C. 委托非个体经营者加工的应税消费品(受托方已代收代缴消费税)，委托方收回后用于连续加工生产应税消费品的

D. 自产自用消费品，用于在建工程的

6. 某外贸企业从某摩托车厂购进气缸容量在 250 毫升以上的摩托车 200 辆，取得的增值税专用发票上注明的单价是 0.5 万元，当月即全部报送出口，离岸单价是 800 美元(汇率：1 美元=6.9 元人民币)，该企业应退消费税税款(　　)万元

A. 9　　B. 15　　C. 5　　D. 10

7. 消费税是选择部分消费品列举品目征收的，目前，我国的消费税共列举(　　)个税目的征税范围

A. 11　　B. 9　　C. 14　　D. 8

8. 消费税主要采取在(　　)环节计征

A. 流通　　B. 消费　　C. 生产或进口　　D. 出口

9. 以下应税消费品中，适用单一定额税率的有(　　)

A. 白酒　　B. 卷烟　　C. 黄酒　　D. 啤酒

10. 下列外购消费品中已缴纳的消费税，可以从本企业应纳消费税税额中扣除的是(　　)

A. 从工业企业购进已税汽车轮胎生产的小汽车

B. 从工业企业购进已税酒精为原料生产的勾兑白酒

C. 从工业企业购进已税溶剂油为原料生产的溶剂油

D. 从工业企业购进已税高尔夫球球杆握把为原料生产的高尔夫球杆

11. 某汽车轮胎厂为增值税一般纳税人，下设一非独立核算的门市部，该厂将生产的一批汽车轮胎交门市部，计价 60 万元。门市部将其零销，取得含税销售额 77.22 万元。汽车轮胎的消费税税率为 3%，该项业务应缴纳的消费税税额为(　　)

A. 6.60 万元　　B. 6 万元　　C. 1.98 万元　　D. 7.72 万元

12. 某小轿车生产企业为增值税一般纳税人，2006 年 12 月生产并销售小轿车 300 辆，每辆含税销售价格为 17.55 万元，适用消费税税率 9%，经审查该企业生产的小轿车已达到减征消费税的国家标准。该企业 12 月应缴纳消费税为(　　)

A. 243 万元　　B. 283.5 万元　　C. 364.5 万元　　D. 405 万元

13. 某外贸公司有进出口经营权，10 月从国外进口卷烟 600 箱(每箱 250 条，每条 200 支)，支付买价 4 000 000 元，到达我国海关前的运输费 40 000 元，保险费 16 000 元，假定进口卷烟关税税率为

20%，则该批卷烟在进口环节应缴纳消费税为(　　)

A. 2 214 514.28 元　　B. 2 878 425.00 元　C. 2 147 142.86 元　　D. 2 206 285.72 元

三、多项选择题

1. 下列货物征收消费税的有(　　)

A. 啤酒　　B. 汽车轮胎　　C. 保健食品　　D. 金银首饰

2. 进口应税消费品，按照组成计税价格和规定的税率计算应纳消费税税额。其组成计税价格的计算公式是(　　)

A. 组成计税价格=关税完税价格+关税+增值税

B. 组成计税价格=关税完税价格+关税+消费税

C. 组成计税价格=(关税完税价格+关税)÷(1－消费税税率)

D. 组成计税价格=(关税完税价格+关税)÷(1+消费税税率)

3. 下列在移送环节应缴纳消费税的有(　　)

A. 酒厂将自产白酒移送勾兑低度酒

B. 小轿车厂将自产轿车赠送给拉力赛

C. 制药厂将自制酒精移送生产药膏

D. 烟厂将自制卷烟发给职工

4. 纳税人用委托加工收回的应税消费品连续生产应税消费品，在计算纳税时，其委托加工应税消费品的已纳消费税税款应按下列办法处理(　　)

A. 该已纳税款当期可全部扣除

B. 该已纳税款不得扣除

C. 该已纳税款当期可扣除 50%

D. 可对收回的委托加工应税消费品当期动用部分的已纳税款予以扣除

5. 纳税人销售应税消费品向买方收取的(　　)，须计入销售额计税

A. 手续费　　B. 运输装卸费　　C. 储备费　　D. 增值税销项税金

6. 某工艺品厂既加工金银首饰，又加工珠宝玉石，因加工需要，外购以下货物用于加工，其中，允许从应纳消费税税额中扣除外购已税珠宝玉石已纳税的有(　　)

A. 外购已税玉石用于镶嵌镀金手链　　B. 外购已税玉石用于镶嵌纯金戒指

C. 外购已税珍珠用于加工珍珠项链　　D. 外购已税钻石用于镶嵌白金钻戒

7. 下列环节既征消费税又征增值税的有(　　)

A. 卷烟的零售环节　　B. 卷烟的批发环节

C. 金银首饰的零售环节　　D. 化妆品的进口环节

8. 某啤酒厂销售啤酒不含增值税价格为 2 900 元/吨，同时规定每吨另收取优质服务费 100 元、手续费 40 元，单独核算包装物押金 50 元(押金期限为 3 个月)，则该企业增值税和消费税计算正确的有(　　)

A. 每吨增值税计税销售额 3 062.39 元　　B. 每吨增值税计税销售额 3 019.66 元

C. 每吨消费税税额 250 元　　D. 每吨消费税税额 220 元

9. 以下企业出口应税消费品不得退税的有(　　)

A. 外贸单位收购后出口　　B. 外商投资生产企业自营出口

C. 一般商贸企业委托外贸企业出口　　D. 生产单位委托外贸企业代理出口

10. 下列可以按生产领用量扣除外购应税消费品已纳消费税税款的有(　　)

A. 外购已税酒精生产的白酒

B. 外购已税烟丝生产的卷烟

C. 外购已税杆头、杆身和握把为原料生产的高尔夫球杆

D. 外购已税实木地板原料生产的实木地板

四、计算题

1. 某化工厂为增值税一般纳税人，主要生产化妆品，并自设非独立核算门市部销售产品。某月该化工厂将生产的产品以出厂价 60 000 元交给门市部，门市部本月将其全部售出，实现含税销售额为 81 900 元。请计算企业本月应纳消费税税额。

2. 某卷烟厂为增值税一般纳税人，某月发生了以下业务：①委托加工收回烟丝价值 5 万元，由加工单位代收代缴消费税 1.5 万元；②销售甲类卷烟 40 标准箱，不含税销售额为 60 万元，烟已发出并办妥托收手续，但货款尚未收到；③为一单位加工特级卷烟 30 箱，由该单位提供原材料，原材料成本 50 万元，收取加工费 5 万元。期末外贸单位将货物提走。已知该烟厂无期初库存委托加工的烟丝，期末库存的委托加工收回的烟丝为两万元。请计算该厂本期缴纳消费税及代收代缴消费税。

3. 某酒厂为增值税一般纳税人，主要生产各类酒。12 月发生以下业务：①销售白酒 5 吨，每吨不含税销售额 2.9 万元，代垫运费 400 元，运输部门将发票开给购货方；②采取委托银行收款方式销售白酒两吨，货已发出，办妥托收手续，货款尚未收到；③收回委托加工的药酒，取得专用发票上注明的加工费 8 万元。加工单位代收代缴的消费税 1.8 万元。收回后将药酒的 80%直接售出，开具专用发票上注明的销售额为 10 万元，剩下的 20%做成礼品盒，发给企业职工；④从农业生产者手中购进粮食，支付买价 6 万元。支付生产用水、电费用，取得专用发票上注明的税金为 0.5 万元。请根据以上业务计算酒厂应缴纳的增值税和消费税(题中的销售额均为不含增值税销售额)。

4. 甲化妆品厂为增值税一般纳税人，某年 6 月发生下列业务：①外购化工材料 A，税控发票注明价款 20 000 元，税款 3 400 元；②外购化工材料 B，税控发票注明价款 10 000 元，税款 1 700 元；③将A、B材料验收后交运输公司运送到乙化妆品制造厂(一般纳税人)，委托其加工成香水精，支付运输公司运费 300 元，取得运费发票；④乙化妆品制造厂为加工该产品从小规模企业购入辅料，取得税务代开的增值税专用发票，价款 5 000 元，税款 150 元，乙化妆品制造厂收取甲化妆品厂加工费和代垫辅料费 8 000 元(不含增值税)，开具增值税专用发票；⑤甲化妆品厂将香水精收回后将 70%投入生产，进一步加工成香水，并分装出厂取得含增值税销售额 100 000 元，支付销售运费 800 元，取得运输发票。假设上述取得发票都符合税法抵扣条件要求，请计算甲化妆品厂的增值税和消费税应纳税额。

5. 某橡胶厂为增值税一般纳税人，主要生产各类汽车轮胎。7 月发生以下业务：①销售给某汽车制造厂一批汽车轮胎，开具增值税发票上注明价款为 30 万元，货已发出并办妥托收手续；②销售给某农机生产厂一批收割机专用轮胎，开具普通发票上注明价款 17.55 万元；③外购一批已税轮胎用于生产，取得增值税发票上注明价款 15 万元，本月生产领用一半，直接销售一半，取得不含税销售额 9 万元；④将生产的一批轮胎以成本价 12 万元给自设非独立核算的门市部，门市部取得含税收入 23.4 万元。请计算该企业当月应纳的增值税和消费税。

6. 某外贸企业从国外进口一批气缸容量在 250 毫升以上的摩托车，关税完税价格为 200 万元，关税税率为 30%，消费税税率为 10%。进口当月即销售出摩托车总量的 70%，取得不含增值税销售额 300 万元。请计算该外贸企业应缴纳的消费税。

7. 某酒厂月初库存外购白酒 3 吨，合计买价 4.5 万元，当月又外购应税白酒 10 吨，合计买价 18 万元，月末库存白酒 5 吨，其余被当月生产药酒领用。当月销售药酒 200 箱，取得不含税销售额 60 万元，另外，无偿赞助某新闻发布会药酒 10 箱。请计算酒厂当月应纳消费税税额。

8. 某啤酒制造商为增值税一般纳税人，主要生产中、低档两种啤酒，某月销售情况如下：销售中档啤酒 100 吨，每吨不含税售价 2 900 元，随同产品出售的包装物价值 15 000 元。同时，收取运输费 4 000 元，开具普通发票。销售低档啤酒 150 吨，每吨不含税售价 2 400 元。同时，收取运输费 6 000 元，包装物押金 24 000 元。请计算该企业销售啤酒应纳增值税和消费税税额。

第4章

营 业 税

营业税是以纳税人从事经营活动的营业额(销售额)为课税对象征收的一种税，在我国的税制中一直占有重要地位。新中国成立前，国民党政府于1928年7月制定《营业税办法大纲》，1931年6月修改制定《营业税法》，开征此税。新中国成立以后，旧的营业税制被废止，1950年公布的《工商业税暂行条例》规定凡在中国境内的工商盈利企业，均应按营业额于营业行为所在地缴纳营业税。1958年税制改革后，货物税、商业流通税、印花税以及工商盈利企业的营业税，合并为工商统一税。20世纪80年代，为了适应经济发展的要求，改变税制过于简单的状况，充分发挥不同税种的特定作用，国务院于1984年9月18日颁布了《中华人民共和国营业税条例(草案)》，规定自同年10月1日起试行。1993年12月13日，国务院发布了营业税条例，于1994年1月1日起实施。2008年11月5日国务院第34次常务会议对该条例进行了修订，并自2009年1月1日起实施。本章的基本税法依据即为此次修订的条例及其实施细则。

4.1 营业税概述

我国的营业税是对在我国境内提供应税劳务、转让无形资产或销售不动产的单位和个人，就其营业额征收的一种税。

4.1.1 营业税的特点

营业税与其他流转税相比，具有如下几个特点：

(1)征收范围广泛。营业税的征收范围是交通运输业、建筑业、金融保险业、邮电通信业、文化体育业、娱乐业、服务业、转让无形资产和销售不动产。凡是在我国境内从事上述经营行为的单位和个人，都要缴纳营业税。

(2)按行业设计税目税率。其他流转税如增值税、消费税是按产品类别来设计税目税率的，营业税则是按不同的行业设计不同的税目税率。因此，营业税具有很强的行业调节能力。

(3)多环节总额课征。营业税以经营活动的营业额为计税依据，在流转环节征税，每取得一次收入就征一次税，具有多环节总额课征的特点。在这一点，营业税既不同于增值税按法定增值额征收，也不同于消费税的单一环节征收。

(4)简便易行。营业税税目界限清楚，税率档次少，征税对象和计税依据易于确定，计算方法简单明了。征纳双方执行方便，不容易引起争议。

营业税收入稳定，涉及行业广泛，具有重要的财政意义和调节经济作用，因此在我国营业税是一个重要税种，由于上述这些特点，营业税也是世界各国普遍实行的税种。

营业税涉及国民经济中第三产业这一广泛的领域，而第三产业直接关系着城乡人民群众的日常生活，因而其征税范围具有广泛性和普遍性。随着第三产业的不断发展，营业税的收入也逐步增长。从1994年营业税条例的正式实施到2010年，我国营业税收入从670.02亿元增加到11 157.91亿元，足足增长了15倍多。而从营业税收入占税收总收入比重来看，从1994年占税收总收入的13.07%开始逐年增长，1998年达到最高峰17%，之后又逐渐回落，且近年来其占税收总收入的比重基本稳定。其主要原因一方面在于我国税收总收入的高速增长，另一方面也是因为近年来所得税收入比重在快速地上升，渐渐地与流转税的比重靠近。1994～2010年营业税收入及比重见图4-1。

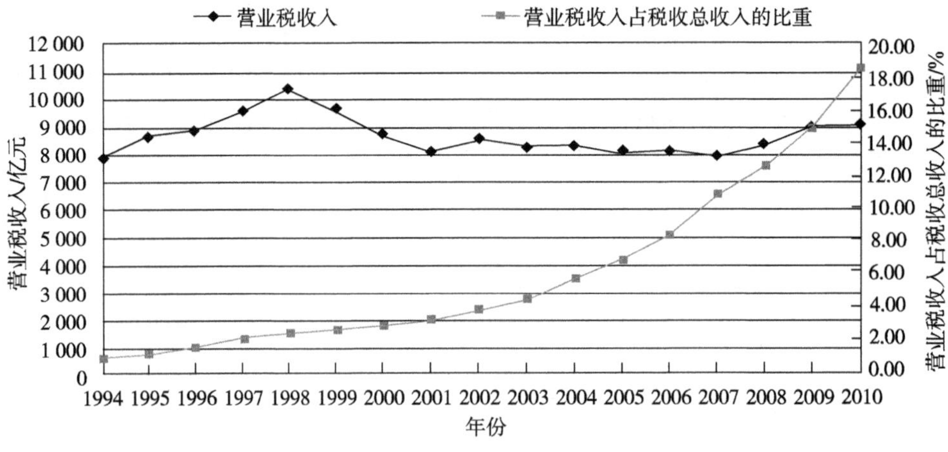

图4-1 1994～2010年营业税收入及比重

资料来源：国家统计局，http://www.stats.gov.cn，经整理

4.1.2 营业税的立法原则

营业税是地方税系中的主体税种。它的立法原则主要体现在以下三方面：

(1)广泛筹集财政资金。营业税的征收范围广泛，凡是在我国境内发生应税行为，并取得营业额，不论在城市还是乡村，不论内资企业还是外资企业，都要纳税。随着我国第三产业的不断发展，作为地方税收重要来源的营业税的收入也将逐步增长。因此，营业税在广泛筹集财政资金、促进地方经济发展等方面发挥着重要作用。

(2)促进各行业协调发展。营业税按照不同行业的经营特点以及盈利水平的不同来设计征免界限，实行差别税率。如对营业收入较高的娱乐业实行高税率；对于一些关系到国计民生的行业采用低税率，如交通运输业、邮电通信业、文化体育业等适用3%的税率；而对一些有利于社会稳定、发展的福利单位和教育、卫生部门则免税。这样的政策特点充分体现了营业税既保证财政收入，又照顾与人民生活密切相关行业发展的立法原则，以便充分发挥税收对第三产业的调节作用。

(3)促进企业改善经营管理。营业税是按照行业来设计税率的，同一个行业的税率是相同的，所以企业取得的营业额相同，所缴纳的税金也相同。如果企业加强经营管理，降低成本费用，企业的利润就会增加；反之，企业的成本费用上升，企业利润就会下降。因此，营业税的立法原则不仅有利于激励企业不断开拓进取，同时也可以鞭策落后的企业改善经营管理。

专栏 4-1 世界上最早的营业税

营业税是世界各国普遍实行的一种税，它有较长的历史。营业税正式命名出现在法国，始于1791年。然而，我国却古已有之。据史书记载，我国早在周代就有对商贾的课税，这是营业税的雏形。我国明代的门摊、课铁，清代的铺间房税等税，皆属营业税性质，唯未名营业税。营业税在我国正式出现，最早见于1928年国民政府颁布的《营业税办法大纲》。

中世纪，欧洲政府对营业商户每年征收一定金额始准营业，称为许可金。18世纪末，资本主义商品经济已有了飞速的发展，成为社会经济的统治形式。资本主义商品流通是一个十分复杂的运动过程，物质内容丰富，流通环节众多，面对这种错综复杂的商品流通状况，许可金不论营业商户营业规模之大小均无区别，负担不均。1791年法国始改许可金为营业税，以其营业额大小征收，对工业制造业和商业销售收入进行一定比例的课征。营业税的主要优点是税源广泛，课税对象无处不在，而且由于实行比例税率，使财政收入能够随经济发展而同步增长，征管也简便，费用很小，所以世界各国相继仿行，逐渐成为各国普遍采用的税种。

4.2 征税范围和纳税人

我国现行营业税的基本依据是营业税条例，它确定了营业税的构成要素。以下将具体介绍营业税的征税范围、纳税人和扣缴义务人几个要素。

4.2.1 征税范围

营业税的征税范围为在中华人民共和国境内有偿提供应税劳务、转让无形资产或者销售不动产。

应税劳务是指属于交通运输业、建筑业、金融保险业、邮电通信业、文化体育业、娱乐业、服务业税目征收范围的劳务。加工和修理修配劳务属于增值税征收范围，不属于营业税的应税劳务。

境内的具体含义是指：提供或者接受营业税条例规定劳务的单位或者个人在境内；所转让的无形资产(不含土地使用权)的接受单位或者个人在境内；所转让或者出租土地使用权的土地在境内；所销售或者出租的不动产在境内。

但境内单位或者个人在境外提供建筑业、文化体育业(除播映)劳务暂免征收营业税，境外单位或者个人在境外向境内单位或者个人提供的文化体育业(除播映)，国际通信服务，娱乐业，服务业中的旅店业、饮食业、仓储业，以及其他服务业中的沐浴、理发、洗染、裱画、誊写、镌刻、复印、打包劳务，不征收营业税(财税【2009】111 号)。税法中还特别指明，单位或个人出租境外的属于不动产的电信网络资源(包括境外电路、海缆、卫星转发器等)取得的收入，也不征收营业税(国税函【2010】300 号)。

提供应税劳务、转让无形资产或者销售不动产是指有偿提供应税劳务、有偿转让无形资产或者有偿销售不动产的活动。这里所称"有偿"是指包括取得货币、货物或其他经济利益。单位或个人自己新建建筑物后销售应视同提供应税劳务，其中自建行为按"建筑业"征税，转让房产按"销售不动产"征税。转让不动产有限产权或永久使用权，以及单位或者个人将不动产或者土地使用权无偿赠送其他单位或者个人，视同销售不动产，应当征收营业税(财税【2009】111 号)。但单位或个体工商户聘用的员工为本单位或雇主提供应税劳务，不应该包括在内。

4.2.2 纳税人

营业税的纳税人为在中华人民共和国境内提供应税劳务、转让无形资产或者销售不动产的单位和个人。这里所称的单位和个人可参考增值税一章(第 2 章)中的说明。

除一般规定外，实施细则还特别明确了纳税人的特殊规定。例如，有关铁路运输的纳税人：中央铁路运营业务的纳税人为铁道部；合资铁路运营业务的纳税人为合资铁路公司；地方铁路运营业务的纳税人为地方铁路管理机构；基建临管线铁路运营业务的纳税人为基建临管线管理机构。

单位以承包、承租、挂靠方式经营的，承包人、承租人、挂靠人(以下统称承包人)发生应税行为，承包人以发包人、出租人、被挂靠人(以下统称发包人)名义对外经营并由发包人承担相关法律责任的，以发包人为纳税人；否则以承包人为纳税人。

此外，负有营业税纳税义务的单位为发生应税行为并收取货币、货物或者其他经济利益的单位，但不包括单位依法不需要办理税务登记的内设机构。单位和个体户的员工、雇工在为本单位或雇主提供劳务时，不构成营业税纳税人。

需要注意的是，在中国境内承包工程作业和提供营业税应税劳务的非居民也是营业税的纳税人。承包工程作业，是指在中国境内承包建筑、安装、装配、修缮、装饰、勘探及其他工程作业。提供劳务是指在中国境内从事交通运输、仓储租赁、咨询经纪、设计、文化体育、技术服务、教育培训、旅游、娱乐及其他劳务活动(总局令【2009】19 号)。

专栏 4-2　　　　分支机构的营业税纳税人角色

2009年之前实施的营业税相关法规规定，只有法人单位才是营业税的纳税人，而非法人单位包括企业法人内设的分支机构都不是营业税的纳税人。而2009年之后实施的新营业税法规对纳税人的这项规定做了调整，新税法不再以"法人单位"作为判断营业税纳税人的标准，而是以税务登记作为判断标准。根据新《中华人民共和国营业税暂行条例实施细则》第十条的规定，不难发现，依法办理税务登记的内设机构，只要发生应税行为并收取货币、货物或者其他经济利益，就需要纳税。那么，哪些单位和机构需要办理税务登记呢？

按照《中华人民共和国税收征收管理法》第十五条的规定，任何单位只要领取了营业执照，就要按照税法规定申报办理税务登记。《关于换发税务登记证件的通知》第二条第一项要求，对从事生产、经营并领取工商营业执照的纳税人核发税务登记证及副本。而《关于换发税务登记证件有关问题的补充通知》第三条则要求：对未领取工商营业执照的纳税人及其分支机构，不得发放临时税务登记证件，但要按规定征税，并责成其先办理营业执照和组织机构代码，再办理税务登记。

因此，上述单位包括企业的分支机构，只要提供了营业税劳务，并取得了收益，就是营业税的纳税人。

资料来源：刘俊英，陈萍生．新法明确：分支机构也是营业税的纳税人．中国税务报，2009-07-20.

4.2.3 扣缴义务人

为了简化征税手续、减少税款损失，营业税相关法规中规定了扣缴义务人。例如，境外的单位或者个人在境内提供应税劳务、转让无形资产或者销售不动产，在境内未设有经营机构的，以其境内代理人为扣缴义务人；在境内没有代理人的，以受让方或者购买方为扣缴义务人。此外还有国务院财政、税务主管部门规定的其他扣缴义务人。

案例研究 4-1　　　　支付境外劳务费代扣营业税吗

A公司是一家国内大型制造企业，2009年8月与境外一家设计公司签订协议，委托该公司为企业设计企业标志，合同规定设计全部由该公司在境外完成。该境外公司按时向A公司提交了设计标志。由于该境外公司在国内无任何分支机构，那么A公司在支付费用时是代扣代缴企业所得税还是营业税？

根据《企业所得税法》第三条规定，非居民企业在中国境内未设立机构、场所的，或者虽设立机构、场所但取得的所得与其所设机构、场所没有实际联系的，应当就其来源于中国境内的所得缴纳企业所得税。《企业所得税法实施条例》第七条第二款规定，《企业所得税法》第三条所称来源于中国境内、境外的所得，按照以下原则确定：提供劳务所得，按照劳务发生地确定。《营业税暂行条例》第一条规定，在中华人民共和国境内提供本条例规定的劳务、转让无形资产或者销售不动产的单位和个人，为营业税的纳税人，应当依照本条例缴纳营业税。《中华人民共和国营业税暂行条例实施细则》第四条第一款规定，条例第一条所称在中华人民共和国境内提供条例规定的劳务、转让无形资产或者销售不动产，是指提供或者接受条例规定劳务的单位或者个人在境内。通过以上规定可以看出，由于劳务发生地在境外，因此A公司不应该代扣代缴该境外公司的企业所得税。可是由于A公司是接受劳务的单位，因此A公司应该代扣代缴该境外公司的营业税。

资料来源：吕凤柱．支付境外劳务费代扣营业税吗．中国税务报，2009-12-21.

4.3 税目和税率

营业税的征税范围分为三大类，包括提供应税劳务、销售不动产及转让无形资产。其中，应税劳务包括交通运输业、建筑业、金融保险业、邮电通信业、文化体育业、娱乐业、服务业七个税目，转让无形资产及销售不动产本身就是单独的税目，因此营业税共九个税目。

4.3.1 税目

营业税的税目具体分为以下九个方面。

1. 交通运输业

交通运输业是指使用运输工具或人力、畜力将货物或旅客送达目的地，使其空间位置得到转移的业务活动。营业税的交通运输业税目的定义，不仅包括海陆空三类运输，还包括管道运输以及装卸搬运。

陆路运输是指通过陆路(地上或地下)给货物或旅客提供运输服务，包括铁路运输、公路运输、缆车运输、索道运输及其他陆路运输。缆车运输以及索道运输是通过索道(用于运载乘客或货物跨越山岭、深谷、江河、湖泊)在空中进行运输的方式。例如，目前我国在一些微波站、电视发射台、风景游览区及工矿企业等地建有索道，以便利交通和旅游①。

水路运输，顾名思义就是通过江、河、湖、川等天然、人工水道或海洋航道运送货物或旅客。虽然打捞不完全符合这一定义，但是考虑到打捞具有公益性的特点，所以在制定营业税政策时，将其比照水路运输征税(国税发【1994】159号)，适用低档税率。

通过空中航线运送货物或旅客的属于航空运输，与水路运输一样，航空运输也存在着特例，如航空测量与航空勘探这一类为专业工作提供飞行服务的通用航空业务，以及航空公司等向在我国境内航行或在我国境内机场停留的境内外飞机或其他飞行器提供的

① 其中，在旅游景点经营索道属“服务业——旅游业”征税范围。

导航等劳务性地面服务比照航空运输征税。

通过管道设施输送气体、液体、固体物质的业务属于管道运输。例如，中国石油天然气集团公司提供的西气东输业务应按“交通运输业”征收营业税。

相比前四种运输方式而言，装卸搬运就显得比较特殊。但是税法明确规定了使用装卸搬运工具或人力、畜力将货物在运输工具之间、装卸现场之间或运输工具与装卸现场之间进行装卸和搬运的业务，必须按照“交通运输业”这一税目缴纳营业税。例如，日常生活中常见的搬家公司的业务就归属于此税目征税范围。

另外，在“交通运输业”这一税目中有几个概念必须区分：程租、期租以及湿租①。程租、期租属于水路运输的范畴：程租业务是指远洋运输企业为租船人完成某一特定航次的运输任务并收取租赁费的业务；期租业务，是指远洋运输企业将配备有操作人员的船舶承租给他人使用一定期限，承租期内听候承租方调遣，不论是否经营，均按天向承租方收取租赁费，发生的固定费用(如人员工资、维修费用等)均由船东负担的业务。而湿租是航空运输中的概念：湿租业务是指航空运输企业将配备有机组人员的飞机承租给他人使用一定期限，承租期内听候承租方调遣，不论是否经营，均按一定标准向承租方收取租赁费，发生的固定费用(如人员工资、维修费用等)均由承租方负担的业务。以上三种业务皆是按“交通运输业”税目征收营业税(国税发【2002】25号)。

2. 建筑业

建筑业包括建筑、安装、修缮、装饰、其他工程作业等建筑安装工程作业。

建筑包括对各种建筑物、构筑物的新建、改建以及扩建。但是自建自用以及出租或投资入股建筑物的自建行为不是建筑业税目的征税范围。安装是指各种设备装配、安置的工程作业，也包括对与设备相连的工作台、梯子、栏杆的装设工程作业和被安装设备的绝缘、防腐、保温、油漆等工程作业。建筑业中的修缮工程作业强调能够使建筑物、构筑物恢复原来的使用价值或延长其使用期限。对建筑物、构筑物进行修饰，使之美观或具有特定用途的工程作业属于装饰。如家装公司的装饰装修业务应按此税目征税。除了上述工程作业之外的其他工程作业包括代办电信工程、水利工程、道路修建、疏浚、钻井(打井)、拆除建筑物或构筑物、平整土地、搭脚手架、爆破等。

3. 金融保险业

金融保险业主要包括金融和保险两方面。金融，是指贷款、融资租赁、金融商品(外汇、有价证券或非货物期货)转让、金融经纪业务与其他金融业务。保险，是指将通过契约形式集中起来的资金，用以补偿被保险人的经济利益的业务。

其中，外汇转贷业务(金融企业直接向境外借入外汇资金，然后再贷给国内企业或其他单位、个人)和一般贷款业务(除外汇转贷以外的各种贷款)都属于贷款，只是资金来源不同而已。单位或个人若以货币资金投资且收取固定利润或保底利润的行为，属于货币资金融通活动，应按“金融保险业”税目征税。

---

① 另外还有光租、干租等概念将在“服务业”税目中进行解释。

融资租赁(也称金融租赁)，是指经中国人民银行或商务部批准可从事融资租赁业务的单位所从事的具有融资性质和所有权转移特点的设备租赁业务，按“金融保险业”税目征收营业税①。另外，如委托业务、代理业务、咨询业务、银行结算、票据贴现等其他金融业务也按此税目征税(财税【2003】16 号)。

然而，存款或购入金融商品行为，以及金银买卖业务不征收营业税。对个人从事外汇、有价证券、非货物期货和其他金融商品买卖业务取得的收入暂免征收营业税(财税【2009】111 号)。保险企业取得的追偿款不征收营业税。追偿款是指发生保险事故后，保险公司按照保险合同的约定向被保险人支付赔款，并从被保险人处取得对保险标的价款进行追偿的权利而追回的价款。境内保险机构为出口货物提供的保险产品(包括出口货物保险和出口信用保险)免税。

4. 邮电通信业

邮政和电信是邮电通信业的两大类别。邮电通信业主要是专门办理信息传递的业务。邮政是指传递实物信息的业务，包括传递函件或包件、邮汇、报刊发行、邮务物品销售、邮政储蓄及其他邮政业务。单位和个人从事快递业务按此税目征收营业税。电信主要包括电报、电传、电话、电话机安装、电信物品销售及其他电信业务。如中国电信用各种电传设备传输电信号来传递信息而提供服务，所运营的大部分业务就属于电信业务。需要注意的是，邮政部门销售集邮商品、发行报刊等征收营业税，而其他单位个人销售此类商品则征收增值税。

例如，某市税务稽查人员在对某电信部门进行检查时发现，该电信部门 168 台开设了咨询、信息及点歌业务，并按照“服务业”5%的税率申报纳税。稽查人员指出，该企业 168 台咨询、信息及点歌业务应按“邮电通信业”税目征收营业税。

5. 文化体育业

文化体育业是指经营文化、体育活动的业务，分为文化业与体育业。经营文化活动的业务，包括表演、播映、经营游览场所和各种展览、培训活动，举办文学、艺术、科技讲座、讲演、报告会，图书馆的图书和资料的借阅业务等属于文化业；举办各种体育比赛和为体育比赛或体育活动提供场所的业务属于体育业。

另外，广播电视有线数字付费频道业务按“文化体育业”税目中的“播映”子目征收营业税；有限电视台收取的初装费，属于“建筑业”征税范围；广告的播映属于“服务业——广告业”征税范围。

6. 娱乐业

为娱乐活动提供场所和服务的业务就属于娱乐业，包括歌厅，舞厅，卡拉 OK 厅，音乐茶座，台球、高尔夫球、保龄球场，游艺以及网吧等。另外，上列娱乐场所为顾客

---

① 其他单位从事的融资业务，租赁的货物的所有权转让给承租方，征收增值税；租赁的货物的所有权未转让给承租方，征收营业税(国税函【2000】514 号)。

进行娱乐活动提供的饮食服务及其他各种服务，也属于本税目征收范围。

7. 服务业

服务业，是指利用设备、工具、场所、信息或技能为社会提供服务的业务。其包括代理业、旅店业、饮食业、旅游业、仓储业、租赁业、广告业以及其他服务业。服务业涉及的领域十分广泛，在此不逐一解释各行业的具体范围，仅列举相关法规中的部分具体规定。

例如，融资租赁属于"金融保险业"征税范围，不应按"服务业——租赁业"征税。金融经纪业和广告代理业分别属于"金融保险业"以及"服务业——广告业"的征税范围，因此不按"代理业"征税。又如，服务性单位将委托方预付的餐费转付给餐饮企业，并向委托方和餐饮企业收取服务费的，就属于餐饮中介服务，应按"服务业——代理业"子税目征收营业税。另外，福利彩票机构发行销售福利彩票取得的收入，不征营业税。对福利彩票机构以外的代销单位销售福利彩票取得的手续费收入应征营业税(财税【2003】16 号)。

对于单位和个人在旅游景点经营索道(财税【2003】16 号)或者在旅游景区经营旅游游船、观光电梯、观光电车、景区环保客运车所(国税函【2008】254 号)取得的收入都应该按照"服务业——旅游业"项目征收营业税。

在交通运输业中已经解释了程租、期租以及湿租这三个概念以及对应的税目，下面我们来看看光租与干租这两个概念。光租业务适用于水路运输(特别是远洋运输)，其是指远洋运输企业将船舶在约定的时间内出租给他人使用，不配备操作人员，不承担运输过程中发生的各种费用，只收取固定租赁费的业务；而干租业务适用于航空运输，其是指航空运输企业在约定的时间内出租给他人使用，不配备机组人员，不承担运输过程中发生的各种费用，只收取固定租赁费的业务。这两项业务所取得的收入并不按"交通运输业"缴税，而是按"服务业——租赁业"缴纳营业税(国税发【2002】25 号)。因为与程租、期租以及湿租不同，光租与干租并不配备操作人员，只提供船舶、飞机等运输工具，不承担运输途中有可能遇到的风险，只是收取固定的租赁费。另外，出租文化场所以及以租赁方式为体育比赛提供场所的业务不属于"文化体育业"，而是属于"服务业——租赁业"征税范围。

对报社、出版社根据文章篇幅、作者名气等向作者收取的"版面费"收入，按照"服务业——广告业"征收营业税。例如，某市税务机关到某报社开展纳税辅导时发现，这家报社某年度共收取版面费 50 万元。对此，税务机关要求该报社按"服务业——广告业"项目申报缴纳营业税为 2.5 万元。

服务业中的饮食业是指通过同时提供饮食和饮食场所的方式为顾客提供饮食消费服务的业务。例如，某火车站附近一个卖快餐的小摊，顾客买快餐之后一般都在这里吃而没有带走。税务机关认为该小摊提供了饮食的场所，应该按照饮食业缴纳营业税。

8. 转让无形资产

转让土地使用权、商标权、专利权、非专利技术、著作权以及商誉等无形资产的所有权或使用权的行为应按照“转让无形资产”税目征税。

由于无形资产的转让强调的是所有权与使用权的转让，因此土地租赁不按转让无形资产税目征税，应属于“服务业——租赁业”征税范围。如果转让的是在建项目，那么应按以下办法征收营业税：转让已完成土地前期开发或正在进行土地前期开发，但尚未进入施工阶段的在建项目，按“转让无形资产——转让土地使用权”项目征收营业税；转让已进入建筑物施工阶段的在建项目，按“销售不动产”税目征收营业税。

另外，对于土地所有者出让土地使用权和土地使用者将土地使用权归还给土地所有者的行为不征收营业税。转让非专利技术时，倘若转让的是无所有权技术，那么应视为一般性的技术服务，不按本税目征税。如果以无形资产投资入股，参与接受投资方的利润分配、共同承担投资风险的，不征收营业税；日后转让该项股权，也不征税(财税【2002】191号)。

9. 销售不动产

不动产是指不能移动，移动后会引起性质、形状的变化的财产，包括销售建筑物或构筑物和销售其他土地附着物(其是指除建筑物、构筑物以外的其他附着于土地的不动产，如树木、庄稼、花草等)。有偿转让不动产所有权的行为属于销售不动产。单位或个人将不动产无偿赠与其他单位和个人，应该视同销售不动产。不过，财税【2009】111号文规定个人无偿赠与不动产、土地使用权，属于下列情形之一的，暂免征收营业税：离婚财产分割；无偿赠与配偶、父母、子女、祖父母、外祖父母、孙子女、外孙子女、兄弟姐妹；无偿赠与对其承担直接抚养或者赡养义务的抚养人或者赡养人；房屋产权所有人死亡，依法取得房屋产权的法定继承人、遗嘱继承人或者受遗赠人。

销售不动产时连同不动产所占土地的使用权一并转让的行为，比照销售不动产征收营业税。而以不动产投资入股，参与接受投资方利润分配、共同承担投资风险的行为，不征营业税。在投资后转让其股权的也不征收营业税(财税【2002】191号)。

4.3.2 税率

营业税按照行业、类别的不同分别采用不同的比例税率，具体税目税率如表4-1所示。

表4-1 营业税的税目税率(单位：%)

税目	税率	税目	税率
一、交通运输业	3	六、娱乐业	5～20
二、建筑业	3	七、服务业	5
三、金融保险业	5	八、转让无形资产	5
四、邮电通信业	3	九、销售不动产	5
五、文化体育业	3		

案例研究 4-2　　租车配司机税率能降低

李先生2004年结婚的时候需要用车接新娘，当时因为借不到车，于是经朋友介绍去车行租了一辆车。另外车行还随车配备驾车技术精湛的司机。李先生通过这件事好像找到了致富经，认为出租车辆盈利可观。于是2005年李先生就和朋友合作开了一家车行，提供车辆出租服务，并在出租车辆时，为客户随车配备司机。承租人支付租车费用和司机薪水。开业半年，车行生意非常好，李先生十分高兴。后来因为人手问题，李先生取消了随车配备司机的服务，仅提供车辆出租。一次，李先生发现，自从车行取消随车配备司机的服务后，每月的营业税比以前多缴纳将近一倍，他很疑惑，车行的营业额没有大幅度增长，为什么营业税却增加了？

他来到当地12366咨询台，税务干部告诉他，之所以营业额没有上升但营业税增加，是因为"司机"在作怪。面对李先生的疑问，税务干部进一步解释，李先生的车行开业前期，不但为承租人提供车辆租赁服务，还随车配备司机，由承租人支付租车费用和司机薪水，根据税法规定，这项租赁业务属于交通运输业，产生的营业税应套用"交通运输业"税目缴纳，税率为3%。如果李先生一个月的营业额为10万元，则应缴纳的营业税及由此产生的城建税和教育费附加为3 300元。经营一段时间后，车行取消了租车配备司机的服务，根据税法规定，这不再属于交通运输业范畴，而应归入租赁业，因此营业税应该套用租赁业税目缴纳，税率为5%。如果这时营业额仍然为10万元，要缴纳的税费为5 500元。由此可见，小问题里藏着大学问，是否提供司机服务是影响营业税高低的关键。

税务干部还告诉李先生一个技巧，对各类交通运输企业提供的租赁劳务应套用什么税目缴税，可从两方面区分：凡是只提供交通工具交给他人使用，所取得的收入都按"服务业——租赁业"缴纳营业税；但凡在提供交通工具的同时配备驾驶操作人员，无论收取费用的名义如何，其行为均是交通运输业务，按"交通运输业"缴纳营业税。

资源来源：王凌．租车配司机税率能降低．中国税务报，2005-06-20.

4.4　计税依据及应纳税额的计算

营业税的计算较为简单，纳税人根据所提供应税劳务、转让无形资产或者销售不动产的营业额(或销售额)和相应的税率就可以计算出应纳税额。应纳税额的计算公式为

应纳税额＝营业额×税率

上述的应纳税额以人民币为计算单位，如果纳税人以人民币以外的货币结算营业额，须折合成人民币计算。其营业额的人民币折合率可以选择营业额发生的当天或者当月1日的人民币汇率中间价。但金融保险业以外汇结算营业额的，原则上金融业按其收到外汇的当天或当季季末中国人民银行公布的基准汇价折合营业额，保险业按其收到外汇的当天或当月月末中国人民银行公布的基准汇价折合营业额，并计算营业税(国税发

【2002】9号)。纳税人选择何种折合率一旦确定后，一年之内不得变动。

在计算应纳税额时，由于营业税纳税人的行为一旦发生，税率也随之确定，因此，确定应纳税额的关键是确定营业额。

4.4.1 计税依据的一般规定

营业额是营业税的计税依据，是纳税人提供应税劳务、转让无形资产或者销售不动产向对方收取的全部价款和价外费用。价外费用包括收取的手续费、补贴、基金、集资费、返还利润、奖励费、违约金、滞纳金、延期付款利息、赔偿金、代收款项、代垫款项、罚息及其他各种性质的价外收费，但不包括同时符合条件代为收取的政府性基金或者行政事业性收费①。例如，单位和个人提供应税劳务、转让无形资产和销售不动产时，因受让方违约而从受让方取得的赔偿金收入，属于价外费用，应并入营业额中征收营业税(财税【2003】16号)。

单位和个人在提供营业税应税劳务、转让无形资产和销售不动产时，如果将价款与折扣额在同一张发票上注明，以折扣后的价款为营业额；如果将折扣额另开发票的，则不论其在财务上如何处理，均不得从营业额中减除(财税【2003】16号)。

除营业额全额计征营业税外，相关税收法规还允许部分行业及特殊情况下的差额征税，即在确定计税依据时允许减除特定项目的金额，其具体规定将在各税目中详述。针对差额征税项目有关扣除费用涉及扣除凭证这一核心环节，为了规范扣除项目管理，税法还规定，纳税人须取得符合国务院税务主管部门有关规定的合法有效凭证，相关项目金额才能得以扣除。这里的合法有效凭证是指：①支付给境内单位或者个人的款项，且该单位或者个人发生的行为属于营业税或者增值税征收范围的，以该单位或者个人开具的发票为合法有效凭证；②支付的行政事业性收费或者政府性基金，以开具的财政票据为合法有效凭证；③支付给境外单位或者个人的款项，以该单位或者个人的签收单据为合法有效凭证，税务机关对签收单据有疑义的，可以要求其提供境外公证机构的确认证明；④国家税务总局规定的其他合法有效凭证。

此外，核定征收适用于纳税人提供劳务、转让无形资产或销售不动产价格明显偏低而无正当理由，或者视同发生应税行为而无营业额的情况，税务机关按下列顺序核定其营业额：

(1)按纳税人最近时期发生同类应税行为的平均价格核定。

(2)按其他纳税人最近时期发生同类应税行为的平均价格核定。

(3)按下列公式核定：

$$营业额=\frac{营业成本或工程成本\times(1+成本利润率)}{1-营业税税率}$$

其中，成本利润率由省、自治区、直辖市税务局确定。

【例4-1】 某酒店当月营业额明显偏低，税务机关对其采用核定营业额的方法征税，已

① 具体条件参见增值税一章(第2章)中的说明。

知当期的营业成本为20万元，同行业成本利润率为25%，则该酒店当期应纳营业税是多少？

解：当期应纳营业税=20×(1+25%)÷(1−5%)×5%≈1.32(万元)

另外，还需要注意允许从本期营业额中减除的过去发生的事项：单位和个人提供营业税应税劳务、转让无形资产和销售不动产发生退款，凡该项退款已征收过营业税的，允许退还已征税款，也可以从纳税人以后的营业额中减除(财税【2003】16号)；单位和个人因财务会计核算办法改变将已缴纳过营业税的预收性质的价款逐期转为营业收入时，允许从营业额中减除(财税【2003】16号)。

4.4.2 计税依据的具体规定

具体营业额的情况分行业确定如下。

1. 交通运输业

交通运输业的营业额，是指从事交通运输的纳税人提供交通运输劳务所取得的全部运营收入，包括全部价款和价外费用。陆路、水路、航空、管道、装卸搬运等的计税依据都应按此项原则确定计税依据。

【例4-2】 某铁路分局某月旅客车票收入200万元，行李运费收入12万元，货运收入100万元。当月应纳多少营业税？

解：当月应纳营业税=(200+12+100)×3%=9.36(万元)

与一般全额征税规定不同的是，纳税人将承揽的运输业务分给其他单位或者个人的，以其取得的全部价款和价外费用扣除其支付给其他单位或者个人的运输费用后的余额为营业额，即实行差额征税。

其中，运输企业从事联运业务，以实际取得的营业额为计税依据。联运业务是指两个以上运输企业完成旅客或货物从发送地点至到达地点所进行的运输业务，联运的特点是一次购买、一次收费、一票到底。

但是，代开发票纳税人从事联运业务的，其计征营业税的营业额为代开的货物运输业发票注明营业税应税收入，不得减除支付给其他联运合作方的各种费用。

【例4-3】 某运输企业某月取得运输货物收入500万元，其中，在境内运输货物出境取得收入50万元；在境外运输货物入境取得收入80万元；支付给其他运输企业的运费为120万元；赴某国为该国一公司提供运输劳务取得收入130万元。该运输企业当月应纳多少营业税？

解：根据财税【2010】8号文件规定，对我国境内单位或者个人提供的国际运输劳务免征营业税。国际运输劳务是指：在境内载运旅客或者货物出境；在境外载运旅客或者货物入境；在境外发生载运旅客或者货物的行为。因此，该运输企业应纳营业税为

(500−50−80−120−130)×3%=3.6(万元)

2. 建筑业

建筑业营业税的营业额为承包建筑、修缮、安装、装饰和其他工程作业取得的营业收入额，建筑安装企业向建设单位收取的工程价款(即工程造价)及工程价款之外收取的各种费用。

纳税人提供建筑业劳务(不含装饰劳务)的，其营业额应包括工程所用原材料、设备及其他物资和动力价款在内，但不包括建设方提供的设备的价款①。而建筑安装企业向建设单位收取的临时设施费、劳动保护费和施工机构迁移费，不得从营业额中扣除。施工企业向建设单位收取的材料差价款、抢工费、全优工程奖和提前竣工奖，也应并入营业额中征收营业税。

【例 4-4】 某建筑公司中标承揽了一家科研机构的科技楼工程，欲与该单位签订建筑施工合同。工程总造价为 8 000 万元，其中包括电梯价款 300 万元，供暖设施和中央空调价款 700 万元，土建及内外装修的价款 7 000 万元。如果建筑公司与该科研机构签订含电梯、供暖设施和中央空调在内的 8 000 万元建筑工程合同，再与设施生产厂家签订共 1 000 万元的设施购销合同，那么不考虑印花税，该公司应纳营业税＝8 000×3%＝240(万元)。当然，如果该公司能够动员设施生产厂家与科研机构签订电梯、供暖设施和中央空调的购销合同(共 1 000 万元)，那么该公司与科研机构只需签订土建及内外装修的 7 000 万元建筑工程合同，其需缴纳的建筑业营业税为 7 000×3%＝210(万元)，与之前签订合同应缴的营业税相比少缴税款 30 万元。

自建行为和将不动产无偿赠与他人，由主管税务机关按照规定顺序核定营业额。自建行为是指纳税人自己建造房屋的行为。纳税人自建自用的房屋不纳税；若纳税人将自建的房屋对外销售，其自建行为应按建筑业缴纳营业税，再按销售不动产缴纳营业税。

需要注意的是，纳税人将建筑工程分包给其他单位的，以其取得的全部价款和价外费用扣除其支付给其他单位的分包款后的余额为营业额。

【例 4-5】 某建筑工程总公司承包一段高速公路工程，工程预算价款 8 000 万元，其中一处立交桥工程分包给光大桥涵建筑股份有限公司，价款 1 000 万元。该高速公路工程提前两个月完工并被评为全优工程，与建设单位结算价款并收到建设单位付给的全优工程奖及抢工费 800 万元。则该建筑工程总公司应纳营业税为多少？

解：应纳营业税＝(8 000－1 000＋800)×3%＝234(万元)

3. 金融保险业

金融业计征营业税的营业额的主要方法包括：对一般贷款、典当、金融经纪业等中介服务，以取得的利息收入全额或手续费收入全额确定为营业额。但由于金融业的特殊性，税法对其以下业务规定了差额征税的方法(财税【2003】16 号)：

---

① 对于装饰劳务，无论是否为清包工的形式，其营业额可以不包括工程所用原材料、设备及其他物资和动力价款在内。

(1)对外汇、证券、期货等金融商品转让，按卖出价减去买入价后的差额为营业额。

(2)经中国人民银行、商务部和国家经济贸易委员会(简称国家经贸委)批准经营融资租赁业务的单位，融资租赁以其向承租人收取的全部价款和价外费用(包括残值)减去出租方承担的出租货物的实际成本后的余额为营业额。出租货物的实际成本包括由出租方承担的货物购入价、关税、增值税、消费税、运杂费、安装费、保险费以及纳税人为购买出租货物而发生的境外外汇借款利息支出等费用。

(3)金融企业(包括银行和非银行金融机构)从事股票、债券买卖业务以股票、债券的卖出价减去买入价后的余额为营业额。卖出价是指卖出原价，不得扣除卖出过程中支付的各种费用和税金。买入价是指购入原价，不包括购进过程中支付的各种费用和税金，但买入价应依照财务会计制度规定，以股票、债券的购入价减去股票、债券持有期间取得的股票、债券红利收入。

(4)金融企业从事受托收款业务，如代收电话费、水电煤气费、信息费、学杂费、寻呼费、社保统筹费、交通违章罚款、税款等，以全部收入减去支付给委托方价款后的余额为营业额。

【例4-6】 某商业银行某年第二季度取得自有资金贷款利息收入50万元。此外，取得罚息、加息收入5万元，代收水电煤气费300万元，支付给委托方价款280万元。则该商业银行该季度应纳营业税为多少?

解：应纳营业税＝[50＋5＋(300－280)]×5％＝3.75(万元)

保险业营业额的确定，保险公司开展财产、人身保险的营业额为向投保者收取的全部保费。保险企业开展无赔偿奖励业务的，以向投保人实际收取的保费为营业额(财税【2003】16号)。

保险企业在办理保险业务时，有时不是直接向投保人收取保费，而是向投保人收取一定数额的到期应返还的资金(称为储金)，以储金产生的收益作为保费收入，这就是储金业务。保险公司办理储金业务的，营业额以纳税人在纳税期内的储金平均余额乘以中国人民银行公布的1年期存款利率折算的月利率计算。储金平均余额为纳税期期初储金余额与期末储金余额之和乘以50％。

在境内的保险人将其承保的以境内标的物为保险标的的保险业务向境外再保险人办理分保的，以全部保费收入减去分保保费后的余额为营业额。境外再保险人应就其分保收入承担营业税纳税义务，并由境内保险人扣缴境外再保险人应缴纳的营业税税款。

【例4-7】 某保险公司某月取得收入如下：办理人身保险业务取得保费收入200万元；办理机动车车辆保险业务取得保费收入50万元，另支付给投保人无赔款奖励5万元；以储金方式开展保险业务，纳税人期初储金余额为100万元，期末储金余额为300万元，当期1年期存款年利率为1.96％。则该保险公司应纳营业税为多少?

解：应纳营业税＝[200＋50＋(100＋300)×50％×1.96％÷12]×5％

≈12.52(万元)

4. 邮电通信业

邮政业务的营业额，是指提供传递函件或包件、邮汇、报刊发行、邮务物品销售、邮政储蓄、其他邮政业务的收入。

电信业务的营业额，是指提供电报、电话、电传、电话机安装、电信物品销售、其他电信业务的收入。

电信部门以集中受理方式为集团客户提供跨省的出租电路业务，由受理地区的电信部门按取得的全部价款减除分割给参与提供跨省电信业务的电信部门的价款后的差额为营业额计征营业税；对参与提供跨省电信业务的电信部门，按各自取得的全部价款为营业额计征营业税。其中，集中受理是指电信部门应一些集团客户的要求，为该集团所属的众多客户提供跨地区的出租电信线路业务，以便该集团所属众多客户在全国范围内保持特定通信联络。

电信单位销售的各种有价电话卡，由于其计费系统只能按有价电话卡面值出账并按有价电话卡面值确认收入，不能直接在销售发票上注明折扣折让额，以按面值确认的收入减去当期财务会计上体现的销售折扣折让后的余额为营业额(财税【2003】16 号)。

另外，邮政电信单位与其他单位合作，共同为用户提供邮政电信业务及其他服务并由邮政电信单位统一收取价款的，以全部收入减去支付给合作方价款后的余额为营业额(财税【2003】16 号)。

【例 4-8】 某电信局某月发生如下业务：话费收入 200 万元；为某客户提供跨省的出租电路服务共收费 60 万元；支付给相关电信部门价款 25 万元。当月应纳营业税为多少？

解：应纳营业税＝(200＋60－25)×3%＝7.05(万元)

实际业务中，电信企业时常会开展以业务销售附带赠送服务或实物形式的业务，国税函【2007】414 号文件明确了这类业务的征税方法：中国电信子公司开展以业务销售附带赠送电信服务业务(包括赠送用户一定的业务使用时长、流量或业务使用费额度，赠送有价卡预存款或者有价卡)的过程中，其附带赠送的电信服务是无偿提供电信业劳务的行为，不属于营业税征收范围，不征收营业税。而以业务销售附带赠送实物业务[包括赠送用户小灵通(手机)、电话机、SIM 卡、网络终端或有价物品等实物]，属于电信单位提供电信业劳务的同时赠送实物的行为，按照现行流转税政策规定，不征收增值税，其进项税额不得予以抵扣；其附带赠送实物的行为是电信单位无偿赠与他人实物的行为，不属于营业税征收范围，不征收营业税。

5. 文化体育业

文化体育业的营业额是指纳税人经营文化业、体育业取得的全部收入，包括演出收入、播映收入、其他文化收入、经营游览场所收入和体育收入。

广播电视有线数字付费频道业务应由直接向用户收取数字付费频道收视费的单位按其向用户收取的收视费全额，向所在地主管税务机关缴纳营业税。对各合作单位分得的收视费收入，不再征收营业税。

【例 4-9】 某电视台某月发生如下业务：电视节目收费 60 万元，“点歌台”栏目收费 2 万元。该电视台当月应纳营业税税额为多少？

解：应纳营业税＝(60＋2)×3％＝1.86(万元)

6. 娱乐业

经营娱乐业向顾客收取的各项费用，包括门票收费，台位费，点歌费，烟酒、饮料、茶水、鲜花、小吃等收费及经营娱乐业的其他各项收费为营业额。

【例 4-10】 某歌舞厅某月取得收入如下：门票收入 5 万元；台位费、点歌费 2 万元；销售烟酒、饮料、食品等 18 万元。则该歌舞厅当月应纳营业税为多少？

解：应纳营业税＝(5＋2＋18)×20％＝5(万元)

7. 服务业

服务业的营业额为纳税人提供服务业劳务向对方收取的全部价款和价外费用。对于服务业这一税目的计税依据还有以下一些需要特别说明的规定。

代理业的营业额应为向委托方实际收取的报酬。例如，从事广告代理业务的，以其全部收入减去支付给其他广告公司的广告发布者(包括媒体、载体)的广告发布费后的余额为营业额；从事物业管理的单位，以与物业管理有关的全部收入减去代业主支付的水、电、燃气以及代承租者支付的水、电、燃气、房屋租金的价款后的余额为营业额(财税【2003】16 号)；教育部考试中心及其直属单位与合作单位①合作开展考试的业务，实质是从事代理业务，以其全部收入减去支付给合作单位的合作费后的余额为营业额(国税函【2009】752 号)。

【例 4-11】 某公司物业部收取的物业费为 220 万元，其中代业主支付的水、电、燃气费共 120 万元，该物业部应纳营业税税额为多少？

解：应纳营业税＝(220－120)×5％＝5(万元)

服务性单位从事餐饮中介服务的营业额为向委托方和餐饮企业实际收取的中介服务费，不包括其代委托方转付的就餐费用。纳税人从事代理报关业务，以其向委托人收取的全部价款和价外费用扣除特定项目金额后的余额为计税营业额申报缴纳营业税(国税函【2006】1310 号)。

纳税人从事无船承运业务，以其向委托人收取的全部价款和价外费用扣除其支付的海运费以及报关、港杂、装卸费用后的余额为计税营业额申报缴纳营业税。

劳务公司接受用工单位的委托，为其安排劳动力，凡用工单位将其应支付给劳动力的工资和为劳动力上交的社会保险以及住房公积金统一交给劳务公司代为发放或办理的，以劳务公司从用工单位收取的全部价款减去代收转付给劳动力的工资和为劳动力办理社会保险及住房公积金后的余额为营业额(财税【2003】16 号)。

旅游业方面，纳税人从事旅游业务的，以其取得的全部价款和价外费用扣除替旅游

① 合作单位包括行业主管部门(或协会)、海外教育考试机构和各省级教育机构。

者支付给其他单位或者个人的住宿费、餐费、交通费、旅游景点门票和支付给其他接团旅游企业的旅游费后的余额为营业额。

【例 4-12】 某旅行社某月取得营业收入50万元，支付给其他有关单位住宿费、餐饮费、交通费等共20万元，改由当地旅行社接待，支付其接团费10万元。则该旅行社当月应纳营业税为多少？

解：应纳营业税＝(50－20－10)×5%＝1(万元)

8. 销售不动产、转让无形资产

纳税人销售不动产的营业额为纳税人销售不动产时从购买方或受让方取得的全部价款和价外费用。但是以下两种情况除外：

(1)单位和个人销售或转让其购置的不动产或受让的土地使用权，以全部收入减去不动产或土地使用权的购置或受让原价后的余额为营业额。

(2)单位和个人销售或转让抵债所得的不动产、土地使用权的，以全部收入减去抵债时该项不动产或土地使用权作价后的余额为营业额(财税【2003】16号)。

需要注意的是，纳税人转让土地使用权或者销售不动产，采用预收款方式的，收到预收款的当天即产生营业税纳税义务。

4.5 特定行为的营业税处理

税法对于营业税和其他流转税的征税范围已经进行了明确的划分，但由于实际的经济活动是复杂的，纳税人往往会同时从事多项应税活动，如宾馆附设餐厅、商店、歌舞厅等多种经营项目，其中宾馆提供住宿属于营业税“服务业——旅店业”应税项目，餐厅提供餐饮服务属于营业税“服务业——饮食业”应税项目，商店销售货物则属于增值税应税范围，歌舞厅则属于营业税“娱乐业”应税项目。正确处理不同经营活动的税收问题不仅仅是基于维护税法严肃性的目的，更是纳税人自身的需要。

4.5.1 兼营行为

纳税人兼营不同税目应税行为，应当分别核算不同税目的营业额、转让额、销售额，然后按各自的适用税率计算应纳税额；未分别核算的，将从高适用税率计算应纳税额。其中，营业额是指从事交通运输业、建筑业、金融保险业、邮电通信业、文化体育业、娱乐业和服务业取得的营业收入；转让额是指转让无形资产取得的收入；销售额是指销售不动产取得的收入。例如，单位和个人在旅游景区兼有不同税目应税行为并采取“一票制”收费方式的，应当分别核算不同税目的营业额；未分别核算或核算不清的，从高适用税率(国税函【2008】254号)。

【例 4-13】 某公园某月取得门票收入和公园内游艺场经营收入6万元(未分别核算)，代销中国福利彩票取得手续费收入5 000元，为某文工团提供演出场地取得收入3万元。该公园当月应纳营业税为多少？

解：在公园当月发生的这些业务中，门票收入应属于文化体育业，游艺场经营收入为娱乐业收入，但由于二者未分开核算，因此应从高适用税率。另外，代销手续费为服务业收入，为文工团提供演出场地则属于服务业中的租赁业务。

应纳营业税＝6×20％＋0.5×5％＋3×5％＝1.375(万元)

纳税人兼营应税行为和货物或者非营业税应税劳务的，应当分别核算应税行为的营业额和货物或者非应税劳务的销售额，其应税行为营业额缴纳营业税，货物或者非应税劳务销售额不缴纳营业税；未分别核算的，由主管税务机关核定其应税行为营业额。

纳税人兼营免税、减税项目的，应当单独核算免税、减税项目的营业额；未单独核算营业额的，不得免税、减税。

4.5.2 混合销售行为

一项销售行为如果既涉及营业税应税劳务又涉及货物，而且涉及货物的项目与涉及营业税应税劳务的项目在这项销售行为中不能分开，这种情况就是混合销售行为。税法规定，纳税人的混合销售行为应该缴纳哪种税，取决于该纳税人的主要经营范围。对于从事货物的生产、批发或零售的企业、企业性单位及个体经营者，包括以从事货物的生产、批发或零售为主，并兼营营业税应税劳务的企业、企业性单位及个体工商户，其混合销售行为视为销售货物，应当缴纳增值税；其他单位和个人的混合销售行为，视为销售非增值税应税劳务，不征收增值税，征收营业税。这里所称“以从事货物的生产、批发或零售为主，并兼营营业税应税劳务”，其含义可参考增值税一章(第 2 章)中的具体解释。

例如，某家电商场销售一台太阳能热水器，价格为 5 000 元，并上门为顾客安装，需另加安装费 100 元。按税法规定，销售热水器属于增值税的范围，取得的安装费属于营业税中建筑业税目的纳税范围，即该项销售行为涉及增值税和营业税两个税种。但该项销售行为所销售的热水器和收取的安装费又是因同一销售业务而发生的，因此，该商场的这种销售行为实际上是一种混合销售行为。由于该商场是从事货物批发、零售的企业，该商场取得的 100 元安装费收入应并入热水器的价款一并缴纳增值税，不再缴纳营业税。

需要特别注意的是，纳税人提供建筑业劳务的同时销售自产货物的行为，应当分别核算应税劳务的营业额和货物的销售额，并根据其货物的销售额计算缴纳增值税，根据其建筑业劳务的营业额计算缴纳营业税；未分别核算的，由主管税务机关核定其应税劳务的营业额(国家税务总局公告 2011 年第 23 号)。

4.5.3 营业税与增值税征税范围的区分

营业税与增值税同属流转税，增值税是对销售货物及加工、修理修配劳务征收，而营业税则是对各种劳务征收。虽然税法对二者的征收范围进行了划分，但在实际操作中还有一些需要明确的地方。

(1)基本建设单位和从事建筑安装业务的企业附设的工厂、车间生产的水泥预制构件、其他构件或建筑材料，用于本单位或本企业的建筑工程的，应在移送使用时征收增值税。但对其在建筑现场制造的预制构件，凡直接用于本单位或本企业建筑工程的，征收营业税，不征收增值税。

(2)集邮商品的生产、调拨征收增值税。邮政部门(含集邮公司)销售集邮商品，应征收营业税；邮政部门以外的其他单位与个人销售集邮商品，征收增值税。邮政部门发行报刊，征收营业税；其他单位和个人发行报刊，征收增值税。

(3)电信单位自己销售电信物品，并向客户提供有关的电信劳务服务的，征收营业税；对单纯销售无线寻呼机、移动电话等不提供有关的电信劳务服务的，征收增值税。

【例 4-14】 某邮局某月取得报刊发行收入 10 万元，邮寄业务收入 3 万元，信封、信纸等销售收入两万元，其他邮政业务收入 5 万元。则该邮局当月应纳营业税为多少？

解：应纳营业税=(10+3+2+5)×3%=0.6(万元)

(4)代购代销货物本身的经营活动属于购销货物，属于增值税的征税范围，但对于代理者为委托方提供代购代销货物并收取手续费的劳务行为，则应征收营业税。

其中，代购货物是指受托方按照协议或委托方的要求，从事货物的购买，并按发票购进价格与委托方结算(原票转交)。判断代购行为的关键是须符合如下三项条件：受托方不垫付资金；销货方将增值税专用发票开具给委托方，并由受托方将该项发票转交给委托方；受托方按代购实际发生的销售额和增值税税额与委托方结算货款，并另收取手续费。

代购货物的受托方从事的代理购货业务，是一种中介行为，而且委托方才是真正的购买方，在受托方的联系下，销售方与购货方之间发生了实质性的购销关系，这种购销货物的行为属于增值税的范畴。而受托方与委托方之间又存在收取代理手续费的应缴营业税的行为。

同样，代销货物是指受托方按照委托方的要求销售委托方的货物，并收取手续费的经营活动。判断代销行为的关键是受托方是以委托方的名义从事销售委托方的货物的行为，对代销货物发生的质量问题以及法律责任，都由委托方负责。

例如，某建筑公司委托一建材公司购一批特制建筑、装潢材料，事先预付一笔周转金 100 万元，该建材公司代购材料后按实际购进价格与建筑公司结算，并将销货方开具给委托方的增值税专用发票原票转交，支付价税合计金额 94 万元，建材公司另扣 5%的手续费 4.7 万元，并单独开具普通发票。那么，收取的 4.7 万元手续费即为营业税征税范围。

(5)对商业企业向供货方收取的与商品销售量、销售额无必然联系，且商业企业向供货方提供一定劳务的收入，如进场费、广告促销费、上架费、展示费、管理费等，不属于平销返利，不冲减当期增值税进项税额，应按营业税的适用税目税率 5%征收营业税。对商业企业向供货方收取的与商品销售量、销售额挂钩(如以一定比例、金额、数量计算)的各种返还收入，均应按照平销返利行为的有关规定冲减当期增值税进项税金，不征收营业税。商业企业向供货方收取的各项收入，一律不得开具增值税专用发票(国税发【2004】136 号)。

4.6 减免税优惠

现行的营业税规范了减免规定，营业税条例明确规定，减免权集中于国务院，其他任何部门和地区均无权决定减免税。当前营业税的减免主要限于免征项目和起征点两个方面。

营业税起征点的适用范围限于个人：

(1)按期纳税的起征点为月营业额5 000～20 000元。

(2)按次纳税的起征点为每次(日)营业额300～500元。

减免税规定则比较复杂，下面将免税项目分为两类介绍。无论哪一类免税项目，纳税人都应单独核算免税项目的营业额；未单独核算营业额的，不得免税。

4.6.1 免税项目

营业税条例中规定下列项目免征营业税：

(1)托儿所、幼儿园、养老院、残疾人福利机构提供的育养服务、婚姻介绍、殡葬服务。

(2)残疾人员个人提供的劳务。

(3)医院、诊所和其他医疗机构提供的医疗服务。即对患者进行诊断、治疗和防疫、接生、计划生育方面的服务，以及与这些服务有关的提供药品、医疗用具、病房住宿和伙食的业务。

(4)学校和其他教育机构提供的教育劳务，学生勤工俭学提供的劳务。其中，学校和其他教育机构是指普通学校以及经地、市级以上人民政府或者同级政府的教育行政部门批准成立、国家承认其学员学历的各类学校。

(5)农业机耕、灌溉、病虫害防治、植保、农牧保险以及相关技术培训业务，家禽、牲畜、水生动物的配种和疾病防治。

(6)纪念馆、博物馆、文化馆、美术馆、展览馆、书画院、图书馆、文物保护单位举办文化活动的门票收入。文化活动具体为这些单位在自己的场所举办的属于文化体育业税目征税范围的活动；其门票收入是指销售第一道门票的收入。宗教场所举办文化、宗教活动的门票收入也免征营业税。

(7)保险机构为出口货物提供的保险产品。出口货物提供的保险产品，包括出口货物保险和出口信用保险。

4.6.2 其他减免优惠

除营业税条例中的免税规定外，还有一系列文件规定了更多更具体的营业税减免项目，在此仅就其中部分优惠政策作分类介绍。

1. 与住房有关的减免税政策

自2005年6月1日起，个人住房转让的营业税政策经历了频繁的调整，每一次调整都是国家为促进房地产市场的健康发展而运用税收调控措施的体现。对于销售普通住房与非普通住房的征税方法，以及免税年限的规定都经过了多次变更。现行的政策是，个人将购买不足5年的住房对外销售的，全额征收营业税；个人将购买超过5年(含5年)的非普通住房，按照其销售收入减去购买房屋的价款后的差额征收营业税；个人将购买超过5年(含5年)的普通住房对外销售的，免征营业税(财税【2011】12号)。为了促进廉租住房、经济适用住房制度建设和住房租赁市场的健康发展，国家税务总局制定了一系列优惠政策，其中与营业税有关的内容包括：对廉租住房经营管理单位按照政府规定价格、向规定保障对象出租廉租住房的租金收入，免征营业税；对个人出租住房，不区分用途，在3%税率的基础上减半征收营业税(财税【2008】24号)。

2. 与特殊群体有关的减免税政策

为了鼓励与帮助某些特殊群体就业或自主择业，国家税务总局出台了一系列的税收优惠政策。例如，财税【2005】186号文件对下岗失业人员再就业有关税收政策问题进行了明确规定。对商贸企业、服务型企业(除广告业、房屋中介、典当、桑拿、按摩、氧吧外)、劳动就业服务企业中的加工型企业和街道社区具有加工性质的小型企业实体，在新增加的岗位中，当年新招用持“再就业优惠证”人员，与其签订1年以上期限劳动合同并依法缴纳社会保险费的，按实际招用人数予以定额依次扣减营业税、城建税、教育费附加和企业所得税优惠。定额标准为每人每年4 000元，可上下浮动20%，由各省、自治区、直辖市人民政府根据本地区实际情况在此幅度内确定具体定额标准，并报财政部和国家税务总局备案。对持“再就业优惠证”人员从事个体经营的(除建筑业、娱乐业以及销售不动产、转让土地使用权、广告业、房屋中介、桑拿、按摩、网吧、氧吧外)，3年内也可以享受相关税收优惠(财税【2009】23号、财税【2010】10号、财税【2010】84号)。

我国对退役士兵安置问题十分重视，为了鼓励企业等雇佣退役士兵，国务院还出台了很多有关政策，税收优惠就是鼓励政策的手段之一。例如，为安置自谋职业的城镇退役士兵就业而新办的服务型企业(除广告业、桑拿、按摩、网吧、氧吧外)，税法规定当年新安置自谋职业的城镇退役士兵达到职工总数30%以上，并与其签订1年以上期限劳动合同的，经县以上民政部门认定，税务机关审核，3年内免征营业税(财税【2004】93号)。

除此之外，财税【2005】18号文件还规定了：对自谋职业的城镇退役士兵从事个体经营(除建筑业、娱乐业以及广告业、桑拿、按摩、网吧、氧吧外)的，自领取税务登记证之日起，3年内免征营业税。

另外，为促进军队转业干部自主择业，从事个体经营的军队转业干部，经主管税务机关批准，自领取税务登记证之日起，3年内免征营业税；凡新办企业安置自主择业的军队转业干部占企业总人数60%(含60%)以上的，经主管税务机关批准，自领取税务登记证之日起，3年内免征营业税(财税【2005】18号)。

3. 与学校有关的减免税政策

财税【2004】39 号文件规定对以下项目免征营业税：一是学校从事技术开发、技术转让业务和与之相关的技术咨询、技术服务业务取得的收入；二是政府举办的高等、中等和初等学校(不含下属单位)举办进修班、培训班取得收入，但是前提是收入必须全部归学校所有的；政府举办的职业学校设立的主要为在校学生提供实习场所，并由学校出资自办、由学校负责经营管理，经营收入归学校所有的企业，对其从事营业税“服务业”税目规定的服务项目(广告业、桑拿、按摩、氧吧等除外)取得的收入。

4. 其他减免税政策

对保险公司开展的一年期以上返还性人身保险业务的保费收入，免征营业税。所谓一年期以上返还性人身保险业务，是指保期一年以上、到期返还本利的普通人寿保险、养老年金保险、健康保险(财税【2001】118 号)。

为了吸引外资流入中国，让国外投资者带来资金的同时，也引进先进的技术，国务院针对外商投资企业和外国企业制定了不少有关的税收优惠政策。例如，国税发【2003】3 号文件规定外商投资企业和外国企业在处置债权重置资产和股权重置资产(包括债转股方式处置)时，其所取得的收入，不予征收营业税。

社会团体为了维持日常的运作，一般需要收取一定的会费作为经济来源之一，而像这样的会费究竟需不需要缴税，如果需要的话，那又应该缴纳哪种税种？财税【1997】63 号文件明确规定：社会团体按财政部门或民政部门规定标准收取的会费，不征收营业税；对在京外国商会按财政部门或民政部门规定标准收取的会费，不征收营业税；对其会费以外各种名目的收入，凡属于营业税应税范围的，一律照章征收营业税。

专栏 4-3　　个人住房转让营业税政策的调整

2011 年 1 月 27 日，财政部、国家税务总局发布了《关于调整个人住房转让营业税政策的通知》(财税【2011】12 号)，自 2011 年 1 月 28 日起，个人将购买不足 5 年的住房对外销售的，全额征收营业税。个人将购买超过 5 年(含 5 年)的非普通住房对外销售，按照其销售收入减去购买房屋的价款后的差额征收营业税。个人将购买超过 5 年(含 5 年)的普通住房对外销售的，免征营业税。也就是说，个人将购买不足 5 年的住房对外销售，不必区分普通住宅和非普通住宅，均应全额征收营业税。

回顾自 2005 年 6 月 1 日起个人住房转让的营业税政策的调整历程，不难发现，近年来国家频繁运用该项税收政策对房地产市场进行调控，如表 4-2 所示。

表 4-2　个人住房转让的营业税政策调整历程

年份	征收条件	普通住房	非普通住房
2005	超过 2 年	免征	免征
	不足 2 年	全额征收	全额征收

续表

年份	征收条件	普通住房	非普通住房
2006	超过5年	免征	差额征收
	不足5年	全额征收	全额征收
2009	超过2年	免征	差额征收
	不足2年	差额征收	全额征收
2010	超过5年	免征	差额征收
	不足5年	差额征收	全额征收
2011	超过5年	免征	差额征收
	不足5年	全额征收	全额征收

财税【2011】12号文件规定，通知自发文次日起执行，财税【2009】157号文件同时废止。也就是说财税【2009】157号文件曾经规定的，自2010年1月1日起，个人购买不足5年的普通住房销售按照其销售收入减去购买房屋的价款后的差额征收营业税的规定应停止执行。应该注意的是，根据财税【2011】12号文件规定，个人将购买超过5年(含5年)的非普通住房对外销售的，继续按照原来的其销售收入减去购买房屋的价款后差额的规定征收营业税。个人将购买超过5年(含5年)的普通住房对外销售的，继续免征营业税。

有关普通住房与非普通住房的标准划分，《国务院办公厅转发建设部等部门关于做好稳定住房价格工作意见的通知》规定，享受优惠政策的住房原则上应同时满足以下条件：住宅小区建筑容积率在1.0以上、单套建筑面积在120平方米以下、实际成交价格低于同级别土地上住房平均交易价格1.2倍以下。各省、自治区、直辖市要根据实际情况，制定本地区享受优惠政策普通住房的具体标准。允许单套建筑面积和价格标准适当浮动，但向上浮动的比例不得超过上述标准的20%。建筑容积率是指项目用地范围内总建筑面积与项目总用地面积的比值。因此，不同地区普通住房与非普通住房有自己的标准，纳税人应关注本地的具体标准，以便确定自己的售房行为是否符合减免税条件。

4.7 营业税改征增值税试点改革

2011年，经国务院批准，财政部、国家税务总局联合下发营业税改征增值税试点方案(简称"营改增")，决定从2012年1月1日起，在上海市交通运输业和部分现代服务业开展营业税改征增值税试点。至此，货物劳务税收制度的改革拉开序幕。

4.7.1 "营改增"改革背景

目前，我国货物劳务税体系是增值税、营业税并行。现有的税制结构，特别是增值税范围覆盖偏窄已成为服务业发展过程中的不利因素。在增值税的税基不够广泛的情况下，由于未被增值税覆盖到的行业中上一个环节的税款得不到抵扣，重复征税问题始终存在。

首先，随着服务业发展分工越来越细化，流转环节增加，税收负担随着流转环节增加而增加，营业税重复征税的情况越来越严重，从而抑制了服务企业之间的分包、转包和外包，扭曲了市场资源的配置。如金融保险、信托理财、物流等行业，中间流转环节特别多，由于每一道环节都征营业税，导致服务企业税负太高，也阻碍了专业化分工。

其次，制造业和服务业实行不同税种，中断了抵扣链条，不利于服务业从制造业中分离出来，同时也限制了生产企业外购服务性的生产需求。

此外，实行增值税是出口退税的前提，由于我国对服务业征收营业税，服务贸易出口无法退税，不利于拓展服务贸易。

随着市场经济的建立和发展，这种按行业分别适用不同税种的做法，日渐显现出其内在的不合理性和缺陷，对经济的运行造成了一系列扭曲，不利于经济结构的转型。国际经验也表明，绝大多数实行增值税的国家都是对商品和服务共同征收增值税。将增值税征税范围扩大至全部的商品和服务，以增值税取代营业税，符合国际惯例。按照建立健全有利于科学发展的财税制度要求，将营业税改征增值税，有利于完善税制，消除重复征税；有利于社会专业化分工，促进三次产业融合；有利于降低企业税收成本，增强企业发展能力；有利于优化投资、消费和出口结构，促进国民经济健康协调发展。

专栏 4-4　　上海"营改增"试点的效果

截止到2012年4月，上海共有12.6万户企业(其中，交通运输业1.1万户，现代服务业11.5万户；一般纳税人4万户，小规模纳税人8.6万户)纳入改革试点范围，由原缴纳营业税改为缴纳增值税。5月中旬，上海市政府对外公布了2012年第一季度数据，全市试点企业和原增值税一般纳税人整体减轻税负约20亿元。

试点的一般纳税人中，85%的研发技术和有形动产租赁服务、75%的信息技术和鉴证咨询服务、70%的文化创意服务业纳税人税负均有不同程度下降；加工制造业等原增值税一般纳税人因外购交通运输劳务抵扣增加和部分现代服务业劳务纳入抵扣，税负也普遍降低。试点的小规模纳税人大多由原实行5%的营业税税率降为适用3%的增值税征收率，且以不含税销售额为计税依据，税负下降幅度超过40%。

上海市发展改革研究院课题组发布的《2012年第一季度上海服务业重点监测企业问卷调查报告》指出，从行业分类看，认为税负有所增加的企业主要集中在运输仓储业。36家运输仓储业有63.9%认为税负有所增加，其中税负增加10%以上的企业占27.8%。此外，从事文体娱乐、水利环境业的企业也多数反映税负有所增加。

资料来源：肖捷．继续推进增值税制度改革——完善有利于结构调整的税收制度．http://www.gov.cn，2012-04-01. 王道军，欧昌梅．上海发改委营改增调研：过半企业不懂扶持政策．东方早报，2012-05-30，经整理。

4.7.2　试点地区和行业

营业税改征增值税，是继2009年全面实施增值税转型之后，货物劳务税收制度的又一次重大改革，也是一项重要的结构性减税措施。按照规划，我国"营改增"分为以下三步：第一步，在部分行业部分地区进行"营改增"试点；第二步，选择部分行业在全国范围内进行试点；第三步，在全国范围内实现"营改增"。但这三步的具体时间表并未明确。2012 年 1 月 1 日起，上海率先在交通运输业和部分现代服务业开展"营改增"。2012 年 7 月国务院决定自 2012 年 8 月 1 日起至年底，将试点由上海分批扩大至北京、天津、江苏、浙江(含宁波)、安徽、福建(含厦门)、湖北、广东(含深圳)等 8 个省(直辖市)(财税【2012】71 号)。

试点地区的选择主要考虑服务业发展状况、财政承受能力、征管基础条件等，先期选择经济辐射效应明显、改革示范作用较强的地区开展试点。而随后的扩大试点地区，将有助于改变试点地区与非试点地区间税负不均的状况，从而减少"营改增"对行业地区间布局的负面影响。不同地区行业发展存在差距，"营改增"扩大试点地区，也有利于积累更多更丰富的试点经验，以利于"营改增"将来的全面推行。

试点行业目前暂定为交通运输业和六个现代服务业，简称"1+6"模式。选择交通运输业试点主要考虑：一是交通运输业与生产流通联系紧密，在生产性服务业中占有重要地位；二是运输费用属于现行增值税进项税额抵扣范围，运费发票已纳入增值税管理体系，改革的基础较好。选择部分现代服务业试点主要考虑：一是现代服务业是衡量一个国家经济社会发达程度的重要标志，通过改革支持其发展有利于提升国家综合实力；二是选择与制造业关系密切的部分现代服务业进行试点，可以减少产业分工细化存在的重复征税因素，既有利于现代服务业的发展，也有利于制造业产业升级和技术进步。

4.7.3 "营改增"的税制安排

1. 税目

根据财税【2011】110 号文件规定，纳入"营改增"的行业包括有形动产租赁服务、交通运输业、建筑业、其他部分现代服务业、金融保险业等。但在财税【2011】111 号文件中规定，目前暂定的试点行业为交通运输业和六个现代服务业。

交通运输业包括陆路运输、水路运输、航空运输、管道运输。要注意的是，试点行业中不包括铁路运输服务，水路运输服务包括期租与程租业务，而航空运输业务中包括湿租业务。现代服务业包括研发和技术、信息技术、文化创意、物流辅助、有形动产租赁以及鉴证咨询等领域。研发和技术服务包括技术转让服务、研发服务、技术咨询服务、合同能源管理服务以及工程勘探勘察服务；信息技术服务包括软件服务、电路设计及测试服务、信息系统服务和业务流程管理服务；文化创意服务包括设计服务、商标著作权转让服务、知识产权服务、广告服务和会议展览服务；物流辅助服务包括航空服务、港口码头服务、货物客运场站服务、打捞救助服务、货物运输代理服务、代理报关服务、仓储服务以及装卸搬运服务；有形动产租赁服务包括有形动产融资租赁和有形动产经营性租赁(其中包括光租与干租业务)；鉴证咨询服务包括认证服务、鉴证服务以及咨询服务。

试点行业暂不包括建筑业、邮电通信业和金融保险业。等条件成熟之后，逐步推广至其他行业，可选择部分行业，并在全国范围内进行全行业试点。

2. 税率

在原有增值税税率基础之上，新增两档税率，按照试点行业营业税实际税负测算，交通运输业转换的增值税税率水平基本在11%～15%；研发和技术、信息技术、文化创意、物流辅助、鉴证咨询等现代服务业基本在6%～10%。为使试点行业总体税负不增加，改革试点选择了11%和6%两档低税率，分别适用于交通运输业和部分现代服务业，其中现代服务业的有形动产租赁服务适用17%的税率，如果是小规模纳税人则依旧统一适用3%的征收率。对服务贸易进口在国内环节征收增值税，出口实行零税率或免税制度。

目前实行增值税的170多个国家和地区中，税率结构既有单一税率，也有多档税率。改革试点将我国增值税税率档次由目前的两档调整为四档，是一种必要的过渡性安排。今后将根据改革的需要，适时简并税率档次。

3. 纳税人

对于试点行业，增值税一般纳税人认定标准为年应税服务销售额500万元，但如果纳税人原先已是一般纳税人，那么无论其应税服务销售额是否超过500万元，都将被认定为一般纳税人，也无须到税务机关进行重新认定。可以看到500万元这一标准远远高于生产型和贸易型企业的80万元和50万元的标准，这主要是考虑到更多的纳税人将被作为小规模纳税人管理，从而适用3%的征收率，这样对于大部分企业来说将会降低税收负担。

4. 应纳税额的计算

“营改增”后的计算方法与现行增值税相同，分为一般计税方法(即间接相减计算)和简易计税方法(征收率)两种。其中，一般计税方法的应纳税额，是指当期销项税额抵扣当期进项税额后的余额。应纳税额计算公式如下：

应纳税额＝当期销项税额－当期进项税额

当期销项税额的含义及计算方法与增值税规定基本相同，但为了衔接营业税，对于有些营业税的计算方法采用差额计征的，在“营改增”实施后，如果试点纳税人支付价款符合现行营业税差额征收条件，可以继续按照差额计征增值销项税额。

符合条件的试点地区的纳税人除可按增值税的一般规定计算进项税额外，还可以就以下几项进行进项税额抵扣：①对接收境外提供单位或者个人提供的应税服务，准予扣缴增值税。②对接收交通运输业服务的，如果该服务提供商已纳入试点范围，对于其开具的增值税专用发票，可以按照11%进行进项税额抵扣，但如果其依旧开具运输费用结算单据，一律不得作为增值税抵扣凭证；对于其他情况，如取得试点地区以外的运费结算单依旧按照原规定7%抵扣。

如果纳税人在“营改增”试点开始以前接受应税服务，而在试点实施以后支付的款项，不得抵扣。关于不得抵扣的进项税额，有一项比较特殊的规定值得注意，即接受的旅客运输服务不得作为进项税额抵扣。

若境外单位或者个人在境内提供应税服务，在境内未设有经营机构的，扣缴义务人按照下列公式计算应扣缴税额：

$$\text{应扣缴税额}=\frac{\text{接受方支付的价款}}{1+\text{税率}}\times\text{税率}$$

4.7.4 “营改增”的税制衔接

“营改增”是我国货物劳务税制的重大改革，涉及我国现行两大流转税的转换，在这一过程中，需要注意以下一些方面的税制衔接问题。

首先是不同地区之间的税制衔接。纳税地点和适用税种，以纳税人机构所在地作为基本判定标准。试点纳税人在非试点地区从事经营活动就地缴纳营业税的，允许其在计算增值税时予以抵减。试点纳税人向试点地区以外的企业提供应税服务，如果服务接受方也是增值税一般纳税人，那么对于其取得的试点地区纳税人开具的增值税专用发票可以抵扣进项税。但如果服务接受方不是增值税一般纳税人，试点地区纳税人不得开具增值税专用发票。非试点纳税人在试点地区从事经营活动的，继续按照现行营业税有关规定申报缴纳营业税。

其次是不同纳税人之间的税制衔接。对试点纳税人与非试点纳税人从事同类经营活动，应分别适用增值税和营业税，同时会产生相关运输费用抵扣、差额征税等事项，根据不同情形，财税【2011】111 号文件做出了具体规定。

最后是不同业务之间的税制衔接。如对纳税人从事混业经营的，纳税人兼有不同税率或者征收率的销售货物、提供加工修理修配劳务或者应税服务的，应当分别核算适用不同税率或征收率的销售额，未分别核算销售额的，应从高适用税率或征收率。

为保持现行营业税优惠政策的连续性，试点文件明确规定，对现行部分营业税免税政策，在改征增值税后继续予以免征；对部分营业税减免税优惠，调整为即征即退政策；对税负增加较多的部分行业，给予了适当的税收优惠。

关于税收收入，试点期间为保持现行财政体制基本稳定，原归属试点地区的营业税收入，改征增值税后收入仍归属试点地区，税款分别入库。因试点产生的财政减收，按现行财政体制由中央和地方分别负担。

“营改增”试点增加了税制复杂性。从全国范围看，相应的货物劳务征税实际上是两套税制在同时运行。另外，这一试点使得增值税和营业税的税制要素如纳税人、征税范围、税目、税率等都有重要调整。如果在每一部分来阐述这些调整变化，相关内容就会显得凌乱。因此，本节以现有文件为基础集中介绍试点改革的主要方案。“营改增”是一个循序渐进的改革过程，目前的试点方案今后会逐步完善并在全国范围推广，我们还需关注后续改革方案及进程。

习题

一、判断题

1. 纳税人兼营应税劳务与销售货物，其取得的应税劳务营业额与销售货物的销售额可以合并计算缴纳营业税(　　)

2. 凡从事商品批发、零售以及从事加工、修理修配业务的纳税人都是营业税的纳税人(　　)

3. 销售不动产是指有偿转让不动产所有权的行为，单位将不动产无偿赠送他人，不属于销售不动产行为，因此，不缴纳营业税(　　)

4. 学校及其他教育机构提供的教育服务、学生勤工俭学所提供的劳务服务免征营业税(　　)

5. 建筑安装业务实行分包或转包的，分包或转包者是纳税人，总承包人不是营业税的纳税人(　　)

6. 纳税人兼营应税行为和货物或者非营业税应税劳务的，应当分别核算应税行为的营业额和货物或者非应税劳务的销售额，未分别核算的，统一缴纳增值税(　　)

7. 我国境内的保险机构提供的保险劳务均应征收营业税(　　)

8. 货物期货不缴纳营业税(　　)

9. 代购货物行为都是营业税应税行为(　　)

10. 纳税人兼营免税、减税项目的，应当单独核算免税、减税项目的营业额；未单独核算营业额的，不得免税、减税(　　)

二、单项选择题

1. 下列行为征收营业税的有(　　)

A. 以无形资产或不动产入股，参与接受投资方的利润分配、共同承担风险的行为

B. 政府出让土地使用权

C. 单位的员工为本单位提供应税劳务

D. 单位将不动产无偿赠与他人

2. 下列项目中，属于营业税征收范围的有(　　)

A. 加工、修理修配

B. 转让无形资产

C. 商业零售

D. 法院根据国家规定直接收取的诉讼费

3. 下列说法正确的是(　　)

A. 运输企业出租船舶的收入按照水上运输业征税

B. 搬家业务按照服务业征税

C. 打捞按照服务业征税

D. 装卸搬运按照交通运输业征税

4. 下列行为中，无须缴纳营业税的是(　　)

A. 向境内单位转让无形资产

B. 销售位于境内的不动产

C. 境内保险机构为出口货物提供保险

D. 在境内为境外企业提供设计劳务

5. 下列项目中，准予从营业税计税营业额中减除的是(　　)

A. 物业公司代收的水电气费

B. 广告公司支付的灯箱广告制作费

C. 贷款业务的利息支出

D. 娱乐业收取的烟酒饮料费

6. 下列不属于营业税纳税人的单位有( )

A. 热力公司 B. 房地产公司 C. 物业管理公司 D. 搬家公司

7. 下列费用中，应征收营业税的有( )

A. 法院按规定标准收取的诉讼费

B. 注册会计师协会收取的会员费

C. 急救中心收取的治疗费

D. 搬家公司收取的搬家费

8. 纳税人的营业额为纳税人提供应税劳务，转让无形资产或者销售不动产收取的全部价款和价外费用，下列不属于价外费用的是( )

A. 收取的手续费、补贴 B. 收取的赔偿金、违约金

C. 收取的返还利润 D. 收取的符合条件的行政事业性收费

9. 营业税起征点的规定适用于( )

A. 内资企业 B. 外资企业 C. 事业单位 D. 个人

10. 采用预收款方式销售不动产的，纳税义务发生时间为( )

A. 取得索取预收款凭据的当天 B. 不动产所有权转移的当天

C. 收到预收款的当天 D. 交付不动产的当天

三、多项选择题

1. 下列属于营业税免税项目的是( )

A. 社会团体收取的会费 B. 科研单位技术转让收入

C. 保险机构为出口货物提供的保险产品

D. 个人从事外汇、有价证券、非货物期货和其他金融商品买卖业务取得的收入

2. 下列经营活动中计算营业税的税率正确的为( )

A. 旅游景点经营索道取得的收入按5%计算

B. 建筑设计收入按5%计算

C. 销售不动产按5%计算

D. 展览馆门票收入按5%计算

3. 依据营业税的有关规定，下列业务中，不按“服务业——租赁业”计征营业税的有( )

A. 湿租业务 B. 程租业务 C. 融资租赁 D. 光租业务

4. 下列各项中，符合营业税有关规定的有( )

A. 对娱乐业向顾客收取的各项费用可减除其销售商品的收入后计征营业税

B. 拍卖行向委托方收取的手续费可减除拍卖过程中发生的费用后计征营业税

C. 对参与提供跨省电信业务的电信部门按各自取得的全部价款为营业额计征营业税

D. 对旅行社组织境外旅游收取的各项费用可按减除其付给境外接团企业的费用后的余额计征营业税

5. 按照现行营业税制度规定，下列行为应按服务业税目征收营业税的有( )

A. 企业之间因拆借周转金而收取资金占用费 B. 出租文化场所

C. 民政部门发行福利彩票取得收入 D. 建筑设计院进行工程设计

6. 营业额是纳税人向对方收取的全部价款和在价款之外取得的一切费用，如( )

A. 手续费 B. 服务费 C. 基金 D. 集资费

7. 下列企业的营业行为，属于混合销售行为的有( )

A. 某饭店既开设餐厅、客房，又开设商场

B. 某餐厅既经营餐饮业，又经营娱乐业

C. 某建筑公司为承建的工程既提供全部建筑材料，又承担建筑、安装业务

D. 某运输公司销售货物并负责运输所售货物

8. 下列项目免征营业税的有(　　)

A. 学生勤工俭学提供的劳务

B. 个人转让著作权

C. 保险公司开展一年期以上返还性人身保险业务

D. 社会福利企业提供的劳务

四、计算题

1. 某饭店发生以下业务：①客房收入60万元，餐厅收入20万元，歌舞厅收入10万元；②免费为一公司提供办公用房一间一年，从该公司换取一批价值相当的灯具和室内装饰画，房价每天180元；③宾馆附设一小卖部(单独核算)零售收入1万元；④洗衣房为客人洗衣收取的费用0.5万元；⑤代客人预订机票、火车票收取的手续费0.3万元。请计算该饭店应纳的流转税(不考虑附加税费)。

2. 某建筑公司某月发生以下业务：①承包一企业工程扩建项目，由该企业提供建筑材料80万元以及价值50万元的设备，建筑公司收取工程款150万元，临时建设费10万元；②自建一楼房竣工，建筑安装成本为1 000万元，将其中的50%出售，取得售楼收入850万元，其余自用；③将承包某完工工程的剩余材料售出，开具普通发票上注明价款7万元。请计算该公司当月应缴纳的流转税(当地税务机关确定的成本利润率为10%)。

3. 某高校内邮电局实行销售货物与应税劳务分别核算，某月取得收入如下：①邮政传递业务收入6万元；②销售邮票、信封、明信片取得收入0.5万元；③销售充值电话卡取得收入5.5万元，已扣除折扣额0.03万元；④报刊发行收入4万元；⑤文具柜台出售钢笔等用品，销售收入0.6万元。请计算该邮电局应纳营业税。

4. 某会计师事务所某月取得收入如下，①会计审计收入40万元；②会计咨询收入35万元；③代理报税收入5万元；④为企业高级财务人员进行培训，取得培训收入8万元。请计算该事务所当月应纳营业税。

5. 企业甲于某月转让一土地使用权，获取转让收入16万元；又将一价值80万元的不动产无偿赠与关联企业丙；同月，以一非专利技术投资入股，与企业乙合资建厂，共同经营，该技术市场估价70万元。请计算企业甲应纳营业税税额。

6. 某房地产开发公司某月取得收入如下：①销售商品房20套，获取收入600万元，附属配套设施20万元；②期房销售预收订金200万元；③附属非独立核算物业管理公司收取物业管理费8万元，另代收水、电费，取得手续费1万元。请计算该公司当月应缴纳的营业税。

7. 某商贸公司某月发生业务情况如下：①自建宿舍楼一栋，其中一部分已经竣工销售。已竣工销售的宿舍楼建筑安装工程成本500万元，取得销售收入800万元；②销售一批货物取得不含税销售额60万元，销售货物支付运费取得运输部门开具的运输发票上注明运费1万元，装卸费0.5万元，仓储费0.7万元；③非独立核算餐厅取得营业收入50万元，其中舞厅单独核算的娱乐收入20万元，另有本公司划账结算餐费10万元；④附属一独立核算的修理部，本月修理家用电器取得收入两万元，购进修理零部件0.5万元，并取得了增值税专用发票；⑤贷款100万元给A企业，当月取得利息收入10万元，同时向B企业借款70万元，当月支付利息5.6万元。请计算该公司本月应缴纳的营业税和增值税(当地税务机关确定的成本利润率为10%)。

第5章

关　　税

关税是最为古老的税种之一。它起源于封建主对其领地上的过往客商所征收的捐税，我国古代的关税是指对进出领地的商货征收的过境税。关税也是一种流转税，但它仅就商品进出口这一流通环节征收，因此关税的征税对象、纳税人和纳税环节等税制要素相对于其他流转税有很大的特殊性。同时，由于商品的进出口必然涉及两个或两个以上的国家或地区，所以，从对国家的政治经济意义以及征税的方式看，关税和其他税种也存在很大差异。本章将对关税的概念和特点、我国关税的要素、海关进出口税则等内容予以介绍。本章的基本税法依据是2004年1月1日实施的《中华人民共和国进出口关税条例》(简称《关税条例》)。

5.1　关税概述

由于关税的特殊性，关税涉及国家主权的完整性和对民族工商业的保护，因而区别它和一般工商税收的不同之处，理解它的特点和作用，对于学习关税显得尤为重要。

5.1.1　关税的概念

关税是由设在边境、沿海口岸或国家指定的其他水、陆、空国际交往通道的海关机构，按照国家规定，对进出关境(或国境)的货物和物品所征收的一种税。

所谓关境，是指本国海关法令及有关规定的自由实施的领域。“国境”是指一个主权国家的领土范围。一般来说，一国的关境与国境是一致的，但两者又不完全相同。在一些设有自由港、自由贸易区、保税仓库或出口加工区的国家，关境小于国境。新中国成立后的几十年中，由于我国不存在自由贸易港和自由贸易区的问题，关境和国境范围大小是一致的。实行改革开放以后，1987年的《中华人民共和国海关法》中第一次使用关境的概念，在我国实行关境关税。在1997年7月1日香港回归和1999年12月20日澳门回归后，由于它们继续保持自由港的地位，因而我国的国境大于关境。另外，我国还设立了上海外高桥、深圳富田等16个保税区，上海洋山、两路寸滩等10个保税港区及武汉东西湖等4个保税物流中心，商品从国外进入我国的这些区域也无须缴纳关税，这是我国国境大于关境的另一原因。

相反，一些建立关税同盟的国家，由于参加同盟的成员国之间取消了关税，只对来自和运往非成员国的货物和物品进出同盟国的共同关境时才征收关税，其领土合成为一个统一的关境，即关境等于各同盟国国境之和，这时关境就大于其成员国的各自国境，如欧盟。

专栏5-1 关税的起源

关税中的关，是指边境的关塞，境内的关卡和城邑的门，因此，我国古代的关税起源于对进出关门的商货征收的过境税。在我国，大约公元前11世纪至公元前771年的西周时期就在边境设立了关卡，进行防卫，并在进出口贸易中征收关税。但关的主要作用还是稽查往来商旅。春秋以后，各诸侯纷纷在自己的领地边界设立关卡，并对进出关卡的货物和在领地内集市上交易的货物征税。《周礼·地官》中有"关市之征"的记载。在当时，关和市是相提并论的。"关市之征"是我国的关税雏形，我国"关税"的名称也是由此演进而来的。

关税在英文中称为customs或tariff，在国外也是一种古老的税种，最早起源于欧洲。据《大英百科全书》对customs一词的来源解释，古时在商人进入市场交易时要向当地领主缴纳一种例行的、常规的入市税customary tolls，后来就把customs和customs duty作为海关和关税的英文名称。希腊在公元前5世纪时，雅典成为地中海、爱琴海沿岸的强国和当时的贸易中心。外国商人为取得在该地的贸易权利和受到保护，便向领主送(贡)礼。后来，雅典以使用港口的报酬为名，正式对输出、输入的货物征收2%～5%的使用费。其后，罗马帝国征服了欧、非、亚的大片领地，就对通过海港、道路、桥梁等的商品课税2.5%，其后关税就作为一种正式的间接税征收，进出境的一切贸易物品(帝国的信使除外)均须缴纳进出口税，正常税率是12.5%。当时，征税的目的主要是为了财政收入。

关税在英文中还有一个名称为tariff。传说在地中海西口，距直布罗陀21英里(1英里1.609 3公里)处，古时有一个海盗盘踞的港口名叫塔立法(Tariffa)。当时，进出地中海的商船为了避免被抢劫，被迫向Tariffa港口的海盗缴纳一笔买路钱。以后tariff就成为关税的另一通用名称。

在近代国家中，英国资产阶级通过革命在1640年取得政权后，逐渐开始实行国境关税，废除了内地关税。法国也于1660年开始废除内地关税，并于1791年年初完全实行国境关税。比利时、荷兰受法国影响相继使用统一的国境关税。其后世界各国开始普遍实施。

根据关税的起源和发展，学者们把关税的历史发展分为三个阶段。

第一阶段：使用费时代。因为使用了道路、桥梁、港口等设施得到了方便，货物和商人受到了保护，向领主缴纳费用作为报偿。

第二阶段：国内关税时代。封建领主在各自的庄园或都市领域内征税，除了有使用费的意义外，也具有了强制性、无偿性的税收特征。关税的征收也从实物形式逐渐转变为货币形式。这时在一国境内征收的关税与对进出其国境货品征收的关税并存。

第三阶段：国境关税或关境关税时代。近代国家出现后，不再征收内地关税。关税具有了它自己的特性。它除了有财政收入的作用外，更重要的是成为执行国家经济政策的一种重要手段，用以调节、保护和发展本国的经济和生产。这一时期的关税仅以进出国境或关境的货品为课税对象。

资料来源：李九领．关税理论与政策．北京：中国海关出版社，2010. 经整理。

5.1.2 关税的特点

关税是一个比较特殊的税种，相对其他税种，关税具有以下特点：

(1)以进出国境或关境的货物和物品为征税对象。这一特点包含了三个方面的内容：一是关税以货物或物品是否进出我国关境为征税与不征税的标志，只有通过我国关境，并按海关法则需要征收关税的货物或物品才能征收关税。二是以统一的关境为征税范围，货物在进出我国关境时，按照我国统一实施的关税税则征收一次关税后，就可以在整个关境内流通，以后不再征收关税。三是关税只对各种有形的货物和物品征税，对进出关境的无形资产，如各种专用技术、专利权、无法表现其价值的文化艺术等则不征税。

(2)关税由海关机构代表国家征收。我国绝大多数税种都是由税务机关负责征收的，而关税由海关总署及所属机构具体管理和征收。《中华人民共和国海关法》规定："中华人民共和国海关是国家的进出关境监督管理机关，海关依照本法和其他有关法律、法规，监督进出境的运输工具、货物、行李物品，征收关税和其他税费，查缉走私，并编制海关统计和其他海关业务。"可见征收关税是我国海关的基本任务之一。

(3)实行复式税则。关税的税则是关税课税范围及其税率的法则。复式税则又称多栏税则，是指一个税目设有两个或两个以上的税率，根据进口货物原产国的不同，分别适用高低不同的税率。我国关税对进口货物实行复式税则，根据是否为与我国签订有关税互惠条款的贸易条约或协定的国家，分别按最低税率和普通税率征收关税。目前，在国际上除极个别国家外，各国关税普遍实行复式税则。

(4)关税是单一环节的价外税。关税以不包含关税的成交价格作为计税依据，即在海关征收关税时以实际成交价格作为计税依据，关税不包含在内。但海关在代征增值税、消费税时，其计税依据要包括关税在内。

(5)关税具有涉外性，是执行对外经济政策的手段。无论是进口货物还是出口货物，都是我国和其他国家进行的贸易活动。对进出口货物征收关税也就关系着我国经济的发展和财政收入。由于关税影响着贸易双方的物质利益，故在处理国际间政治、经济、文化、外交等关系时，关税常常作为斗争的工具和执行对外经济政策的手段。例如，对于有外交关系的双方，利用关税实行最惠国待遇，进一步促进和发展双方的友好合作；对没有外交关系的国家也可以通过征收关税开展正常的贸易活动，争取发展双方的友好贸易往来。此外，必要时还可以利用关税作为防卫武器，反对和抵制其他国家的关税歧视。

5.1.3 关税的作用

关税也是一种税收，当然具有一般税收的作用，但关税又不同于一般税收，因而还具有另外一些作用。择要说来，关税有筹集国家财政收入、保护和促进国内经济发展、平衡国内市场、促进对外经济技术合作等作用。

1. 筹集国家财政收入

关税在历史上和现在都是各国的主要税收收入之一，在筹集国家财政收入方面发挥着重要的作用。关税在财政收入中所占比重，发达国家比较低，一般为3%左右；在发展中国家相对较高，一般为13%左右。目前，世界贸易组织成员国的平均关税税率为6%。其中，发达国家不到3%，发展中国家为10%①。

尽管我国关税税率不断降低，但关税收入每年都在增长，2009年受国际金融危机影响，关税收入比2008年下降16%，具体见表5-1。

表5-1 2005～2010年我国的关税收入

年份	关税收入/亿元	国家税收收入/亿元	所占比例/%
2005	1 066.17	28 778.54	3.70
2006	1 141.78	34 804.35	3.28
2007	1 432.57	45 621.97	3.14
2008	1 769.95	54 223.79	3.26
2009	1 483.57	59 521.59	2.49
2010	2 027.83	73 210.79	2.77

资料来源：《2011年中国统计年鉴》及财政部网站

专栏5-2　　近年我国关税水平的变化

据财政部网站消息，自2010年1月1日起，我国将进一步调整进出口关税税则，主要涉及最惠国税率、年度暂定税率、协定税率、特惠税率以及税则税目等方面。调整后，2010年进出口税目总数将由2009年的7 868个增至7 923个，关税总水平为9.8%。

自加入世界贸易组织以来，我国的关税税率一直在下调，关税总水平由15.3%调整至目前的9.8%；农产品平均税率由18.8%调整至目前的15.2%；工业品平均税率由14.7%调整至目前的8.9%。其中，2002年大幅调低了5 300多种商品的进口关税，关税总水平由2001年的15.3%降低至12%，是入世后降税涉及商品最多、降税幅度最大的一年。2002年我国关税总水平(最惠国税率的算术平均水平)为12%。其中，工业

① 吴强．美国与贸易保护主义．红旗文稿，2009，(10)：33～36.

品平均税率为11.6%；农产品(不包括水产品)平均税率为15.8%；水产品为14.3%；原油及成品油为6.1%；木材、纸及其制品为8.9%；纺织品和服装为17.6%；化工产品为7.9%；交通工具为17.4%；机械产品为9.6%；电子产品为10.7%。2005年降税涉及900多种商品，关税总水平由2004年的10.4%降低至9.9%，是我国履行义务的最后一次大范围降税；此后的几次降税涉及商品范围有限，对关税总水平的影响均不大。2006年7月1日，我国降低了小轿车等42个汽车及其零部件的进口关税税率，最终完成了汽车及其零部件的降税义务，我国汽车整车及其零部件税率分别由入世前的70%～80%和18%～65%降至25%和10%。2010年降低鲜草莓等6个税目商品进口关税后，我国加入世界贸易组织承诺的关税减让义务全部履行完毕。

资料来源：财政部．财政部新闻发言人就推进预算信息公开答记者问．http://www.mof.gov.cn，2010-03-25.

需要指出两点，一是对出口商品征税虽然可以增加财政收入，但是却会限制和削弱出口商品在国际市场上的竞争力，不利于出口国的经济发展。正是由于这一原因，当前世界各国，特别是经济发达国家对出口商品不仅免征关税，而且对于在国内已征的流转税还普遍实行退税政策，各国一般仅对极少数本国自身稀缺的经济资源征收出口关税。我国征收出口关税总的原则如下：既要体现鼓励出口的政策，又要控制一些商品的盲目出口，并且征收出口关税的商品品种不宜过多。二是随着我国经济的发展，财政收入获得了比较充实的保障，因此，关税的财政收入作用逐步削弱。我国关税税收收入占财政收入的比重近年来呈递减趋势可以验证这一趋势。由于关税会阻碍贸易自由流通和国际经济贸易合作，减小商品与技术交流的作用，故世界各国中关税的财政收入作用也是逐步削弱的。

2. 保护和促进国内经济发展

从进口关税来看，对进口商品征收关税可以抵制和削弱进口商品对我国经济的冲击。因为关税是进口商品价格的组成部分，征收进口关税必然提高进口商品的价格，削弱其与国内同类商品的竞争力，从而保护我国经济的发展。

从出口税来看，通过征收出口关税可以限制某些商品的出口，保护国内资源，从而实现国家一定时期的政治和经济目的。出口关税的这一作用具体体现在：对自然资源，特别是对那些产品并不丰富的自然资源征收出口关税，可以减少资源外流，防止资源枯竭，保证国内经济发展的需要；利用出口关税作为我国同其他国家进行政治或经济斗争的武器，保护国家主权和经济利益不受侵犯。

3. 平衡国内市场

关税也可用于调节国内经济、保证国内需要和稳定物价，以促进国内市场的平衡。从进口关税来看，通过对进口产品的征税与不征税，多征税与少征税，以及减免税政策，可以控制进口商品物资的品种和数量，鼓励进口那些有利于促进国内生产发展、科学进步以及保障人民生活的商品物资，限制那些不利于国内生产发展和生活的商品物资流入国内市场，在保护国内经济发展的前提下，平衡国内市场的供求关系。

从出口关税来看，对国内供不应求的产品征收出口关税，可以防止国内市场供不应求矛盾的进一步发展，保证国内生产和生活的需要。另外，对盈利水平特别高的产品征收关税，可以防止出口单位在国内高价收购，在国外低价竞销，从而保证国内市场物价相对稳定，并保证国家的外汇收入。

4. 促进对外经济技术合作

对进出口货物征收关税，表面上看似乎只是一个与对外贸易相联系的税收问题，其实一国采取什么样的关税政策直接关系到国与国之间的主权和经济利益。它会通过影响本国与其他国家之间的经贸关系，作用于本国与其他国家的政治和外交关系。因此，关税既可以作为与其他国家增强友好贸易往来的手段，也可以成为对外国进行防卫、报复的途径。我国根据平等互利和对等原则，通过关税复式税则的运用等方式，争取国际的关税互惠并反对他国对我国进行关税歧视，促进对外经济技术交往，扩大对外经济合作。

5.1.4 关税的分类

从不同的角度，可以将关税依据不同的标准分为多种类型。

1. 以通过关境的货物或物品流向分类

按照通过关境的货物或物品流向分类，关税分为进口关税、出口关税和过境关税。

1)进口关税

进口关税是指进口国家海关在外国商品输入时，对本国进口商或者个人所征收的关税，它通常在外国商品进入国境时课征。进口关税是现今世界各国最主要的一种关税。目前，许多国家已经不征收出口关税和过境税，因此，人们口中经常提到的关税，一般都是指进口关税。进口关税是保护性关税政策的主要手段。

进口关税有正税和附加税之分，正税是指按照税则中法定税率征收的进口关税；附加税则是在征收进口正税的基础上额外加征关税，主要是为了保护本国国内产业和增加财政收入两个目的，通常属于临时性的限制进口措施。附加税的类型较多，包括反倾销税、反补贴税、报复关税、保障性关税等。

2)出口关税

出口关税是指出口国家在本国商品输往国外时，对本国出口商所课征的关税。19世纪以前，出口关税曾是世界各国财政收入的主要来源。随着国际贸易的发展，海外市场竞争日趋激烈，当今世界不少国家取消了出口关税，我国每年仅对极少数商品征收出口关税。

3)过境关税

过境关税，亦称“通过税”，是指当他国货物通过本国领域时，由本国海关征收的过境税。过境关税一般是由那些拥有特殊或有利地势的国家对通过本国海域、港口、陆路的外国货物征收的税。由于过境货物对本国工农业生产和市场不产生影响，而且还可以从交通运输、港口使用、仓储保管等方面获得收入，因而目前绝大多数国家都不征过境关税，仅在外国货物通过时征收少量的签证费、印花税、统计费等，世界贸易组织明确说明各缔约国之间应剔除过境关税。仍在征收过境关税的只有白俄罗斯、伊朗、委内瑞拉等少数国家，如白俄罗斯对俄罗斯销售到欧洲的天然气、石油等征收过境关税。

2. 按计税标准分类

按关税的计税标准，关税可分为从价关税、从量关税、复合关税、选择关税和滑动关税。

1)从价关税

从价关税是以货物的价格为计税标准而计算征收的一种关税，也是我国关税的主要征收形式。

2)从量关税

从量关税是以货物的计量单位(重量、数量、体积)为计征标准而计算征收的一种关税。

3)复合关税

复合关税又称混合税(mixed duty)，即对同一种进口货物采用从价、从量两种标准课征的一种关税。如磁带型广播级录像机，当完税价格高于 5 000 美元/台时，进口关税税率为先按 3%从价征收，然后按 4 380 元/台从量征收。

4)选择关税

选择关税是对同一种货物同时规定从价税和从量税两种税率，征税时选择其中的一种进行课征。为避免因物价下跌而影响财政收入，或为了鼓励某种货物进口，基于这些不同的目的，国家可能选择税额较高的一种，也可能选择税额较低的一种。如果国家出于保证财政收入的目的，则在物价上涨时，选择从价税；在物价下跌时，选择从量税。选择关税的征税标准摇摆不定，使得海关计税手续繁杂。同时，纳税人不能预知缴纳多少税额，容易与海关产生摩擦，阻碍国际贸易顺利进行。目前仅英国、澳大利亚、日本等国对少数货物采取这种关税。

5)滑动关税

滑动关税是根据某种货物的价格高低采用不同的税率，然后按照进口商品价格的涨落情况，分别采用不同税率的一种关税。当进口价格上涨时，减低税率；价格下跌时，提高税率。其目的是平衡物价，保护国内生产免受国外物价波动影响，保持国内有关货物价格的稳定。例如，英国和马来半岛一些国家实行滑动关税。同样以磁带型广播级录像机为例，完税价格不超过 5 000 美元/台，进口关税税率为 15%；而当完税价格高于 5 000 美元/台时，进口关税税率为先按 3%从价征收，然后按 4 380 元/台从量征收。

3. 按征收目的分类

按征收目的划分，关税可以分为财政关税和保护关税。

1)财政关税

财政关税又称收入关税，它是以增加国家财政收入为主要目的而课征的关税。财政关税的税率比保护关税低，因为过高的关税会阻碍进出口贸易的发展，达不到增加财政收入的目的。

2)保护关税

保护关税是以保护本国经济发展为主要目的而课征的关税。保护关税主要是进口关税，税率较高，有的高达百分之几百。通过征收高额进口关税，使进口商品成本增高，从而削弱它在进口国市场的竞争能力，甚至阻碍其进口，以达到保护本国经济发展的目的。保护关税是实现一个国家对外贸易政策的重要措施之一。

4. 按征税性质分类

按征税性质，关税可以分为普通关税、优惠关税和差别关税。

1)普通关税

普通关税即一般关税，是对与本国没有签署贸易或经济互惠等友好协定的国家原产的货物征收的非优惠性关税。

2)优惠关税

优惠关税是指对特定的受惠国给予的关税优惠待遇，这一般都是互惠的，但也有单向优惠关税，即给予受惠国以优惠待遇，而受惠国没有给予对等的优惠。

3)差别关税

狭义的差别关税，就是专指加重关税，即为特定目的在一般进口关税之外加征的临时附加税。广义的差别关税最早产生于欧洲，实际上是保护主义政策的产物，主要分为保障性关税、反倾销关税、反补贴关税、报复关税。

(1)保障性关税是指一个国家某类商品进口量剧增，对本国相关产业带来巨大威胁或损害时，按照世界贸易组织有关规则，可以启动一般保障措施，即在与有实质利益的国家或地区进行磋商后，在一定时期内提高该项商品的进口关税或采取数量限制措施，以保护国内相关产业不受损害。《中华人民共和国保障措施条例》中规定，有明确证据表明进口产品数量增加，在不采取临时保障措施将对国内产业造成难以补救的损害的紧急情况下，可以做出初裁决定，并采取提高关税的形式的临时保障措施。终裁决定后，确定进口产品数量增加，并由此对国内产业造成损害的，可以采取保障措施。保障措施可以针对正在进口的产品采取提高关税、数量限制等形式，不区分产品来源国家或地区(国务院令第403号)。

(2)反倾销关税是指进口国海关对被认定构成出口倾销并对其国内相关工业构成损害的进口产品所征收的一种临时进口附加税。目的在于抵制其他国家商品倾销，保护本国生产和国内市场。

现在许多国家都开征此税，但征收办法不尽一致。例如，日本规定，若低价进口货物损害或可能损害日本工业生产或影响其新工业建立，必要时可征反倾销税；英国规定，外国商品出口价格低于该商品生产国或出口国的平均市场价格而危害英国工农业生产时，征收反倾销税。

(3)反补贴关税又称抵消关税。这是对在其本国接受任何津贴或补贴的进口外国货物征收的一种进口附加税。一般是按进口商品所接受的补贴数额征收。货物输出国为了加强本国输入产品在国际市场的竞争能力，往往对输出产品予以津贴、补贴或奖励，以降低成本，廉价销售于国外市场。而输入国为防止他国补贴货物进入本国市场，威胁本国产业正常发展，多开征此税，把外国货物所享受的补贴金额抵消，从而阻止外国货物凭借其出口补贴的优势影响本国经济，以利于争夺国际市场。凡进口商品在生产、制造、加工、买卖、输出过程中所接受的直接、间接补贴，都算在补贴之内，但不包括出口货物的退、免国内税。值得注意的是，一些国家把出口国对于某一类商品的特定税收优惠也认定为补贴形式，从而征收反补贴关税。

(4)报复关税。报复关税是指他国政府以不公正、不平等、不友好的态度对待本国输出的货物时，为维护本国利益，报复该国对本国输出货物的歧视，对该国输入本国的货物加重征收的关税。我国《关税条例》中规定的特别关税，也具有反报复关税的性质。2006 年 8 月，日本经济产业省宣布对 15 种美国进口产品征收 15%的附加关税，作为对美国进行报复的措施。

5.2 关税制度

关税制度由《中华人民共和国海关法》和关税税则规定。其中包含征税对象与纳税人、进出口税则、完税价格、计税方法等要素，本节中将逐一介绍。

5.2.1 征税对象与纳税人

根据《中华人民共和国海关法》规定，准许进出口的货物和进出口的物品，除《中华人民共和国海关法》另有规定外，都应当由海关根据进出口税则征税。这就是说，关税的征税对象是进出我国关境的货物或物品。

货物是指贸易性商品，物品则是指非贸易性的行李、邮包等，包括进境的旅客随身携带的行李和物品、个人邮递物品、各种运输工具上的服务人员随身携带进口的自用物品、馈赠物品以及以其他方式进境的物品。

一般情况下，都以货物和物品在境内的持有人作为纳税人。如进口货物时为收货人，出口货物时为发货人。对于携带进境的物品，一般以携带人为纳税人；对以邮递方式进境的物品，以收件人为纳税人；以邮递或其他托运方式出境的物品，以其寄件人或托运人为纳税人。如果办理进出口手续时有代理人，则接受委托办理有关进出口手续的代理人为纳税人。

5.2.2 进出口税则

进出口税则是政府根据国家关税政策和经济政策，通过一定的立法程序制定公布实施的进出口货物和物品应税的关税税率表。税则主要分商品分类目录和税率两部分。

由于关税征收中，出于保护国内经济、增加财政收入等不同目的，对不同的商品适用不同的税率，故需要采用列举性税目和税率。而现实生活中，进出口贸易的商品种类繁多，所以必须分类和建立索引，即建立商品分类目录。商品分类目录又分为税则号列和商品名称，其是海关税则的基础。而为了统一世界各国的商品分类，便于进行国际贸易，国际上签订了一个国际公约来约束和管理，即《商品名称及编码协调制度》(Harmonized Commodity Description And Coding System)(简称《协调制度》或 HS)。目前世界上大多数国家的税则都是根据《协调制度》来制定商品分类目录的。

《协调制度》是一部完整、系统、通用、准确的国际贸易商品分类体系。其总体结构包括三大部分：归类规则；类、章及子目注释；按顺序编排的目与子目编码及条文。我国海关自 1992 年 1 月 1 日起正式根据《协调制度》目录的分类原则和内容，实施海关进出口税则和统计商品目录。

《协调制度》将所有货物和物品归为 21 类，基本都按照产品原材料或生产部类划分。例如，第一类为动物产品和活动物；第二类为植物产品；第十五类为冶金工业；第十六类为机电制造业。

每一类中，均按商品原材料的属性或者商品的用途或性能划分为若干章。首先按照原材料差异分章，如第一类动物产品和活动物分为五章，分别为活动物、肉及食用杂碎、乳品蛋品及天然蜂蜜等、鱼及甲壳动物等、其他动物产品。但许多产品很难按其原料分类，尤其是可用多种材料制作的产品或由混合材料制成的产品，如鞋、帽、机电仪器产品等，所以对于难以按原材料差异分章的产品按照用途和性能分章。21 类货物和物品共计 97 章(其中第 77 章为保留章)。

在每一章中，再按产品加工程度从原料到成品顺序或按原料或加工程度顺序将产品分为若干子目。每一个子目都有一个编码。如冻鸡的编码为 02071200，其中第一、二位编码代表章(由于将 21 类分为 97 章，所以直接采用章作为前两位编码，不再单独对类编码)，第三、四位编码代表章下的分类，第五、六位编码代表子目。而我国为关税、统计和贸易管理的需要，加列了两位编码，因此我国现行关税税则采用八位编码。例如，02071411 为带骨的冻鸡块、鸡胸脯、鸡大腿，02071419 为不带骨的冻鸡块、鸡胸脯、鸡大腿。其中，02 表示第二章，属于第一类中肉及食用杂碎；0207 表示为鸡类；14 为块和杂碎而且是冻的，后面的 11 和 19 的代码是我国海关定义的本国子目，区分带骨和不带骨的。在类、章及子目注释中，严格界定相应的商品范围，阐述专用术语的定义或区分某些商品的技术标准及界限。

尽管分类非常详尽，但进口的商品种类更为繁多，就可能出现关税税目中没有列举出的商品，而且随着技术的发展，许多新产品相继出现并产生相应的国际贸易，关税税则很难针对所有的新产品及时更改，因此就会出现进口商品没有对应税目的情形。如工艺水晶玻璃饰品是以天然水晶、合成水晶、石英玻璃及晶质玻璃为原料，采用热成型、机械和手工加工及组装制成的艺术品、工艺品、装饰品和日用品的总称。这一行业在我国近年来发展迅速，但关税税则中就没有具体的税目，极易造成混淆。为解决这一问题，《协调制度》指明了六条归类总规则，规定了对商品进行分类时须遵守的原则和方法，以保证某一具体商品能够始终归入一个唯一编码。如规则中表明列名比较具体的税目，优先于列名一般的税目；对于不同材料构成或不同部件组成的混合物以及零售的成套货品，应依据构成货品基本特征的材料或部件归类。难以归类时，应按号列顺序归入其可归入的最后一个税目。如果规则中没有列明，无法归类的货品，应归入与其最相似的货品的税目。

5.2.3 税率

我国征收的关税有进口关税和出口关税两种，所以税率相应存在进口关税税率和出口关税税率。

1. 进口关税税率

我国加入世界贸易组织后，关税税率多次降低。根据《关税条例》，自 2004 年 1 月 1 日起，我国进口税则设有最惠国税率、协定税率、特惠税率、普通税率、配额税率等税率形式。对进口货物在一定期限内可以实行暂定税率。

我国进口关税的税目和税率采用列举的方式表明，举例见表 5-2(税委会【2009】28 号)。

表 5-2 进口税则税率表举例(部分)(单位:%)

商品编码	商品名称	普通税率	最惠国税率	协定税率	特惠税率	配额税率	暂定税率
90013000	隐形眼镜片	70.0	10.0				6
90014010	玻璃制变色镜片	90.0	20.0				12
90014091	玻璃制太阳镜片	90.0	20.0				12
90069191	照相机自动调焦组件	100.0	10	7	0		6
52010000	棉花	125	40			1	

在关税税则中，正常列明的仅有普通税率、最惠国税率以及出口税率，而协定税率、特惠税率都是针对原产于特定国家的货物。在表 5-2 中，为便于对比，将其在一个表中列出。

表中最惠国税率适用原产于与我国共同适用最惠国待遇条款的世界贸易组织成员国或地区的进口货物；或原产于与我国签订有相互给予最惠国待遇条款的双边贸易协定的国家或地区的进口货物。

协定税率适用原产于我国参加的含有关税优惠条款的区域性贸易协定的有关缔约方的进口货物。特惠税率适用原产于与我国签订有特殊优惠关税协定的国家或地区的进口货物。例如，表 5-2 中照相机自动调焦组件所适用的协定税率就是我国和亚太地区多国签订的协定税率。

特惠税率适用原产于与我国签订含有特殊关税优惠条款的贸易协定的国家或者地区的进口货物。例如，表5-2中照相机自动调焦组件的特惠税率仅适用于原产于亚太地区中老挝和孟加拉两国的相应产品。

普通税率适用原产于上述国家或地区以外的国家和地区的进口货物以及原产地不明的进口货物。

配额税率适用按照国家规定实行关税配额管理的进口货物，关税配额内的，适用关税配额税率；关税配额外的，再按照最惠国税率、协定税率等实施。

对进口货物对一定期限内可以实行暂定税率。适用最惠国税率的进口货物有暂定税率的，应当适用暂定税率；适用协定税率、特惠税率的进口货物有暂定税率的，应当从低适用税率；适用普通税率的进口货物，不适用暂定税率。

除以上优惠税率外，任何国家或者地区违反与我国签订或者共同参加的贸易协定及相关协定，对我国在贸易方面采取禁止、限制、加征关税或者其他影响正常贸易的措施的，我国有权对原产于该国家或者地区的进口货物征收报复性关税，适用报复性关税税率。征收报复性关税的货物、适用国别、税率、期限和征收办法，由国务院关税税则委员会决定并公布。

我国制定进口货物税率的原则主要如下：采用复式税率制度，以便区别对待；对国内不能生产且无替代品，或国内供应不足的必需品，实行低税率或免税；对国内已能生产和非国计民生的必需品，实行较高税率；对国内需要保护以及国内外差价大的商品，实行更高的税率；非必需品和限制品的进口，实行高税率；原材料低于半成品和制成品的税率；零配件低于整机的税率。

2. 出口关税税率

我国出口税则为一栏税率，即出口税率。现行关税税则(税委会【2012】22号)目前对涉及大约352个税号的商品征收出口关税。出口货物的关税税率为单一税则制，即只使用一种税率。现行出口商品税率表中，出口关税名义税率最高为50%，最低为20%。同时，国务院每年还会公布出口商品的暂定税率。关税税则规定，适用出口税率的出口货物有暂定税率的，应当适用暂定税率。例如，锡矿砂及其精矿出口关税名义税率为50%，2013年暂定税率为20%，则其在2013年适用20%的出口税率。另外，部分商品还规定有特别出口税率。例如，尿素、重过磷酸钙等化肥在国内用肥旺季规定了75%的特别出口税率，则其出口的适用税率为暂定税率加上特别出口税率。需要注意的是，每年根据经济形势的变化，国务院关税税则委员会对进出口商品及相应的税率会进行调整，并发布年度关税实施方案。

由于关税税率会因时而异，所以税率在具体适用时，按以下方式选择关税税率：进出口货物，应当适用海关接受该货物申报进口或者出口之日实施的税率。进口货物到达前，经海关核准先行申报的，应当适用装载该货物的运输工具申报进境之日实施的税率。适用海关接受申报办理纳税手续之日实施的税率的情形为：保税货物经批准不复运出境的；减免税货物经批准转让或者移作他用的；暂准进境货物经批准不复运出境，以及暂准出境货物经批准不复运进境的；租赁进口货物，分期缴纳税款的。补征和退还进出口货物关税，应当按照上述方式确定适用的税率。因纳税人违反规定需要追征税款的，应当适用该行为发生之日实施的税率；行为发生之日不能确定的，适用海关发现该行为之日实施的税率。

5.2.4 关税优惠与减免

当货物进口时，能够降低关税的方式有两种：一是适用优惠关税；二是获得关税减免。

1. 优惠关税

优惠关税分为特惠关税、协定关税、最惠国待遇和普遍优惠制。

特惠关税，是指对某个国家或地区进口的全部商品或部分商品，给予特别优惠的低关税或免税待遇。但不适用于从非优惠国家或地区进口的商品。特惠关税有的是互惠的，有的是非互惠的。

协定关税，是指两个或两个以上的国家或地区给予原产于对方的全部或部分进口商品以对等优惠待遇的关税，一般相互适用较低的关税税率或免征关税。协定关税通常以互惠贸易协定的方式确定，即按照规定，相互给予对方的进口货物免征关税或使用比其他国家更低的税率的优惠待遇，其原则应当是自愿互利，利于发展双方贸易关系。因此，世界上大多数国家都与其主要贸易伙伴实行关税互惠。协定关税也可能是片面的，如一国对他国输入的货物降低税率，为其输入提供方便，而他国并不以降低税率回报的税率制度。

最惠国待遇是国际贸易协定中的一项重要内容，是指缔约国一方现在和将来给予任何第三国的一切特权、优惠和豁免，也同样给予对方的一种优惠待遇。

最惠国待遇目前除了关税外，还适用于航运、港口使用、仓储、国际运输、国际投资、领事职权和国际私法等多个方面，因此，当两国签署最惠国协议时，往往采用列举的方式对最惠国待遇的范围予以限定。因此，最惠国待遇分为有限制最惠国待遇和无限制最惠国待遇两种。

按最惠国待遇是无条件给予还是有条件给予，最惠国待遇分为无条件和有条件两种。无条件的最惠国待遇是指缔约一方现在或将来给予任何第三方的一切利益、优惠、豁免或特权应立即无条件地、无补偿地、自动地适用于缔约对方。无条件的最惠国待遇由于最早在英国与其他国家签订的通商条约中使用，所以又叫做"欧洲式"的最惠国待遇条款。有条件的最惠国待遇条款是指缔约一方已经或将来要给予任何第三方的利益、优惠、豁免或特权是有条件的，缔约另一方必须提供"相应的补偿"才能享有这种利益、优惠、豁免或特权。有条件的最惠国待遇最先是在美国与其他国家签订的贸易条约中采用的，所以又叫"美洲式"的最惠国待遇条款。目前国际间采用无条件的最惠国待遇的国家比较多，采用有条件的最惠国待遇的国家比较少，发达国家往往利用最惠国待遇，使发展中国家单方面享受优惠待遇，同时进行经济扩张，使发展中国家依附于自己。

给予最惠国待遇可以是相互的，也可以是单方面的。互惠的最惠国待遇是指缔约双方给予的最惠国待遇是相互的、同样的。非互惠的最惠国待遇则是指缔约一方有义务给予缔约另一方以最惠国待遇，而无权从另一方享有最惠国待遇，即单方面给予。

普遍优惠制简称普惠制，是发达国家给予发展中国家出口制成品和半制成品(包括某些初级产品)普遍的、非歧视的、非互惠的一种关税优惠制度。普遍优惠制的原则：一是普遍原则，即发达国家对发展中国家出口的制成品和半制成品，给予普遍的优惠待遇；二是非歧视原则，即应使所有发展中国家都不受歧视，无例外地享受普遍优惠制的待遇；三是非互惠原则，即发达国家应单方面给予发展中国家关税的优惠，而不要求发展中国家给予同等优惠待遇。

专栏5-3 最惠国待遇

最惠国义务可以追溯到11世纪，但是，最惠国待遇原则中“最惠国”一词首次出现是在17世纪。11世纪地中海沿岸的意大利各城邦、法国、西班牙城市的商人，在外国经商时开始想独占当地的市场而挤走竞争对手，一旦不能达到目的便寻求在该国市场上获取同等进入和竞争的机会。为此，西北非阿拉伯王子们一度发布命令给予他们与捷足先登的威尼斯、比萨等城邦以同样的特许权，12世纪威尼斯也向拜占庭当局要求享有与热那亚、比萨的商人同等的权力。15世纪和16世纪商业的发展迫切要求在贸易关系中订立具有最惠国型的贸易条约，但大多数类似的有最惠国性质的贸易条约是强国迫使弱国单方面给予或订立的结果。

国际贸易规模的扩大、商业关系的发展，导致了政治条约与通商条约的分离，开始出现一些相互给予“最惠国待遇”的做法。在1713年英国与法国签订的《乌特勒支通商条约》中规定：一方保证，应将它给第三国在通商与航运方面的好处同样给予另一方。1778年美国在自己对外签订的第一个条约中包括了一项“有条件的”最惠国条款(与法国签订)。19世纪这类条约在欧洲各国流行，但都是通行的“有条件的”最惠国待遇模式，即以受惠国做出与第三国承诺相当的承诺为条件。

世界贸易组织体系下的最惠国待遇原则，是指一国在贸易、航海、关税、国民法律地位等方面给予另一国的优惠待遇不得低于现时或将来给予任何第三国的优惠待遇。与传统的国与国之间的双边最惠国待遇不同，世界贸易组织所确认的是一种多边的最惠国待遇，世界贸易组织的一方成员给另一方成员的任何贸易优惠都会立即无条件地提供给予所有其他成员，这使得世界贸易组织的所有成员在国际贸易的各个方面享有的是同等的待遇，确保了所有成员在同一水平上进行公平的贸易竞争，也减轻了成员间进行多个单独的双方协商的麻烦。

资料来源：赵峰．世界贸易组织概论．北京：立信会计出版社，2005，经整理。

2. 关税减免

关税减免可以分为法定减免、特定减免与临时减免。除法定减免外的其他减免都由国务院决定，自我国加入世界贸易组织后，关税减免都以最惠国税率或者普通税率为基准。

1)法定减免

法定减免是指根据《中华人民共和国海关法》和《关税条例》列明予以减免的,《中华人民共和国海关法》规定的法定减免有六种货物、物品,具体为:①关税税额在人民币50元以下的一票货物;②无商业价值的广告品和货样;③外国政府、国际组织无偿赠送的物资;④在海关放行前损失的货物;⑤进出境运输工具装载的途中必需的燃料、物料和饮食用品;⑥中华人民共和国缔结或者参加的国际条约规定减征、免征关税的货物、物品。

在海关放行前遭受损坏的货物,可以根据海关认定的受损程度减征关税。

因品质或规格原因,出口货物自出口之日起1年内原状复运入境的,不征收进口关税;因品质或规格原因,进口货物自进口之日起1年内原状复运出境的,不征收出口关税;因残损、短少、品质不良或者规格不符原因,由进出口货物的发货人、承运人或者保险公司免费补偿或者更换的相同货物,进出口时不征收关税。但是,被免费更换的原进口货物不退运出境或者原出口货物不退运进境的,海关应对原进出口货物重新按照规定征收关税。

经海关批准暂时进境的规定货物,在进境时纳税人向海关缴纳相当于应纳税款的保证金或者提供其他担保的,可以暂不缴纳关税。同时也可暂不缴纳进口环节增值税和消费税,并应自进境之日起6个月内复运出境;经纳税人申请,海关可以根据海关总署的规定延长复运出境的期限。

上述规定货物包括:①在展览会、交易会、会议及类似活动中展示或者使用的货物;②文化、体育交流活动中使用的表演、比赛用品;③进行新闻报道或者摄制电影、电视节目使用的仪器、设备及用品;④开展科研、教学、医疗活动使用的仪器、设备及用品;⑤在本款第①~④项所列活动中使用的交通工具及特种车辆;⑥货样;⑦供安装、调试、检测设备时使用的仪器、工具;⑧盛装货物的容器;⑨其他用于非商业目的的货物。

上述所列暂准进境货物在规定的期限内未复运出境的,海关应当依法征收关税以及进口环节增值税和消费税。

海关总署公告2010年第43号文件中规定:从2010年9月1日起,取消过去对个人邮递物品的免税额,并且对邮递进境物品应缴进口税超过50元人民币的一律按商品价值全额征税,对个人邮寄物品应征进口税税额在人民币50元(含50元)以下的,海关予以免征。而在此之前,个人邮递物品的征税是按照1994年发布的署监【1994】774号文件规定执行的。根据该规定,寄自或寄往港澳地区的个人物品限值为800元,免税额为400元;寄自或寄往其他地区的个人物品限值为1 000元,免税额为500元。

2)特定减免与临时减免

特定减免是按照《中华人民共和国海关法》和《关税条例》的规定,给予经济特区等特定地区进出口的货物,中外合资经营企业、中外合作经营企业、外商独资企业等特定企业进出口的货物,以及其他依法给予关税减免优惠的进出口货物以减免关税优惠,主要适用于特定地区、特定企业、特定用途的货物。其中,特定地区是指保税区减免税货物、出口加工区减免税货物；特定企业是指外商投资企业，主要包括中外合资经营企业、中外合作经营企业和外商独资企业；特定用途的货物包括国内投资项目减免税货物、利用外资项目、科教用品、残疾人用品、扶贫及慈善性捐赠物资等。

临时减免是国家根据国内生产和国际市场行情变化，确定对某一类和几种商品在一定时限内临时降低或取消关税。一般由国务院根据《中华人民共和国海关法》对某个单位、某类商品、某个项目或某批进出口货物的特殊情况，给予特别照顾，一案一批，专文下达的减免税。

我国加入世界贸易组织后，为遵循统一、规范、公平、公正的原则，严格控制减免税，逐渐减少特定减免税，一般不办理个案临时性减免税。

5.3 关税完税价格

尽管关税具体征收方式较多，但其根本仍然是以课税对象的价格以及数量作为计税依据。当从量计征时，海关只需要根据计量单位确定进出口商品数量，比较明确，和纳税人产生的争议也比较少；当从价计征时，依据的价格称为关税完税价格，关税完税价格和进出口商品的成交价格密切相关，但并不等同。因此，确定完税价格时容易在海关和纳税人之间形成争议，所以有必要就关税完税价格的确定规定详细的方法以及步骤。本节将讲解确定关税完税价格的具体规则。

5.3.1 进口货物的关税完税价格

按照我国2004年1月1日实施的《关税条例》，进口货物的完税价格由海关以符合条件的货物成交价格以及运抵我国境内输入地点起卸前的运输及其相关费用、保险费为基础审查确定。其中的成交价格是指卖方向中华人民共和国境内销售该货物时买方为进口该货物向卖方实付、应付的，其包括直接支付的价款和间接支付的价款总额，并按照《关税条例》规定进行调整后得到海关审定价格。境内输入地为入境海关地，其包括内陆河、江口岸，一般为第一口岸。

尽管对成交价格已经有明确的定义，但为防止国际贸易双方利用成交价格降低完税价格，达到逃避关税的目的，世界各国都对成交价格做出了更为严格的限定，我国也不例外。例如，为避免卖方压低进口货物的成交价格，然后通过其他方式从买方获取其他利益，我国对一般进口货物的成交价格，要求买方对所进口货物的处置或使用不受限制。但限制条件中不包括国内法律、行政法规规定的限制和对货物转售地域的限制，以及对货物价格无实质影响的限制。类似的约束还有：货物的价格不能受到使该货物成交价格无法确定的条件或因素的影响；卖方不得直接或间接获得因买方转售、处置或使用进口货物而产生的任何收益，除非能够按照《中华人民共和国海关审定进出口货物完税价格办法》有关规定做出调整；买卖双方之间没有特殊关系，如果有特殊关系，应当符合《中华人民共和国海关审定进出口货物完税价格办法》的有关规定。

如果成交价格中存在限制或者卖方能因买方转售、处置或使用进口货物而获得收益时，就需要对成交价格做出相应的调整以确定关税完税价格。这些调整包括：①由买方负担的购货佣金以外的佣金和经纪费。其中，“购货佣金”是指买方为购买进口货物向自己的采购代理人支付的劳务费用；“经纪费”是指买方为购买进口货物向代表买卖双方利益的经纪人支付的劳务费用。②由买方负担的在审查确定完税价格时与该货物视为一体的容器的费用。③由买方负担的包装材料费用和包装劳务费用。④与货物的生产和向我国境内销售有关的，由买方以免费或者低于成本的方式提供并可以按适当比例分摊的料件、工具、模具、消耗材料及类似货物的价款，以及在境外开发、设计等相关服务的费用。⑤作为货物向我国境内销售的条件，买方必须支付的、与该货物有关的特许权使用费。其中，特许权使用费是指买方为获得与进口货物相关的、受著作权保护的作品、专利、商标、专有技术和其他权利的使用许可而支付的费用。⑥其他卖方直接或者间接从买方获得的该货物进口后转售、处置或者使用的收益。

当然在买方支付给卖方的款项中，如果和货物本身的成交价格无关，也允许从完税价格扣除。例如，厂房、机械、设备等货物进口后进行建设、安装、装配、维修和技术服务的费用；进口货物运抵境内输入地点起卸后的运输及其相关费用、保险费；进口关税及国内税收。

【例 5-1】 某企业进口了一批建筑机械设备，对方负责设备调试和操作人员的培训，该笔交易相关明细如下：机械设备 500 000 元，运输费和保险 5 000 元，买方佣金 10 000 元，卖方佣金 25 000 元，培训费 2 000 元，设备调试费 2 000 元。计算进口该批设备的关税完税价格和应纳关税(假定该设备进口关税税率为 10%)。

解：关税完税价格＝500 000＋5 000＋10 000＋25 000＝540 000(元)

应纳关税＝540 000×10%＝54 000(元)

而当买卖双方存在特殊关系时，卖方可能因为从其他方面获取利益，所以当买卖双方存在特殊关系时，海关需要确认特殊关系未对成交价格产生影响。如果进口货物的收货人能证明成交价格与以下价格相近时，海关可以认为成交价格未受特殊关系影响，因此海关应当接受该成交价格。一是成交价格与向境内无特殊关系的买方出售的相同或类似货物的成交价格相近；二是与按照使用倒扣价格有关规定所推定的相同或类似货物的关税完税价格相近；三是与按照使用计算价格有关规定所确定的相同或类似货物的关税完税价格相近。这里所指的倒扣价格，是指根据该货物在国内的销售价格，扣除国内销售的利润以及一般费用，该货物运抵境内输入地点起卸前的运输及其相关费用、保险费后，推算出该货物入境时的成交价格。因为利润和费用是难以确认的，因此全部认定为 20%。所以当进口货物只是增值税的应税货物时，推算出完税价格为

$$完税价格=\frac{国内输入地同类商品正常批发价格}{1+20\%+进口关税税率}$$

当进口货物同时应纳增值税和消费税时(从量定额征收消费税的除外)，计算完税价格需从国内输入地同类商品正常批发价格中扣除应纳消费税。

上式中，国内输入地同类商品正常批发价格为不含增值税的价格。

海关在将成交价格与上述完税价格做比较时，应当考虑商业水平和进口数量的不同，以及关于成交价格的调整规定所列各项目和交易中买卖双方有无特殊关系造成的费

用差异。

所谓特殊关系，是指以下情形：买卖双方为同一家族成员；买卖双方互为商业上的高级职员或董事；一方直接或间接地受另一方控制；买卖双方都直接或间接地受第三方控制；买卖双方共同直接或间接地控制第三方；一方直接或间接地拥有、控制或持有对方5%或以上公开发行的有表决权的股票或股份；一方是另一方的雇员、高级职员或董事；买卖双方是同一合伙的成员。买卖双方在经营上相互有联系，一方是另一方的独家代理、经销或受让人，如果有上述关系的，也应当视为有特殊关系。

除了前文中提到存在特殊关系时，海关难以确认实际成交价格，需要采用推定的方法，当进口货物涉及赠与以及非贸易商品时，都无法取得正确的进口货物完税价格。此时，海关应与纳税人进行价格磋商后，依次以下列价格估定该货物的完税价格：首先是相同或相似货物最近时期向我国境内销售时的成交价格；其次是销售方在最近时期将该进口货物、相同或者类似进口货物在第一级销售环节销售给无特殊关系买方最大销售总量的单位价格；最后依次是倒扣价格和计算价格。

这里所指的计算价格一般多是按进口货物下列成本总和确定的：生产该进口货物所使用的原材料和进行生产、装配或其他加工所发生的费用；此类进口货物出口销售中获得的平均利润；该进口货物运至我国输入地点起卸前的各项费用。为简便计算，海关认为必要时，对某些货物也以进口地海关确定的最低限价作为该项货物的完税价格。

5.3.2 出口货物的完税价格

出口货物的完税价格由海关以该货物的成交价格以及该货物运至我国境内输出地点装载前的运输及其相关费用、保险费为基础审查确定。出口货物的成交价格，是指该货物出口时卖方为出口该货物应当向买方直接收取和间接收取的价款总额。出口关税不计入完税价格。

出口货物的成交价格不能确定的，海关经了解有关情况，并与纳税人进行价格磋商后，依次以下列价格估定该货物的完税价格：

首先是与该货物同时或者大约同时向同一国家或者地区出口的相同货物的成交价格；其次是与该货物同时或者大约同时向同一国家或者地区出口的类似货物的成交价格；最后是按照下列各项总和计算的价格：境内生产相同或者类似货物的料件成本、加工费用，通常的利润和一般费用，境内发生的运输及其相关费用、保险费。如果以上方法仍难以确定，可以用其他合理方法估定。

5.3.3 特殊进口货物的完税价格

在海关确认进口货物的完税价格时，一些货物涉及多次出入境，但出境和入境时价值已经发生改变，对于此类货物，海关需根据货物进口时的情形，分别采用不同的方式确定完税价格。具体而言，这些特殊货物可以分为以下几类：

(1)运往境外修理的机械器具、运输工具或者其他货物，出境时已向海关报明，并在海关规定的期限内复运进境的，应当以境外修理费和料件费为基础审查确定完税价格。但复运入境时如果超过海关期限，则按照一般货物进口来审定完税价格。

(2)运往境外加工的货物，出境时已向海关报明，并在海关规定期限内复运进境的，应当以境外加工费和料件费以及该货物复运进境的运输及其相关费用、保险费为基础审查确定完税价格。

(3)经海关批准的暂时进境货物，应当缴纳税款的，由海关审查确定完税价格。经海关批准留购的暂时进境货物，以海关审查确定的留购价格作为完税价格。

(4)租赁方式进口的货物，以租金方式对外支付的租赁货物，在租赁期间以海关审查确定的租金作为完税价格，利息应当予以计入；留购的租赁货物以海关审查确定的留购价格作为完税价格；纳税人申请一次性缴纳税款的，可以选择申请按照完税价格推定办法确定，或者按照海关审查确定的租金总额作为完税价格。

(5)减税或者免税进口的货物应当补税时，应当以海关审查确定的该货物原进口时的价格，扣除折旧部分价值作为完税价格，其计算公式如下：

$$\text{完税价格}=\frac{\text{货物原进口价格}\times[1-\text{补税时已进口时间(月)}]}{\text{监管年限}\times 12}$$

(6)从保税区或出口加工区销往区外、从保税仓库出库内销的进口货物(加工贸易进口料件及其制成品除外)，以海关审定的价格估定完税价格。销售价格应包括在保税区、出口加工区或保税仓库中发生的仓储、运输及其他相关费用，销售价格不能确定的则按照一般进口货物估价办法来估定完税价格。

(7)对于加工贸易内销货物，这种货物完税价格的确定比较复杂，分为多种不同情形。首先，进口时应当征税的进料加工进口料件，以该料件申报进口时的成交价格为基础审查确定完税价格；其次，进料加工和来料加工进口料件或者其制成品(包括残次品)内销时，海关应以接受内销申报的同时或者大约同时进口的与料件相同或者类似的货物的进口成交价格为基础审查确定完税价格；最后，加工企业内销加工过程中产生的边角料或者副产品，以海关审查确定的内销价格作为完税价格。

5.4 原产地规则

前文在讨论关税分类税率时指出，关税进口税率存在协议税率、特惠税率、反倾销税率、反补贴税率、报复税率等多种差异。而这些差异都是根据进口商品的不同产地来确定的。因此，出口商往往为了能适用较低进口税率而采取转口贸易的方式。即先将货物出口到和目标国能适用低税率的区域，然后再出口到目标国。关税税率的差别是非常大的，如 2009 年 11 月 3 日，美国商务部以存在政府补贴为由，初步裁定对我国输美金属网托盘实施最高达 437.73%的惩罚性关税；而 2010 年欧盟对我国瓷砖进行反倾销调查，结果征收了 69.7%的反倾销关税。因此尽管转口贸易可能会由于多次进出口导致运输费用增加、关税缴纳次数增加，从而带来成本增加，但税率的巨大差异仍然给出口商带来巨大的收益。

出口商的以上做法会使得关税税率的调节作用降低，而且国际贸易中，许多产品的生产制造并不是在一个国家内完成的，可能经过两个甚至多个国家分别进行生产加工，而各国加工的程度可能不同，因此，为能准确控制给予关税优惠和实施关税惩罚的范围，需要制定原产地规则。

原产地规则，是各国和地区为了确定商品原产国或地区而采取的法律、规章和普遍适用的规则。原产地规则涉及世界贸易组织缔约国之间最惠国待遇、关税待遇、国民待遇、取消数量限制与贸易数量配额、反倾销和反补贴措施、选择性保障措施、发展中缔约方享受普遍优惠制的关系问题，因此引起各缔约国的密切注意。在世界贸易组织的前身关贸总协定的乌拉圭回合谈判中，各成员国达成了原产地规则协议，以便建立一个公正、一致、可操作的、世界统一的原产地规则。其后许多国家在制定本国原产地规则时都参考或采用了这一协议。

原产地规则对国际贸易方式的改变具有重要影响。例如，A 国与 B 国之间没有签订关税互惠条款的贸易条约，而 C 国与 A、B 两国皆签有关税互惠条款的贸易条约。A 国某公司每年向 B 国出口大量产品，由于两国之间没有签订关税互惠条约，所以 B 国对从 A 国公司进口的产品要征收高额关税，从而不利于该公司的产品销售。该公司可以在 C 国设立加工厂，由公司本部向 C 国组装厂出口原材料，加工厂加工后以成品向 B 国出口，只要通过控制原材料和产品价格使得加工后的产品符合原产地规则中的实质性改变标准，原产地则被认定为 C 国，从而能够享受关税优惠，以较低的价格进入 B 国市场销售。目前，一些跨国公司在其他国家投资建厂就是基于这一目的。

原产地规则一般包括三部分，即原产地标准、直运规则和原产地证书。有些国家还有其他规定，如给惠国成分和原产地累计以及关税税目变化等。

5.4.1 原产地标准

原产地标准是衡量进口货物产于何地的尺度。各主要国家都把产品分为两大类，即完全原产品和含有进口成分的产品。完全原产品是指完全在一个国家生产制造，采用“全部产地生产标准”标准。而含有进口成分的产品是指由两个或两个以上国家参与生产的进口货物，采用“实质性改变标准”的准则。我国采用的是“全部产地生产标准”和“实质性改变标准”这两种国际上通用的原产地标准(国务院令第 416 号)。

全部产地生产标准中由于产品不涉及其他国家(或地区)的产品成分，技术上容易判断和掌握，不存在争议，因此该标准为各国所接受，已经成为国际上通行的做法。其具体包括：在一国领土、领水或其海底开采的矿产品；在一国生长、收获的植物产品、动物产品及其制品；在其国内渔猎所获的产品；一国船舶在公海上捕获的海产品和用这些捕获物在该国海上加工、船上加工制造的产品；在一国内收集的生产和加工后的剩料和废料及废旧物品；完全用以上物品在该国内生产的商品。

实质性改变标准适用于由两个或两个以上国家参与了生产或加工的货物。其基本原则如下：凡是经过两个或两个以上国家加工生产的货物，应以最后一个实质性改变了原产品，使其得到了新的特有的性质或特征的国家作为货物的原产国。实质性改变标准主要通过以下三种方法来确定货物的原产地：

一是改变税号的方法。税号发生改变往往意味着产品在该国经过了充分的制造或者加工。世界各国一般规定，产品经他国生产加工后，其在上述目录的四位数级税号发生了变化，才能视为改变了原产地。多于四位数的子目录发生变化不视为原产地的改变。例如，彩色滤光片的税号为 90019010，而太阳镜的税号为 90041000，其四位数级税号从 9001 变为 9004，因此，如果 B 国从 A 国进口彩色滤光片，加工成太阳镜后再出口到 C 国时，太阳镜的原产地应为 B 国。而如果 B 国仅仅是将彩色滤光片加工成玻璃制太阳镜片(税号为 90014091)然后出口，则太阳镜片的原产地仍然为 A 国。

当然，并不是所有税号改变都意味着进行了实质性加工制造，所以对于一些税号改变但没有改变原产地的情况需要加列例外情况表，而这种方式是很难列举所有的情况的。而且，在进出口两国之间如果作为税则基础的商品分类目录有所差异，则很难采用改变税号的方法。

二是列出加工程度表的方法。本方法通过对有关产品的加工程度列表规定，产品在原产地生产时必须达到列表要求，才能视为该产地产品。发达国家在普遍优惠制中较为普遍采用这种方法来弥补改变税号方法的不足。它们对某些敏感商品的加工程序加以列表规定，发展中国家的这些产品必须达到列表中的加工程度才能视为合格加工，享受普遍优惠制优惠。如零售用羊毛线，必须从号列中 5101～5104 的羊毛原料开始加工，才能视为原产地。

三是从价百分比的方法。本方法重点放在甲国产品在乙国进行生产时所增加的价值，当其中乙国增值量等于或超过规定的百分比时，即将乙国视为产品的原产地。从价百分比法有两种计算方法：一种是以外国料、件在产品中的比值来计算的；另一种是以本国成本(含料、件及生产费用)占产品的比值来计算的。

如以本国成本占产品的比值来计算的，公式为

$$比值=\frac{本国成本}{出口制成品的\ \mathrm{FOB}\ 价格}\times 100\%$$

其中，

$$本国成本=原料价值+组合零件价值+劳工价值+产品开发支出价值$$

然后各国可以根据自己规定的比值来确定来源地。例如，我国对从香港进口商品，比值为 30%，只有该比值大于 30%时，才认为原产地为香港；对从其他国家和地区进口的商品，比例已超过 40%时，才改变原产地。

5.4.2 直运规则

直运规则即直接运输规定，是指原产国要将出口产品直接运到进口国，进口国才会对作为该国原产的货物给予相应的待遇。以下两种情况可视为符合直接运输规定：不通过他国关境直接将货物运到进口国；由于地理(如内陆国家)等特殊原因，通过了他国关境，但在他国关境内，有关货物始终处于海关监管之下，未投入当地市场或交付当地使用，以及除卸、装和使货物保持良好状态而作必要的处理外，未进行过其他再加工。

直接运输规定主要在普遍优惠制中实施。实行直接运输规定主要是给惠国为了更好地确定货物的原产地，以便将所给优惠直接落实到所希望给予的国家，防止他人从中渔利。

5.4.3 原产地证书

尽管依据原产地标准可以确定进口商品的原产地，但还需要相应的证明资料，原产地证书就是这样一种证明材料。它是各国实行进出口贸易管制和配额管理的一种手段，也是海关凭以核定减免进口关税的证件。它可由生产厂家、供货商、出口商或者其他当事人提供，也可由不偏袒进出口任何一方的主管当局或公证团体出具。在对原产地证书内容的真实性产生怀疑时，海关总署或者其授权的机构可以通过中国驻相关受惠国使领馆经济商务参赞处(室)向受惠国海关或者原产地证书发证机构提出核查要求，并要求其在自收到核查要求之日起的90日内予以答复。如果海关未能在上述期限内收到答复，则该货物不得享受特别关税优惠。

按照国际惯例，以下进口货物一般不需提供原产地证书：个人自用的行邮物品；少量的寄售物品(一般以不超过60美元为限)；临时进口货物；过境、通运和转关运输货物；国家间有协定无须提供原产地证明的进口货物。

5.5 关税的计算与征收

关税的计算，分为从价计算和从量计算两种。其中从价计算是相对比较复杂也比较常用的方法。我国现行的关税征收管理主要依据2005年1月颁布的《中华人民共和国海关进出口货物征税管理办法》。

5.5.1 关税应纳税额的计算

1. 从价关税的计算

关税的完税价格确定后，就可以计算关税的应纳税额。进口环节从价关税的计算公式为

应纳税额＝进口货物数量×单位完税价格×进口关税税率

其中的完税价格是海关以成交价格为基础审定的，而在国际贸易中，常用的价格条款有FOB(free on board)、CFR(cost and freight)、CIF(cost，insurance and freight)三种方式。FOB又称离岸价格，中文意思为装运港船上交货，指卖方在合同规定的装运港把货物装上船即完成交易。CFR中文意思为成本加运费，是指当货物在指定装运港越过船舷时，卖方即完成交货，卖方支付将货物运至目的港所必需的海运费，交货后的灭失和损坏的风险自交货时已转移至买方。CIF中文意思为成本加保险费加运费，是指当货物在装运港越过船舷时，卖方即完成交货，货物自装运港到目的港的运费保险费等

由卖方支付，但货物装船后发生的损坏及灭失的风险由买方承担。

以 CIF 成交的进口货物，可以按其价格直接计算关税；以 FOB 和 CFR 条件成交的进口货物，在计算税款时应该在成交价格上加上相关费用折算成 CIF，然后计算税款。

【例 5-2】 国内某公司从境外进口一批松香，成交价格为 FOB 开普敦 300 000 元，运费为 1%，保险费为 0.5%，根据我国关税税则，其关税税率为 10%，计算其应纳关税。

解：应纳税额＝300 000×(1＋1%＋0.5%)×10%＝34 500(元)

如果本例中成交价格不变，但为 CIF 上海价格，则应纳关税为

应纳税额＝300 000×10%＝30 000(元)

而在出口环节，出口货物应纳税额的计算公式为

应纳税额＝出口货物数量×单位完税价格×出口关税税率

其中，完税价格是以 FOB 作为基准来核定的。

【例 5-3】 弘强制药向菲律宾出口一批名贵中药，合同总额 300 万元，中方负责运抵菲律宾某港口。合同大致内容如下：中药价值 220 万元，我国境内运费和保险费 15 万元，离境后的运保费为 45 万元，买方佣金 20 万元。假设关税税率为 20%，请计算该批中药出口时海关审定的关税完税价格和应纳关税。

解：关税完税价格＝220＋15＝235(万元)　应纳关税＝235×20%＝47(万元)

2. 从量关税的计算

从量关税的计算公式为

应纳税额＝进口货物数量×单位关税税额

【例 5-4】 某化工公司出口原油 100 万吨，其进口税率为 85 元/吨。试计算应纳关税税额。

解：应纳关税税额＝100×85＝8 500(万元)

在我国的关税税率中，还有复合关税、滑动关税等多种税率，其实这些税率的计算都可以归结到从量关税和从价关税的计算上来。如复合关税在计算时，一般是先计征从量关税再计征从价关税。

专栏 5-4　　世界贸易组织

世界贸易组织的前身为关税和贸易总协定(简称“关贸总协定”，General Agreement on Tariffs and Trade，GATT)，其创立于 1948 年。1946 年，联合国经社理事会决定召开一次国际贸易与就业会议，并成立了一个筹备委员会着手起草国际贸易组织章程。1947 年 4～10 月，在日内瓦召开的第二次筹备委员会会议同意将正在起草中的国际贸易组织宪章草案中涉及关税与贸易的条款抽取出来，构成一个单独的协定，并把它命名为《关税及贸易总协定》，23 个国家和地区签署了这份“临时适用”议定书。它于 1948 年

1月1日起正式生效，并根据该文件成立了相应机构，其总部设在日内瓦。其成员国分为三个层次，即缔约方国家、事实上适用关贸总协定国家和观察员国家。

关贸总协定从1947年～1994年共举行了8轮多边贸易谈判。据不完全统计，前7轮谈判中达成关税减让的商品就近10万种。1993年12月15日，第8轮谈判(即乌拉圭回合)后建立世界贸易组织，取代关贸总协定，同时削减了几千种产品的关税，并把全球贸易规则扩大到农产品和服务业。从1996年1月1日起，由世界贸易组织取代关贸总协定。

我国政府于2001年11月11日接受《中国加入世贸组织议定书》，于12月11日正式成为世界贸易组织的第143个成员。世界贸易组织在2006年11月越南加入后，成员国已经达到150个。

世界贸易组织的机构组成为：

(1)部长会议(The Ministerial Conference)。部长会议是世界贸易组织的最高机构。它由所有成员国的代表参加，负责履行世界贸易组织的职责，并根据一成员国的请求对多边贸易协定项下的事项做出决定。部长会议至少每两年举行一次。

(2)总理事会(The General Council)。总理事会由所有成员国的代表组成，负责世界贸易组织的日常事会。总理事会定期举行会议，通常每两个月一次。在部长会议期间，总理事会代表部长会议处理有关事务并向其直接报告。总理事会下附设争端解决机构、贸易政策机制评审机构和其他附属机构，如货物贸易理事会、服务贸易理事会、知识产权理事会。

(3)理事会(Council)。理事会为总理事会附属机构。其中货物贸易理事会(Council for Trade in Goods)、服务贸易理事会(Council for Trade in Service)和知识产权理事会(Council for TRIPs)为最重要的理事会。其由所有成员国代表组成。每一理事会每年至少举行8次会议。

(4)委员会(Committee)。部长会议下设贸易和发展委员会，国际收支限制委员会，预算、财政和管理委员会。它们执行由世界贸易组织协议及多边贸易协议赋予的职能，执行由总理事会赋予的额外职能。委员会由所有成员国代表组成。

(5)秘书处(The Secretariat)。秘书处为世界贸易组织的日常办事机构。它由部长会议任命的总干事领导。世界贸易组织秘书处设在瑞士的日内瓦。每四年举行一次选举。此外，还设有四个副总干事，他们由总干事任命，其任务是协助总干事开展工作。

资料来源：余心之．世界贸易组织(WTO)概论．辽宁：东北财经大学出版社，2007，经整理。

习题

一、判断题

1. 对运往境外加工后复运进境货物，海关应以加工后的货物复进境时的到岸价格与原出境货物原进境时的到岸价格之间的差额为完税价格征税(　　)

2. 暂时进境展出的货物，展览结束后经批准被某单位购买，海关征税时应以原进境时的到岸价格为完税价格征税(　　)

3. 以 CIF 价格成交的出口货物，另付外商佣金 2%，其完税价格=(CIF－I－F)×(1－2%)/(1+出口税率)(　　)

4. 海关征税时，以人民币计征，凡以外币计价的货物，海关应以申报进口时国家外汇管理部门公布的基准价(买卖中间价)折算成人民币计征关税(　　)

5. 某单位经批准进口德国制造的汽车 50 辆，每辆汽车中附带英国制造的修理工具一套，该修理工具的原产地是英国(　　)

6. 我国对一切货物都征收出口关税(　　)

7. 一国的国境就是一国的关境(　　)

8. 关税以不包括灌水的额成交价格作为计税依据，即在海关征税时，以实际成交价格作为计税依据，关税不包括在内，因此关税是单一环节的价外税(　　)

9. 一种货物或商品不能同时征收从价税和从量税(　　)

10. 关税的减免可以分为法定减免、特定减免和临时减免，除法定减免外的其他减免都由国务院决定(　　)

二、单项选择题

1. 下列不属于关税纳税人的有(　　)

A. 经营进出口货物的收、发件人

B. 进口个人邮件的发件人

C. 携带行李物品进境的外国游客

D. 各种运输工具上携带物品的服务人员

2. 进出口货物完税后，如发现少征或者漏征税款，海关应当自缴纳税款或者货物放行之日起(　　)内，向收发货人或其代理人补征

A. 半年　　B. 一年　　C. 两年　　D. 三年

3. 在台湾生产的纱线，运到日本织成棉布，并进行冲洗、熨、漂白、印花。上述棉织物又被运到越南制成睡衣，后又经中国香港更换包装转销我国内陆地区。我国海关应以下列哪个国家(地区)为原产地(　　)

A. 台湾　　B. 日本　　C. 香港　　D. 越南

4. 根据《关税条例》的规定，海关对进出口货物征收关税时，应按何时实施的税率计征关税(　　)

A. 进出口货物的收发货人办结进出口手续之日

B. 装载进出口货物的运输工具进境之日

C. 进出口货物的收发货人或代理人申报货物进口或出口之日

D. 海关开列税款缴款书之日

5. 关于补税的范围和适用税率，下列表述不正确的是(　　)

A. 加工贸易进口料件属于保税货物，如经海关批准转内销的，应按向海关申报转内销当天的税率征税

B. 暂时进口货物转为正式进口需补税时，应按转为正式进口日实施的税率征税

C. 海关查获的走私货物需补税时，应按走私案件立案日实施的税率征税

D. 由于完税价格的审定而需予以补税时，应按原征税之日实施的税率征税

6. 某进出口公司出口某种货物 100 件，每件重 250 公斤，成交价为 CFR 香港 50 000 元，申报运费为 350 元/吨，出口税率为 15%，海关应征出口税多少(计算到元)(　　)

A. 6 187 元　　B. 5 380 元　　C. 7 500 元　　D. 4 820 元

7. 海关关税的滞纳金征收比率为(　　)

A. 5‰　　B. 1‰　　C. 0.5‰　　D. 0.5%

8. 选择最惠国税率还是普通税率的依据是货物的(　　)

A. 发出地　　B. 原产地　　C. 进口地　　D. 输送地

三、多项选择题

1. 进口货物的完税价格中的到岸价格包括(　　)

A. 货价　　B. 货物运抵境内起卸前的包装费、运输费、保险费和其他合理费用

C. 进口关税　　D. 海关估定的利润

2. 根据关税税率运用原则的规定，下列哪些表述是错误的(　　)

A. 准予进出口的货物，除国家另有规定外，海关依照《中华人民共和国海关进出口税则》规定的税率征收进出口关税

B. 从境外采购进口的原产于中国境内的货物，海关按照《中华人民共和国海关进出口税则》规定的最惠国税率征收进口关税

C.《中华人民共和国海关进出口税则》设普通税率和最惠国税率。对原产于未与我国签订关税互惠协定的国家和地区的进口货物一律按普通税率征收进口关税

D.《中华人民共和国海关进出口税则》以课征对象的价格或价值作为计税标准计征关税

3. 下列哪些选项的费用应计入进口货物的完税价格征税(　　)

A. 图纸设计费　　B. 设备安装指导费

C. 装船的搬运费　　D. 技术装让费

4. 下列哪些费用不应计入进口货物的关税完税价格(　　)

A. 买方佣金　　B. 卖方佣金

C. 到达进境口岸后的卸货费用　　D. 专利费

5. 下列费用，如已包括在进口货物的成交价格中，并且已经分列，可以从完税价格中扣除的有(　　)

A. 因质量问题，卖方向买方支付的赔偿金　　B. 货物在运输途中的捣舱费

C. 升降机进口后的安装费　　D. 卖方给买方的正常回扣

6. 下列关于税率的适用原则，哪些选项是正确的(　　)

A. 对于原产于中国香港、中国台湾、中国澳门的产品，当海关征收进口关税时，按最惠国税率计征关税

B. 对于采购进口的原产于我国大陆的产品免征进口关税

C. 对于原产于与我国未签订关税互惠协定的国家的货物，海关在征收进口关税时一律按普通税率计征

D. 对于进口的中性包装的货物，海关无法确定该项货物的原产地，进口人又不能提供原产地证书，海关征税时，按普通税率征收进口关税

7. 关于海关的估价方法，下列叙述错误的有(　　)

A. 海关在审定进出口货物的完税价格时，应首先审查进口货物的实际成交价格

B. 当进口货物的成交价格经海关审查未能确定时，才能依次使用其他估价方法

C. 在使用其他估价方法时，海关可以确定合理方法

D. 相同货物的估价方法，是指所有方面都相同的货物，即使包装上也不能有任何的微小差别

8. 以下有关关税补征和追征的说法中，正确的有(　　)

A. 进出境货物和物品放行后，海关发现少征或者漏征税款，应当自缴纳税款或者货物、物品放行之日起1年内，向纳税人补征

B. 进出境货物和物品放行后，海关发现少征或者漏征税款，应当自缴纳税款或者货物、物品放行之日起3年内，向纳税人补征

C. 因纳税人违反规定而造成的少征或者漏征的税款，自纳税人应缴纳税款之日起1年以内可以追征

D. 因纳税人违反规定而造成的少征或者漏征的税款，自纳税人应缴纳税款之日起3年以内可以追征

9. 以下属于关税的减免项目的有(　　)

A. 关税税额在500元以下的一票货物　　B. 无商业价值的广告品和货样

C. 外国政府、国际组织无偿赠送的物资　　D. 在海关放行前损失的货物

四、计算题

1. 某进出口公司进口一批非消费税应税货物，境外口岸FOB折合人民币2 000万元，支付运费50万元，保险费40万元，这批货物适用17%的增值税税率，10%的关税税率。货物到达我国口岸后，海关填发了税款缴纳证，但该公司因故自填发税款缴纳证的次日起第10天才缴纳税款。请分别计算该公司应缴关税、增值税、关税和增值税的滞纳金。

2. 上海某进出口公司从美国进口一批货物，货物以FOB成交，成交价折合人民币1 410万元(包括单独计价并经海关审查属实的向境外采购代理人支付的买方佣金10万元，但不包括使用该货物而向境外支付的软件费50万元、向卖方支付的佣金15万元)，另支付货物运抵我国上海港的运费、保险费等35万元。假设该货物适用关税税率为20%，增值税税率为17%，消费税税率为10%。请分别计算该公司应纳关税、消费税和增值税。

3. 某市进出口企业发生如下业务：进口一批设备，合同规定货款60 000美元，进口海运费2 000美元，保管费及港口至企业内陆运费300美元，买方另支付进口货物保险费150美元，向采购中介支付中介费600美元(机器关税税率7%，当期汇率1∶8.27)。进口后将此批设备以700 000元含税价格销售。请计算：①应纳关税和其他税金；②内销环节各项税金及附加。

第6章

个人所得税

我国现行的个人所得税基本规范是1980年9月10日第五届全国人民代表大会第三次会议通过的《个人所得税法》。之后，根据我国国民经济和社会发展的情况，全国人民代表大会常务委员会于1999年8月30日、2005年10月27日、2007年6月29日、2007年12月29日、2011年6月30日对《个人所得税法》进行了多次修订。本章的主要依据为第十一届全国人民代表大会常务委员会第二十一次会议于2011年6月30日通过，自2011年9月1日起施行的《个人所得税法》。

本章主要介绍个人所得税的特点和立法精神，个人所得税的纳税人、应税所得项目和税率等税制要素，应纳税额的计算以及其他若干需要说明的问题及事项。

6.1 个人所得税概述

个人所得税是对个人(自然人)取得的各种应税所得征收的一种税，是世界各国普遍征收的一个税种，并且在经济发达国家是最重要的主体税种。据国际货币基金组织《政府财政统计年鉴》，在美国、加拿大、英国、丹麦、瑞典、澳大利亚、新西兰等国家，个人所得税占政府全部税收收入的30%～50%。例如，2008年，美国联邦税收总额为25 243亿美元，其中，个人所得税达14 501亿美元，为第一大税种，占联邦税收总额的57%，占美国国内生产总值比重为10.17%[①]。而在发展中国家，个人所得税一般占政府全部税收收入的10%左右。

6.1.1 所得税立法思想

所得税立法思想也就是认定应税所得的原则，从个人所得税的发展来看，所得税的立法思想主要有以下三种：

---

① 赵永超．浅析美国个人所得税实体法律制度．经济研究导刊，2010，(10)：20～22.

第一，所得源泉说。其认为应税所得必须具有循环出现、反复发生的源泉性质。很明显，基本上只有运用资本从事经营活动，或者提供劳务所取得的收益、利润和报酬等收入才具有这种源泉性质。

第二，净资产增加说。其认为应税所得是指某人的经济力量在两个时点之间净增加量的货币价值，即将一定期间内的财产增加额减去同一期间的财产减少额后的余额视为应税所得。这一立法思想是由德国财政学家夏恩兹(G. Vonanz)于1892年首次系统地提出的，美国1913年的联邦所得税制度基本上就是以这个观点为基础设计的。

第三，消费权力净增加说。其认为应税所得是指在一个时期中个人消费权力净增加额的货币价值，它等于在一个时期中实际消费的数额加上财富的净增加额。这就是由著名的财政学者海格(Haig)和西蒙斯(Simons)在净资产增加说的基础上提出的所谓H-S定义。

所得源泉说具有便于征收管理、税收行政效率较高的优点。但是，转让所得、偶然所得等项收入同样能增加纳税人的纳税能力，对这些收入不征税，不符合公平负担的原则，还会导致个人所得税税基的狭窄。另外，若以周期性收入作为构成所得的基本条件，则期间的长短并不确定。所以采用这种判断标准，不易于准确地判定所得，缺乏合理性。

净资产增加说把能够增加人们负税能力的经济收益均视为课税所得，可以提高所得税的再分配机能，也有利于贯彻税收的公平原则。但它在执行上没有源泉所得概念便利。从定义上看，这种概念过于抽象，并且不是十分准确。例如，当某人在两个时点间的收支相抵为零时，或者当两个纳税人在同一期间具有等量的收入但消费支出不同时，用此概念就无法公平、准确地计算其应税所得。

消费权力净增加说克服了净资产增加说的不足。而且，它是建立在权责发生制的基础上的，要求在所得中包括一切来源的收入增加，因而符合公平的要求。另外，对所有形式收入同等待遇，对个人经济行为干扰较小，具有中性的特点，因而还符合效率原则。由于这些原因，这一所得税立法思想得到了广泛的认同。

6.1.2 个人所得税的税制模式

世界各国实行的个人所得税制度，大体上可以分为以下三种模式：

第一种是分类所得税制。分类所得税制是指对同一纳税人不同类别、不同性质的所得，按不同的税率分别征税。分类所得税制的立论依据在于，勤劳所得(earned income)要付出辛勤的劳动才能获得，所以应该课以较轻的所得税，如对工资薪金等应该课以较轻的所得税。对投资所得(invest income)，如利息、租金、股息等资本所得应课以较重的税，因为这种所得依赖于财产拥有量，而财产是可以通过继承或者受让而取得的。分类所得税广泛采用源泉课征法，从而既可以控制税源，又可减少汇算清缴的麻烦，节省稽征费用。而且它可以按所得性质的不同采取差别税率，有利于实现特定的政策目标。但它不能按纳税人全面的、真正的纳税能力征税，不太符合支付能力原则。

第二种是综合所得税制。它是将纳税人在一定期间内的各种所得综合起来，减去各项法定减免和扣除项目的数额，就其余额按累进税率征收。美国等发达国家的个人所得税就属于这种类型。综合所得税制能够反映纳税人的综合负税能力，并考虑到个人经济情况和家庭负担等，给予减免照顾，对总的净所得采取累进税率，可以达到调节纳税人之间所得税负担的目的，并实现一定程度上的纵向再分配。但它的课征手续繁杂，征收费用较多，且容易出现偷税，要求纳税人有较高的纳税意识和较健全的财务会计制度，要求税务机关具有较先进的税收征管制度和较高素质的税务人员。

第三种是分类综合所得税制。这种所得税制又称为混合所得税制或二元所得税制，即把分类所得税与综合所得税综合起来，采用并行征收制，先按纳税人的各项来源的所得分类课征，从来源扣缴，然后再综合纳税人全年各种所得额，如达到一定数额，再课以累进税率的综合所得税或附加税。它的特点是对同一所得进行两次独立的课税，瑞典、法国、日本、韩国等国家的现行个人所得税属于这种类型。这种所得税制最能体现税收的公平原则，它既坚持了按支付能力课税的原则，对纳税人不同来源的收入实行综合计算征收，又坚持了对不同性质的收入实行区别对待的原则，对所列举的特定收入项目按特定办法和税率课征。除此之外，它还具有稽征方便、有利于减少偷漏税等方面的优点。因此，分类综合所得税制是一种适用性较强的所得税制模式。

6.1.3　我国个人所得税的特点

个人所得税除了具有所得税的一般特点以外，针对个人所得征税还具有其特殊性。我国现行个人所得税有以下四个主要特点。

1. 实行分类课征

受我国目前纳税人的纳税意识和税收征管能力所限的限制，我国目前实行的是分类所得税制，即把个人应税所得划分成 11 类，分别扣除不同的费用和适用不同的税率。这样做，一方面可以通过广泛地采用源泉扣缴的方法，加强税收征管，简化纳税手续，方便征纳双方；另一方面又可以对不同的个人所得按不同征收方法计征，有利于体现国家的政策。

2. 多种税率形式并用

在分类课征条件下，由于个人税收负担不能直接依据某项所得水平的高低来确定，故我国个人所得税存在多种税率形式。有比例税率，有累进税率，还有加成征收，形成了集多种税率形式和多种税率水平于一体的税率结构。

3. 实行不同的费用扣除方式

个人所得的确定与企业所得确定一样，都需要从取得的收入中扣除相应的成本费用。然而，由于个人取得收入过程中发生的费用包括生计费用、赡养费用、经营费用等多个方面，同时，个人在确定结余所得时又不可能像企业一样进行规范的收入和成本费用核算，因此，个人所得税在征收时按分类所得税制的要求，就不同所得类型需要确定不同的费用扣除方式。目前，我国个人所得税的费用扣除方式有定额扣除、定率扣除、限定据实扣除和据实扣除等，还有对消极所得不扣除费用的方式。

4. 源泉课征和申报课征两种征税方法并用

尽管分类课征制有利于广泛推行源泉课征制度，但是在同类所得被不同源泉课征者扣缴时，就会产生多重费用扣除和降低税率征收，造成税负不公平，而且在不存在源泉扣缴者或源泉不扣缴的情况下，同样也会造成税负不公平。因此，按分类课征制要求，对符合源泉课征要求的所得项目必须由源泉扣缴者扣缴税款，对于不能使用源泉扣缴方法、扣缴税款不彻底和未扣缴税款的所得项目，如个人在两处以上取得工资薪金所得的，个人所得超过国务院规定数额(年所得 12 万元以上)等情形，由纳税人自行申报纳税。

6.1.4 个人所得税的作用

个人所得税的作用主要包括以下几个方面：

首先，为国家建设筹集建设资金。与其他税种一样，个人所得税也具有为国家财政筹集资金的作用。随着经济的不断发展及个人所得税制的不断完善，个人所得税成为收入增长最快的税种之一，其聚财功能也日益重要，而且作为地方政府的主要税种，其财政职能更为突出。我国 2001～2010 年个人所得税收入状况见表 6-1。

表 6-1 近年来个人所得税收入

年份	个人所得税收入/亿元	税收总收入/亿元	个人所得税占税收总收入的比重/%
2001	995.99	14 429.5	6.90
2002	1 211.04	17 003.58	7.12
2003	1 417.18	20 461.56	6.93
2004	1 737.18	25 718.00	6.75
2005	2 093.91	30 866.00	6.78
2006	2 452.00	37 636.00	6.52
2007	3 184.98	49 449.29	6.44
2008	3 722.31	54 223.79	6.86
2009	3 944.00	63 104.00	6.25
2010	4 837.17	73 202.00	6.60

资料来源：历年《中国统计年鉴》及国家税务总局、财政部网站，经整理

其次，调节公民个人收入分配差距，促进社会分配公平化。改革开放以来，特别是社会主义市场经济体制的确立，我国个人之间收入差距正在不断拉大，城乡之间、地区之间、行业之间及社会不同群体、不同职业构成之间的收入分配差距越来越悬殊，而这种差距与悬殊有很大一部分是由经济转轨时期体制不完善而引起的。近年来，我国的基尼系数都超过了 0.4 的国际警戒线，收入分配非常不公平。因此，有必要对个人收入进行适当的税收调节。在保证人们基本生活费用支出不受影响的前提下，本着高收入者多纳税，中等收入者少纳税，低收入者不纳税的原则，通过征收个人所得税来缓解社会收入分配不公的矛盾，有利于在不损害效率的前提下，体现社会公平，保持社会稳定。

再次，有利于增强公民的纳税观念。个人所得税收入要在一国的税收总额中占有一席之地，除了要有完善的税制及健全的征管网络以外，还要求公民具备较强的纳税观念。我国的个人所得税由于起步晚，且居民个人的收入一直以来比较低，再加上宣传力度不够等因素，因此与西方各国相比较，个人的纳税观念相对淡薄。开征个人所得税，通过对税法的大力宣传，把高中收入者的一部分收入集中到国家手里，可使居民群众养

成依法纳税的习惯，可让越来越多的人自觉成为依法纳税的纳税人。

最后，维护国家权益，促进对外经济交往的发展。税收是维护国家权益的重要工具。征税权是国家主权的一部分，每一个主权国家都应该行使这个权力。开征个人所得税，对在我国取得收入的外籍人员及我国在外工作人员征税，是我国根据对等原则行使税收管辖权的表现，这不仅可以防止我国经济利益外溢，而且还能起到维护国家主权、推动对外经济技术合作与交流的作用。

专栏 6-1 个人所得税的起源与发展

个人所得税最早创立于 1799 年的英国，当时英国正与法国交战，为应付庞大的战争支出，英国首相皮特在发行巨额公债之余又开设个人所得税，但因经济力量不够而存在时间不长。到 18 世纪后期，英国发生了工业革命，国民收入猛增，为个人所得税的再次实行打下了基础，英国遂于 1842 年对所得税进行了立法。其后历经多次改革，于 1909 年设立了超额累进税率，成为现代个人所得税制的开端。美国现行所得税制源于 1913 年 10 月颁布的所得税法。就个人所得税的发展来看，英国是个人所得税的发祥地，美国则是个人所得税制的集大成者。

我国于 1950 年公布的《全国税政实施要则》中规定了薪金报酬所得和利息所得税，但前者并未开征，后者于 1950 年 4 月开征，到 1959 年停征。此后 20 年间基本上无个人所得税性质的税收法律出台。直到 1980 年，为适应改革开放形势发展的需要，才于 1980 年 9 月 10 日颁布第一部个人所得税法——《个人所得税法》。1986 年我国又颁布了《中华人民共和国个人收入调节税暂行条例》，从 1987 年起执行，目的是对社会成员间收入水平过分悬殊进行调节，具有个人所得税性质。1986 年我国还发布实施了《中华人民共和国城乡个体工商业户所得税暂行条例》，其目的是适应城乡个体工商户迅速发展的新形势，对其收入过分悬殊的情况加以税收调节。

由此可见，我国 1994 年以前的个人所得税制度是一个法律和两个行政法规并存的局面。现行《个人所得税法》则是由第八届全国人民代表大会常务委员会第四次会议审议通过，1994 年 1 月 1 日开始施行的。现行个人所得税收入原属于地方税，收入全部归于地方。2002 年后，个人所得税除储蓄存款利息个人所得税归中央外，其余部分按中央 60%，地方 40%分配。

我国个人所得税的规模还很小，1994 年，个人所得税收入占税收总收入的 1.42%；2000 年同比为 4.04%，2010 年这个比例也只有 6.6%，与发达国家的个人所得税相比所占比例较低。另外，我国的个人所得税税源也零星分散，征管技术相对落后，个人纳税意识薄弱，因此，个人所得税被称为“中国税收第一难”。但随着我国经济的发展和个人收入水平的提高，个人纳税意识不断加强，征管手段不断改进，尤其是税制的不断改革，我国个人所得税的规模必定会不断增大，最终成为我国的主体税种之一。

资料来源：吴丹红．个人所得税的公众期待．法律日报，2007-12-23，经整理。

6.2 纳税人

个人所得税的纳税人可以泛指取得所得的自然人，其包括居民纳税人和非居民纳税人，具体包括中国公民、个体工商户以及在中国有所得的外籍人员(包括无国籍人员，下同)和香港、澳门、台湾同胞。个人独资企业和合作企业投资者也为个人所得税的纳税人。

6.2.1 居民纳税人与非居民纳税人的判定标准

在实际生活中，自然人的情况比较复杂。一个自然人在一国有无住所，是否居住，居住多长时间，情况各异。根据什么样的标准确定其纳税人身份和应当承担的纳税义务，各国的税收立法和税收政策有所不同。为了有效地行使税收管辖权，我国根据国际惯例，对居民纳税人和非居民纳税人的划分，采用了国际上常用的住所标准和居住时间标准。

1. 住所标准

住所通常是指公民长期生活和活动的主要场所。由于公民实际的生活和活动场所很多，因此，《中华人民共和国民法通则》明确规定：公民以他的户籍所在地的居住地为住所。即以公民本人户口簿登记的住址为住所，我国的公民一人只有一个住所。一般情况下，公民的住所就是其户籍所在地的居住地。但由于种种原因，公民经常性居住地可能与户籍所在地不一致。

住所分为永久性住所和习惯性住所。《中华人民共和国民法通则》中规定的住所，通常是指永久性的住所，具有法律意义。经常性居住地则属于习惯性住所，它与永久性住所有时是一致的，有时又是不一致的。我国税法采用习惯性住所标准。将在中国境内有住所的个人界定为"因户籍、家庭、经济利益关系而在中国境内习惯性居住的个人"。采用这一标准，就把中、外籍人员，以及把香港、澳门、台湾同胞与在境内居住的中国公民区别开来。

所谓习惯性居住或住所，是在税收上判断居民和非居民的一个法律意义上的标准，不是指实际居住或在某一特定时期内的居住地。例如，个人因学习、工作、探亲、旅游等而在中国境外居住的，当其在境外居住的原因消除之后，则必须回到中国境内居住。那么，即使该人并未居住在中国境内，仍应将其判定为在中国习惯性居住。尽管该人在一个纳税年度内，甚至连续几个纳税年度，都未在中国境内居住过一天，他仍然属于在我国境内习惯性居住的情形。而虽具有中国国籍，却并没有在中国大陆定居，而是侨居海外的华侨和居住在香港、澳门、台湾的同胞就不属于在我国境内习惯性居住。因此，《个人所得税法》中所说的"住所"，其概念与通常所说的永久性住所是有区别的。

2. 居住时间标准

居住时间是指个人在一国境内实际居住的日数。在实际生活中，有时个人在一国境内并无住所，又没有经常性居住地，但是却在该国内停留的时间较长，从该国取得了收入，应对其行使税收管辖权，甚至将其视为该国的居民进行征税。各国在对个人所得征税的实践中，逐渐形成以个人居住时间长短作为衡量居民与非居民的居住时间标准。《个人所得税法》也采用了这一标准。我国规定个人所得税纳税年度起讫日期为公历1月1日起至12月31日止。

各国判断居民身份的居住时间不尽一致。我国规定的时间是一个纳税年度内在我国境内住满365日，即以居住满一年为时间标准，达到这个标准的个人即为居民纳税人。在居住期间临时离境的，即在一个纳税年度中一次离境不超过30日或者多次离境累计不超过90日的，不扣减日数，连续计算。

在判断是否为非居民纳税人时，对境内居住的天数和实际工作期间按以下规定为准：对在中国境内无住所的个人，需要计算确定其在中国境内居住天数，以便依照税法和协定或安排的规定判定其在华负有何种纳税义务时，均应以该个人实际在华逗留天数计算。上述个人入境、离境、往返或多次往返境内外的当日，均按一天计算其在华实际逗留天数。对在中国境内外机构同时担任职务或仅在境外机构任职的境内无住所个人，在计算其境内工作期间时，对其入境、离境、往返或多次往返境内外的当日，均按半天计算在华实际工作天数(国税发【2004】97号、国税函发【1995】125号)。

【例6-1】 某外国人2008年2月12日来华工作，2009年2月15日回国，2009年3月2日返回中国，2009年11月15日～2009年11月30日因工作需要去了日本，2009年12月1日返回中国，后于2010年11月20日离华回国。请判断该外国人2008年、2009年、2010年是否为我国居民纳税人。

解：该纳税人2008年2月12日开始在境内居住，因此在2008年这一纳税年度居住时间未满1年；2009年12月1日返回中国，2010年11月20日离华，居住时间未满1年，故均不是居民纳税人。

2009年出现了两次离境，一次是从2009年2月15日到3月2日，另一次是从2009年11月15日到11月30日，两次单次离境时间均未超过30日，不能扣减天数。因此，2009年度该纳税人为我国居民纳税人。

我国税法规定的住所标准和居住时间标准，是判定居民身份的两个并列性标准，个人只要符合或达到其中任何一个标准，就可以被认定为居民纳税人。

6.2.2　居民纳税人与非居民纳税人的纳税义务范围

居民纳税人承担无限纳税义务，非居民纳税人承担有限纳税义务。

1. 居民纳税人的纳税义务范围

居民纳税人应就其来源于中国境内和境外的所得，向我国政府履行全面纳税义务，依法缴纳个人所得税。根据《个人所得税法》规定，居民纳税人是指在中国境内有住所或者无住所而在中国境内居住满1年的个人。

为了便于人员的国际交流，本着从宽、从简的原则，对于在中国境内无住所，但居住满 1 年而未超过 5 年的个人，就其在中国境内工作期间取得的所得应全部依法缴纳个人所得税。对于其来源于中国境外的各种所得，经主管税务机关批准，可以只就由中国境内公司、企业以及其他经济组织或个人支付的部分缴纳个人所得税。如果上述个人在居住期间临时离境，在临时离境工作期间的工资薪金所得，仅就由中国境内企业或个人雇主支付的部分纳税。

对于居住超过 5 年的个人，从第 6 年起，开始就来源于中国境内、境外的全部所得缴纳个人所得税。

所谓个人在中国境内居住满 5 年，是指个人在中国境内连续居住满 5 年，即在连续 5 年中的每一个纳税年度内均居住满 1 年。如果个人从第 6 年起以后的各年度中，凡在境内居住满 1 年的，应当就其来源于境内、境外的所得申报纳税；凡在境内居住不满 1 年的，仅就其该年内来源于境内的所得申报纳税。如该个人在第 6 年起以后的某一个纳税年度内在境内居住不足 90 天，其来源于中国境内的所得，由境外雇主支付并且不由该雇主在中国境内的机构、场所负担的部分，免予缴纳个人所得税，并从再次居住满 1 年的年度起计算 5 年期限(财税【1995】98 号)。在中国境内有住所的居民纳税人不适用上述规定。

【例 6-2】 一位英国人受雇于某跨国集团公司总部。1997 年 4 月起，他到中国分支机构就职，2003 年度他离开中国两次，一次离境 52 天回总部述职，一次离境 42 天回国探亲。2003 年度法国总部支付给他 100 000 元薪金。这 100 000 元薪金是否需要向我国政府纳税?

解：根据《个人所得税法》的相关规定，这位英国人 1997 年未居住满 1 年，1998～2002 年已居住满 5 年，2003 年两次离境累计超过 90 天，居住未满 1 年，因此他 2003 年仅需就其来源于境内的所得申报纳税。因此，这 100 000 元薪金不必向我国政府纳税。

2. 非居民纳税人的纳税义务范围

在中国境内无住所又不居住，或者无住所而在境内居住不满 1 年的个人，属于我国税法中的非居民纳税人，只就其来源于中国境内的所得向我国政府履行有限纳税义务，依法缴纳个人所得税。

非居民纳税人的情况比较复杂，涉及的收入来源及其支付形式也比较多。为了兼顾有关国家的财政利益，我国税法根据国际惯例，对于非居民纳税人的纳税义务范围情况做了以下规定。

(1)对于在中国境内无住所，而一个纳税年度内在中国境内连续或累计工作不超过 90 日，或者在税收协定的期间内，在中国境内连续或累计居住不超过 183 日的个人，由中国境外雇主支付并且不是由该雇主设在中国境内机构负担的工资薪金所得，免于缴纳个人所得税，仅就其实际在中国境内工作期间由中国境内企业或个人雇主支付或者由中国境内机构负担的工资薪金所得纳税。不过，如果该中国境内企业、机构属于采取核定利润方法计征企业所得税，在该企业、机构任职、受雇的个人实际在中国境内工作期间取得的工资薪金，不论是否在该企业、机构会计账簿中记载，均应视为该中国境内企业、机构支付或负担的工资薪金，应予以征税。

(2)对于在中国境内无住所，但在一个纳税年度中在中国境内连续或累计工作超过 90 日，或者在税收协定规定的期间内，在中国境内连续或累计居住超过 183 日但不满 1 年的个人，其来源于中国境内的所得，无论是由中国境内企业或个人雇主支付还是由境外企业或个人雇主支付，均应缴纳个人所得税。对于个人在中国境外工作期间取得的工资薪金所得，除担任中国境内企业董事或高层管理人员，并在境外履行职务而由境内企业支付董事费或工资薪金所得之外，不予征收个人所得税。

担任中国境内企业董事或高层管理人员[指公司正、副(总)经理、各职能技师、总监及其他类似公司管理层的职务]，其取得的由该中国境内企业支付的董事费或工资薪金，应自其担任该中国境内企业董事或高层管理职务起，至其解除上述职务止的期间，不论其是否在中国境内履行职务，均应申报缴纳个人所得税(国税发【1994】148 号)。

6.2.3　所得来源的确定

如前所述，居民纳税人和非居民纳税人对中国政府承担着不同的纳税义务。居民纳税人在就其来源于中国境内、境外的所得缴纳个人所得税；非居民纳税人承担有限纳税义务，即只需就其来源于中国境内的所得缴纳个人所得税。那么，如何确认其所得是“来源于中国境内”呢?

按照国际惯例，“来源于中国境内”，并非一定是在我国境内支付的所得。《个人所得税法》规定，表 6-2 中所列所得，不论支付地点是否在中国境内，均属于来源于中国境内的所得。

表 6-2　所得来源及所得项目归类

行为特点	经济行为	所得项目
经济行为或活动发生在中国境内	中国境内任职、受雇	工资薪金所得
	中国境内提供劳务	劳务报酬所得
	在中国境内从事生产经营活动	个体工商户所得或承包承租经营所得
经济行为或活动发生在中国境内	在中国境内以图书、报刊方式出版、发表作品	稿酬所得
	参加中国境内的竞赛、抽奖、购买彩票活动取得的奖金和中奖所得	偶然所得
资产、特许权等标的物在中国境内使用或转让	提供专利权、专有技术、商标权、著作权等特许权在中国境内使用	特许权使用费
	个人出租的财产在中国境内使用	财产租赁所得
	转让中国境内的房屋、建筑物、土地使用权或其他财产	财产转让所得
	持有中国的债券、股票或股权	利息、股息、红利所得

需要补充说明的是，对工资薪金这类非独立个人劳动所得的征税，在国际上一般有两种原则：一是劳务活动地原则；二是所得支付地原则。前者是以劳务活动所在地为工资薪金所得的发生地；后者是以所得实际支付地为工资薪金所得发生地。当两个国家分别采用劳务活动地原则和所得支付地原则时，就会导致两国对同一跨国工薪所得的重复

征税。为解决这一问题，国际社会逐渐形成一个时间标准，即一国居民到另一国从事非独立个人劳动，在其所得是由居住国雇主支付的条件下，该居民在非居住国停留只有超过一定时间，非居住国政府方能对其所得征税。我国税法确定的时间标准为 90 日，而国际税收协定范本确定的时间标准为 183 日。

6.3 征税范围与税率

由于个人的收入来源多种多样，个人所得的内容非常复杂，各国个人所得税往往通过列举项目来规定其征税对象。我国现行个人所得税采取分类所得税制，即对纳税人取得的不同所得项目分项定率征收。我国现行税法中列举征税的应纳税所得共有 11 项。为便于比较，本节中将几种性质相近的所得一起比较介绍。

6.3.1 工资薪金所得

工资薪金所得，是指个人因任职或者受雇而取得的工资、薪金、奖金、年终加薪、劳动分红、津贴、补贴以及与任职或者受雇有关的其他所得。

一般来说，工资薪金所得属于非独立个人劳动所得。所谓非独立个人劳动，是指个人所从事的是由他人指定、安排并接受管理的劳动、工作，或服务于公司、工厂、行政、事业单位(私营企业主除外)。非独立劳动者从上述单位取得的劳动报酬，是以工资薪金的形式体现的。在这类报酬中，工资和薪金的收入主体略有差异。通常情况下，把直接从事生产、经营或者服务的劳动者(工人)的收入称为工资，即所谓“蓝领阶层”所得；而将从事社会公职或管理活动的劳动者(公职人员)的收入称为薪金，即所谓“白领阶层”所得。但实际立法过程中，各国都从简便易行的角度考虑，将工资、薪金合并为一个项目计征个人所得税。

除工资、薪金外，奖金、年终加薪、劳动分红、津贴、补贴也被确定为工资薪金范畴。其中，年终加薪、劳动分红不分种类和取得情况，一律按“工资薪金所得”课税。奖金是指所有具有工资性质的奖金，免税奖金的范围在税法中另有规定。对于津贴、补贴部分，不属于工资薪金性质或不属于纳税人本人“工资薪金所得”项目的收入，则不予课税。其具体包括：独生子女补贴；托儿补助费；差旅费津贴、误餐补助以及执行公务员工资制度未纳入基本工资总额的补贴、津贴差额和家属成员的副食品补贴(国税发【1994】89 号)。需要注意的是，单位以午餐补助的名义发给职工的补助、津贴不能认定为误餐补助，须归入工资薪金总额依法纳税。

按照国家规定，单位为个人缴付和个人缴付的基本养老保险费、基本医疗保险费、失业保险费、住房公积金属于免税所得，不计入当期工资薪金收入，免于征收个人所得税。超过规定的比例交付的部分计征个人所得税。

公司职工取得的用于购买企业国有股权的劳动分红，按“工资薪金所得”项目计征个人所得税。

单位为职工个人购买商业性补充养老保险等，在办理投保手续时应作为个人所得税的“工资薪金所得”项目，按税法规定缴纳个人所得税；因各种原因退保，个人未取得实际收入的，已缴纳的个人所得税应予以退回(财税字【2005】94 号)。

出租汽车经营单位对出租车驾驶员采取单车承包或承租方式运营，出租车驾驶员从事客货营运取得收入，按"工资薪金所得"征税(国税发【1995】50 号)。

对商品营销活动中，企业和单位对其营销业绩突出的雇员以培训班、研讨会、工作考察等名义组织旅游活动，通过免收差旅费、旅游费对个人实行的营销业绩奖励(包括实物、有价证券等)，应根据所发生费用的全额并入营销人员当期的工资薪金所得，按照"工资薪金所得"项目征收个人所得税，并由提供上述费用的企业和单位代扣代缴。其中，对企业雇员享受的此类奖励，应与当期的工资薪金合并，按照"工资薪金所得"项目征收个人所得税；对其他人员享受的此类奖励，应作为当期的劳务收入，按照"劳务报酬所得"项目征收个人所得税(财税【2004】11 号)。

对工资薪金所得，适用 3%～45%的七级超额累进税率。具体适用税率见表 6-3。

表 6-3 工资薪金所得适用税率

级数	全月应纳税所得额	税率/%	速算扣除数/元
1	不超过 1 500 元的	3	0
2	超过 1 500～4 500 元的部分	10	105
3	超过 4 500～9 000 元的部分	20	555
4	超过 9 000～35 000 元的部分	25	1 005
5	超过 35 000～55 000 元的部分	30	2 705
6	超过 55 000～80 000 元的部分	35	5 505
7	超过 80 000 元的部分	45	13 505

表 6-3 中任一级的速算扣除数，是指该级应纳税所得额按全额累进计算方法计算的应纳税额和按超额累进计算方法计算的应纳税额之差。即

本级速算扣除数＝本级全额累进税额－本级超额累进税额

例如，对于表 6-3 中的第 3 级，由于该级的最高应纳税所得额为 9 000 元，税率为 20%，所以其全额累进税额＝9 000×20%＝1 800；超额累进税额＝1 500×3%＋3 000×10%＋4 500×20%＝1 245，所以这一级的速算扣除数＝1 800－1 245＝555。

显然，对于任一较大的应纳税所得额，计算其全额累进税额非常容易，而计算其超额累进税额则比较复杂，速算扣除数的作用就是将超额累进税的计算简化得几乎等同于全额累进税的计算。

6.3.2 个体工商户的生产、经营所得

个体工商户的生产、经营所得包括：个体工商户或个人从事的几乎所有行业的生产、经营所得，具体包括从事工业、手工业、建筑业、交通运输业、商业、饮食业、服务业、修理业以及其他行业的生产、经营取得的所得；经政府有关部门批准，取得执照，从事办学、医疗、咨询以及其他有偿服务活动取得的所得；个人因从事彩票代销业务取得的所得也要依照个体工商户的生产、经营所得纳税。

目前，我国对个人独资企业和合伙企业停征企业所得税，只对其投资者的经营所得

按个体工商户经营所得征收个人所得税。

此外，从事个体出租车运营的出租车驾驶员取得的收入，按“个体工商户的生产、经营所得”项目缴纳个人所得税。

出租车属于个人所有的，但挂靠出租汽车经营单位或企事业单位，驾驶员向挂靠单位缴纳管理费的，或出租汽车经营单位将出租车所有权转移给驾驶员的，出租车驾驶员从事客货运营取得的收入，比照“个体工商户的生产、经营所得”项目征税(国税发【1995】50号)。

个体工商户和从事生产、经营的个人，取得与生产、经营活动无关的其他各项应税所得，应分别按照其他应税项目的有关规定，计算征收个人所得税。例如，取得银行存款的利息所得，对外投资取得的股息所得，应按“股息、利息、红利”项目的规定单独计征个人所得税。

个人独资企业、合伙企业的个人投资者以企业资金为本人、家庭成员及其相关人员支付与企业生产经营无关的消费性支出及购买汽车、住房等财产性支出，视为企业对个人投资者利润分配，并入投资者个人的生产经营所得，依照“个体工商户的生产、经营所得”项目计征个人所得税(财税【2003】158号)。

对个体工商户的生产、经营所得和对企事业单位的承包经营、承租经营所得，适用5%～35%的五级超额累进税率。具体适用税率见表6-4。

表6-4 个体工商户等经营所得适用税率

级数	全年应纳税所得额	税率/%	速算扣除数/元
1	不超过15 000元的	5	0
2	超过15 000～30 000元的部分	10	750
3	超过30 000～60 000元的部分	20	3 750
4	超过60 000～100 000元的部分	30	9 750
5	超过100 000元的部分	35	14 750

6.3.3 企事业单位的承包经营、承租经营所得

企事业单位的承包经营、承租经营所得是指个人承包经营、承租经营以及转包、转租取得的所得，还包括个人按月或者按次取得的工资薪金性质的所得。承包项目可分为多种，如生产经营、采购、销售、建筑安装等各种承包。转包包括全部转包和部分转包。

个人对企事业单位的承包、承租经营形式较多，分配方式也不尽相同。大体上可分为以下两类：

一类是个人对企事业单位承包、承租经营后，工商登记改变为个体工商户的。这类承包、承租经营所得，实际上属于个体工商户的生产、经营所得，应按“个体工商户的生产、经营所得”项目征收个人所得税，不再征收企业所得税。

另一类是个人对企事业单位承包、承租经营后，工商登记仍为企业的，不论其分配方式如何，均应先按照企业所得税的有关规定缴纳企业所得税。然后根据承包、承租经

营者按合同(协议)规定取得的所得，缴纳个人所得税。具体如下：

(1)承包、承租人对企业经营成果不拥有所有权，仅按合同(协议)规定取得一定所得的，应按“工资薪金所得”项目征收个人所得税。

(2)承包、承租人按合同(协议)规定中只向发包方、出租人交纳一定的费用，交纳承包、承租费后的企业的经营成果归承包、承租人所有的，其取得的所得，按“企事业单位承包、承租经营所得”项目征收个人所得税(国税发【1994】179号)。

对企事业单位的承包经营、承租经营所得，比照对个体工商户的生产、经营所得适用5%～35%的五级超额累进税率。具体适用税率见表6-4。

6.3.4　劳务报酬所得

劳务报酬所得，是指个人从事设计、装潢、安装、制图、化验、测试、医疗、法律、会计、咨询、讲学、新闻、广播、翻译、审稿、书画、雕刻、影视、录音、录像、演出、表演、广告、展览、技术服务、介绍服务、经纪服务、代办服务以及其他劳务取得的所得。

个人由于担任董事职务所取得的董事费收入，属于劳务报酬所得性质，按照“劳务报酬所得”项目征收个人所得税(国税发【1994】89号)。

在校学生因参与勤工俭学活动(包括参与学校组织的勤工俭学活动)而取得属于《个人所得税法》规定的应税所得项目的所得的，应缴纳个人所得税(国税函【2002】146号)。

在经济生活中，工资薪金所得与劳务报酬所得有时易发生混淆，应注意区分。工资薪金所得属于非独立个人劳务活动，即在机关、团体、学校、部队、企事业单位及其他组织中任职、受雇而得到的报酬；劳务报酬所得则是个人独立从事各种技艺、提供各项劳务取得的报酬。两者的主要区别在于，前者存在雇佣与被雇佣关系，后者则不存在这种关系。例如，演员从剧团领取工资，教师从学校领取工资，就属于“工资薪金所得”项目，而不属于“劳务报酬所得”范围，但如果演员自己“走穴”或与他们组合“走穴”演出取得的报酬，教师未经政府有关部门批准，自己举办学习班、培训班取得的办班收入或课酬收入，就属于劳务报酬的范围。

对个人取得的劳务报酬适用20%的比例税率。但是，劳务报酬所得一次收入畸高，即一次劳务报酬的应纳税所得额超过20 000元的，实行加成征收，具体规定为：应纳税所得额超过20 000～50 000元的部分，依照税法规定计算应纳税额后再按照该部分应纳税额加征五成；超过50 000元的部分，加征十成。基于此，对劳务报酬所得实行的税率实际上是一种特殊的、延伸的三级超额累进税率，如表6-5所示。

表6-5　个人劳务报酬适用等价超额累进税率

级数	每次应纳税所得额	税率/%	速算扣除数/元
1	不超过20 000元	20	0
2	超过20 000～50 000元的部分	30	2 000
3	超过50 000元的部分	40	7 000

6.3.5 稿酬与特许权使用费所得

稿酬所得是指个人因其作品以图书、报刊形式出版、发表而取得的所得。这里所说的作品，包括文学作品、书画作品、摄影作品，以及其他作品。作者去世后，财产继承人取得的遗作稿酬，也应征收个人所得税。

之所以将稿酬所得独立划归一个征收项目，而对不以图书、报刊形式出版、发表的翻译、审稿、书画所得归为劳务报酬所得，主要是考虑了出版、发表作品的特殊性。一是它是一种依靠较高智力创作的精神产品；二是它具有普遍性；三是它与社会主义精神文明和物质文明密切相关；四是报酬相对偏低。因此，稿酬所得应与一般劳务报酬相对区别，并给予优惠照顾。

此外，任职、受雇于报刊、杂志等单位的记者、编辑等专业人员，因在本单位的报刊、杂志上发表作品取得的所得，属于因任职、受雇而取得的所得，应与其当月工资收入合并，按“工资薪金所得”项目征收个人所得税(国税函【2002】146 号)。除上述专业人员以外，其他人员在本单位的报刊、杂志上发表作品取得的所得，应按“稿酬所得”项目征收个人所得税。

出版社的专业作者撰写、编写或翻译的作品，由本社以图书形式出版而取得的稿费收入，应按“稿酬所得”项目计算缴纳个人所得税(国税函【2002】146 号)。

对稿酬所得适用 20%的比例税率，然后按计算的应纳税额减征 30%的税款，即只征收 70%的税额。这主要是考虑作者写作或制作一件作品往往需要投入较长的时间和较多的精力，有必要给予适当的税收照顾，体现对稿酬这种知识性勤劳所得的特殊政策。

特许权使用费所得，是指个人提供专利权、商标权、著作权、非专利技术以及其他特许权取得的所得，这类所得和稿酬所得性质比较相似，但稿酬在税收上给予了特殊照顾，而将纳税人提供或转让特许权单独列为一类征税项目。对特许权使用费所得的征税办法，各国不尽一致。有的国家对转让专利权所得征收资本利得税，而我国是将提供和转让合在一起，一并列入个人所得税的征税范围。

个人取得特许权的经济赔偿收入，应按“特许权使用费所得”应税项目缴纳个人所得税，税款由支付赔款的单位或个人代扣代缴(国税函【2000】257 号)。

编剧从电视剧的制作单位取得的剧本使用费，不再区分剧本的使用方是否为其任职单位，统一按“特许权使用费所得”项目计征个人所得税(国税函【1997】385 号)。

特许权使用费所得适用 20%的比例税率。

6.3.6 利息、股息、红利所得

利息、股息、红利所得，是指个人拥有债权、股权而取得的利息、股息、红利所得。

利息，是指个人拥有债权而取得的利息，包括存款利息、贷款利息和各种债券的利息。个人取得的利息，除国债和国家发行的金融债券利息之外，应当依法缴纳个人所得税。

股息、红利，是指上市公司将税后利润的一部分分配给股东作为对股东的投资回

报，即“分红”的两种基本形式。股息就是股票的利息，其是指公司按照票面金额的一个固定比率向股东支付利息，通常股息专指优先股的收益。红利虽然也是公司分配给股东的回报，但它与股息的区别在于，股息的利率是固定的，而红利数额通常是不固定的，它随着公司每年可分配红利的数额多少而上下浮动，通常是指普通股的收益。

个人从银行及其他储蓄机构开设的用于支付电话、水、电、煤气等有关费用，或者用于购买股票等方面的投资、生产经营业务往来结算以及其他用途，取得的利息收入，属于储蓄存款利息所得性质，应依法缴纳个人所得税，税款由结付利息的储蓄机构代扣代缴。

集体所有制企业在改制为股份合作制企业时将有关资产量化给职工个人时，对职工个人以股份形式取得的仅作为分红依据，不拥有所有权的企业量化资产，不征收个人所得税；对职工个人以股份形式取得的企业量化资产参与企业分配而获得的股息、红利，应按“利息、股息、红利”项目征收个人所得税(国税发【2000】60 号)。

对于外籍居民个人的储蓄存款，外籍居民个人可凭其护照或其他有效证件及居民国税务主管当局为其签发的居民证明，直接向储蓄机构办理享受税收协定待遇手续。

对于储蓄存款利息，在 1999 年 11 月 1 日后孳生的利息所得，征收个人所得税，税款由办理个人银行结算账户业务的储蓄机构在结付利息时代扣代缴。另外，自 2008 年 10 月 9 日起暂免征收储蓄存款利息的个人所得税。

利息、股息、红利所得适用 20％的比例税率，其中居民储蓄存款利息税税率自 2007 年 8 月 15 日起调为 5％。

6.3.7　财产租赁与转让所得

财产租赁所得，是指个人出租建筑物、土地使用权、机器设备、车船以及其他财产取得的所得。

个人取得的财产转租收入，属于“财产租赁所得”的征税范围，由财产转租人缴纳个人所得税。在确认纳税人时，应以产权凭证为依据；对无产权凭证的，由主管税务机关根据实际情况确定。产权所有人死亡，在未办理产权继承手续期间，该财产出租而有租金收入的，以领取租金的个人为纳税人。

财产转让所得，是指个人转让有价证券、股权、建筑物、土地使用权、机器设备、车船以及其他财产取得的所得。

财产转让所得中对个人出售、换购和转让住房，以及股票转让所得做了税收优惠的特殊规定，具体规定如表 6-6 所示。

表 6-6　财产转让所得优惠规定

项目	条件限制	优惠规定
个人转让生活用房	1. 自用 5 年以上 2. 家庭唯一生活用房	免征个人所得税
股票转让所得		暂不征收
个人出售自有住房	1 年内按市场价重新购房	全部或部分予以免税

其中，个人出售自有住房具体优惠办法如下：个人出售现住房所应缴纳的个人所得

税税款，应在办理产权过户手续前，以纳税保证金形式向当地主管税务机关缴纳；个人出售现住房后1年内重新购房的，按照购房金额大小相应退还纳税保证金；个人出售现住房后1年内未重新购房的，所缴纳的纳税保证金全部作为个人所得税缴入国库。

财产租赁所得和财产转让所得适用20%的比例税率。

6.3.8 偶然所得和其他所得

偶然所得，是指个人得奖、中奖、中彩以及其他偶然性质的所得。得奖是指参加各种有奖竞赛活动，取得名次得到的奖金；中奖、中彩是指参加各种有奖活动，如有奖销售、有奖储蓄，或者购买彩票，经过规定的程序，抽中、摇中号码而取得的奖金。

个人因参加企业的有奖销售活动而取得的赠品所得，应按"偶然所得"项目计征个人所得税。赠品所得为实物的，应当按照取得的凭证上所注明的价格计算应纳税所得额；无凭证的实物或者凭证上所注明的价格明显偏低的，由主管税务机关参照当地的市场价格核定应纳税所得额。

偶然所得应缴纳的个人所得税款，一律由发奖单位或机构代扣代缴。其他所得，是指除上述列举的十项个人应税所得外，今后可能出现的确有必要征税的个人所得，以及个人取得的难以界定应纳税所得项目的所得，由国务院财政部门确定。偶然所得和其他所得适用20%的比例税率。

6.4 应纳税额的计算

个人所得税的征税范围为前述列举的11种所得，但多数情形下其据以计算应纳税额的计税依据却不直接是个人取得的收入总额，而是纳税人的收入总额扣除各项费用或成本之后的净所得，即应纳税所得额。

在计算应纳税所得额时，除特殊项目外，一般允许从个人的应税收入中减去税法规定的扣除项目或扣除金额，包括为了取得收入所支出的必要成本或费用。因为个人在取得收入、所得的过程中，大多需要支付一些必要的成本或费用。从世界各国征收个人所得税的实践来看，一般都允许纳税人从其收入、所得总额中扣除必要的费用，仅就扣除费用后的余额征税。由于各国具体情况不同，其扣除项目、扣除标准及扣除方法也不尽一致。

我国现行的个人所得税采取分项确定、分类扣除，根据其所得的不同情况分别实行定额、定率和会计核算三种扣除办法。

(1)对工资薪金所得涉及的个人生计费用，采取定额扣除的办法。

(2)个体工商户的生产、经营所得和对企事业单位的承包经营、承租经营所得及财产转让所得，涉及生产、经营及有关成本或费用的支出，采取会计核算办法扣除有关成本、费用或规定的必要费用。

(3)对劳务报酬所得、稿酬所得、特许权使用费所得、财产租赁所得，因需兼顾按一定比例合理扣除费用和避免扩大征税范围两个因素，故采取定额和定率选择适用的扣除办法。

(4)利息、股息、红利所得和偶然所得，因不涉及必要费用的支付，所以规定不扣除任何费用。

由于个人的收入来源多种多样，个人所得的内容非常复杂，下面我们通过列举项目来逐一阐述11种所得项目应纳税额的计算。

6.4.1 工资薪金所得

工资薪金所得，以每月收入减除生计费用3 500元后的余额作为应纳税所得额。其计算公式为

应纳税所得额＝每月工资薪金所得－3 500元

特别地，对在中国境内的外商投资企业和外国企业中工作的外籍人员，应聘在中国境内的企业事业单位、社会团体、国家机关中工作的外籍专家，在中国境内有住所而在中国境外任职或受雇取得工资薪金所得的个人，以及财政部门确定的其他人员，其应纳税所得额还可扣除附加减除费用1 300元，即可采用如下计算公式：

应纳税所得额＝每月工资薪金所得－3 500元－1 300元

对华侨和香港、澳门、台湾同胞征收个人所得税时，比照上述规定执行。

由于工资薪金所得在计算应纳个人所得税税额时，适用的是超额累进税率，故可利用速算扣除数来简化计算过程。这时的适用税率是该应纳税所得额全额所对应的级数的税率，故简化计算的公式为

应纳税额＝应纳税所得额×适用税率－速算扣除数

【例6-3】 某公务员某月工资为7 100元，则其所得属于工资薪金项，其应纳税额为多少？

解：应纳税所得额＝7 100－3 500＝3 600(元)

其适用税率为表6-3中的第2级税率

应纳税额＝3 600×10%－105＝255(元)

当纳税人从多处地方取得工资薪金时，需要合并计算，以下举一例说明。

【例6-4】 李某为一外商投资企业雇佣的中方人员，某月，该外商投资企业支付给李某的薪金为7 200元，同月，李某还收到其所在的派遣单位发给的工资2 000元。那么，该外商投资企业、派遣单位应如何扣缴其个人所得税？李某实际应缴纳的个人所得税为多少？

解：①外商投资企业应为李某扣缴的个人所得税为

扣缴税额＝(每月收入额－3 500)×适用税率－速算扣除数

＝(7 200－3 500)×10%－105＝265(元)

②派遣单位应为李某扣缴的个人所得税为

扣缴税额＝每月收入额×适用税率－速算扣除数

=2 000×10%−105=95(元)

③李某实际应缴的个人所得税为

应纳税额=(每月收入额−3 500)×适用税率−速算扣除数

=(7 200+2 000−3 500)×20%−555=585(元)

因此，在李某到某税务机关申报时，还应补缴585−265−95=225(元)。

对于外商投资企业、外国企业和外国驻华机构发放给中国工作人员的工资薪金所得，应全额计税。但对于可以提供有效合同或有关凭证，能够证明其工资薪金所得的一部分按有关规定上交派遣(介绍)单位的，可以扣除其实际上交的部分，按其余额计征个人所得税。

关于企业减员增效和行政、事业单位及社会团体在机构改革过程中实行内部退养办法人员，其办理内部退养手续后取得的收入，视收入性质区别对待：在其内部退养后至法定离退休年龄之间从原任职单位取得的工资薪金，不属于离退休工资，应按"工资薪金所得"项目计征个人所得税；从原任职单位取得的一次性收入，应按办理内部退养手续后至法定离退休年龄之间的所属月份进行平均，并与领取当月的"工资薪金"所得合并后减除当月费用扣除标准，以余额为基数确定适用税率，再将当月工资薪金加上取得的一次性收入，减去费用扣除标准，按适用税率计征个人所得税；在其内部退养后至法定离退休年龄之间重新就业取得的工资薪金所得，应与其从原任职单位取得的同一月份的工资薪金所得合并，并依法自行向主管税务机关申报缴纳个人所得税。

6.4.2 个体工商户生产经营所得

对于实行查账征收的个体工商户，其生产、经营所得，以每一纳税年度的收入总额，减除成本、费用、损失以及准予扣除的税金后的余额，为应纳税所得额。计算公式为

应纳税所得额=收入总额−(成本+费用+损失+准予扣除的税金)

应纳税额=应纳税所得额×适用税率−速算扣除数

1. 收入总额

个体工商户的收入总额，是指个体工商户从事生产、经营以及与生产、经营有关的活动所取得的各项收入，包括商品(产品)销售收入、营运收入、劳务服务收入、工程价款收入、财产出租或转让收入、利息收入、其他收入和营业外收入。

以上各项收入应当按照权责发生制原则确定。

2. 准予扣除的项目

在计算应纳税所得额时，准予从收入总额中扣除的项目包括成本、费用，损失和准予扣除的税金。

(1)成本、费用，是指个体工商户从事生产、经营所发生的各项直接支出和分配计

入成本的间接费用以及销售费用、管理费用、财务费用。

(2)损失，是指个体工商户在生产、经营过程中发生的各项营业外支出。其包括固定资产盈亏、报废、毁损和出售的净损失、自然灾害或意外事故损失、公益救济性捐赠、赔偿金、违约金等。

(3)准予扣除的税金，是指个体工商户按规定缴纳的消费税、营业税、城建税、资源税、土地使用税、土地增值税、房产税、车船使用税、印花税、耕地占用税，以及教育费附加。

3. 准予在所得税前列支的其他项目及列支标准

个体工商户生产经营中发生的或与生产经营相关的支出或费用的扣除标准和时间如表 6-7 所示(财税【2008】65 号、国税发【1997】43 号)。

表 6-7　所得税前列支的其他项目及列支标准

项目	扣除标准	扣除时间
借款利息支出	不超过同期、同类银行贷款利率部分	当期
财产保险、运输保险及从业人员的养老、医疗保险及其他保险费支出	按国家有关规定标准扣除	当期
外币结算的汇兑损益	计入当期所得或当期扣除	当期
工商管理费、个体劳动者协会费、摊位费	据实扣除	当期
租赁费	据实扣除—经营租赁(融资租赁不得扣除)	当期
捐赠支出	不超过应纳税所得额 30% 的部分	当期
修理费	据实扣除	当期(数额较大或发生不均衡时分期扣除)
资产盘亏净损失	据实扣除—须提供清查盘存资料	税务机关审核后
无法收回的账款	据实扣除—提供有效证明	税务机关审核后
业务招待费	实际发生额的 60% 扣除，但不超过收入总额的 5‰—须提供合法凭证或单据	税务机关审核后
年度经营亏损	亏损额	下一年度所得弥补；不足弥补的，5 年内延续弥补
低值易耗品支出	据实扣除—一次性摊销	当期一次性摊销
	按省、自治区、直辖市地方税务局规定扣除	分期摊销—价值较大时

捐赠支出，是指个体工商户将其所得通过中国境内的社会团体、国家机关向教育或者其他社会公益事业以及遭受严重自然灾害地区、贫困地区的捐赠。需要注意的是，纳

税人直接捐赠给受益人的捐赠不得扣除。

无法收回的账款包括，因债务人破产或死亡，以其破产财产或者遗产清偿后，仍然不能收回的应收账款，或者因债务人逾期未履行还债义务超过3年仍然不能收回的应收账款。

另外，个体工商户研究开发新产品、新技术、新工艺所发生的开发费用，以及研究开发新产品、新技术而购置的单台价值在5万元以下的测试仪器和试验性装置的购置费，准予扣除。超出上述标准和范围的，按固定资产管理，不得在当期扣除。

扣除了上述各项成本、损失、税金以及其他可税前列支的项目后，还可以扣除个体工商户业主本人的费用，扣除标准为3 500元/月。

4. 不得在所得税前列支的项目

不得在所得税前列支的项目包括以下四类：一是不属于个体工商户自身经营成本的项目，如资本性支出、自然灾害或者意外事故损失有赔偿的部分、用于个人和家庭的支出、分配给投资者的股利；二是和生产经营无直接关联的项目，如各种赞助支出等；三是一些带有惩罚性质的项目，为保证惩罚的力度，也不允许扣除，如被没收的财务、支付的罚款、税收滞纳金、罚金和罚款等；除了以上项目，缴纳的个人所得税及国家税务总局规定不准扣除的其他支出也不得在税前列支。

5. 应纳税额的计算

个体工商户的生产、经营所得的应纳税额实行按年计算、分月或分季预缴、年终汇算清缴、多退少补的方法，因此，在实际工作中，需要分别计算按月预缴税额和年终汇算清缴税额。其计算公式为

$$\text{本月应预缴税额}=\text{本月累计应纳税所得额}\times\text{适用税率}-\text{速算扣除数}-\text{上月累计已预缴税额}$$

其中，适用税率是指与计算应纳税额的月份累计应纳税所得对应的税率，适用五级超额累进所得税税率。

全年应纳税额＝全年应纳税所得额×适用税率－速算扣除数

汇算清缴税额＝全年应纳税额－全年累计已预缴税额

【例6-5】 某个体工商户经营一毛衣编织店，账证比较健全，当年5月全月营业额为8 000元，购进各种毛线等原料费为2 000元，全月共缴纳电费、水费、房租、煤气费等750元，缴纳其他税费合计为250元。当月支付给两名雇工工资共1 000元，个体工商户业主本身的费用扣除标准为2 000元。1～4月累计应纳税所得额为7 000元，1～4月累计已预缴个人所得税为400元。那么，该个体工商户业主5月应预缴所得税税额为多少呢？

解：应纳税所得额＝8 000－2 000－750－250－1 000－2 000＝2 000(元)

因此，5月累计应纳税所得额＝7 000＋2 000＝9 000(元)

5 月应预缴税额＝9 000×5％－400＝50(元)

6.4.3　企事业单位承包、承租经营所得

对企事业单位的承包、承租经营所得，以每一纳税年度的收入总额减除必要费用后的余额，为应纳税所得额。其收入总额是指纳税人按照承包、承租经营合同规定分得的经营利润和另外领取的工资薪金所得的总和。个人的承包、承租经营所得，既有工资薪金性质，又含生产、经营性质，但考虑到个人按承包、承租经营合同规定分到的是经营利润，涉及的生产、经营成本费用已经扣除，因此，"减除必要费用"，是指按月减除 3 500 元，相当于个人的生计及其他费用。其应纳税所得额的计算公式为

应纳税所得额＝个人承包、承租经营收入总额－每月 3 500 元

个人在承包、承租经营期间，按照企业所得税的有关规定，"凡承租经营后，未改变被租企业名称，未变更工商登记，仍以被承租企业名义对外从事生产经营活动，不论被承租企业与承租方如何分配经营成果，均以被承租企业为纳税人"，即先缴纳企业所得税，再按照个人承包所得的规定缴纳个人所得税(国税发【1994】179 号)。

对企事业单位承包、承租经营所得适用五级超额累进税率，以其应纳税所得额按适用税率计算应纳税额。计算公式为

应纳税额＝应纳税所得额×适用税率－速算扣除数

实际工作中，纳税人可能会在一年内分次取得承包、承租经营所得。如遇这种情况，应在每次分得承包、承租经营所得后，先预缴税款，年终汇算清缴，多退少补。

【例 6-6】 陈某当年承包商店，承包期一年，按合同规定，分两次取得承包经营收入。其中，6 月取得承包收入 25 000 元，年底取得承包收入 24 000 元。此外，陈某还按月从商店领取工资，每月 2 500 元。由于纳税人的承包收入是按次数取得的，故应分次计算应纳税所得额和应纳税额：

6 月应纳税所得额＝(25 000＋6×2 500)－6×3 500＝19 000(元)

6 月应预缴税额＝19 000×10％－750＝1 150(元)

12 月应纳税所得额＝(24 000＋6×2 500)－6×3 500＝18 000(元)

12 月累计应纳税所得额＝19 000＋18 000＝37 000(元)

12 月应纳税额＝37 000×20％－3 750－1 150＝2 500(元)

实行承包、承租经营的纳税人，应以每一纳税年度的承包、承租经营所得计算纳税。如果纳税人的承包、承租期不足一年的，在一个纳税年度内，承包、承租经营不足 12 个月的，以其实际承包、承租经营的期限为一个纳税年度计算纳税。计算公式为

应纳税所得额＝该年度承包、承租经营收入额－可扣除项

可扣除项＝3 500×该年度实际承包、承租经营月份数

应纳税额＝应纳税所得额×适用税率－速算扣除数

【例 6-7】 某人于当年 3 月 1 日起承包单位的鱼塘，经营期限 10 个月。取得经营收入总额 10 万元，准许扣除的与经营收入相关的支出总额 5 万元，其应纳税额为多少？

解：应纳税所得额＝10－5－0.35×10＝1.5(万元)

应纳税额＝15 000×5％＝750(元)

6.4.4 劳务报酬所得

劳务报酬所得，每次收入不超过 4 000 元的，减除费用 800 元；4 000 元以上的，减除 20％的费用，其余额为应纳税所得额；每次收入超过 20 000 元时，则需按前述加征方法计算应纳税额。其应纳税额的计算公式为

(1)每次收入不足 4 000 元的：

应纳税额＝(每次收入额－800)×20％

(2)每次收入在 4 000 元以上的：

应纳税额＝每次收入额×(1－20％)×20％

(3)每次收入的应纳税所得额超过 20 000 元的：

应纳税额＝每次收入额×(1－20％)×适用税率－速算扣除数

由于劳务报酬所得以“次”划分，为避免税收上的模糊，税法对此有明确的规定：

只有一次性收入的，以取得该项收入为一次。例如，从事设计、安装、装潢、制图、化验、测试等劳务，一般是接受客户的委托，按照其要求，完成一次劳务后取得收入。因此，对于属于一次性的收入，以每次提供劳务取得的收入为一次。

【例 6-8】 某著名歌星一次应邀到外地演出，获得演出收入 10 万元，其应纳税额为多少？

解：应纳税所得额＝100 000×(1－20％)＝80 000(元)

应纳税额＝20 000×20％＋(50 000－20 000)×30％＋(80 000－50 000)×40％
＝25 000(元)

利用简化累进速算法，也可计算如下：

应纳税额＝80 000×40％－7 000＝25 000(元)

属于同一项目连续取得收入的，以一个月内取得的收入为一次。例如，某音乐老师在一歌舞厅兼职，每天到该歌舞厅演奏钢琴，每天演出后获取报酬 100 元。在计算其劳务报酬所得时，应视为同一项目的连续性收入，以其在一个月内取得的收入为一次计征个人所得税。例如，张某受私立医院临时聘请在该院门诊部坐堂，每月报酬 5 000 元，张某每月个人所得税应纳税额＝5 000×(1－20％)×20％＝800(元)。

此外，获得劳务报酬所得的纳税人从其收入中支付给中介人和相关人员的报酬，在定率扣除 20％的费用后，一律不再扣除。对中介人和相关人员取得的报酬，应分别计征个人所得税。

6.4.5　稿酬所得

稿酬所得应纳税所得的确定同劳务报酬所得。稿酬所得适用 20%的比例税率，并按规定对应纳税额减征 30%。稿酬所得应纳税额的计算公式为

每次收入不足 4 000 元的：

应纳税额=(每次收入额−800)×20%×(1−30%)

每次收入在 4 000 元以上的：

应纳税额=每次收入额×(1−20%)×20%×(1−30%)

"每次收入"，以每次出版、发表取得的收入为一次。在实际生活中，稿酬的支付或取得形式是多种多样的，比较复杂，为了简化程序，同时防止故意偷漏税，国家税务总局详细地规定了同一作品再版、连载、分次付稿酬以及追印等形式的稿酬收入计税办法，如表 6-8 所示(国税发【1994】89 号)。

表 6-8　稿酬所得"每次收入"的确定

取得形式	税法规定
再版	视为另一次稿酬
出版后连载；连载后出版	视为两次稿酬
连载	合并为一次
分次付稿酬	合并为一次
追加印数	合并为一次(与先前出版、发表时稿酬合并)

【例 6-9】　国内某作家的一篇小说先在某晚报上连载三个月，每月取得稿酬 3 600 元，然后送交出版社出版，一次取得稿酬 20 000 元。该作家应如何纳税？

解：该作家取得的三个月稿酬 10 800 元(3 600 元×3)和 20 000 元被视为两次收入，分别缴纳个人所得税。

前三个月应纳税额=10 800×(1−20%)×20%×(1−30%)=1 209.6(元)

第二次应纳税额=20 000×(1−20%)×20%×(1−30%)=2 240(元)

共计应纳个人所得税=1 209.6+2 240=3 449.6(元)

6.4.6　特许权使用费所得

特许权使用费所得，每次收入不超过 4 000 元的，减除费用 800 元；4 000 元以上的，减除 20%的费用，其余额为应纳税所得额。特许权使用费所得应纳税额的计算公式为

每次收入不足 4 000 元的：

应纳税额=(每次收入额−800)×20%

每次收入在 4 000 元以上的：

应纳税额＝每次收入额×(1－20％)×20％

特许权使用费所得，以某项使用权的一次转让所取得的收入为一次。如果该次转让取得的收入是分笔支付的，则应将各笔收入相加为一次的收入，计征个人所得税。

【例 6-10】 某境外人士转让商标权给我国境内企业使用，收取使用费 60 万元，该境外人士应如何纳税?

解：应纳税所得额＝60×(1－20％)＝48(万元)

应纳税额＝48×20％＝9.6(万元)

对个人从事技术转让中所支付的中介费，若能提供有效合法凭证，允许从其所得中扣除。

6.4.7 财产租赁所得

财产租赁所得，以个人每次取得的收入，定额或定率减除规定费用后的余额为应纳税所得额。每次收入不超过 4 000 元的，定额减除费用 800 元；4 000 元以上的，定率减除 20％的费用，其余额为应纳税所得额。财产租赁所得以一个月内取得的收入为一次。

在确定财产租赁的应纳税所得额时，纳税人在出租财产过程中缴纳的税金和教育费附加，可持完税(缴款)凭证，从其财产租赁收入中扣除。准予扣除的项目除了规定费用和有关税费外，还准予扣除能够提供有效、准确凭证、证明由纳税人负担的该出租财产实际开支的修缮费用。允许扣除的修缮费用，以每次 800 元为限。一次扣除不完的，准予在下次继续扣除，直到扣完为止。

个人出租财产取得的财产租赁收入，在计算缴纳个人所得税时，应依次扣除以下费用：财产租赁过程中缴纳的税费；由纳税人负担的该出租财产实际开支的修缮费用；税法规定的费用扣除标准。

应纳税额的计算公式为

每次收入不足 4 000 元的：

应纳税额＝(每次收入额－准予扣除项目－修缮费用－800)×适用税率

每次收入在 4 000 元以上的：

应纳税额＝(每次收入额－准予扣除项目－修缮费用)×(1－20％)×适用税率

其中，修缮费用每次扣除时不得超过 800 元。

财产租赁所得适用税率为 20％。但对个人按市场价格出租的居民住房取得的所得，暂减按 10％征收(财税【2000】125 号)。

【例 6-11】 某业主出租一间自己的住房，月租金收入为 6 000 元，假设已缴纳的税金和教育费附加合计为 1 100 元；该业主支出维修费 900 元，应如何缴纳个人所得税?

解：应纳的个人所得税计算如下：

①减除规定扣除的税金和有关费用等：6 000－1 100－800＝4 100(元)

(扣除不完的 100 元维修费可在下月租金收入中继续扣除)

②应纳税所得额＝4 100×(1－20%)＝3 280(元)

③应纳税额＝3 280×10%＝328(元)

当取得租金收入为多个月时，需要先将租金分摊到每个月，然后再计算个人所得税。

【例 6-12】 某人一次取得三个月的房屋租金的收入 6 000 元，已缴有关税费 1 800 元。则其应纳税额为多少？

解：应纳税所得额＝(6 000÷3－1 800÷3)－800＝600(元)

每月应纳税额＝600×10%＝60(元)

三个月应纳税额＝60×3＝180(元)

在实际征税过程中，有时会出现财产租赁所得的纳税人不明确的情况。对此，在确定财产租赁所得纳税人时，应以产权凭证为依据。无产权凭证的，由主管税务机关根据实际情况确定纳税人。如果产权所有人死亡，在未办理产权继承手续期间，该财产出租且有租金收入的，以领取租金的个人为纳税人(国税发【1994】89 号)。

6.4.8　财产转让所得

财产转让所得，以每次转让财产的收入额减除财产原值和合理费用后的余额，为应纳税所得额。“每次”是指以一件财产的所有权一次转让取得收入为一次。

财产原值是指：

(1)有价证券，为买入价以及买入时按照规定交纳的有关费用；一般地，转让债权采用“加权平均法”确定其应予减除的财产原值和合理费用。

(2)建筑物，为建造费或者购进价格以及其他有关费用。

(3)土地使用权，为取得土地使用权所支付的金额，开发土地的费用以及其他有关费用。

(4)机器设备、车船，为购进价格、运输费、安装费以及其他有关费用。

(5)其他财产，参照以上方法。

如果纳税人未提供完整、准确的财产原值凭证，不能正确计算财产原值的，由主管税务机关核定其财产原值。合理费用，是指卖出财产时按照规定支付的有关费用。

个人出售已购公有住房，其应纳税所得额为个人出售已购公有住房的销售价，减除住房面积标准的经济适用房价款、原支付超过住房面积标准的房价款、向财政或原产权单位缴纳的所得收益以及税法规定的合理费用后的余额。职工出资的集资合作建房、安居工程住房、经济适用住房以及拆迁安置住房，可以比照已购公有住房的规定确定应纳税所得额。

财产转让所得应纳税额的计算公式为

应纳税额＝(收入总额－财产原值－合理税费)×20%

例如，刘某于 2 月转让给本市某企业一台进口速印机，取得转让收入 120 000 元。此台速印机购进时的原价为 100 000 元，转让时支付有关费用 1 000 元。则应纳税所得额=12－10－0.1=1.9(万元)，应纳税额=1.9×20％=0.38(万元)。

6.4.9 利息、股息、红利所得，偶然所得和其他所得

利息、股息、红利所得，偶然所得和其他所得这三种所得与上述其余所得不同，属于间接性投资所得或消极所得，不涉及生产经营活动，不需要支付任何经营费用，因而我国个人所得税依照国际惯例，对上述项目直接以每次收入额为应纳税所得额，而不扣除任何费用。

利息、股息、红利所得，偶然所得和其他所得，以每次收入额为应纳税所得额。其应纳税额的计算公式为

应纳税额=每次收入额×20％

对于股份制企业，在分配股息、红利时，以股票形式向股东个人支付应得的股息、红利(即派发红股)，应以派发红股的股票票面金额为收入额，计算征收个人所得税(国税发【1994】89 号)。2005 年 6 月 13 日起，对于个人投资者从上市公司取得的股息红利所得，暂减按 50％计入个人应纳税所得额计征个人所得税(财税【2005】102 号)。对于证券投资基金从上市公司分配取得的股息、红利所得，扣缴义务人在代扣代缴个人所得税时，减按 50％计算应纳税所得额(财税【2005】107 号)。这里所称上市公司，是指在上海证券交易所、深圳证券交易所挂牌交易的上市公司。

企业为股东购买车辆并将车辆所有权办到股东个人名下，其实质为企业对股东进行了红利性质的实物分配，应按照“利息、股息、红利所得”项目征税。考虑到该股东名下的车辆也同时为企业经营使用的实际情况，允许合理减除部分所得；减除的具体数额由主管税务机关根据车辆的实际使用情况合理确定(国税函【2005】364 号)。

6.4.10 补充规定

由于现实经济生活的复杂性，如何正确、合理地确定和计算个人所得税，并不是很简单的问题。除了上述应税项目的计税方法以外，在实务中还应注意以下几点基本原则：

第一，对个人取得的所得难以界定其应税所得项目的，由主管税务机关确定。

第二，个人取得的应纳税所得为实物的，应当按照取得的凭证上所注明的价格计算应纳税所得额；无凭证的实物或者凭证上所注明的价格明显偏低的，由主管税务机关参照当地的市场价格核定应纳税所得额。应纳税所得为有价证券的，由主管税务机关根据票面价格和市场价格核定应纳税所得额。

第三，两个或两个以上的个人共同取得同一项目收入的，实行“先分、后扣、再税”的办法。例如，编著一本书、参加同一场演出等，应对每个人取得的收入分别按照税法规定减除费用后计算纳税。

另外，还有两条关于个人捐赠、资助行为的优惠政策值得关注。

个人通过非营利性的社会团体和国家机关向教育事业和其他公益事业捐赠，捐赠额不超过应纳税所得额30%的部分可以从应纳税所得额中扣除；向红十字事业、农村义务教育、公益性青少年活动场所(其中包括新建)的捐赠，可以从应纳税所得额中全额扣除。

个人的所得(不含偶然所得、经国务院财政部门确定征税的其他所得)用于对非关联的科研机构和高等学校研究开发新产品、新技术、新工艺所发生的研究开发经费的资助，经主管税务机关认定，可以全额在下月(工资薪金所得)或下次(按次计征的所得)或当年(按年计征的所得)计征个人所得税时，从应纳税所得额中扣除，不足抵扣的，不得结转抵扣。

【例6-13】 某人获10 000元的劳务报酬，将2 000元捐给民政部门用于救灾，将1 000元直接捐给受灾者个人，那么，他应该如何缴纳个人所得税?

解：捐给民政部门用于救灾的2 000元，属于《个人所得税法》规定的捐赠范围，而且捐赠金额未超过其应纳税所得额的30%：

捐赠扣除限额=10 000×(1－20%)×30%=2 400(元)

实际捐赠2 000元，可以在计税时，从其应纳税所得额中全部扣除。而直接捐赠给受灾者个人的1 000元，不符合税法规定，不得从其应纳税所得额中扣除。

该人应纳个人所得税=[10 000×(1－20%)－2 000]×20%=1 200(元)

案例研究6-1 “对等交换”缴税吗?

某科研人员拥有某项专利，该科研人员认为科研机构比较清苦，因此想籍此项专利创办自己的公司，但又苦于没有资金，此时有一位私营企业主正想购买此项专利以用于企业发展，两人通过协商决定，科研人员向私营企业主提供专利使用权，按理应收取的特许权使用费两万元则以私营企业主向科研人员提供20万元无息贷款作为补偿，双方各得其所。

税务机关经过调查发现了这一问题，认为事实上科研人员已收到了特许权使用费两万元，而私营企业主则从科研人员处获得了利息收入两万元，只不过没有以明确的金钱收付表现出来，是以交换的方式进行利益补偿，因此认定双方都负有纳税义务，即科研人员应缴纳特许权费的个人所得税0.32万元[2万元×(1－20%)×20%]，而私营企业则应缴纳利息收入的个人所得税，即2万元×20%，为0.4万元。税务机关责令双方补缴个人所得税共计0.72万元，鉴于双方的行为有偷漏税的问题，因此决定给予一定的罚款处理。

在个人所得税的征管中，由于个人所得更缺乏有效的证明、凭证，而且在账户处理上也比较随意，有的甚至就根本不用账户，这为个人所得税的偷漏提供了机会，特别是利用应税所得变相地换取货币以外的其他经济利益，以逃避纳税。对于个人所得税征管工作中的这些难点，税务机关应该重视并当做一个重点来抓。

6.5 特定所得的个人所得税处理

特定所得包括个人所取得的性质较为特殊的几种所得，因其计算方法也比较特殊，所以在本节中予以专门阐述。

6.5.1 取得工资薪金性质一次性收入

工资薪金是个人因任职或者受雇而获得的工资、薪金、奖金等。现在个人工资性收入的渠道越来越多。除了按月份发放工资外，有些单位在年终给职工发放奖金或年终加薪、劳动分红；还有的单位由于改革对于下岗或退职人员给予一次性补偿或补助；也有些单位、人员实行年薪制，年终结算全年的收入等。就一次性取得工资薪金性质的收入而言，其形式较多，个人所得税的计算办法也各不相同。

1. 取得全年一次性奖金

全年一次性奖金是指行政机关、企事业单位等扣缴义务人根据其全年经济效益和对雇员全年工作业绩的综合考核情况，向雇员发放的一次性奖金。一次性奖金也包括年终加薪、实行年薪制和绩效工资办法的单位根据考核情况兑现的年薪和绩效工资(国税发【2005】9 号)。

纳税人取得全年一次性奖金，单独作为一个月工资薪金所得计算纳税，自 2005 年 1 月 1 日起按以下计税办法，由扣缴义务人发放时代扣代缴：

将纳税人取得全年一次性奖金，单独作为一个月工资薪金所得计算纳税，但在计征时，应先将雇员当月内取得的全年一次性奖金，除以 12 个月，按其商数确定适用税率和速算扣除数。

如果在发放全年一次性奖金的当月，雇员工资薪金所得低于税法规定的费用扣除额，还应将全年一次性奖金减除“雇员当月工资薪金所得与费用扣除额的差额”后的余额，按上述办法确定全年一次性奖金的适用税率和速算扣除数。计算公式如下：

如果雇员当月工资薪金所得大于或等于税法规定的费用扣除额，适用公式为

应纳税额＝雇员当月取得全年一次性奖金×适用税率－速算扣除数

如果雇员当月工资薪金所得小于税法规定的费用扣除额，适用公式为

应纳税额＝(全年一次性奖金－扣除差额)×适用税率－速算扣除数

扣除差额＝当月工资薪金所得－费用扣除额

【例 6-14】 武汉某服装公司职工王某在当年 1 月取得单位发放的全年一次性奖金为 12 000 元，取得当月工资收入为 3 900 元，则王某 1 月取得的工资及全年一次性奖金收入应缴纳的个人所得税税额为多少？

解：1 月取得的工资应纳个人所得税税额：

应纳税额＝(3 900－3 500)×3%＝12(元)

1 月取得的全年一次性奖金应纳个人所得税税额：

根据商数确定适用税率和速算扣除数：

①计算商数：商数＝12 000 元÷12 月＝1 000 元/月

②按商数确定全年一次性奖金的适用税率和速算扣除数：1 000 元/月所对应的适用税率为 3%，速算扣除数为 0。

根据上述确定的适用税率和速算扣除数计算应纳税税额：

应纳税额＝12 000×3%＝360(元)

因此，王某 1 月应缴纳的个人所得税税额＝12＋360＝372(元)

当雇员当月工资薪金所得小于税法规定的费用扣除额时，计算方法如【例 6-15】所示。

【例 6-15】 杭州某食品有限公司职工刘某在当年 1 月取得单位发放的全年一次性奖金为 3 200 元，取得当月工资收入为 3 300 元，则刘某取得的工资及全年一次性奖金收入应缴纳的个人所得税税额为多少？

解：由于刘某 1 月取得的工资收入为 3 300 元，低于费用扣除额 3 500 元，所以应纳税额为 0。对于 1 月取得的全年一次性奖金：

计算商数：商数＝(全年一次性奖金－当月工资收入与费用扣除额的差额)÷12 月＝(3 200 元－200 元)÷12 月＝3 000 元÷12 月＝250 元/月

按商数确定全年一次性奖金的适用税率和速算扣除数：250 元/月所对应的适用税率为 3%，速算扣除数为 0。

根据上述确定的适用税率和速算扣除数计算应纳税额：

应纳税额＝(3 200－200)×3%－0＝3 000×3%－0＝90(元)

因此，刘某应缴纳的个人所得税税额＝0＋90＝90(元)

注意，在一个纳税年度，对每个纳税人，上述计税办法只允许采用一次。

雇员取得除全年一次性奖金以外的其他各种名目奖金，如半年奖、季度奖、加班奖、先进奖、考勤奖等，一律与当月工资、薪金收入合并，按税法规定缴纳个人所得税。

2. 一次性取得属于数月的奖金

雇员取得除全年一次性奖金以外的其他各种名目奖金，如半年奖、季度奖、加班奖、先进奖、考勤奖等，一律与当月工资、薪金收入合并，按税法规定缴纳个人所得税(国税发【2005】9 号)。

6.5.2 特定行业职工取得工资薪金

1. 采掘业、远洋运输业、远洋捕捞业

为了照顾采掘业、远洋运输业、远洋捕捞业因季节、产量等因素的影响，职工工资、薪金收入呈现较大幅度波动的实际情况，对这三个行业的职工取得的工资薪金所得，可按月预缴，年度终了后 30 日内，合计其全年的各类工资性收入，按 12 个月平均并计算实际应纳税款，多退少补。

另外，对远洋运输船员每月的工资、薪金收入在统一扣除800元费用的基础上，准予再扣除税法规定的附加减除费用标准(国税发【1999】第202号)。

2. 建筑安装业

凡建筑安装业各项工程作业实行承包经营，对承包人取得的所得，分两种情况处理：对经营成果归承包人个人所有的所得，或按合同(协议)规定，将一部分经营成果留归承包人个人的所得，按“企事业单位承包、承租经营所得”项目征税；对承包人以其他方式取得的所得，按“工资薪金所得”项目征税。

3. 广告业

在广告经营中提供名义、形象或在广告设计、制作、发布过程中提供劳务并取得所得的个人，是个人所得税的纳税人。

直接向上述个人支付所得的广告主、广告经营者、受托从事广告制作的单位和发布者，是个人所得税的扣缴义务人。

纳税人在广告设计、制作、发布过程中提供名义、形象而取得的所得，应按“劳务报酬所得”项目计算纳税。

纳税人在广告设计、制作、发布过程中提供其他劳务取得的所得，视其情况分别按照税法规定的劳务报酬所得、稿酬所得、特许权使用费所得等应税项目计算纳税。

扣缴义务人的本单位人员在广告设计、制作、发布过程中取得的由本单位支付的所得，按“工资薪金所得”项目计算纳税。

以上个人所得项目，除工资薪金所得以外，均实行按次征收或按次扣缴。其中，劳务报酬所得是以纳税人每参与一项广告的设计、制作、发布所取得的所得为一次；稿酬所得以在图书、报刊上发布一项广告时使用其作品而取得的所得为一次；特许权使用费所得是以提供一项特许权在一项广告的设计、制作、发布过程中使用而取得的所得为一次。上述取得采取分笔支付的，应合并为一次所得计算纳税。

4. 演出业

凡参加演出(包括舞台演出、录音、录像、拍摄影视等，下同)而取得报酬的演职员，均是个人所得税的纳税人。所取得的所得，为个人所得税的应纳税项目。

向演职员支付报酬的单位或个人，是个人所得税的扣缴义务人。

演职员参加非任职单位组织的演出取得的报酬为劳务报酬所得，按次缴纳个人所得税。演职员参加任职单位组织的演出取得的报酬为工资薪金所得，按月缴纳个人所得税。

参加组台(团)演出的演职员取得的报酬，由主办单位或承办单位通过银行转账支付给演职员所在单位或发放演职员演出许可证的文化行政部门或其授权单位的，经演出所在地主管税务机关确认后，由演职员所在单位或者发放演职员许可证的文化行政部门或其授权单位，按实际支付给演职员个人的报酬代扣个人所得税，并在原单位所在地缴入金库。

组台(团)演出，不按上述方式支付演职员报酬，或者虽按上述方式支付但未经演出所在地主管税务机关确认的，由向演职员支付报酬的演出经纪机构或者主办、承办单位扣缴个人所得税，税款在演出所在地缴纳。

6.5.3　企业员工股票期权所得

企业员工股票期权(简称股票期权)是指上市公司按照规定的程序授予本公司及其控股企业员工的一项权利，该权利允许被授权员工在未来时间内以某一特定价格购买本公司一定数量的股票。

上述“某一特定价格”被称为“授予价”或“施权价”，即根据股票期权计划可以购买股票的价格，一般为股票期权授予日的市场价格或该价格的折扣价格，也可以是按照事先设定的计算方法约定的价格；“授予日”，也称“授权日”，是指公司授予员工上述权利的日期；“行权”，也称“执行”，是指员工根据股票期权计划选择购买股票的过程；员工行使上述权利的当日为“行权日”，也称“购买日”。

关于股票期权所得性质的确认及其具体征税规定如下：

(1)员工接受实施股票期权计划企业授予的股票期权时，除另有规定外，一般不作为应税所得征税。

(2)员工行权时，其从企业取得股票的实际购买价(施权价)低于购买日公平市场价(指该股票当日的收盘价，下同)的差额，是因员工在企业的表现和业绩情况而取得的与任职、受雇有关的所得，应按“工资薪金所得”适用的规定计算缴纳个人所得税。

对因特殊情况，员工在行权日之前将股票期权转让的，以股票期权的转让净收入作为工资薪金所得征收个人所得税。

员工行权日所在期间的工资薪金所得，应按下列公式计算工资薪金应纳税所得额：

$$\begin{matrix}\text{股票期权形式的工资}\\ \text{薪金应纳税所得额}\end{matrix}=\left(\begin{matrix}\text{行权股票的}\\ \text{每股市场价}\end{matrix}-\begin{matrix}\text{员工取得该股票期权}\\ \text{支付的每股施权价}\end{matrix}\right)\times\begin{matrix}\text{股票}\\ \text{数量}\end{matrix}$$

(3)员工将行权后的股票再转让时获得的高于购买日公平市场价的差额，是因个人在证券二级市场上转让股票等有价证券而获得的所得，应按照“财产转让所得”适用的征免规定计算缴纳个人所得税。

(4)员工因拥有股权而参与企业税后利润分配取得的所得，应按照“利息、股息、红利所得”适用的规定计算缴纳个人所得税(财税【2005】35号)。

对于员工取得股票期权后获得的收入，可以分为认购股票所得(行权所得)、转让股票(销售)所得以及税后利润分配所得三种性质，在征税时分别按以下方法计征。

(1)认购股票所得(行权所得)的税款计算。员工因参加股票期权计划而从中国境内取得的所得，按规定(财税【2005】35号)应按工资薪金所得计算纳税的，对该股票期权形式的工资薪金所得可区别于所在月份的其他工资薪金所得，单独按下列公式计算当月应纳税额：

$$\begin{matrix}\text{应纳}\\ \text{税额}\end{matrix}=\left(\begin{matrix}\text{股票期权形式的工资}\\ \text{薪金应纳税所得额}\end{matrix}\div\begin{matrix}\text{规　定}\\ \text{月份数}\end{matrix}\times\begin{matrix}\text{适用}\\ \text{税率}\end{matrix}-\begin{matrix}\text{速　算}\\ \text{扣除数}\end{matrix}\right)\times\begin{matrix}\text{规　定}\\ \text{月份数}\end{matrix}$$

其中，规定月份数，是指员工取得来源于中国境内的股票期权形式的工资薪金所得的境内工作期间月份数，长于12个月的，按12个月计算；适用税率和速算扣除数，以股票期权形式的工资、薪金应纳税所得额除以规定月份数后的商数，对照国税发【1994】089号所附税率表确定。

(2)转让股票(销售)所得的税款计算。对于员工转让股票等有价证券取得的所得，按现行税法和政策规定征免个人所得税。即个人将行权后的境内上市公司股票再行转让而取得的所得，暂不征收个人所得税；个人转让境外上市公司的股票而取得的所得，按税法的规定计算应纳税所得额和应纳税额。

(3)税后利润分配所得的税款计算。员工因拥有股权参与税后利润分配而取得的股息、红利所得，除依照有关规定可以免税或减税的外，应全额按规定税率计算纳税。

6.5.4 境外所得的税额扣除

居民纳税人从中国境外取得的所得应单独计算应纳税额，准予其在应纳税额中抵免已在境外缴纳的个人所得税税额，但最高允许抵免额不得超过该纳税人境外所得按照我国税法计算的应纳税额。即

抵免限额＝min{境外应税所得×我国税率，境外已纳税额}

境外所得应纳税额＝境外应税所得×我国税率－抵免限额

当国外税负较重，境外已纳税额大于抵免限额时，超过部分当年不得抵免，但可以在以后纳税年度相同国家或地区的抵免限额的余额内补扣，补扣期限最长不得超过5年。

各项所得应纳税额的计算，均须以人民币为单位。所得为外国货币的，应按照国家外汇管理机关规定的外汇牌价折合成人民币计算应纳税所得额，再计算应纳税额。

【例6-16】 我国某公司聘用一外籍工程师，月薪为20 800元，已在该公司工作一年以上。他将原居住国的住所出租，月租金折合人民币15 000元，在该国他每月要就这笔租金收入缴纳个人所得税2 000元，则他在我国应如何纳税？

解：该外籍工程师每月应就月薪和住所出租的租金收入缴纳个人所得税。

境内所得应纳税额＝(20 800－3 500－1 300)×25％－1 005＝2 995(元)

其境外所得抵免限额＝min{15 000×(1－20％)×20％，2 000}

＝min{2 400，2 000}＝2 000(元)

境外所得应纳税额＝2 400－2 000＝400(元)

每月应纳所得税税额＝2 995＋400＝3 395(元)

6.6 个人所得税优惠及申报缴纳

6.6.1 税收优惠

个人所得税和居民的收入水平及生活水平直接相关，因此，各国税法中对个人所得

税都有较多的优惠，我国也不例外。根据我国个人所得税法及其实施条例，以及财政部、国家税务总局的若干规定，我国个人所得税的优惠包括免征、暂免征收和减征三种形式。

1. 免征个人所得税

我国免征个人所得税的项目主要分为以下几类：

一是各级政府颁发的各类奖金，如省级人民政府、国务院部委和中国人民解放军军以上单位，以及外国组织、国际组织颁发的科学、教育、技术、文化、卫生、体育、环境保护等方面的奖金。对于乡镇以上政府设立的发给见义勇为者的奖金，经主管税务机关批准后，也可免征个人所得税。

二是国家统一规定发给的补贴、津贴、福利费、抚恤金、救济金等，如按照国务院规定发给的政府特殊津贴、院士津贴、资深院士津贴等，还包括按照国家统一规定发给干部、职工的安家、退职、退休工资、离休工资、离休生活补助费以及军人转业费、复员费等。

三是个人持有国家债券或国务院批准发行的金融债券的利息。国债利息，是指个人持有的中华人民共和国财政部发行的债券而取得的利息；国家发行的金融债券利息，是指个人持有经国务院批准发行的金融债券而取得的利息所得。

四是按照我国外交、领事特权与豁免条例规定免税的各国驻华使领馆外交代表、官员和其他人员的所得，还有我国政府参加的国际公约以及签订的协议中规定免税的所得。

当然，还有一些其他经国务院财政部门批准免税的所得，如保险赔款等。

2. 暂免征收个人所得税

另外，我国还对一些个人收入制定了暂免征收个人所得税的优惠，主要包括以下几类：

一是对于外籍个人所得的优惠，如外籍个人以非现金形式或实报实销形式取得的住房补贴、伙食补贴、搬迁费、洗衣费以及外籍个人按合理标准取得的境内、外出差补贴、探亲费、语言训练费、子女教育费等。

二是对于下岗职工的优惠，如下岗职工从事社区居民服务业，对其取得的经营收入和劳务报酬所得，从事个体经营的自其领取税务登记证之日起、从事独立劳务服务的自其持下岗证明在当地主管税务机关备案之日起，3 年内免征个人所得税；但第 1 年免税期满后由县以上主管税务机关就免税主体及范围按规定逐年审核，符合条件的，可继续免征 1～2 年。社区居民服务业，是指在社区内主要为社区居民提供服务和方便的行业、活动，包括以下 8 项内容：家庭清洁卫生服务；初级卫生保健服务；婴幼儿看护和教育服务；残疾儿童教育训练和寄托服务；养老服务；病人看护和幼儿、学生接送服务(不包括出租车接送)；避孕节育咨询；优生优育优教咨询(国税发【1999】43 号)。还有对国有企业职工因企业按照《中华人民共和国企业破产法》宣告破产，从企业取得的一次性安置费收入等。

三是其他性质的个人所得，如个人举报、协查各种违法、犯罪行为而获得的奖金；个人办理代扣代缴税款手续，按规定取得的扣缴手续费；个人转让自用达5年以上，并且是唯一的家庭生活用房取得的所得；个人取得的教育储蓄存款利息所得等(财税字【1994】20号)。

3. 减征个人所得税

为了帮助纳税人克服困难，度过灾情造成的疾苦，确保人民的生活安定，税法规定，有下列情形之一的，由主管税务机关审核，报上一级税务机关批准，可以减征个人所得税：①残疾、孤老人员和烈属的所得；②因严重自然灾害造成重大损失的；③其他经国务院财政部门批准减税的。

上述减征项目的幅度和期限由各省、自治区、直辖市人民政府确定。

6.6.2 纳税申报及缴纳

我国个人所得税采取源泉扣缴和纳税人自行申报纳税两种方法，以源泉扣缴为主。纳税时间一般必须在次月7日以前。有关缴纳方法和纳税期限有如下具体规定。

1. 源泉扣缴

源泉扣缴，是指各项应税所得虽然以所得人为纳税人，但以支付所得的单位或个人为扣缴义务人。凡支付个人应纳税所得的企业、事业单位、机关、社团组织、军队、驻华机构、个体户等单位或者个人，均为个人所得税的扣缴义务人。

为控制税源，防止漏税和逃税，扣缴义务人在向个人支付应税款项时，必须依法履行个人所得税全员全额扣缴申报义务。全员全额扣缴申报(简称扣缴申报)，是指扣缴义务人向个人支付应税所得时，不论其是否属于本单位人员、支付的应税所得是否达到纳税标准，扣缴义务人应当在代扣税款的次月内，向主管税务机关报送其支付应税所得个人(简称个人)的基本信息、支付所得项目和数额、扣缴税款数额以及其他相关涉税信息。

除个体工商户生产经营所得和个人对企业的承租、承包所得外，企业9项所得均实行全员全额扣缴申报。

扣缴义务人对纳税人的应扣未扣的税款，其应纳税款仍然由纳税人缴纳，扣缴义务人应承担应扣未扣税款50%以上至3倍的罚款；纳税人、扣缴义务人逃避、拒绝或者以其他方式阻挠税务机关检查的，由税务机关责令改正，可处1万元以下的罚款，情节严重的，处1万元以上5万元以下的罚款。

税务机关应根据扣缴义务人所扣缴的税款，付给2%的手续费，由扣缴义务人用于代扣代缴费用开支和奖励代扣代缴工作做得较好的办税人员。

2. 自行申报纳税

自行申报纳税，是由纳税人自行在税法规定的纳税期限内，向税务机关申报取得的应税所得项目和数额，并按照税法规定计算应纳税额，据此缴纳个人所得税的一种方法。

纳税人有下列情形之一的，应当按照规定到主管税务机关办理纳税申报：

(1)年所得 12 万元以上的；

(2)从中国境内两处或者两处以上取得工资薪金所得的；

(3)从中国境外取得所得的；

(4)取得应纳税所得，没有扣缴义务人的；

(5)国务院规定的其他情形。

年所得 12 万元以上的纳税人，需在年度终了后 3 个月内到主管税务机关办理纳税申报。

个人所得超过国务院规定数额的，在两处以上取得工资薪金所得或者没有扣缴义务人的，以及具有国务院规定的其他情形的，纳税人应当按照国家规定办理纳税申报。

纳税人年终一次取得对企事业单位的承包、承租经营所得的，自取得所得之日起，30 日内办理纳税申报；在一个纳税年度中分次取得承包、承租经营所得的，在每次取得所得后的次月 7 日内申报预缴；纳税年度终了后的 3 个月内汇算清缴。

从中国境外取得所得的纳税人，在纳税年度终了后 30 日内向中国境内主管税务机关办理纳税申报。

除以上规定的情形外，纳税人取得的其他各项所得须申报纳税的，在取得所得的次月 7 日内向主管税务机关办理纳税申报。

自行申报纳税的地点一般应为收入来源地的主管税务机关。纳税人从两处或两处以上取得工资薪金所得的，可选择并固定在其中一地税务机关申报纳税；从境外取得所得的，应向境内户籍所在地或经常居住地税务机关申报纳税。纳税人要求变更申报地点的，须经原主管税务机关批准。

案例研究 6-2　　支付个体工商户所得要代扣个税吗？

2004 年 9 月，武汉某重点高校广告专业的学生王小西开始创业。他领取营业执照，在市区繁华地段租赁门面，雇佣班上的 3 名同学，开始从事广告服务。2005 年 3 月，王小西接到了第一笔生意，为某电信公司制作过街广告横幅，取得收入 5 000 元。电信公司在支付收入时按“劳务报酬所得”扣缴了个人所得税 800 元。王小西学税务的朋友却认为电信公司的扣缴行为是错误的，建议他向税务机关申请复议。

从表面上看，电信公司的扣缴行为似乎是合法的，因为《个人所得税法实施条例》规定，个人从事广告服务，属于“劳务报酬所得”的范围，支付“劳务报酬所得”应当履行法定扣缴义务。

但是，要确定本案中电信公司该不该扣缴个人所得税，首先应弄清以下两个问题：

第一，是不是支付个人所得就一定要扣缴个人所得税？

答案当然是否定的。单位和个人在支付工资薪金、劳务报酬、稿酬、利息、股息、红利等所得项目时，必须按规定扣缴个人所得税，但单位和个人在支付“个体工商户生产经营所得”时，是不需要扣缴个人所得税的。例如，个体工商户甲将商品销售给乙单位，取得收入 5 000 元，乙单位在支付收入时是不应扣缴个人所得税的。其原因是乙单位不能确定甲销售商品的购进成本，也就无法确定甲的净收益。甲出售商品取得的收入，必须按照“个体工商户生产经营所得”的有关规定，由甲自己向主管税务机关申报纳税。

第二，如何区分“生产经营所得”和“劳务报酬所得”？

虽然《个人所得税法实施条例》第八条第(四)项规定了个人从事广告服务属于“劳务报酬所得”的范围，但是《个人所得税法实施条例》第八条第(二)项同样规定了个体工商户从事服务业取得的所得属于“个体工商户生产经营所得”的范围。由于《个人所得税法实施条例》对两种所得的列举范围存在交叉，故不能直接根据税法的文字表述片面地区分两种所得。

对“个体工商户生产经营所得”和“劳务报酬所得”的认定，应从以下三方面进行分析判断：第一，是否应当领取营业执照。个体工商户从事生产经营必须按规定领取营业执照，而个人独立提供劳务则不需要领取营业执照。例如，个人领取营业执照从事医疗服务取得的所得属于“个体工商户生产经营所得”，而个人为医疗单位提供坐堂诊断服务(假设无雇佣关系)，则不需要领取营业执照，其所得性质属于“劳务报酬所得”。需要特别注意的是，对个体工商户应当领取而未领取营业执照的，不能因此认定为“劳务报酬所得”。例如，个体工商户未领取营业执照从事商业零售取得的所得，仍然属于“个体工商户生产经营所得”。第二，是否以直接销售的形式取得收入。个体工商户从事生产经营，是以直接销售产品、商品、劳务的形式取得收入，如个人从事商业零售，是以出卖商品取得差价的形式取得收入。而个人从事独立劳务，如个人提供设计、雕刻劳务，是以其付出的设计、雕刻劳动来获取报酬，而不是销售其设计、雕刻形成的产品取得收入。第三，是否有固定的成本费用。“个体工商户生产经营所得”的特点，是在取得收入的同时自身必须支出一定的成本费用。例如，个体工商户从事饮食服务业，在取得经营收入的同时，必须支付购进材料、工人工资、房屋租金或折旧等成本费用。而“劳务报酬所得”的特点是自身没有固定的成本费用支出，如个人提供医疗、咨询、翻译等劳务，主要依靠的是个人的技术能力，其所需成本费用一般由被服务对象提供，而自身不发生固定的成本费用。

在明确了以上两个问题后，不难看出，本案中，王小西领取了营业执照，以销售形式取得收入，有固定的成本费用支出，其制作过街广告横幅取得的所得应属于“个体工商户生产经营所得”。因此，税务机关应当撤销电信公司的扣缴行为，将已扣个人所得税 800 元退还给王小西，或者抵缴王小西应当申报缴纳的“个体工商户生产经营所得”个人所得税。

习题

一、单项选择题

1. 从世界范围看，个人所得税制可以划分为三种类型，我国个人所得税制属于(　　)

A. 综合所得税制　　B. 分类所得税制

C. 混合所得税制　　D. 源泉扣缴税制

2. 我国对自然人居民和非居民纳税人的划分标准是(　　)

A. 习惯性住所标准　　B. 时间标准

C. 永久性住所标准　　D. 习惯性住所和时间标准

3. 下列各项所得中，适用于加成征税规定的是(　　)

A. 个体工商业户的生产经营所得　　B. 劳务报酬所得

C. 稿酬所得　　D. 特许权使用费所得

4. 王某2009年取得特许权使用费两次，一次收入为3 000元，另一次收入为4 500元。王某两次特许权使用费所得应纳的个人所得税税额为(　　)

A. 1 160元　　B. 1 200元　　C. 1 340元　　D. 1 500元

5. 计算个体工商户生产经营所得时，不允许所得税前直接扣除的是(　　)

A. 业主的工资

B. 按规定缴纳的工商管理费，个体劳动者协会会费、摊位费

C. 个体户在生产经营过程中以经营租赁方式租入固定资产而支付的费用

D. 个体户发生的与生产经营有关的财产保险、运输保险

6. 股息、利息、红利所得的应纳税所得额是(　　)

A. 每年收入额　　B. 每季度收入额

C. 每次收入额　　D. 每月收入额

7. 下列表述不正确的是(　　)

A. 若个人发表一作品，出版单位分三次支付稿酬，则这三次稿酬应合并为一次征税

B. 若个人在两处出版同一作品而分别取得稿酬，则应分别纳税

C. 若因作品加印而获得稿酬，应就此次稿酬单独纳税

D. 个人的同一作品连载之后又出书取得稿酬的，应视同再版稿酬分别征税

8. 下列所得中应计入工资薪金所得纳税的是(　　)

A. 职工的加班费补贴　　B. 独生子女费补贴

C. 托儿补贴　　D. 按国家规定的误餐补助

9. 下列项目中，可以免征个人所得税的有(　　)

A. 民间借贷利息　　B. 个人举报、协查各种违法犯罪行为而获得的奖金

C. 在商店获得的中奖收入　D. 本单位自行规定发给的补贴、津贴

10. 演职员参加任职单位组织的演出取得的报酬，应该(　　)

A. 不纳税　　B. 按“工资薪金所得”项目，按月计算纳税

C. 按“劳务报酬所得”项目按次纳税　　D. 按“劳务报酬所得”项目，一个月合计纳税一次

11. 税法规定，自行申报缴纳个人所得税的纳税人，当其在中国境内两处或两处以上取得工资薪金所得时，其纳税地点的选择应是(　　)

A. 收入来源地　　B. 个人户籍所在地

C. 税务局指定地　　D. 选择其中一地

12. 以下财产转让所得不需缴纳个人所得税的是(　　)

A. 建筑物转让所得　　B. 土地使用权转让所得

C. 机器设备转让所得　　D. 股票转让所得

二、多项选择题

1. 个人所得税的纳税人包括(　　)

A. 在中国境内有住所的个人

B. 个体工商户

C. 在中国境内有所得的境外人员
D. 在中国有讲学收入的外籍个人
E. 个人独资企业

2. 对企事业单位的承包、承租经营所得包括(　　)
A. 个人承包、承租经营所得　　B. 个人转包、转租取得的所得
C. 个人按月、按次取得的工薪性质的所得　　D. 利息所得

3. 下列所得属于劳务报酬所得的有(　　)
A. 从事设计取得的所得　　B. 从事审稿业务取得的所得
C. 从事翻译取得的所得　　D. 个人担任董事职务取得的董事费收入

4. 特许权使用费所得包括(　　)
A. 提供专利权取得的所得　　B. 提供稿件取得的稿酬所得
C. 文字作品手稿原件公开拍卖取得的所得　　D. 提供非专利技术的所得

5. 下列各项所得，在计算个人所得税时，不得减除费用的有(　　)
A. 股息、利息、红利所得　　B. 稿酬所得
C. 劳务报酬所得　　D. 偶然所得

6. 对所得征收个人所得税时，以每次收入额为应纳税所得额的有(　　)
A. 股息、利息、红利所得　　B. 稿酬所得
C. 工资薪金所得　　D. 偶然所得

7. 个人所得税自行申报纳税的纳税人有(　　)
A. 从两处或两处以上取得工资薪金所得的个人
B. 取得了应税所得，没有扣缴义务人的
C. 多笔取得属于一次劳务报酬所得的
D. 取得了应税所得，扣缴义务人未按规定扣缴税款的

8. 在计算个体工商户的生产经营所得时，下列税金可以扣除的有(　　)
A. 营业税　　B. 城建税　　C. 增值税　　D. 土地增值税

9. 按照个人所得税的规定，下列说法正确的有(　　)
A. 劳务报酬所得按月征收
B. 劳务报酬所得按次征收
C. 如果在同一活动中，个人兼有不同的劳务报酬所得，则应合并各项所得统一纳税
D. 凡属于同一项目连续性收入的，以一个月内取得的收入为一次，据以确定应纳税所得额

10. 财产转让所得中可扣除的费用有(　　)
A. 必要费用的扣除，即定额扣 800 元或定率扣除 20%
B. 财产原值
C. 合理费用
D. 所计提的折旧

11. 在我国境内居住满 1 年而不满 5 年的个人，在我国缴纳个人所得税的所得包括(　　)
A. 在中国境内工作期间取得的由中国境内企业或个人雇主支付的工薪所得
B. 在中国境内工作期间取得的由中国境外企业或个人雇主支付的工薪所得
C. 来源于中国境内的劳务报酬所得
D. 来源于中国境外的外国银行支付的利息

12. 符合个体工商户扣除费用规定的有(　　)
A. 业主的标准工资　　B. 生产经营过程中的成本、费用

C. 生产经营过程中的损失　　　　　　　D. 消费税、营业税

13. 关于个人取得稿酬纳税时“次”的规定，下列表述正确的有(　　)

A. 同一作品再版取得的所得，应视同另一次稿酬所得征税

B. 同一作品先在报刊上连载，然后再出版取得的所得应合并为一次所得征税

C. 同一作品出版后，添加印数追加的稿酬应视同另一次所得征税

D. 同一作品分次付稿酬应当合并为一次所得征税

E. 同一作品在两处同时出版、发表取得的稿酬应合并为一次所得征税

三、计算题

1. 当年 1 月张某承包了一个服装厂，承包协议规定，服装厂工商登记更改为个体工商户，全年上交承包费 10 万元。当年服装厂取得收入 46.96 万元，允许扣除的成本、费用、税金等相关支出 31 万元，其中包含张某每月领取的工资 4 500 元。当年张某应缴纳个人所得税是多少?

2. 歌星王某参加外地政府组织的商业演出活动，一次获得表演收入 50 000 元，通过中国境内的社会团体捐赠(公益性)8 000 元，其应纳个人所得税税额为多少?(不考虑其他税费的扣除)

3. 科研单位工程师为某施工企业提供设计服务，双方商定，设计完成后由施工企业支付给工程师 35 000 元劳务费(税后)，个人所得税由施工企业承担。不考虑其他税费的情况下，计算施工企业应负担的个人所得税。

4. 李某为 A 公司职员，当年 A 公司派其到 B 公司工作，在 B 公司工作期间，A 公司每月支付李某工资 800 元，B 公司每月支付李某工资 4 300 元。根据以上资料回答下列问题：①B 公司支付每月工资时应代扣的个人所得税；②A 公司支付每月的工资时应代扣的个人所得税；③每月两地的工资合并应缴纳的个人所得税；④李某每月自行申报应补缴的个人所得税。

5. 某个体户从事商品经营，当年 4 月全月销售收入为 18 800 元，进货成本为 10 000 元，各项费用支出为 1 800 元，缴纳增值税 1 200 元，其他税费合计 180 元，当月支付两名雇工工资各 1 000 元，税务机关确定工资扣除标准为每人每月 2 000 元，1～3 月累计应纳税所得额为 12000 元，1～3 月累计已预缴个人所得税为 570 元。根据以上资料计算：①该个体户 4 月应纳税所得额；②该个体户 1～4 月累计应纳税所得额；③该个体户 4 月实际应缴纳个人所得税税额。

6. 某中国公民 2009 年来自美国的所得项目有：偶然所得折合人民币 10 000 元，特许权使用费所得折合人民币 12 000 元，分别已经按该国税法缴纳个人所得税折合人民币 1 000 元和 2 000 元；同时来自法国的稿酬所得折合人民币 6 000 元，已经按该国税法缴纳了个人所得税 600 元，假定 2010 年来自美国的所得仅财产租赁一项，分月收取租赁费，每年收入折合人民币 30 000 元，已按该国税法缴纳个人所得税 3 000 元。根据上述资料计算：①2009 年该中国公民来源于美国的偶然所得应补税额；②2009 年该中国公民来源于美国的特许权使用费所得应补税额；③2009 年该中国公民来源于法国的稿酬所得应补税额；④2009 年该中国公民共计应该补缴的税额；⑤2010 年该中国公民来源于美国的财产租赁所得抵免限额；⑥2006 年该中国公民应补税额。

7. 黎某将自有房屋从 2009 年 1 月开始出租，月租金收入为 2 000 元，每月缴纳有关税费 300 元，在出租半年后，7 月发生修缮费用 1 800 元，由黎某承担。除此之外，黎某 2006 年还获得拥有股票的上市公司的年度红利所得 5 000 元，并且从 2009 年 1 月起，黎某因企业效益较差原因领取了按国家统一规定发给的退职费 18 000 元。根据以上资料回答：①黎某自有房屋出租，7 月的租金收入应缴纳的个人所得税；②黎某自有房屋出租，8 月的租金收入应缴纳的个人所得税；③黎某自有房屋出租，9 月的租金收入应缴纳的个人所得税；④黎某自有房屋出租，除 7～9 月 3 个月外，其余 9 个月每月的租金收入应缴纳的个人所得税；⑤黎某获得的红利所得和退职费共计应缴纳的个人所得税；⑥黎某 2009 年共计应缴纳的个人所得税。

第7章

企业所得税

企业所得税是我国税收收入的主体税种之一，约占每年全国税收收入总额的20%，是仅次于增值税的第二大税种。

我国的企业所得税制度是随着改革开放和经济体制改革的不断推进逐步建立、完善起来的。我国现行企业所得税制度的法律依据是在2007年3月16日第十届全国人民代表大会第五次会议讨论通过的《企业所得税法》，以及与之配套的《企业所得税法实施条例》。此套税法自2008年1月1日起实施，它统一了内、外资企业适用的企业所得税制度、企业所得税税率、税前扣除办法和标准以及税收优惠政策，旨在创造一个有利于各类企业公平竞争的舞台和一个规范、透明的税收环境。

本章将在介绍企业所得税概况和特点的基础上，从企业所得税的基本要素(纳税人、征收对象、税率)、计税依据、税收优惠等税制要素的角度全面解读企业所得税，并在此基础上介绍其计算方法和征收管理情况。

7.1 企业所得税概述

企业所得税是以企业取得的生产经营所得和其他所得为征税对象所征收的一种税；它是对企业生产经营的成果所征收的税，属于直接税；同时它也是国家参与企业利润分配的重要手段。

企业所得税在国外被称为“公司税”、“公司所得税”、“法人税”或“法人所得税”。对于公司组织所得课征税收，起源于英国早期商业活动时期。英国自1909年起即开始征收公司所得税，是最早实行公司税制的国家，此后其他国家也相继开征。目前，世界上有160多个国家和地区开征了企业所得税。按照现代税收理论，企业所得税具有普遍征收、有利于公平和富有弹性等特性，而征收企业所得税的重要理由，更是基于其公平与合理性。

近年来，随着我国经济总量不断增长，企业所得税总额呈现快速增长的态势；企业所得税占税收总收入的比重也基本稳定在 15％～20％，并呈上升趋势。1994～2010 年企业所得税收入及占税收总收入的比重情况见图 7-1。

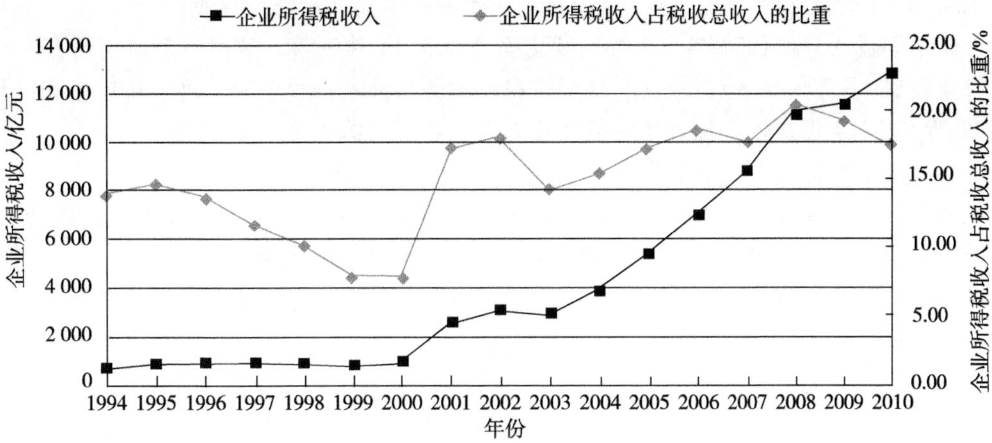

图 7-1　1994～2010 年企业所得税收入及占税收总收入的比重

资料来源：国家税务总局，www.chinatax.gov.cn，经整理

企业所得税与其他税种相比，具有以下显著特点：

(1)征税范围广。在中华人民共和国境内，企业和其他取得收入的组织都是企业所得税的纳税人，都要依照税法的规定缴纳企业所得税；但个人独资企业、合伙企业由于不是法人实体，则不需缴纳企业所得税，而是按各合伙人的所得缴纳个人所得税。企业所得税的征税对象包括生产经营所得和其他所得。前者是指企业从事各项生产经营活动取得的所得；后者通常是指提供资金或财产取得的所得，包括利息、股息、红利、租金、转让资产收益和特许权使用费等所得。因此，企业所得税具有征收上的广泛性。

(2)征税以量能负担为原则。企业所得税以企业和其他经济组织的生产经营所得和其他所得为税基，贯彻量能负担的原则，即“所得多的多征，所得少的少征，无所得的不征”，从而将所得税负担的高低与纳税人所得的多少联系起来，体现了税收公平的原则。

(3)税收会计核算相对独立于企业财务会计核算体系。企业所得税的计税基础涉及纳税人财务会计的各个方面，与企业会计核算关系密切，应纳税所得额的大小也直接与会计利润密切相关。但是，为了保护税基，《企业所得税法》一般对纳税人的收入总额、扣除项目等的确定以及资产的税务处理等内容均有详细的规定，即这些项目的税务处理与会计处理不尽相同，这使得应纳税所得额的计算相对独立于企业的会计核算，体现了税法的强制性与统一性。

(4)纳税人与负税人一致。企业所得税是在分配领域征收的税，纳税人缴纳的所得税一般不易转嫁，而由其自己负担，这样才真正能够体现税收对社会收入分配的调节效应。

专栏 7-1　　我国企业所得税制度历史沿革

一、企业所得税在我国的起步

我国的企业所得税制度的创建受欧美和日本等国影响，始于 20 世纪初清末宣统年间，但当时因社会动荡等原因未能公布施行。

1936 年，国民政府公布《所得税暂行条例》，自同年 10 月 1 日起施行，在此基础上于 1943 年公布《所得税法》。这是我国历史上第一次实质性开征所得税。

新中国成立后，1950 年，政务院规定全国设置 14 种税收，其中涉及对所得征税的有工商业税(所得税部分)、存款利息所得税和薪给报酬所得税 3 种。这种局面一直持续到 20 世纪 80 年代末，此段时期所得税收入占税收总额的比重低于 30%。

二、企业所得税在我国的发展

为适应我国建立社会主义市场经济体制的新形势，进一步扩大改革开放，20 世纪 90 年代，国家先后完成了外资企业所得税的统一和内资企业所得税的统一。

1991 年 4 月，第七届全国人民代表大会制定了《中华人民共和国外商投资企业和外国企业所得税法》，并于同年 7 月 1 日起施行。1993 年 12 月，国务院针对内资企业制定了《企业所得税法暂行条例》，自 1994 年 1 月 1 日起施行。

与此同时，我国形成了两套企业所得税制度并行的格局，两套税制在税制要素，包括纳税人、扣除项目、优惠政策等方面都存在一定差异。两税并行的背景源于当时为吸引外资而制定的针对外资企业的特殊税收优惠。这在当时对于推进我国改革开放、吸引外资和促进经济发展起到了重要的作用。但是超国民待遇的外资政策也带来许多问题。一是内外资企业执行两套企业所得税制度违背了税收公平原则。二是税收政策双轨制存在较大漏洞，扭曲了企业经营行为，为内商外商合作避税和逃税提供了客观条件。三是内资企业和涉外企业所得税制度都已经实施了十多年，且其立法层次都不高，难以涵盖我国经济社会情况快速发展和国际经济融合带来的新情况，需要针对新情况及时完善制度和修订法律条款。

三、追求企业所得税内外统一的步伐

自 1994 年税制改革以后，根据发展经济、深化改革、扩大开放的需要，我国开始酝酿内、外资企业所得税制度的统一，几经曲折。这期间，各界均在不同的场合、从不同角度呼吁"两税合并"。在进入 21 世纪后，全国人大代表对"两税合并"的提案尤其引人注目。

从 2004 年 3 月召开的人大会议以后，共有 541 位全国人大代表提出 16 项议案，要求统一内、外资企业所得税。仅在 2006 年 3 月全国人大会议期间，全国人大代表提出的 8 项涉税议案中就有 6 项涉及两法合并。

终于在 2007 年 3 月 16 日，第十届全国人民代表大会第五次会议讨论通过了统一的《企业所得税法》。悠悠十三载，漫漫合并路。至此我国内、外资企业所得税制度的合并宣告完成，长达十多年的两种企业所得税制度并行局面终于结束。现行《企业所得税法》以及与之配套的《企业所得税法实施条例》于 2008 年 1 月 1 日开始实施。

资料来源：财政部税政司．中国企业所得税制度历史沿革及现状．www.mof.gov.cn，2007-03-29，经整理。

7.2　企业所得税的基本要素

企业所得税是国家对我国境内的企业和其他取得收入的组织，就其来源于我国境内、境外的生产经营所得和其他所得征收的一种税。了解企业所得税，必须先了解其基本要素，即纳税人、征税对象和税率。

7.2.1　纳税人

企业所得税的纳税人，是指在中华人民共和国境内的企业和其他取得收入的组织。同时，为增强企业所得税与个人所得税的协调，避免重复征税，税法明确规定，个人独资企业、合伙企业不作为企业所得税的纳税人。

《企业所得税法》以是否具有法人资格作为企业所得税纳税人的认定标准，改变了以往内资企业所得税以独立核算为条件判定纳税人标准的做法。按此认定标准，企业设有多个不具有法人资格营业机构的，可以实行汇总纳税，总分公司之间可以实行盈亏互抵。

企业所得税的纳税人分为居民企业和非居民企业，这是为了更好地保障我国税收管辖权的有效行使。税收管辖权是一国政府在征税方面的主权，是国家主权的重要组成部分。根据国际上的通行做法，我国采取了地域管辖权和居民管辖权的双重标准，最大限度地维护我国的税收利益。

居民企业，是指依法在我国境内成立，或者依照外国(地区)法律成立但实际管理机构在我国境内的企业。居民企业负有无限纳税义务，即应当就其来源于我国境内、境外的所得缴纳企业所得税。非居民企业，是指依照外国(地区)法律成立且实际管理机构不在我国境内，但在我国境内设立机构、场所的，或者在我国境内未设立机构、场所，但有来源于我国境内所得的企业。非居民企业负有有限纳税义务，即应当就其来源于我国境内的所得及与其设在我国境内机构、场所有实际联系的所得缴纳企业所得税。

7.2.2　征税对象

企业所得税的征税对象，是指纳税人的生产经营所得、其他所得和清算所得。具体而言，包括销售货物所得、提供劳务所得、转让财产所得、股息红利等权益性投资所得、利息所得、租金所得、特许权使用费所得、接受捐赠所得和其他所得。此外，纳税人按照章程规定解散或破产，以及其他原因宣布终止时，其清算结束后的清算所得，也属于企业所得税的征税对象。

在确定了企业所得税征税对象后，在计算应纳企业所得税税额时，须明确企业所得税的计税依据。计税依据是征税对象在计量上的体现。企业所得税的计税依据是应纳税所得额。

由于应纳税所得额的确定比较复杂，包含的内容和有关规定都比较多，其具体内容在下一节详细讨论。

由于不同的纳税人身份承担不同的纳税义务，居民企业和非居民企业的企业所得税征税对象内容有所区别。具体情况如下：①居民企业负有无限纳税义务，应就来源于我国境内、境外的所得作为征税对象。②非居民企业在我国境内设立机构、场所的，纳税对象是其所设机构、场所来源于我国境内的所得及发生在我国境外但与其所设机构、场所有实际联系的所得。

非居民企业在我国境内未设立机构、场所的，或者虽设立机构、场所但取得的所得与其所设机构、场所没有实际联系的，纳税对象为其来源于我国境内的所得。所称有实际联系是指非居民企业在我国境内设立的机构、场所拥有的据以取得所得的股权、债权，以及拥有、管理、控制据以取得所得的财产。

7.2.3 税率

企业所得税税率是体现国家与企业分配关系的核心要素。税率设计的原则是兼顾国家和企业的利益，既要保证财政收入的稳定增长，又要使企业在发展生产、经营方面有一定的财力保证。既要考虑到企业的实际情况和负担能力，又要维护税率的统一性。

企业所得税实行比例税率。比例税率简便易行，透明度高，不会因征税而改变企业间收入分配比例，有利于促进效率的提高。现行企业所得税税率分为基本税率和低税率。

(1)基本税率25%。其适用于居民企业和在我国境内设有机构、场所且所得与机构、场所有关联的非居民企业。

(2)低税率20%。其适用于在我国境内未设立机构、场所的，或者虽设立机构、场所但取得的所得与其所设机构、场所没有实际联系的非居民企业。但按照现行制度规定，实际征税时执行10%的优惠税率。

另外，企业所得税还制定有两档优惠税率：即对符合条件的小型微利企业，执行20%的税率；对国家需要重点扶持的高新技术企业，执行15%的税率。具体优惠方法和优惠条件在企业所得税的税收优惠部分介绍。

专栏 7-2　中国新企业所得税率属中低水平不影响外资进入

“两税合一”的议题获得全国人大会议讨论通过后，普华永道即刻表示：“两税合一”应不影响我国吸引外资的流入规模。25%的统一税率属中低水平，外资未必不能接受。

据普华永道调查，全世界159个实行企业所得税的国家(地区)平均税率为28.6%，我国周边18个国家(地区)的平均税率为26.7%。

普华永道分析，外资进入中国时，税负不是唯一的考虑因素。劳动力、基础设施、消费市场发展空间、商业法规环境、政府行政服务等皆是影响外国投资者投资决策的重要因素。而我国在这些方面表现出色。

普华永道称，此次税改并不是全面取消所有税收优惠，只是将优惠原则从过去以区域优惠为主转变为以“产业优惠为主、区域优惠为辅”。税改之后，高新技术企业和某些属于国家鼓励的行业等将仍继续享受税收优惠。而服务、零售贸易等在原有税收政策下没有优惠的行业将因税改后税率降低而受益。这些行业的外资会认为我国税改后的企业所得税制度很有吸引力。

但其也指出，税改在短期内可能会影响到某些行业中的部分外资企业，使它们可能考虑选择将投资转向周边税收优惠政策明显的国家。然而从长远来看，其不影响我国吸引外资的流入规模，而且还将有助于提高我国引进外资的质量，改善社会经济结构。

资料来源：俞岚．中国新企业所得税率属中低水平不影响外资进入(新闻)．中国新闻网，www. chinanews. com. cn，2007-03-18，经整理。

7.3　应纳税所得额的确定

企业所得税的计税依据是应纳税所得额。按照现行税法规定，应纳税所得额是指企业每一纳税年度的收入总额，减除不征税收入、免税收入、各项扣除以及允许弥补的以前年度亏损后的余额。用公式表示为

$$\text{应纳税所得额}=\text{年度收入总额}-\text{不征税收入}-\text{免税收入}-\text{准予扣除项目金额}-\text{允许弥补的以前年度亏损}$$

企业应纳税所得额的计算以权责发生制为原则，属于当期的收入和费用，不论款项是否收付，均作为当期的收入和费用；不属于当期的收入和费用，即使款项已经在当期收付，均不作为当期的收入和费用。应纳税所得额的正确计算直接关系到国家财政收入和企业的税收负担，并且同成本、费用核算关系密切。因此，企业所得税制度对应纳税所得额计算做了明确规定，主要内容包括收入总额、扣除范围和标准、资产的税务处理、亏损弥补等。

为了便于讨论，我们将公式中的“年度收入总额－不征税收入－免税收入”定义为“计税收入”，于是企业所得税的计税依据就可以表示为

$$\text{应纳税所得额}=\text{计税收入}-\text{准予扣除项目金额}-\text{允许弥补的以前年度亏损}$$

由于“允许弥补的以前年度亏损”是指发生在当年度前五年之内的尚未在税前弥补的亏损，是以前年度应纳税所得额表现为亏损后对本期的递延影响，其实质上是以前年度的税基对本期的影响。由上面的表达式可以看出，计算企业所得税“应纳税所得额”的关键因素就是“计税收入”和“准予扣除项目金额”。

7.3.1　计税收入的确定

根据前述定义，决定计税收入的因素包括收入总额、不征税收入、免税收入三个项目。

1. 收入总额

企业的收入总额是企业以货币形式和非货币形式从各种来源取得的收入。

企业取得收入的货币形式包括现金、存款、应收账款、应收票据、准备持有至到期

的债券投资以及债务的豁免等。纳税人以非货币形式取得的收入，包括固定资产、生物资产、无形资产、股权投资、存货、不准备持有至到期的债券投资、劳务以及有关权益等，这些非货币资产应当按照公允价值确定收入额。公允价值是指按照市场价格确定的价值。

从企业所得税立法意图看，税法中所指收入总额是指一切能够提高企业纳税能力的收入，或者说是使企业资产总额增加或负债总额减少，同时导致所有者权益增加的收入。如果使资产与负债同额增加或减少，结果未导致所有者权益发生变化的资金流入，则不是应税收入。

《企业所得税法》所指收入总额包括以下内容：①销售货物收入；②提供劳务收入；③转让财产收入；④股息、红利等权益性投资收入；⑤利息收入；⑥租金收入；⑦特许权使用费收入；⑧接受捐赠收入；⑨其他收入(其是指企业取得的除以上收入外的其他收入，包括企业资产溢余收入、逾期未退包装物押金收入、确实无法偿付的应付款项、已作坏账损失处理后又收回的应收款项、债务重组收入、补贴收入、违约金收入、汇兑收益)。

在企业收入总额的范围内，有部分收入取得的形式是比较特殊的，税法及相应的制度也对此做出了规定：

(1)以分期收款方式销售货物的，按照合同约定的收款日期确认收入的实现。

(2)企业受托加工制造大型机械设备、船舶、飞机，以及从事建筑、安装、装配工程业务或者提供其他劳务等持续时间超过12个月的按照纳税年度内完工进度或者完成的工作量确认收入的实现。

(3)采取产品分成方式取得收入的按照企业分得产品的日期确认收入的实现，其收入额按照产品的公允价值确定。

(4)企业发生非货币性资产交换，以及将货物、财产、劳务用于捐赠、偿债、赞助、集资、广告、样品、职工福利或者利润分配等用途的，应当视同销售货物、转让财产或者提供劳务。

(5)当企业将资产用于市场推广或销售、交际应酬、职工奖励或福利、股息分配、对外捐赠或其他改变资产所有权属的用途时，因资产所有权属已发生改变，应按规定视同销售确定收入。发生上述情形时，属于企业自制的资产，应按企业同类资产同期对外销售价格确定销售收入；属于外购的资产，可按购入时的价格确定销售收入(国税函【2008】828号)。

2. 不征税收入

不征税收入为收入总额中的下列项目：①财政拨款；②依法收取并纳入财政管理的行政事业性收费、政府性基金；③国务院规定的其他不征税收入。

税法上所指不征税收入，是指从性质上和根源上不属于企业营利性活动带来的经济利益，因此不负有纳税义务。因为从企业所得税的立法精神来看，所得税的税基应是企业经营活动所产生的所得，而政府预算拨款、行政事业性收费、政府性基金等来自于财政赋予的权限，是非营利性的收入。如果对这些收入征税，会导致无意义地增加政府的收入与支出成本。不征税收入不属于税收优惠。

3. 免税收入

企业的下列收入为免税收入：①国债利息收入；②符合条件的居民企业之间的股息、红利等权益性投资收益；③在中国境内设立机构、场所的非居民企业从居民企业取得与该机构、场所有实际联系的股息、红利等权益性投资收益；④符合条件的非营利组织的收入。

企业所得税的免税收入，是指企业负有纳税义务，而政府根据社会经济政策目标的需要，在一定时间免予征税、而在一定时期又有可能恢复征税的收入。免税收入属于税收优惠。

7.3.2　关于准予扣除项目的规定

准予扣除项目是指纳税人每一纳税年度发生的与取得应纳税收入有关的所有必要和正常的成本、费用、税金、损失和其他支出。纳税人的支出中，有些项目可以在计算应纳所得税时从总收入中扣除，而有些项目则不能扣除，这主要取决于支出项目是否与纳税人取得应税收入有关。

1. 准予扣除项目的内容

概括地说，税法准予企业在所得税前扣除的支出内容可以分为几类，即企业当期发生的与取得应税收入有关的各项成本、费用、税金、损失和其他支出。各类支出的含义如下：

(1)成本，是指企业在生产经营活动中发生的销售成本、销货成本、业务支出以及其他耗费，即企业销售商品(产品、材料、下脚料、废料、废旧物资等)、提供劳务、转让固定资产和无形资产(包括技术转让)的成本。

(2)费用，是指企业每一个纳税年度在生产经营活动中发生的销售费用、管理费用和财务费用，已经计入成本的有关费用除外。

销售费用是指应由企业负担的为销售商品而发生的费用，包括广告费、运输费、装卸费、包装费、展览费、保险费、销售佣金(能直接认定的进口佣金调整商品进价成本)、代销手续费、经营性租赁费及销售部门发生的差旅费、工资、福利费等费用。

管理费用是指企业的行政管理部门为管理组织经营活动提供各项支援性服务而发生的费用。

财务费用是指企业筹集经营性资金而发生的费用，包括利息净支出、汇兑净损失、金融机构手续费以及其他非资本化支出。

(3)税金，是指企业发生的除企业所得税和允许抵扣的增值税以外的各项税金及其附加。即企业按规定缴纳的消费税、营业税、城建税、关税、资源税、土地增值税、房产税、车船使用税、土地使用税、印花税、教育费附加等产品销售税金及附加。企业发生的税金是企业为取得经营收入实际发生的必要的、正常的支出，与企业发生的成本、费用性质相同，是企业取得经营收入实际发生的经济负担，符合税前扣除的基本原则，因此，将税金和成本、费用并列为允许在税前扣除的支出。

企业所得税税款依据应税收入减去扣除项目的余额计算得到，本质上是企业利润分配的支出，是国家参与企业经营成果分配的一种形式，而不是为取得经营收入实际发生的费用支出，不能作为企业的税金在税前扣除。

增值税在我国是价外税，产品的价格和税款分开。企业的增值税通过逐环节抵扣，最终将增值税负担转嫁给最终消费者，并非企业的实际负担，因此，允许抵扣的增值税不允许作为税金在税前扣除。对于企业未实际抵扣，由企业最终负担的增值税税款，按规定允许计入资产的成本，在当期或以后期间扣除。

以上准予税前扣除的已纳税金，其扣除的方式有两种：一是在发生当期扣除；二是在发生当期计入相关资产的成本，在以后各期分摊扣除。

(4)损失，是指企业在生产、经营过程中发生的固定资产和存货的盘亏、毁损、报废损失，转让财产损失，呆账损失，坏账损失，自然灾害等不可抗力因素造成的损失，以及其他损失。

企业发生的损失，减除责任人赔偿和保险赔款后的余额，依照国务院财政、税务主管部门的规定扣除。

企业已经作为损失处理的资产，在以后纳税年度又全部收回或者部分收回时，应计入当期收入。

(5)其他支出，是指除成本、费用、税金、损失外，企业在生产经营活动中发生的与生产经营活动有关的、合理的支出。从企业所得税处理的角度来看，企业一些支出项目受到国家税收政策的限制，无法一一列举，从总体上说，判断一项支出是否可以在所得税前扣除，关键看其是否与取得收入相关。

企业经营活动中发生的支出多种多样，千差万别，有些支出可能还不能完全归集到成本、费用、税金、损失中，但却是企业经营活动中实际发生的与取得收入有关的、合理的支出。为保证这些支出能够得到扣除，企业所得税制度将它们列入“其他支出”处理。

2. 支出项目税前扣除的注意事项

在实际中，确认应纳税所得额扣除项目时还应该注意以下三方面的内容：

(1)企业发生的支出应区分收益性支出和资本性支出。收益性支出是与本年度生产经营有关的支出，如差旅费、办公费等通过管理费用税前列支，收益性支出在发生当期直接扣除。资本性支出是指纳税人购置、建造固定资产，对外投资的支出，以及资本的利息支出，这种支出与好几个年度生产经营有关，如企业购置固定资产，形成了资产价值，其支出效益涉及多个纳税年度。资本性支出应分期扣除或者计入有关资产成本，不得在发生当期直接扣除。

但纳税人对外投资的成本不得折旧或摊销，也不得作为投资当期费用直接扣除，但可以在转让、处置有关投资资产时，从取得的财产转让收入中减除，据以计算财产转让所得或损失。

(2)企业的不征税收入用于支出所形成的费用或者财产，不得扣除或者计算对应的折旧、摊销扣除。

(3)除《企业所得税法》和《企业所得税法实施条例》另有规定外，企业实际发生的成本、费用、税金、损失和其他支出，不得重复扣除。

7.3.3 会计利润与应纳税所得额

企业所得税是对企业纯收益的征税，在企业所得税及企业会计核算体系中，与应纳税所得额对应的概念是会计利润。

会计上的利润是企业生产经营追求的目标，也是企业在一定时期全部生产经营活动在财务上的最终成果。利润包括收入减去费用后的净额、直接计入当期利润的利得和损失等。直接计入当期利润的利得和损失，是指应计入当期损益、会导致所有者权益发生增减变动的、与所有者投入资本或者向所有者分配利润无关的利得或者损失。利润金额取决于收入和费用、直接计入当期利润的利得和损失金额的计量。

从原理上说，企业的应纳税所得额为企业在一个纳税年度内的收入总额减去国家规定准予扣除项目金额后的余额。但在实际操作中，企业计算应纳税所得额是以会计核算资料为依据的，即以会计利润为基础确定。但企业按照会计规定计算的所得税前会计利润与按税法规定计算的应纳税所得额之间，往往存在着一定的差异，这是因为企业财务会计核算处理与税法规定会出现不一致的地方。

例如，税法规定，企业在经营中发生的与生产经营有关的业务招待费，按发生额60%的比例、最高不超过当年销售(营业)收入的5‰扣除。但从会计核算的角度看，这些支出均应当体现在其经营损益中，在计算利润时全额作为费用从收入总额中予以减除。这种情况下，会计利润与应纳税所得额之间就产生了差异。又如，企业购买国债取得的利息收入，从会计核算上讲，属于企业的一种收益，构成会计利润的组成内容；而《企业所得税法》则规定企业购买国债取得的利息收入可以从应纳税所得额中扣除，这样会计利润与应纳税所得额之间又会产生差异。

应纳税所得额经常是大于利润额的。这是因为企业的有些费用是不允许在税前扣除的，还有些费用是有限额在税前扣除的。应纳税所得额在一定条件下，也可能小于利润额。这是因为企业有不征税收入、免税收入、收入打折、加计扣除等税收优惠，并且企业所得税还允许弥补以前年度的亏损，但应纳税所得额小于利润额的概率非常小。

对于会计利润与应纳税所得额之间的差异应如何处理呢？企业所得税制度规定，计算应纳税所得额时，企业财务、会计处理办法与税收法律、行政法规的规定不一致的，应当依照税收法律、行政法规的规定计算。这样企业在进行所得税纳税申报时，要将会计利润依照税法规定调整为应纳税所得额。即企业在平时进行会计核算时，可以按会计制度的有关规定进行账务处理，但在申报纳税时，对税法规定和会计制度规定有差异的，要按税法规定进行纳税调整。

对照企业所得税关于准予扣除项目的和不允许扣除项目的规定，可以核对会计利润与应纳税所得额是否一致，并据此进行纳税调整。会计利润与应纳税所得额的关系为

$$应纳税所得额=会计利润\pm税收调整项目金额$$

【例7-1】 某企业会计核算的利润为30万元，销售收入总额120万元，发生业务招待费

1.2 万元，发生公益性捐赠 4.5 万元，无其他调整项目。试计算企业应纳税所得额。

解：销售(营业)收入的 5‰为 120×5‰=0.6(万元)

业务招待费发生额的 60%为 1.2×60%=0.72(万元)

故允许扣除的业务招待费限额为 0.6 万元，此项目使得应纳税所得额应调增 0.6 万元。

公益性捐赠的限额：30×12%=3.6(万元)

准予扣除费用比实际发生的费用少，此项目使得应纳税所得额应调增 0.9 万元。

应纳税所得额=30+0.6+0.9=31.5(万元)

应纳企业所得税=31.5×25%=7.875(万元)

应纳税所得额比会计利润增加了 1.5 万元，由此也带来多纳企业所得税 0.375 万元。

由此可得出结论：在税法规定范围内列支的费用可以抵减税收，企业开支费用代价小；而超范围列支的费用不可以抵减税收，企业开支费用代价大，如多列支业务招待费、高息集资利息支出、赞助支出、罚款支出、非公益性质的捐赠等。所以企业应尽量将费用开支金额控制在税法规定的范围内。

案例研究 7-1　　广州宝洁公司转让定价税案研究

转让定价是指集团内的关联企业之间，为了确保集团利益的最大化，在集团内部进行的价格转让(即以高于或低于市场正常交易价格进行的交易)，由此来转移正常利润并最终减少纳税。转让定价方法普遍运用于母子公司、总公司与分公司及有经济利益联系的其他公司。这种价格的制定一般不决定于市场供求，而是服从于公司整体利益的要求。转让定价是税收征管中碰到的一个非常棘手的问题。随着跨国公司大规模进入我国，与世界范围内的关联公司发生了大量的内部交易，转让定价问题在我国变得越来越突出。广州宝洁公司避税案给我们敲响了警钟。

自 1993 年以来，广州宝洁一直蝉联全国轻工行业向国家上缴税额最多的企业的名号。而正是这家品牌知名度极高的企业，在 2003 年上半年，被查出漏报了企业所得税 8 149 万元。这是至 2003 年以来广州市反避税调整单个案件补缴税额最大的案例。广州宝洁是如何漏缴如此巨额的企业所得税税收呢？其根本原因就在于转让定价。

宝洁公司在境内的关联企业主要有该公司所属纸品有限公司、口腔保健用品有限公司、北京洗涤用品有限公司和成都、天津公司等。2002 年，在宝洁公司的关联企业中部分公司出现连续亏损，这些公司失去了向银行借贷的能力。于是宝洁公司以公司本部的名义向中国银行广东省分行寻求总金额高达 20 亿元左右的巨额贷款，然后拨出巨资以无息借贷的方式借给其关联企业使用。这个举动造成避税行为产生。一方面，宝洁公司借给关联企业巨额资金而承担了巨额的银行利息，利息支出可以在企业所得税税前扣除，从而达到了抵减所得税的目的；另一方面，获得了巨额无息贷款的关联企业，改善了资金运营状况，这些企业基本都是亏损企业，则继续不用缴纳所得税。综合来看，宝洁公司通过转让定价减少了其与关联企业之间当年应缴纳的企业所得税之和，造成了漏税。

2003年，税务局查出漏报了应纳税所得额共59 626万元，追缴企业所得税8 149万元并已全部缴交入库。这起宝洁漏税案也就此终结，然而其留给大家对我国转让定价的思考却远没有结束。

(1)应该说，企业为追求利润最大化，在法律许可的范围内采取一定的手段和方法规避税负是无可指责的；而政府采取反避税政策保护税基也是政府的职责所在。问题是，转让定价应如何衡量和认定？即如何区分为避税而滥用的转让定价和普通正常的关联交易？

(2)在国家税务局的公开资料上，对宝洁公司的避税行为并没有明确的“非法”字样。税务部门对宝洁公司做出的是税收“调整”，而非偷税查处。那么，对待转让定价造成的漏税，其惩罚力度应如何把握？

(3)包括世界五百强在内的跨国公司，很多都采用了转让定价方式进行税务筹划。此外，一些外资企业还通过在国际避税港注册公司及利用我国税法漏洞等多种方式达到避税和偷漏税的目的。外企的避税意识和手段的确比内资企业要强得多，加之我国的税法尚有许多漏洞，为企业的避税和偷漏税提供了空间。我国的转让定价税制是否成熟？还存在着哪些缺点？完善我国转让定价税制的路又在何方？政府可以采取哪些方法控制转让定价？

资料来源：张乐克．广州最大外资避税案浮出水面．粤港信息日报，2003-04-18，经整理。

7.4 支出项目的税前扣除

支出项目对企业所得税的影响，是通过其税前扣除减少企业所得税的税基即应纳税所得额，从而减轻企业所得税负担。这种作用称为支出项目的抵税作用。

对于税前扣除项目，仅仅了解税法规定的税前准予扣除项目的内容是不够的。因为税法对准予扣除项目的介绍是笼统的、原则性的。理论上说，企业只要是为生产经营所发生的属于税法规定的准予列支项目，就都可以在计算应纳税所得额时予以扣除。但由于费用支出直接影响企业利润和企业所得税的大小，从而影响企业和国家之间的收入分配，为稳定税收收入，企业所得税制度根据不同支出项目的特点，规定了不同的税前列支方法，由此形成了不同抵税作用。不得在税前列支的成本、费用和损失项目，不具备抵税作用；限定条件在税前列支的成本、费用项目，在限定条件范围内具有抵税作用，超过限定条件范围的部分不具有抵税作用；不得一次在税前列支的成本、费用项目，只有按折旧方法或费用摊销方法计算并计入成本、费用的部分，才具有抵税作用；可一次性在税前列支的成本、费用和损失项目，抵税作用很明显；可超额在税前列支的成本费用项目，其抵税作用是超倍的。了解这些规定，对纳税人而言非常必要。

7.4.1 不允许税前扣除的项目

企业不仅要掌握哪些项目准予从收入总额中扣除，同样也要了解哪些项目不得从收入总额中扣除。按照税收制度的规定，有部分支出在计算应纳税所得额时不得扣除，起不到抵税的作用。税前不得扣除项目主要是指国家不鼓励企业发生的项目，或者是与企业生产经营没有直接关系的支出。

在计算应纳税所得额时，下列项目不得从收入总额中扣除：①向投资者支付的股息、红利等权益性投资收益款项。②企业所得税税款。③税收滞纳金。④罚金、罚款和被没收财物的损失。其是指纳税人违反国家有关法律、法规规定，被有关部门处以的罚款，以及被司法机关处以的罚金和被没收财物，但纳税人按照经济合同规定支付的违约金(包括银行罚息)、罚款和诉讼费可以扣除。⑤超过国家规定允许扣除的公益、救济性捐赠，以及非公益、救济性捐赠。⑥与生产经营活动无关的各种非广告性质的赞助支出。⑦未经核定的准备金支出。其是指不符合规定的各项资产减值准备、风险准备等准备金支出。⑧企业之间支付的管理费、企业内营业机构之间支付的租金和特许权使用费，以及非银行企业内营业机构之间支付的利息。⑨与取得收入无关的其他支出。

7.4.2 限定条件在税前扣除的项目

限定条件在税前扣除的项目，是指限定条件在税前列支的成本、费用和损失项目，限定条件范围内具有抵税作用，超过限定条件范围的部分不具有抵税作用，如企业对外捐赠支出、业务招待费支出、职工工会经费和教育经费支出等。

为了便于准确地计算应纳税额，《企业所得税法》采用正列举和反列举相结合的方法，对税前限额扣除的支出项目做了具体规定。关于列支范围的规定通常都非常烦琐，下面简要地给出可以扣除的主要支出项目。

1. 工资薪金支出

工资薪金支出是指企业每一纳税年度支付给在本企业任职或者受雇的员工的所有现金形式或者非现金形式的劳动报酬，包括基本工资、奖金、津贴、补贴、年终加薪、加班工资，以及与员工任职或者受雇有关的其他支出。

《企业所得税法》规定，企业发生的合理的工资薪金支出准予据实扣除。旧的企业所得税制度对内资企业的工资薪金支出扣除实行计税工资制度，相比之下，现行税法关于工资薪金的调整是给企业带来最大效益的一条，也是其最大亮点之一。问题是工资薪金“合理的”标准如何掌握？这主要看雇员实际提供的服务与报酬总额在数量上是否配比合理，即符合企业生产经营活动常规而发生的工资薪金支出属于合理支出；尤其对属于国有性质企业的工资薪金，不得超过政府有关部门给予的限定数额，否则不得在税前扣除。此外，对企业主要投资者个人的薪酬也要注意符合合理性原则。

为此，税收制度专门进行了界定，即“合理工资薪金”，是指企业按照股东大会、董事会、薪酬委员会或相关管理机构制定的工资薪金制度规定实际发放给员工的工资薪金(国税函【2009】3号)。具体操作中按以下原则掌握：

(1)企业制定了较为规范的员工工资薪金制度；

(2)企业所制定的工资薪金制度符合行业及地区水平；

(3)企业在一定时期所发放的工资薪金是相对固定的，工资薪金的调整是有序进行的；

(4)企业对实际发放的工资薪金，已依法履行了代扣代缴个人所得税义务；

(5)有关工资薪金的安排，不以减少或逃避税款为目的。

此外，对税前列支工资薪金还需注意必须是实际发放的才能扣除，计提的不能扣除。

2. 工资费用

企业除了给职工支付工资薪金外，还按照工资的一定比例支付职工福利费、工会经费、职工教育经费等工资费用。《企业所得税法》规定，企业发生的与工资相关的三项经费均按照一定的标准在税前准予扣除。具体规定：

(1)企业发生的职工福利费支出，不超过工资薪金总额 14%的部分，准予扣除。

(2)企业拨缴的工会经费，不超过工资薪金总额 2%的部分，准予扣除。

(3)企业发生的职工教育经费支出，不超过工资、薪金总额 2.5%的部分准予扣除；超过部分，准予在以后纳税年度结转扣除。但国务院财政、税务主管部门另有规定的行业或集团除外。

例如，经认定的技术先进型服务企业发生的职工教育经费支出，不超过工资薪金总额 8%的部分，准予在计算应纳税所得额时扣除；超过部分，准予在以后纳税年度结转扣除(财税【2010】65 号)。又如，集成电路设计企业和符合条件软件企业的职工培训费用，可按实际发生额在计算应纳税所得额时扣除(财税【2012】27 号)。这些优惠政策体现了国家的产业导向。

与原有企业所得税制度相比，对三项经费，现行税制继续维持了以前的扣除标准，但将"计税工资总额"调整为"工资薪金总额"，扣除额也就相应提高了。而且，为鼓励企业加强职工教育投入，现行税制规定，企业发生的职工教育经费如果超过规定的限额，准予在以后纳税年度结转扣除。

计算三项经费的基数"工资薪金总额"，是指企业按照规定实际发放的工资薪金总和，不包括企业的职工福利费、职工教育经费、工会经费以及养老保险费、医疗保险费、失业保险费、工伤保险费、生育保险费等社会保险费和住房公积金。

三项经费税前扣除方式上最大的变化是由原来的计提扣除改为据实扣除。除了职工教育经费可以跨年度结转之外，其余两项经费要注意每年足额在规定标准内使用。

此外，在工会经费税前扣除凭证上要注意：自 2010 年 7 月 1 日起，企业拨缴规定比例内的职工工会经费，凭工会组织开具的《工会经费收入专用收据》在企业所得税税前扣除(国家税务总局公告 2010 年第 24 号)。

3. 社会保险费

企业员工除了享有工资薪金外，还应该享有最基本的福利"五险一金"。"五险一金"是指养老保险、医疗保险、失业保险、工伤保险和生育保险以及住房公积金。其中，养老保险、医疗保险和失业保险还有住房公积金由企业和个人共同缴费，工伤保险和生育保险完全由企业缴费；五项保险是法定须缴纳的，而住房公积金是非法定缴纳的。

企业缴纳的“五险一金”在国家规定范围内，允许税前扣除。具体规定如下：

(1)企业依照有关规定的范围和标准为职工缴纳的基本养老保险费、基本医疗保险费、失业保险费、工伤保险费、生育保险费等基本社会保险费和住房公积金，准予扣除。

(2)企业根据国家有关政策规定，为在本企业任职或者受雇的全体员工支付的补充养老保险费、补充医疗保险费，分别在不超过职工工资总额5%标准内的部分，准予扣除；超过的部分，不予扣除(财税【2009】27号)。

(3)除企业依照国家有关规定为特殊工种职工支付的人身安全保险费和国务院财政、税务主管部门规定可以扣除的其他商业保险费外，企业为投资者或者职工支付的商业保险费，不得扣除。

(4)企业参加财产保险，按照规定缴纳的保险费，准予扣除。

4. 借款费用

借款费用作为企业正常合理的支出，原则上是可以扣除的，但在具体扣除时要区分资本性支出和收益性支出，资本性支出不在当期扣除；另外还要掌握不超过金融企业同期同类贷款利率以内的部分才可以税前扣除。具体规定如下：

(1)企业在生产经营活动中发生的合理的不需要资本化的借款费用，准予扣除。

(2)企业为购置、建造固定资产、无形资产和经过12个月以上的建造才能达到预定可销售状态的存货发生借款的，在有关资产购置、建造期间发生的合理的借款费用，应当作为资本性支出计入有关资产的成本，并按规定扣除。

(3)非金融企业在生产、经营期间向金融企业借款的利息支出，按照实际发生数予以税前扣除，包括银行按规定对逾期归还的贷款加收的罚息，也可以在税前扣除。

(4)金融企业自身发生的各项存款利息支出以及同业拆借业务所支付的利息，允许按实际发生数予以税前扣除。

(5)对企业经过国家依法批准发行债券而按规定支付的利息支出，按照实际发生数予以税前扣除。

(6)企业向非金融机构借款的利息支出，凡不高于按照金融机构同类、同期贷款利率计算的数额以内的部分，准予扣除；其超过的部分，不准予扣除。

(7)企业从其关联方接受的债权性投资与权益性投资的比例超过规定标准而发生的利息支出，不得在计算应纳税所得额时扣除。具体而言，如果债权性投资与权益性投资比例不超过2∶1(金融企业为5∶1)，那么支付给关联方的利息支出可以税前扣除，超过的部分不能扣除(财税【2008】121号)。此政策的目的是防止资本弱化。

照此规定，从事房地产开发业务的纳税人为开发房地产而借入资金所发生的借款利息支出，在房地产完工之前发生的，属于资本性支出，应计入有关房地产的开发成本。企业为对外投资而借入的资金发生的借款费用，也属于资本性支出，应计入有关投资的成本，不得作为纳税人的经营性费用在税前扣除。

5. 业务招待费

业务招待费作为企业生产、经营业务的必需开支费用，会计制度规定可以全额据实在利润中扣减；但企业所得税制度对于业务招待费定有限额标准，在一定的比例范围内可在税前扣除，超过标准的部分不得扣除。这主要是为抑制社会奢靡风气，防止企业过分浪费。

《企业所得税法》规定，企业发生的与生产经营活动有关的业务招待费支出，按照发生额的 60％扣除，但最高不得超过当年销售(营业)收入的 5‰。这主要是考虑到商业招待和个人消费之间难以区分，为加强管理，同时借鉴国际经验而制定的。现行企业所得税制度采取了发生额比例限制和销售收入比例限制两者结合的措施，体现了对业务招待费扣除从严掌握的原则。也就是说，即便企业业务招待费不超过税法规定的销售收入的一定比例限制，企业至少还须由税后利润支付 40％的业务招待费。这是现行税法做出的一项重要变化。

6. 广告费和业务宣传费

随着市场经济的不断深入，企业之间争夺市场也越来越激烈。为了获得市场，提高市场占有率，越来越多的企业日益依赖于广告和其他形式的业务宣传。

广告费是指企业为扩大购销业务，通过媒体向公众介绍商品、劳务和企业信息等发生的相关费用。业务宣传费是企业开展业务宣传活动所支付的费用，主要是指未通过媒体的广告性支出，其包括企业发放的印有企业标志的礼品和纪念品、义卖、特卖或展览、赠送样品或销货赠送、抽奖等费用。

我国的企业所得税制度对广告费和业务宣传费一直都有相关规定允许税前扣除。现行税法规定，广告费和业务宣传费支出，正常情况下不超过当年销售(营业)收入 15％的部分，准予扣除；超过部分，准予在以后纳税年度结转扣除。

对特殊行业和企业，此类费用扣除有特别的规定(财税【2012】48 号)：

(1)特殊行业的扣除比例。2015 年 12 月 31 日之前，对化妆品制造与销售、医药制造和饮料制造(不含酒类制造)企业发生的广告费和业务宣传费支出，不超过当年销售(营业)收入 30％的部分，准予扣除；超过部分，准予在以后纳税年度结转扣除。而同时，烟草企业的烟草广告费和业务宣传费支出，一律不得在计算应纳税所得额时扣除。

(2)签订分摊协议的关联企业可以共同扣除。即对签订广告费和业务宣传费分摊协议的关联企业，其中一方发生的不超过当年销售(营业)收入税前扣除限额比例内的广告费和业务宣传费支出可以在本企业扣除，也可以将其中的部分或全部按照分摊协议归集至另一方扣除。

现行税制将广告费和业务宣传费的扣除打通，统一计算，而且增加了扣除比例。相比于老制度，应该说，其税前扣除的政策是极为宽松的。

对广告费和业务宣传费的税前扣除，企业应注意：

第一，在计算广告费和业务宣传费扣除限额时，其销售(营业)收入额应包括视同销售(营业)收入额。

第二，应严格区分广告费支出与赞助支出。赞助支出是指企业发生的与生产经营活动无关的各种非广告性质支出，不允许在税前扣除。纳税人申报扣除的广告费支出，必须符合下列条件：广告是通过经工商部门批准的专门机构制作的；已实际支付费用，并已取得相应发票；通过一定的媒体传播。

7. 公益性捐赠支出

为防止纳税人假借捐赠之名而虚列费用，转移利润，规避税负，现行税制对于捐赠金额及捐赠对象均有限制规定：企业通过公益性社会团体或者县级以上人民政府及其部门，用于公益事业的捐赠支出，在年度利润总额12%以内的部分，准予在计算应纳税所得额时扣除；超过12%的部分，不得在企业所得税前扣除。

这里“用于公益事业的捐赠支出”是指《中华人民共和国公益事业捐赠法》规定的向公益事业的捐赠支出，具体范围包括：①救助灾害、救济贫困、扶助残疾人等困难的社会群体和个人的活动；②教育、科学、文化、卫生、体育事业；③环境保护、社会公共设施建设；④促进社会发展和进步的其他社会公共和福利事业。公益性社会团体特指依据国务院发布的《基金会管理条例》和《社会团体登记管理条例》的规定，经民政部门依法登记、符合规定条件的基金会、慈善组织等公益性社会团体，包括中国青少年发展基金会、希望工程基金会、宋庆龄基金会、减灾委员会、中国红十字会、中国残疾人联合会、全国老年基金会、老区促进会以及经民政部门批准成立的非营利性的组织。非以上范围的捐赠，包括纳税人直接向受赠人的捐赠，不得扣除。

在捐赠支出的计价方面，如果捐赠的是货币性资产，应当按照实际收到的金额计算；而非货币性资产，应当以其公允价值计算(财税【2008】160号)。

原企业所得税制度规定内资企业用于公益性、救济性捐赠，在年度应纳税所得额3%以内的部分，准予扣除；外资企业则无限制。现行税制统一了内外资企业关于公益性捐赠扣除的比例，扩大了税收支持社会公益捐赠的力度，将内外资企业捐赠税前扣除比例统一为12%。12%的捐赠扣除比例在国际上属于较高水平，如美国为10%、韩国为7%、荷兰为6%、比利时为5%、中国台湾地区为10%等。

现行税法除了扣除比例变化，企业还应注意公益性捐赠扣除的计算基础发生了变化。原制度为年度应纳税所得额，现行税制为年度利润总额，即指企业依照国家统一会计制度的规定计算的大于零的数额。这种改变的主要原因是便于公益性捐赠扣除的计算，方便纳税人的申报。

实行捐赠扣除比例限制，主要是为了堵塞税收漏洞，防止部分企业利用捐赠扣除达到少缴税的目的，这是世界上主要国家和地区的通行做法。

7.4.3 可以全额在税前扣除的项目

可一次性全额在税前列支的成本费用和损失项目，其抵税作用是很明显的。

企业所得税制度对可一次性在税前列支的成本费用和损失项目，采取的是反列举辅之以正列举的方法，即成本、费用、税金、损失和其他支出中，非不允许扣除的项目、非限定条件扣除的项目、非超额扣除的项目、非资本化后在一定周期逐步摊销的项目，只要与生产经营活动有关，就可以一次性全额在税前扣除。

1. 可全额扣除的成本

税法上的成本包括已经确认的销售商品(包括产品、材料、下脚料、废料和废旧物资等)、提供劳务、转让、处置固定资产和无形资产的成本。可税前扣除的成本不仅包括企业的主营业务成本(销售商品、提供劳务、提供他人使用本企业的无形资产)，还包括其他业务成本(销售材料、转让技术等)和营业外支出(固定资产清理费用等)。按对象归集的费用，有的成为在产品、产成品等存货，只有销售出去，并确认了销售(营业)收入后，其相应的存货成本才能申报扣除。

2. 可全额扣除的费用

企业所得税制度明确了与取得应税收入有关的支出，凡没有计入成本，没有资本化的支出，以及税法没有禁止和限制的，都应计入期间费用在税前扣除。但对于不允许扣除、限定条件扣除、超额扣除等的规定，重点在于费用方面，故可全额扣除的费用实际上主要是采取反列举方法界定的。下面具体分析销售费用、管理费用和财务费用中反列举项目。

(1)销售费用。企业为销售商品和材料、提供劳务的过程中发生的符合《企业所得税法》规定的各种费用，允许在税前扣除。但是，广告费、销售佣金、福利费等费用税前扣除有限额标准限制；预计产品质量保证损失要在实际发生售后服务支出时才能扣除；企业发生的与专设销售机构相关的固定资产修理费用等后续支出，符合税法规定大修理支出标准的，要作为长期待摊费用进行资本化处理，在以后年度摊销扣除。

(2)管理费用。企业为组织和管理企业生产经营活动所发生的符合《企业所得税法》规定的各种费用，允许在税前扣除。但是，职工福利费、工会经费、职工教育经费、业务招待费等税前扣除有限制标准；研发费用符合规定条件的可以加计扣除；属于被环境保护主管部门处罚的排污罚款不允许扣除等。

企业依照法律、行政法规有关规定提取的用于环境保护、生态恢复等方面的专项资金，准予扣除。上述专项资金提取后改变用途的，不得扣除。

企业发生的合理的劳动保护支出，准予扣除。劳动保护支出是指确因工作需要为雇员配备或提供工作服、手套、安全保护用品、防暑降温用品等所发生的支出。

非居民企业在我国境内设立的机构、场所，就其中国境外总机构发生的与该机构、场所生产经营有关的费用，能够提供总机构出具的费用汇集范围、定额、分配依据和方法等证明文件，并合理分摊的，准予扣除。

另外，准予扣除的其他项目还包括：企业发生的与其经营活动有关的合理的差旅费、会议费、董事会费，违约金(包括银行的罚息)以及诉讼费等。

(3)财务费用。纳税人为筹集经营性资金而发生的符合规定标准的筹资费用，包括利息净支出、汇兑净损失、金融机构手续费以及其他非资本化支出，允许在税前扣除。

但纳税人购置、建造固定资产和无形资产等，在购置、建造期间的借款费用应作为资本性支出计入有关资产的成本，而不能作为费用在所得税前列支；对于超出列支标准的利息费用，也不能税前扣除。

企业在货币交易中，以及纳税年度终了时将人民币以外的货币性资产、负债按照期末即期人民币汇率中间价折算为人民币时产生的汇兑损失，除已经计入有关资产成本以及与向所有者进行利润分配相关的部分外，准予扣除。

3. 可全额扣除的税金

可税前扣除的税金，是指企业发生的除企业所得税和允许抵扣的增值税以外的各项税金及其附加。其中，房产税、车船使用税、土地使用税、印花税在“管理费用”科目核算；营业税、消费税、城建税、资源税和教育费附加等相关税费在“营业税金和附加”科目核算；但与投资性房地产相关的房产税、土地使用税不在“管理费用”科目核算，而在“营业税金和附加”科目核算。以上税金是企业为取得经营收入而实际发生的经济负担，符合税前扣除的基本原则，可以全额税前扣除。

4. 可全额扣除的损失

可税前扣除的损失，是指企业在生产经营活动中发生的固定资产和存货的盘亏、毁损、报废损失，转让财产损失，呆账损失，坏账损失，自然灾害等不可抗力因素造成的损失以及其他损失，通过“营业外支出”科目核算。以上损失按照实际发生的标准，减除责任人赔偿和保险赔款后的余额，报税务机关批准确认后准予在税前扣除。

企业因存货盘亏、毁损、报废等原因不得从销项税金中抵扣的进项税金，应视同企业财产损失，准予与存货损失一起在所得税前扣除。

应注意“资产减值损失”科目虽然也核算损失，但这种损失是出于谨慎性原则事先预提的，按规定不能在计提时扣除，应在实际发生损失后依照税法规定扣除。

【例 7-2】 某企业 2008 年发生经营业务如下：产品销售收入 4 000 万元；产品销售成本 2 600 万元；销售费用 770 万元，其中广告费 650 万元；管理费用 480 万元，其中业务招待费 25 万元；财务费用 60 万元；销售税金 160 万元，其中含增值税 120 万元；营业外收入 80 万元；营业外支出 50 万元，其中含通过公益性社会团体向贫困山区捐款 30 万元，支付税收滞纳金 6 万元；计入成本费用中的实发工资总额 200 万元，拨缴职工工会经费 5 万元，职工福利费支出 31 万元，职工教育经费支出 7 万元。请计算该企业 2008 年应纳企业所得税。

解：会计利润总额＝4 000＋80－2 600－770－480－60－(160－120)－50
＝80(万元)

广告费和业务宣传费扣除限额＝4 000×15%＝600(万元)，实际列支 650 万元，调增应纳税所得额 50 万元，未列支的 50 万元可以结转以后年度扣除。

业务招待费扣除限额＝4 000×5‰＝20(万元)，实际开支额的 60% 即 15 万元(25 万元×60%)，15 万元＜20 万元，故可扣除 15 万元，调增应纳税所得额 10 万元。

捐赠支出扣除限额＝80×12%＝9.6(万元)，实际支出 30 万元，调增应纳税所得额 20.4 万元。

税收滞纳金 6 万元不得税前列支，调增应纳税所得额 6 万元。

工会经费拨缴限额＝200×2％＝4(万元)，实际拨缴 5 万元，调增应纳税所得额1 万元。

职工福利费支出限额＝200×14％＝28(万元)，实际支出 31 万元，调增应纳税所得额 3 万元。

职工教育经费支出限额＝200×2.5％＝5(万元)，实际支出 7 万元，调增应纳税所得额 2 万元，未列支的 2 万元可以结转以后年度扣除。

应纳税所得额＝80＋50＋10＋20.4＋6＋1＋3＋2＝172.4(万元)

2008 年应纳企业所得税＝172.4×25％＝43.1(万元)

7.4.4 可超额在税前扣除的项目

可超额在税前扣除的项目，其抵税作用是超倍的。

大多数情况下，成本费用在企业所得税前均扣除不足。但是《企业所得税法》规定有两项加计扣除政策，即对研究开发费用、安置残疾人员所支付的工资可以在企业所得税前加计扣除。对企业而言，加计扣除可以减少应纳税所得额，从而达到超倍抵税效果。

1. 研究开发费用的加计扣除

企业研究开发费用，是指企业在产品、技术、材料、工艺、标准的研究、开发过程中发生的各项费用。研究开发费用的明细应包括：新产品设计费、新工艺规程制定费以及与研发活动直接相关的技术图书资料费、资料翻译费；从事研发活动直接消耗的材料、燃料和动力费用；在职直接从事研发活动人员的工资、薪金、奖金、津贴、补贴；专门用于研发活动的仪器、设备的折旧费或租赁费；专门用于研发活动的软件、专利权、非专利技术等无形资产的摊销费用；专门用于中间试验和产品试制的模具、工艺装备开发及制造费；勘探开发技术的现场试验费；研发成果的论证、评审、验收费用。

按照税法规定，企业为开发新技术、新产品、新工艺而发生的研究开发费用，未形成无形资产计入当期损益的，在据实扣除的基础上，再按照研究开发费用的 50％加计扣除；形成无形资产的，按照无形资产成本的 150％摊销。

对企业共同合作开发的项目，由合作各方就自身承担的研发费用分别按照规定计算加计扣除；对企业委托给外单位进行开发的研发费用，受托方应向委托方提供该研发项目的费用支出明细情况，之后由委托方按照规定计算加计扣除，受托方不得再进行加计扣除(国税发【2008】116 号)。

应注意：企业应拥有实质性的研发机构，实质性地开展研究开发项目，才能对研究开发费用进行单独核算并实质性归集研究开发费用，从而才能运用研究开发费用加计扣除政策；否则会存在纳税风险。

【例 7-3】 A 公司自行研究开发一项技术，截至当年 6 月 30 日，发生研发支出合计 100 万元，经测试该项研发活动完成了研究阶段，从 7 月 1 日开始进入开发阶段。开发阶段发生研发支出 120 万元，并且符合无形资产准则规定的开发支出资本化的条件。当年 12 月 31 日，该项研发活动结束，最终开发出一项非专利技术。按《企业所得税法》规定

A公司当年度没有其他调整事项，当年会计利润为300万元。其当年度研究开发费用加计扣除如何计算？应纳企业所得税为多少？

解：A公司当年度研究阶段发生的研发费用100万元可以计入当期损益，开发阶段发生的研发费用120万元应形成无形资产，并且可以加计摊销。

当年度应纳税所得额＝300－100×50%＝250(万元)

当年度应纳企业所得税税额＝250×25%＝62.5(万元)

对构成无形资产成本的120万元，按其150%即180万元，根据使用寿命从下年度起进行平均摊销。

2. 安置残疾人员所支付的工资加计扣除

长期以来，国家对安置残疾人员就业的福利企业都给予减免税照顾，以鼓励企业吸纳残疾人员就业。现行对安置残疾人员就业的优惠政策既涉及流转税优惠也涉及企业所得税优惠。

在企业所得税方面，允许所支付工资进行加计扣除。即企业安置残疾人员的，在按照支付给残疾职工工资据实扣除的基础上，按照支付给残疾职工工资的100%加计扣除。如果工资加计扣除部分大于本年度应纳税所得额的，可准予扣除其不超过应纳税所得额的部分，超过部分不得扣除。亏损单位不适用工资加计扣除的办法。

为充分保证安置残疾人员就业的税收优惠政策能达到预期效果，税收政策对安置残疾人员就业享受税收优惠的条件进行了界定，企业须履行相关要求(财税【2009】70号)，包括：

(1)依法与安置的每位残疾人员签订一年以上(含一年)的劳动合同或服务协议，并且安置的每位残疾人员在单位实际上岗工作；

(2)为安置的每位残疾人员按月足额缴纳了企业所在区县人民政府根据国家政策规定的基本养老保险、基本医疗保险、失业保险和工伤保险等社会保险；

(3)定期通过银行等金融机构向安置的每位残疾人员实际支付了不低于企业所在区县适用的经省级人民政府批准的最低工资标准的工资；

(4)具备安置残疾人员上岗工作的基本设施。

同时，税收政策对企业采用签订虚假劳动合同或服务协议、伪造或重复使用残疾人证虚报残疾人数、不缴或少缴规定的社会保险、变相向残疾人员收回支付的工资等手段骗取税收优惠的企业，规定取消享受优惠资格并按法律规定处罚。这就要求企业遵循真实性、客观性原则，同时在企业核算资料中如实反映和记录税收制度要求的条件。

案例研究 7-2　　购买技术成果还是委托开发

甲公司急需一项生产技术，其自身不具备相应的研发力量，但了解到某高校正准备进行相关的技术开发。现有两种方案可供甲公司进行选择：一种方案是待该技术研发成功后以200万元购入；另一种方案是委托其开发技术，双方签订委托开发合同，在技术开发成功后支付开发费200万元给该高校，甲公司即如约获得该技术所有权。这两种方案孰优孰劣呢？如果采用第一种方案，按我国税法规定，甲公司购买其他单位或个人的技术必须作为无形资产入账，在该法律保护期限或合同约定使用期限内平均分期扣除。如果甲公司将购入技术分十年扣除，则每年税前扣除金额为20万元。如果采用第二种方案，甲公司则可将其支付的200万元作为研究开发费，不但可直接在当期税前扣除，还可以再按当年实际发生额的50%即100万元加计扣除。

委托其他单位进行科研试制的费用可以作为研究开发费加计扣除，其依据是什么呢？

国税发【2008】116号文件规定：对企业委托给外单位进行开发的研发费用，凡符合条件的，由委托方按照规定计算加计扣除，受托方不得再进行加计扣除。这种情况下受托方应向委托方提供该研发项目的费用支出明细情况。

之所以在财税政策上将购买科研成果与委托开发作上述区分，与我国科技成果有效转化为生产力的状况不无关系。长期以来，我国存在着产、学、研相脱节的现象，较少关注科研成果向现实生产力的转化。为此，提出了“推动产学研的合作，促进联合开发”，“企业技术开发可以采取自主开发、委托其他单位开发和联合开发等形式”(财工字【1996】41号)。由此我们不难理解，必要的委托开发不仅对委托方有纳税筹划方面的价值，而且有广泛的社会意义。

在进行上述抉择时还应注意，相对于购入技术成果，委托开发可能面临开发失败的风险，企业如果要选择这种方式，应评估研发失败的概率，与对方讨论和约定相关损失的承担和付款方式、进度等，分析其对企业生产经营活动的间接影响。企业应选择有雄厚研发力量的合作伙伴，并尽量降低本方可能出现的风险，如尽可能不付或少付预付款。

资料来源：高允斌．购买技术成果还是委托开发？中国税务报，2004-12-07，经整理。

7.4.5 在一定周期内逐步摊销的项目

企业所得税制度规定企业发生的支出应当区分收益性支出和资本性支出。收益性支出在发生当期直接扣除；资本性支出应当分期扣除或者计入有关资产成本，不得在发生当期直接扣除。

资本性支出是指支出的效益涉及两个或两个以上纳税年度的，此类支出需要先资本化为长期资产，再以折旧或摊销的方式逐步计入损益，逐期进行税前扣除。企业的资本性支出包括固定资产、生物资产、无形资产、长期待摊费用、投资资产等方面的支出。

从长期看，资本性支出在企业所得税前扣除的总额是一个相对固定数，但由于会计处理特别是税务处理的方法不同，会造成各个纳税期间税前扣除额的区别，从而出现不同年度纳税额不同的情况。

《企业所得税法》关于资本性支出分期扣除的规定如下：

(1)企业按照规定计算的固定资产折旧，准予扣除。

(2)按照规定计算的无形资产摊销费用，准予扣除。

(3)企业发生的下列支出作为长期待摊费用，按照规定摊销的，逐年度准予扣除：

已足额提取折旧的固定资产的改建支出；租入固定资产的改建支出；固定资产的大修理支出；其他应当作为长期待摊费用的支出。

(4)企业对外投资期间，投资资产的成本不得扣除。

(5)企业根据生产经营活动的需要租入固定资产支付的租赁费，按照以下方法扣除：以经营租赁方式租入固定资产发生的租赁费支出，按照租赁期限均匀扣除；以融资租赁方式租入固定资产发生的租赁费支出，按照规定构成融资租入固定资产价值的部分应当提取折旧费用，分期扣除。

【例 7-4】 某企业上年度有未弥补亏损 30 万元，本年度获产品销售收入 8 640 万元，车队提供运输劳务收入 360 万元，国债利息收入 5 万元，从联营单位分得税后利润 50 万元。该企业产品销售成本 5 000 万元；产品销售费用 800 万元；管理费用 900 万元，其中，业务招待费 100 万元；财务费用 300 万元；缴纳增值税 639.2 万元，营业税 10.8 万元，城建税 45.5 万元，教育费附加 19.5 万元，房产税和印花税 20 万元，缴纳税收滞纳金 3 万元；营业外支出 100 万元，其中为解决职工子女上学向某小学进行六一活动费助 10 万元，通过红十字会向灾区捐款 90 万元。该企业当年利润和应纳所得税为多少？

解：全年收入总额＝8 640＋360＋5＋50＝9 055(万元)

全年成本费用项目总额＝5 000＋800＋900＋300＋10.8＋45.5＋19.5＋20＋3＋100
＝7 198.8(万元)

全年利润＝9 055－7 198.8＝1 856.2(万元)

国债利息和从联营单位分得税后利润为免税收入，调减应纳税所得额 55 万元。

实际业务招待费的 60%即 60 万元，营业收入的 5‰即(8 640＋360)×5‰＝45(万元)，按照双重标准核定准予扣除 45 万元，而实际开支 100 万元，故调增应纳税所得额 100－45＝55(万元)。

税收滞纳金为不允许扣除项目，调增应纳税所得额 3 万元。

对某小学费助不允许扣除，调增应纳税所得额 10 万元。

公益性捐赠按全年利润的 12%准予扣除，限额为 222.744 万元(1 856.2 万元×12%)，通过红十字会向灾区捐款在限额内允许扣除。

应纳税所得额＝1 856.2－55＋55＋3＋10＝1 869.2(万元)

应纳企业所得税＝1 869.2×25%＝467.3(万元)

7.5 企业资产的税务处理

企业资产是指企业过去的交易或者事项形成的、由企业拥有或者控制的、预期会给企业带来经济利益的资源，包括固定资产、生物资产、无形资产、投资资产，以及存货等流动资产。

资产同时满足以下条件时可确认为税务处理项目：①与该资源有关的经济利益很可能流入企业，能够带来应税收入；②该资源的成本或者价值能够可靠地计量。

《企业所得税法》对资产的税务处理，主要包括资产的分类、确认、计价、扣除方法和处置几个方面的内容；不同的税务处理方法，对企业所得税会产生不同的影响。

企业在固定资产、生物资产、无形资产、长期待摊费用等投资资产方面的支出属于资本性支出。资本性支出不允许作为成本费用在发生当期税前扣除，它应计入形成资产的原价分期扣除或者计入有关资产成本，分期影响企业的应纳税所得额。

存货等流动性资产可以采取不同的成本结转方法，各种结转方法下计算的当期业务成本是不一样的，从而影响应纳税所得额。

另外，企业的各项资产以历史成本为计税基础。历史成本是指企业取得该项资产时实际发生的支出。企业持有各项资产期间资产增值或者减值，除国务院财政、税务主管部门规定可以确认损益外，不得调整该资产的计税基础。

综上，资产的税务处理最后将通过扣除方法对企业所得税产生影响。资产的税务处理是各国企业所得税制度的重要内容之一，《企业所得税法》对不同资产的税务处理做了不同的规定。

7.5.1 固定资产的税务处理

纳税人的固定资产，是指企业为生产产品、提供劳务、出租或者经营管理而持有的、使用时间超过 12 个月的非货币资产，包括房屋、建筑物、机器、机械、运输工具，以及其他与生产经营活动有关的设备、器具、工具等。

1. 固定资产计税基础

固定资产计税基础即入账成本，其价值将对以后的折旧额产生直接影响，从而间接影响固定资产使用期内的应纳税所得额。《企业所得税法》对不同来源的固定资产规定了不同的计税基础确定方法。

(1)外购的固定资产，以购买价款和支付的相关税费以及直接归属于使该资产达到预定用途发生的其他支出为计税基础。

(2)自行建造的固定资产，以竣工结算前发生的支出为计税基础。

(3)融资租入的固定资产，以租赁合同约定的付款总额和承租人在签订租赁合同过程中发生的相关费用为计税基础，租赁合同未约定付款总额的，以该资产的公允价值和承租人在签订租赁合同过程中发生的相关费用为计税基础。

(4)盘盈的固定资产，以同类固定资产的重置完全价值为计税基础。

(5)通过捐赠、投资、非货币性资产交换、债务重组等方式取得的固定资产，以该资产的公允价值和支付的相关税费为计税基础。

(6)改建的固定资产，除已足额提取折旧的和租入的以外的其他固定资产，以改建过程中发生的改建支出增加计税基础。

固定资产的价值确定后，除特殊情况外，一般不得调整。

2. 固定资产折旧的范围

在计算应纳税所得额时，企业按照规定计算的固定资产折旧，准予扣除。从原理上说，与经营活动无关的固定资产不得计算折旧扣除，具体包括：①房屋、建筑物以外未投入使用的固定资产；②以经营租赁方式租入的固定资产；③以融资租赁方式租出的固定资产；④已足额提取折旧仍继续使用的固定资产；⑤与经营活动无关的固定资产；⑥单独估价作为固定资产入账的土地；⑦其他不得计算折旧扣除的固定资产。

3. 固定资产折旧的计提方法

固定资产折旧的依据和方法如下：

(1)固定资产按照直线法计算折旧，准予扣除。

(2)企业应自固定资产投入使用月份的次月起计算折旧；停止使用的固定资产，应自停止使用月份的次月起停止计算折旧。

(3)固定资产在计算折旧前，应根据固定资产的性质和使用情况，合理确定固定资产的预计净残值，从固定资产原价中减除，固定资产的预计净残值一经确定，不得变更。由于情况特殊，需要调整残值比例的，应报主管税务机关备案。

(4)对由于技术进步、产品更新换代较快的固定资产，以及常年处于强震动、高腐蚀状态的固定资产，确需缩短折旧年限或采取加速折旧方法的，由纳税人提出申请，经主管税务机关审核后，可以缩短折旧年限或者采取加速折旧的方法。采取缩短折旧年限方法的，最低折旧年限不得低于税法规定折旧年限的60%；采取加速折旧方法的，可以采取双倍余额递减法或者年数总和法。

(5)油气企业在开始商业性生产之前发生的开发支出，即为了取得已探明矿区中的油气而建造或更新井及相关设施活动所发生的各项支出，可不分用途，全部累计作为开发资产的成本，自对应的油(气)田开始商业性生产月份的次月起，可不留残值，按直线法计提折旧准予扣除，其最低折旧年限为8年。油气企业终止本油(气)田生产的，其开发资产尚未计提折旧的剩余部分可在该油(气)田终止生产的当年作为损失扣除(财税【2009】49号)。

4. 固定资产的折旧计提年限

除国务院财政、税务主管部门另有规定外，固定资产计算折旧的最低年限如下：①房屋、建筑物，为20年；②飞机、火车、轮船、机器、机械和其他生产设备，为10年；③与生产经营活动有关的器具、工具、家具等，为5年；④飞机、火车、轮船以外的运输工具，为4年；⑤电子设备，为3年。

改建的固定资产延长使用年限的，除已经足额提取折旧的固定资产、租入的固定资产外，应当适当延长折旧年限。

7.5.2 生物资产的税务处理

生物资产是指有生命的动物和植物。生物资产分为消耗性生物资产、生产性生物资产和公益性生物资产。消耗性生物资产，是指为出售而持有的、或在将来收获为农产品的生物资产，包括生长中的农田作物、蔬菜、用材林以及存栏待售的牲畜等。生产性生物资产，是指为产出农产品、提供劳务或出租等目的而持有的生物资产，包括经济林、薪炭林、产畜和役畜等。公益性生物资产，是指以防护、环境保护为主要目的的生物资产，包括防风固沙林、水土保持林和水源涵养林等。

1. 生产性生物资产的计税基础

生产性生物资产按照以下方法确定计税基础：

(1)外购的生产性生物资产，以购买价款和支付的相关税费为计税基础；

(2)通过捐赠、投资、非货币性资产交换、债务重组等方式取得的生产性生物资产，以该资产的公允价值和支付的相关税费为计税基础。

2. 生物资产的折旧方法和年限

生产性生物资产按照直线法计算的折旧，准予扣除。企业应自生产性生物资产投入使用月份的次月起计算折旧；停止使用的生产性生物资产，应自停止使用月份的次月起停止计算折旧。

企业应当根据生产性生物资产的性质和使用情况，合理确定生产性生物资产的预计净残值。生产性生物资产的预计净残值一经确定，不得变更。

生产性生物资产计算折旧的最低年限为：林木类生产性生物资产为10年；畜类生产性生物资产为3年。

7.5.3 无形资产的税务处理

无形资产，是指企业为生产产品、提供劳务、出租或者经营管理而持有的、没有实物形态的非货币性长期资产，包括专利权、商标权、著作权、土地使用权、非专利技术、商誉等。

1. 无形资产的计税基础

(1)外购的无形资产，以购买价款和支付的相关税费以及直接归属于使该资产达到预定用途发生的其他支出为计税基础；

(2)自行开发的无形资产，以开发过程中该资产符合资本化条件后至达到预定用途前发生的支出为计税基础；

(3)通过捐赠、投资、非货币性资产交换、债务重组等方式取得的无形资产，以该资产的公允价值和支付的相关税费为计税基础。

2. 无形资产摊销的范围

在计算应纳税所得额时，企业按照规定计算的无形资产摊销费用，准予扣除。原则上说，与经营活动无关的无形资产不得计算摊销费用，下列无形资产不得计算摊销费用扣除：

(1)自行开发的支出已在计算应纳税所得额时扣除的无形资产。

(2)自创商誉。

(3)与经营活动无关的无形资产。

(4)其他不得计算摊销费用扣除的无形资产。

3. 无形资产的摊销方法及年限

无形资产按照直线法计算的摊销费用，准予扣除。

无形资产的摊销年限不得低于10年。作为投资或者受让的无形资产，有关法律规定或者合同约定了使用年限的，可以按照规定或者约定的使用年限分期摊销。外购商誉的支出，在企业整体转让或者清算时，准予扣除。

7.5.4 长期待摊费用的税务处理

长期待摊费用，是指企业发生的应在一个年度以上或几个年度进行摊销的费用。在计算应纳税所得额时，企业发生的下列支出作为长期待摊费用，按照规定摊销的，准予扣除。

(1)已足额提取折旧的固定资产的改建支出。其是指改变房屋或者建筑物结构、延长使用年限等发生的支出。企业的固定资产改建支出，如果有关固定资产尚未提足折旧，可增加固定资产价值；如有关固定资产已提足折旧，则作为长期待摊费用，按照固定资产预计尚可使用年限分期摊销。

(2)租入固定资产的改建支出。此项支出按照合同约定的剩余租赁期限分期摊销。

(3)固定资产的大修理支出。其是指同时符合下列条件的支出：修理支出达到取得固定资产时的计税基础50%以上；或者修理后固定资产的使用年限延长两年以上。固定资产的大修理支出，按照固定资产尚可使用年限分期摊销。

(4)其他应当作为长期待摊费用的支出。此项支出自发生月份的次月起，分期摊销，摊销年限不得低于3年。企业固定资产日常修理支出作为当期成本费用开支，可在发生当期直接扣除。

7.5.5 投资资产的税务处理

投资资产，是指企业对外进行权益性投资和债权性投资形成的资产。

投资资产按照以下方法确定成本：

(1)通过支付现金方式取得的投资资产，以购买价款为成本；

(2)通过支付现金以外的方式取得的投资资产，以该资产的公允价值和支付的相关税费为成本。

企业对外投资期间，投资资产的成本在计算应纳税所得额时不得扣除，企业在转让或者处置投资资产时，投资资产的成本准予扣除。

7.5.6 存货的税务处理

存货，是指企业持有以备出售的产品或者商品、处在生产过程中的在产品、在生产或者提供劳务过程中耗用的材料和物料等。

1. 存货的计税基础

存货按照以下方法确定成本：

(1)通过支付现金方式取得的存货，以购买价款和支付的相关税费为成本；

(2)通过支付现金以外的方式取得的存货，以该存货的公允价值和支付的相关税费为成本；

(3)生产性生物资产收获的农产品，以产出或者采收过程中发生的材料费、人工费和分摊的间接费用等必要支出为成本。

2. 存货成本的结转方法

企业使用或者销售的存货的成本计算方法，可以在先进先出法、加权平均法、个别计价法中选用一种。结转方法一经选用，不得随意变更。

以上几种方法，计算出的销售成本不同，其结果对企业应纳税所得额的多少及缴纳所得税多少的影响也不同。一般来说，在物价下降时期，采用先进先出法期末存货为最近成本，其价值较低，发出商品成本则较高，应纳税所得额也低。而采用加权平均法计算发出商品成本值较稳定，起伏不大，适合于采用累进所得税率的情况。

7.5.7　资产转让的税务处理

企业转让以上资产，在计算企业应纳税所得额时，资产的净值允许扣除。资产净值，是指有关资产、财产的计税基础减除已经按照规定扣除的折旧、折耗、摊销、准备金等后的余额。

除另有规定外，企业在重组过程中，应当在交易发生时确认有关资产的转让所得或者损失，相关资产应当按照交易价格重新确定计税基础。

【例 7-5】 某企业职工 150 人，固定资产原值为 600 万元，其中，机器设备 400 万元，生产用房 150 万元，非生产用房 50 万元。某年度企业会计报表的有关资料如下：①企业按照国家统一会计制度计算的利润总额为 300 万元，其中，销售利润 270 万元，企业的产品销售收入为 900 万元，国库券的利息收入 30 万元；②计入成本、费用的实发工资总额为 391 万元，拨缴职工工会经费 7.82 万元，支出职工福利费 58.65 万元和职工教育经费 11.73 万元；③业务招待费 6 万元；④环保部门罚款 10 万元；⑤向另一企业支付赞助费 5 万元；⑥通过国家机关向教育事业捐款 100 万元；⑦企业对 600 万元的固定资产一律按 10%的折旧率计提了折旧，而税法允许的各类别固定资产年折旧率分别为机器设备 8%、生产用房 5%、非生产用房 4%。请根据上述资料计算该企业当年应纳税所得额和应纳企业所得税。

解：国库券利息收入 30 万元属免税收入，调减应纳税所得额 30 万元。

工会经费扣除限额＝391×2%＝7.82(万元)，与实际发生额一致，可以据实在税前扣除。

职工福利费扣除限额＝391×14%＝54.74(万元)，实际发生 58.65 万元，调增应纳

税所得额：58.65－54.74＝3.91(万元)

职工教育经费扣除限额＝391×2.5%≈9.78(万元)，实际发生11.73万元，调增应纳税所得额：11.73－9.78＝1.95(万元)，其中1.95万元可以结转以后年度扣除。

三项经费应调增应纳税所得额＝3.91＋1.95＝5.86(万元)

业务招待费扣除限额＝900×5‰＝4.5(万元)＞6×60%，可以扣除3.6万元，调增应纳税所得额：6－3.6＝2.4(万元)

10万元罚款和支付的5万元赞助费不允许税前列支，调增应纳税所得额15万元。

捐赠扣除限额＝300×12%＝36(万元)，实际发生100万元，调增应纳税所得额：100－36＝64(万元)

税法允许扣除的折旧费＝400×8%＋150×5%＋50×4%＝32＋7.5＋2＝41.5(万元)，调增应纳税所得额：600×10%－41.5＝18.5(万元)

该企业应纳税所得额＝300－30＋5.86＋2.4＋15＋64＋18.5＝375.76(万元)

应纳企业所得税＝375.76×25%＝93.94(万元)

7.6 企业所得税的税收优惠

企业所得税是在分配领域对企业经营成果所征收的税，它与纳税人的纳税能力密切相关。由于企业经营实力和经营规模差距很大，需要照顾扶持和鼓励的地区、行业、企业都非常多，因此各国的企业所得税制度中都免不了存在大量的税收优惠政策，这些税收优惠政策具有很强的政策导向和宏观调控作用。《企业所得税法》根据国民经济和社会发展的需要，借鉴国际经验，按照“简税制、宽税基、低税率、严征管”要求，遵循“以产业优惠为主、区域优惠为辅、兼顾社会进步”的税收优惠原则，其税收优惠主要内容涵盖如下：促进技术创新和科技进步，鼓励基础设施建设，鼓励农业发展及环境保护与节能，支持安全生产，统筹区域发展，促进公益事业和照顾弱势群体等。这些优惠政策涉及范围广，优惠力度大，对符合国家产业政策导向的企业和项目能够提供比较大的支持。

在我国，企业所得税是税收优惠最多的一个税种，税法规定的企业所得税的优惠方式包括直接的减免税、税率优惠、税基优惠、税额抵免等。充分重视并灵活利用这些优惠政策是企业顺法避税的主要途径之一。

7.6.1 减免税优惠

减免税是国家对特定的地区、行业、企业、项目或特殊情况所给予纳税人完全免征或部分减征税收的照顾或奖励措施，其优惠力度大，优惠条件和优惠办法界定明确，可操作性非常强。企业所得税的减免税优惠重点关注需照顾或鼓励发展的特定产业和项目，旨在照顾农业生产、鼓励企业节能节水、保护环境和发展高新技术的行为。企业如果从事国家限制和禁止发展的项目，不得享受企业所得税优惠。

1. 从事农、林、牧、渔业项目所得的免税优惠

农业是弱势产业，世界各国一般都对农业实行特殊扶持政策。我国是农业大国，对农、林、牧、渔业项目给予税收优惠，有利于提高农业综合生产能力和增值能力，促进农业产业结构、产品结构和区域布局的优化，对引导社会向农业的投资、加强农业基础建设、增加农民收入和建设社会主义新农村，将起到积极作用。免征企业所得税的项目如下：①蔬菜、谷物、薯类、油料、豆类、棉花、麻类、糖料、水果、坚果的种植；②农作物新品种的选育；③中药材的种植；④林木的培育和种植；⑤牲畜、家禽的饲养；⑥林产品的采集；⑦灌溉、农产品初加工、兽医、农技推广、农机作业和维修等服务业项目；⑧远洋捕捞。

时下一些企业采取"公司＋农户"经营模式从事牲畜、家禽的饲养，即公司与农户签订委托养殖合同，向农户提供畜禽苗、饲料、兽药及疫苗等(所有权产权仍属于公司)，农户将畜禽养大成为成品后交付公司回收。这种情况公司没有直接从事畜禽的养殖，可否享受免征企业所得税优惠呢?

鉴于采取此种经营模式的公司须承担诸如市场、管理、采购、销售等经营职责及绝大部分经营管理风险，公司和农户是劳务外包关系，可以按照有关规定享受对农业的减免企业所得税优惠政策(国家税务总局 2010 年第 2 号公告)。

2. 从事农、林、牧、渔业项目所得的减税优惠

企业从事下列项目的所得，减半征收企业所得税：①花卉、茶以及其他饮料作物和香料作物的种植；②海水养殖、内陆养殖。

3. 对公共基础设施项目所得的定期减免税

为引导企业投资国家重点扶持的基础设施项目，税法对与此相关项目实行税收优惠政策。即企业从事港口码头、机场、铁路、公路、城市公共交通、电力、水利等项目投资经营所得，自项目取得第一笔生产经营收入所属纳税年度起，第一年至第三年免征企业所得税，第四年至第六年减半征收企业所得税。

企业承包经营、承包建设和内部自建自用以上项目，不得享受企业所得税优惠。

请注意，本条以及后面将讨论的定期减免税规定，将"取得第一笔生产经营收入的纳税年度"作为减免税的起始年度，改变了原有外资企业所得税将"获利年度"作为减免税的起始年度的规定，避免了企业推迟获利年度来避税的问题，使得税收优惠条款更加科学。

4. 对环境保护、节能节水项目所得的定期减免税

环境保护、资源节约是我国的一项基本国策。税法扩大了企业投资于环境保护、节能节水项目的税收优惠，除了定期减免税优惠外，本节还将介绍对这些投资项目的税额抵免优惠，体现了现行税法对推动节能环保行为的补充和强化。其定期减免税的具体内容如下：企业从事公共污水处理、公共垃圾处理、沼气综合开发利用、节能减排技术改

造、海水淡化等项目的所得，自项目取得第一笔生产经营收入所属纳税年度起，第一年至第三年免征企业所得税，第四年至第六年减半征收企业所得税。

以上规定享受减免税优惠的项目，在减免税期限内转让的，受让方自受让之日起，可以在剩余期限内享受规定的减免税优惠；减免税期限届满后转让的，受让方不得就该项目重复享受减免税优惠。

5. 对符合条件的技术转让所得优惠

为了促进技术创新和科技进步，《企业所得税法》继续保留了对技术转让所得的税收优惠，并从所得金额上扩大了税收优惠的力度和范围。即一个纳税年度内，居民企业转让技术所有权所得不超过500万元的部分，免征企业所得税；超过500万元的部分，减半征收企业所得税。

6. 对高新技术及西部地区的定期减免税优惠

为继续发挥经济特区和上海浦东新区的特殊作用，体现我国继续坚持改革开放的基本政策，《企业所得税法》对其给予了一定的过渡性优惠政策，即对五个经济特区和上海浦东新区内新设立的国家需要重点扶持的高新技术企业实行过渡性定期减免税优惠。

对高新技术企业、软件及集成电路企业的定期减免税优惠，具体内容如下：

(1)对经济特区和上海浦东新区内新注册的高新技术企业，自取得第一笔生产经营收入所属纳税年度起，第一年和第二年免税，第三年至第五年按照25%的法定税率减半征税(国发【2007】40号)。

(2)集成电路线宽小于0.8微米(含)的集成电路生产企业，在2017年12月31日前自获利年度起，第一年至第二年免征企业所得税，第三年至第五年按照25%的法定税率减半征收企业所得税，并享受至期满为止(财税【2012】27号)。

(3)集成电路线宽小于0.25微米或投资额超过80亿元的集成电路生产企业，减按15%的税率征收企业所得税，其中经营期在15年以上的，在2017年12月31日前自获利年度起，第一年至第五年免征企业所得税，第六年至第十年按照25%的法定税率减半征收企业所得税，并享受至期满为止(财税【2012】27号)。

(4)新办集成电路设计企业和符合条件的软件企业，在2017年12月31日前自获利年度起，第一年至第二年免征企业所得税，第三年至第五年按照25%的法定税率减半征收企业所得税，并享受至期满为止(财税【2012】27号)。

(5)符合条件的软件企业按规定取得的即征即退增值税款，由企业专项用于软件产品研发和扩大再生产并单独核算，可以作为不征税收入(财税【2012】27号)。

7. 对西部地区的定期减免税优惠

为积极引导西部地区投资方向，提升西部地区经济总量，支持西部地区加快发展，促进我国区域经济社会协调发展，税法规定继续执行西部大开发地区鼓励类企业的所得税优惠政策。其定期减免税优惠政策包括：

(1)继续执行西部大开发企业所得税优惠政策。2020年12月31日以前，对设在西部地区的鼓励类产业企业减按 15%的税率征收企业所得税。另外，对西部地区 2010 年 12 月 31 日前新办的、根据原政策规定可以享受企业所得税“两免三减半”优惠的交通、电力、水利、邮政、广播电视企业，其享受的企业所得税“两免三减半”优惠可以继续享受到期满为止(财税【2011】58 号)。

西部地区包括重庆市、四川省、贵州省、云南省、西藏自治区、陕西省、甘肃省、宁夏回族自治区、青海省、新疆维吾尔自治区、新疆生产建设兵团、内蒙古自治区和广西壮族自治区。湖南省湘西土家族苗族自治州、湖北省恩施土家族苗族自治州、吉林省延边朝鲜族自治州，可以比照西部地区的税收政策执行。

(2)民族自治地方的自治机关对本民族自治地方的企业应缴纳的企业所得税中属于地方分享的部分，可以决定减征或者免征。自治州、自治县决定减征或者免征的，须报省、自治区、直辖市人民政府批准。

对于企业所得税制度规定的减免税优惠措施，在同一个企业可能会有政策交叉的情况，在具体执行中，可选择适用其中一项最优惠的政策，不能两项或几项优惠政策累加执行。

7.6.2　税率优惠

企业所得税执行 25%的单一比例税率。考虑到各类企业经营规模有大小，取得的生产经营所得也有高低之分，以及对高新技术企业的持续鼓励和支持，《企业所得税法》又确定了对小型微利企业和高新技术企业的税率优惠。此外，对非居民企业和符合条件的软件企业也界定了税率优惠。

1. 小型微利企业税率优惠

为更好地发挥小企业在自主创新、吸纳就业等方面的优势，利用税收政策鼓励、支持和引导小企业的发展，参照国际通行做法，《企业所得税法》沿袭了旧的企业所得税制度给予中小型企业优惠税率的做法，给予符合规定条件的小型微利企业以 20%的优惠税率。

小型微利企业是指从事国家非限制和禁止行业，并符合下列条件的企业：

(1)工业企业，年度应纳税所得额不超过 30 万元，从业人数不超过 100 人，资产总额不超过 3 000 万元；

(2)其他企业，年度应纳税所得额不超过 30 万元，从业人数不超过 80 人，资产总额不超过 1 000 万元。

要注意，小型微利企业并非一定终生。要享受小型微利企业的低税率优惠，当然得符合税法规定的上述条件；一旦上述条件不完全满足，则低税率优惠不再能够享受。仔细分析上述认定条件，发现其中企业盈利水平不仅是动态变化的，而且相对不容易受企业主动掌控，因此欲利用小型微利企业低税率优惠的企业应该将盈利水平作为重点监控指标。

基本税率 25%加上小型微利企业的低税率 20%，实际上相当于两级全额累进税率，应纳税所得额在临界点 30 万元上下税赋差异很大。如果小型微利企业的其他条件均满足，某企业年应纳税所得额为 30 万元，适用 20%的企业所得税税率，应纳所得税 6 万元(30 万元×20%)，税后净利润 24 万元(30 万元－6 万元)。若应纳税所得额为 30.5 万元，适用 25%的企业所得税税率，应纳所得税 7.625 万元(30.5 万元×25%)，税后净利润 22.875 万元(30.5 万元－7.625 万元)，比应纳税所得额为 30 万元时的净利润反而少了 1.125 万元，这显然是不公平的、不中性的。因此，年度应纳税所得额在临界点上下的企业应重视此问题，提前做好计划安排。

另外，为应对国际金融危机，扶持中小企业发展，国家对盈利水平更小的企业制定了临时性的更进一步的税率优惠，具体内容如下：自 2012 年 1 月 1 日至 2015 年 12 月 31 日，对年应纳税所得额低于 6 万元(含 6 万元)的小型微利企业，其所得减按 50%计入应纳税所得额，按 20%的税率缴纳企业所得税(财税【2011】117 号)。

2. 高新技术企业税率优惠

《企业所得税法》规定对国家需要重点扶持的高新技术企业实行 15%的优惠税率，与旧的企业所得税政策相比，不再作地域限制，同时严格了高新技术企业的认定标准，并且取消了两年定期减免所得税的优惠。

国家需要重点扶持的高新技术企业，是指拥有核心自主知识产权，并同时符合下列条件的企业(国科发文【2008】172 号)：

(1)产品(服务)属于《国家重点支持的高新技术领域》规定的范围。

(2)研究开发费用占销售收入的比例不低于规定比例。近三个会计年度研究开发费用总额占销售收入总额的比例符合如下要求：最近一年销售收入小于 5 000 万元的企业，比例不低于 6%；最近一年销售收入在 5 000 万元至 20 000 万元的企业，比例不低于 4%；最近一年销售收入在 20 000 万元以上的企业，比例不低于 3%。

(3)高新技术产品(服务)收入占企业当年总收入的 60%以上。

(4)具有大学专科以上学历的科技人员占企业当年职工总数的 30%以上，其中研发人员占企业当年职工总数的 10%以上。

(5)高新技术企业认定管理办法规定的其他条件，包括企业研究开发组织管理水平、科技成果转化能力、自主知识产权数量、销售与总资产成长性等指标符合《高新技术企业认定管理工作指引》的要求。

3. 非居民企业税率优惠

非居民企业在我国境内未设立机构、场所的，或者虽设立机构、场所但取得的所得与其所设机构、场所没有实际联系的，可就其来源于我国境内的所得减按 10%的所得税税率缴纳企业所得税。

非居民企业取得股息、红利等权益性投资收益和利息、租金、特许权使用费所得，以收入全额为应纳税所得额。取得转让财产所得，以收入全额减除财产净值后的余额为应纳税所得额。财产净值是指财产的计税基础减除已经按照规定扣除的折旧、折耗、摊销、准备金等后的余额。

此外，该类非居民企业取得下列所得免征企业所得税：①外国政府向中国政府提供贷款取得的利息所得；②国际金融组织向中国政府和居民企业提供优惠贷款取得的利息所得；③经国务院批准的其他所得。

4. 软件企业税率优惠

国家规划布局内的重点软件企业和集成电路设计企业，如当年未享受免税优惠的，可减按 10%的税率征收企业所得税(财税【2012】27 号)。

【例 7-6】 某高新企业是国家需要重点扶持的企业，2008 年该企业取得的收入为转让技术所有权 1 550 万元，发生的相关成本、费用、税金合计 600 万元。请计算该企业应缴纳的企业所得税。

解：根据规定，居民企业转让技术所有权所得不超过 500 万元的部分，免征企业所得税；超过 500 万元的部分，减半征收企业所得税；国家需要重点扶持的高新技术企业减按 15%的税率征收企业所得税。

应纳税所得额＝1 550－600＝950(万元)

应缴纳的企业所得税＝(950－500)×15%×50%＝33.75(万元)

5. 技术先进型服务企业的税率优惠

21 世纪，服务业尤其是技术先进型服务业将是世界经济竞争的主流。为扶持该行业发展，自 2010 年 7 月 1 日起至 2013 年 12 月 31 日止，在北京、天津、上海、重庆、大连、深圳、广州、武汉、哈尔滨、成都、南京、西安、济南、杭州、合肥、南昌、长沙、大庆、苏州、无锡、厦门 21 个中国服务外包示范城市(简称示范城市)实行企业所得税优惠税率，减按 15%的税率征收企业所得税(财税【2010】65 号)。

享受优惠政策的技术先进型服务企业必须同时符合以下条件：

(1)从事《技术先进型服务业务认定范围(试行)》中的一种或多种技术先进型服务业务，采用先进技术或具备较强的研发能力；

(2)企业的注册地及生产经营地在示范城市(含所辖区、县、县级市等全部行政区划)内；

(3)企业具有法人资格，近两年在进出口业务管理、财务管理、税收管理、外汇管理、海关管理等方面无违法行为；

(4)具有大专以上学历的员工占企业职工总数的 50%以上；

(5)从事规定范围的技术先进型服务业务取得的收入占企业当年总收入的 50%以上；

(6)从事离岸服务外包业务取得的收入不低于企业当年总收入的 50%。

7.6.3 税基优惠

企业所得税定期减免税优惠和税率优惠是直接的优惠，也是我国旧企业所得税制度中的主要优惠方式。现行《企业所得税法》突出了税基优惠，此类优惠主要针对企业特定项目的所得或收入、扣除、弥补以前年度亏损等可以影响税基的内容。也正因如此，企业同时从事适用不同企业所得税待遇的项目时，应注意划分不同项目的所得。例如，企业应区分国债利息收入与国债转让所得；对于经营性项目所得，应正确而又合理地配比不同项目收入与扣除之间的关系。

税基优惠既可以起到鼓励和照顾特定企业项目的作用，又不至于完全减免掉企业的所得税从而对国家税收产生影响。税基优惠在西方国家的所得税制度中非常普遍。根据应纳税所得额的内容，影响税基的因素包括收入、准予扣除项目和以前年度的亏损。税基优惠主要包括以下内容。

1. 免税收入和不征税收入

7.3.1 小节曾经讨论过免税收入和不征税收入，在此不再赘述。客观上说，免税收入和不征税收入都要在收入总额中进行扣除，从而可以缩小税基。但实质上不征税收入不属于企业营利性活动带来的经济利益，因此不负有纳税义务，它虽可以缩小税基，但不属于税收优惠。免税收入是指企业负有纳税义务，而政府在一定时间免予征税、而在一定时期又有可能恢复征税的收入，免税收入属于税收优惠，可以直接缩小税基。

2. 减计收入

减计收入是指按照税法规定准予纳税人对某些经营活动取得的应税收入，按一定比例减少计入收入总额，进而减少应纳税所得额的一种优惠方式。目前减计收入优惠主要包括：企业以《资源综合利用企业所得税优惠目录》规定的资源作为主要原材料并符合规定比例，生产国家非限制和禁止并符合国家和行业相关标准的产品取得的收入，减按90％计入收入总额。

3. 加计扣除

加计扣除是指纳税人的某些支出项目按照税法规定在计算应纳税所得额时在全额扣除的基础上，还可以再按一定比例增加税前扣除的一种优惠方式。目前加计扣除的优惠主要包括企业研究开发费用加计扣除政策和安置残疾人员所支付的工资加计扣除政策，这两项税收优惠已经在 7.4.4 小节介绍过，不再赘述。

4. 加速折旧

固定资产加速折旧是指按照税法规定，允许纳税人在固定资产使用年限的初期提取并在税前扣除较多的折旧，以后年度相应减少折旧额，从而使纳税人的所得税负担得以递延的一种优惠方式。加速折旧优惠的规定见 7.5.1 小节。

5. 抵扣应纳税所得额

抵扣应纳税所得额是指按照税法规定在计算应纳税所得额时准予按照一定比例直接抵扣应纳税所得额从而缩小税基的一种优惠方式。《企业所得税法》中抵扣应纳税所得额的优惠主要包括：创业投资企业从事国家需要重点扶持和鼓励的创业投资，可以按投资额的一定比例抵扣应纳税所得额。即创业投资企业采取股权投资方式投资于未上市的中小高新技术企业两年以上的，可以按照其投资额的 70%在股权持有满两年的当年抵扣该创业投资企业的应纳税所得额；当年不足抵扣的，可以在以后纳税年度结转抵扣。

6. 亏损弥补政策

亏损弥补是国家对纳税人的一种税收照顾。亏损，是指企业依照企业所得税制度的规定将每一纳税年度的收入总额减除不征税收入、免税收入和各项扣除后小于零的数额。

《企业所得税法》规定企业纳税年度发生的亏损，准予向以后年度结转，用以后年度的所得弥补，但结转年限最长不得超过 5 年。若到第五年仍未补完，则这笔亏损就自动失去弥补权。此外，亏损必须顺序递延弥补，不得累积亏损，也不得间隔弥补。因此，企业必须设置专门账户反映亏损结转和弥补情况。这是国家为保障企业均衡发展、获得更大的经济效益而实施的一项措施，是符合国际通行做法的。

另外，居民企业在汇总计算缴纳企业所得税时，其境外营业机构的亏损不得抵减境内营业机构的盈利。

对亏损弥补政策的理解应注意：

(1)年度亏损应由以后年度的税前利润予以弥补。

(2)弥补亏损必须自亏损年度的下年起连续不间断地计算。连续发生年度亏损，也必须从第一个亏损年度算起，先亏先补，按顺序连续计算亏损弥补期，不得将每个亏损年度的连续弥补期相加，更不得断开计算。

(3)用税前利润弥补亏损，延续五年尚未弥补完的部分，从第六年起改用税后利润或盈余公积弥补。

7.6.4　税额抵免优惠

税额抵免是纳税人在计算缴纳税款时，准予在税法规定的限度内对应纳税款按照一定的标准进行冲抵，以减轻其税收负担。税额抵免是世界各国常用的刺激投资和经济增长的主要税收优惠政策之一，包括诸如投资抵免、研究开发抵免等，在西方发达国家已使用多年；此项税收优惠运用的是绝对节税原理，直接减少纳税人的税收额。总体来说，税收抵免计算简便，普遍适用于满足条件的所有纳税人。

我国在 1999 年曾经出台了鼓励企业进行技术改造购置国产设备的投资抵免优惠政策。随着现行税法在 2008 年的实施，该政策走到了终点，其主要原因是对国产设备的普遍抵免有违国民待遇原则。《企业所得税法》用特定抵免取代了普遍抵免，即企业购置并实际使用《环境保护专用设备企业所得税优惠目录》、《节能节水专用设备企业所得税优惠目录》和《安全生产专用设备企业所得税优惠目录》规定的环境保护、节能节水、安全生产等专用设备的，该专用设备的投资额的 10%可以从企业当年的应纳税额中抵免；当年不足抵免的，可以在以后 5 个纳税年度结转抵免。

税法这一规定，更加突出了产业政策导向，贯彻了国家可持续发展战略，符合构建和谐社会的总体要求。现行税法关于投资抵免政策的变化：一是将投资抵免企业所得税的设备范围规范为环境保护、节能节水、安全生产等专用设备；二是按照世界贸易组织原则不再限于国产设备；三是投资抵免的比例将在原 40%的基础上降低到 10%；四是明确规定企业享受税额抵免优惠的专用设备应是企业实际购置并自身实际投入使用的，对企业购置后又转让、出租或没有使用的，则不享受税额抵免优惠。

7.6.5 企业所得税过渡性优惠政策

前面讨论了企业所得税的四种税收优惠形式。企业所得税还有一种税收优惠，它不归属于前面任何一种优惠形式，但它是现阶段实际存在的，即 2008 年企业所得税制度改革前后税制交接时期的过渡性优惠政策。

为了企业所得税法规的顺利衔接，现行企业所得税政策明确规定：现行税法公布前(2007 年 3 月 16 日)已经批准设立(已经完成工商登记注册)的企业，依照当时的税收法律、行政法规规定，享受低税率优惠的，按照国务院规定，可以在现行税法施行后 5 年内，逐步过渡到现行税法规定的 25%税率；享受定期减免税优惠的，按照国务院规定，可以在《企业所得税法》施行后继续享受到期满为止，但因未获利而尚未享受优惠的，优惠期限从现行税法施行年度起计算(国发【2007】39 号)。

专栏 7-3　企业所得税法获通过，外资超国民待遇走向终结

新华网北京消息，将给内资企业和外资企业带来同等税收待遇的《企业所得税法》于 2007 年 3 月 16 日上午在全国人大五次会议上获得高票通过。专家表示，这标志着我国利用外资政策进入了一个新的历史阶段，外资企业在华享受 20 多年的超国民待遇走向终结。

新的税法将于 2008 年 1 月 1 日开始实施。根据其规定，外资企业将不再享有比国内企业低十几个百分点的优惠税率，与内资企业一样要缴纳统一的 25%所得税。此外，外资企业单独享受的税前扣除优惠、生产性企业再投资退税优惠、纳税义务发生时间上的优惠等今后也将与内资企业统一。

外资企业在城镇土地使用上的超国民待遇政策 2007 年年初已经结束。事实上，目前在国家层面上，外资在华享受的超国民待遇已经所剩无几。

自 20 世纪 70 年代末我国改革开放以来，给予外资企业超国民待遇的税收政策、土地使用政策等一直是吸引外资的重要手段。全国政协委员、经济学家林毅夫说，改革开放初期，我国资金、外汇短缺，市场体制不健全，给外资一定的超国民待遇是必要的。但是超国民待遇的外资政策也带来许多问题。除了国内企业抱怨不公平外，由于税收政策双轨制存在漏洞，一些内资企业采取将资金转移到境外再投资到境内的办法，以享受外资优惠待遇，造成国家税款的流失。此外，今天的中国与改革开放初期已经有很大不同，我国的外汇储备突破万亿美元大关，外汇与资本已经不再是我国经济发展的瓶颈，解决资金匮乏问题不再是吸引外资的主要目的。专家分析认为，我国终结外资在华超国民待遇，并不意味着我国对外资关上大门，而是希望提高吸引外资的质量，解决经济发展的深层次问题。

国务院发展研究中心对外经济研究部部长张小济说，从法律上看，今后对高技术、环保型的产业仍然有优惠，这虽然对内外资都一样，但是这些方面跨国公司有明显的优势，竞争中它们更易受益。

安永会计师事务所北京税务及商务咨询部主管合伙人李展伟说，统一内外资企业所得税不会熄灭外商来华投资的热情。已为跨国公司投资提供了20多年税务及相关业务问题咨询服务的李展伟说："他们看重的是中国巨大的市场潜力，而不仅仅局限于税收优惠政策。"

资料来源：车玉明，王勉，周芙蓉．企业所得税法获通过，外资超国民待遇走向终结．新华网，http://news.xinhuanet.com，2007-03-16，经整理。

7.7 企业所得税应纳税额的计算

规范情况下，企业所得税纳税人应依照税法规定根据应纳税所得额和适用税率即有关扣除项目计算应纳所得税。但是企业所得税纳税人的情况比较复杂，不同的纳税人身份和不同的核算情况，其计算应纳税额也有不同的规定，本节将介绍几种特殊情况下应纳税额的计算。

一般情况下，企业在明确应纳税所得的各项收入及扣除、弥补亏损项目，并正确计算应纳税所得额后，就应该根据适用税率计算应纳所得税额了。企业所得税应纳税额为应纳税所得额乘以适用税率，减除税收优惠规定的减免项目和抵免项目后的余额，计算公式为

$$\text{应纳税额}=\text{应纳税所得额}\times\text{适用税率}-\text{税收优惠减免税额}-\text{抵免税额}$$

应纳税所得额和税收优惠的减免税已经在本章讨论过，下面将首先讨论抵免税额的计算扣除，以便为应纳税额的计算奠定基础，然后讨论居民企业核定征收问题。抵免税额是指与境外所得相关的已纳税额的抵免。

7.7.1 企业境外所得已纳税款的税收抵免

根据《企业所得税法》的规定，居民企业应当就其来源于我国境内、境外的所得缴纳企业所得税；非居民企业在我国境内设立机构、场所的，应就其所设机构、场所取得的来源于我国境内的所得，以及发生在我国境外但与其所设机构、场所有实际联系的所得，缴纳企业所得税。这样，当企业有直接或间接来源于境外的所得时，对境外所得征税就有可能造成国际间重复征税。为避免重复征税，需采取对已纳税款予以扣除的办法。

关于企业境外所得税收抵免的问题，《企业所得税法》及《企业所得税法实施条例》和财税【2009】125号文件都进行了专门规定。

1. 可抵免境外所得的范围

下列境外所得可以按规定计算抵免境外已纳税款：

(1)居民企业来源于中国境外的应税所得。

(2)居民企业从其直接或者间接控制的外国企业分得的来源于中国境外的股息、红利等权益性投资收益。其中，直接控制是指居民企业直接持有外国企业20%以上股份；间接控制是指居民企业以间接持股方式持有外国企业20%以上股份。

(3)非居民企业在我国境内设立机构、场所，取得发生在我国境外但与该机构、场所有实际联系的应税所得。

2. 抵免方法

企业取得上述范围所得，其已在境外缴纳的所得税税额，可以从其当期应纳税额中抵免，抵免限额为该项所得依照税法规定计算的应纳税额。境外已缴纳和间接负担的税款低于抵免限额的，应据实抵免；超过抵免限额的部分，可以在以后五个年度内，用每年度抵免限额抵免当年应抵税额后的余额进行抵补。

抵免限额应当分国(地区)不分项计算，即纳税人在境外已缴纳的所得税税款应按国(地区)进行抵扣：对来源于境外某一国的各项所得不分项，汇总到一起作为来源于某国的所得额计算抵免限额；而来源于境外多国的所得，却要按每一个所得来源国的所得额，分国(地区)计算抵免限额。抵免限额计算公式：

$$\text{某国(地区)抵免限额}=\text{中国境内、境外所得按规定计算的应纳税总额}\times\text{来源于某国(地区)的应纳税所得额}\div\text{中国境内、境外应纳税所得总额}$$

其中，计算境内外应纳税总额的税率为25%。在境内外所得均大于零时，不难证明，上述公式实际上等价于用境外应税所得乘以我国适用税率，即

$$\text{某国(地区)抵免限额}=\text{来源于某国(地区)的应纳税所得额}\times 25\%$$

如果境内、境外应纳税所得总额小于零，应以零计算境内、境外应纳税所得总额，则抵免限额也为零。

3. 抵免涉及的相关概念

确定当期抵免限额需要准确计算下列项目：境内应纳税所得额、分国(地区)别的境外应纳税所得额、可抵免境外所得税税额、境外所得税的抵免限额。如果企业不能准确计算上述项目实际可抵免分国(地区)别的境外所得税税额，则在相应国家(地区)缴纳的税收不得抵免，也不得结转以后年度抵免。对上述项目的计算，现行税法及相关文件都进行了明晰。

(1)关于境外应纳税所得额的计算。境外应纳税所得额的计算要分国(地区)别计算。居民企业在境外设立不具有独立纳税地位的分支机构取得的各项境外所得，无论是否汇回我国境内，均应计入该企业所属纳税年度的境外应纳税所得额。企业为取得境内外所得而在境内外发生的共同支出，应按境内外应税所得合理比例分国(地区)别进行分摊后扣除。在境外设立不具有独立纳税地位的分支机构发生的亏损，不得抵减其境内或他国(地区)的应纳税所得额，但可以用同一国家(地区)其他项目或以后年度的所得按规定弥补。

(2)可抵免境外所得税税额，是指企业来源于我国境外的所得依照境外税收法律以及相关规定应当缴纳并已实际缴纳的企业所得税性质的税款。但不包括：属于错缴或错征的境外所得税税款；按规定不应征收的境外所得税税款；因少缴或迟缴境外所得税而追加的利息、滞纳金或罚款；按照我国税收制度规定，已经免征我国企业所得税的境外所得负担的境外所得税税款等。

另外，对境外已纳税款执行税收饶让规定。即如果我国政府与某国(地区)订立了税收饶让协定，来源于该国所得按照该国税收法律享受了免税或减税待遇，则该减免税数额应视同企业实际缴纳的境外所得税税额进行抵免。

按规定抵免企业所得税税额时，企业应当提供境外税务机关出具的税款所属年度的有关纳税和减免税凭证。

4. 抵免税额的简易办法之一：定率 12.5%计算抵免

对某些所得来源国实际税率不算太高的情况，如果企业无法确认或提供境外所得有关纳税信息，为方便征收管理，经主管税务机关核准，企业可以按境外应纳税所得额的12.5%作为抵免限额。其不超过抵免限额的部分，准予抵免；超过的部分不得抵免。采取这种方法必须符合以下条件：①经企业申请，主管税务机关核准；②因客观原因无法真实、准确地确认应当缴纳并已经实际缴纳的境外所得税税额；③其适用范围仅限于居民企业从境外取得营业利润以及符合境外税额间接抵免条件的股息所得两项；④所得来源国(地区)的实际有效税率高于 12.5%以上；⑤需要有所得来源国政府机关核发具有纳税性质凭证或证明。

5. 抵免税额的简易办法之二：直接以 25%税率计算抵免

对所得来源国实际有效税率明显高于我国的情况，很明显，境外已缴纳和间接负担的税款将长期高于按我国法定 25%税率计算的抵免限额。为方便征收管理，对这种情况直接以 25%税率计算抵免境外所得已纳税款。采取这种方法必须符合以下条件：①其适用范围仍然限于居民企业从境外取得营业利润以及符合境外税额间接抵免条件的股息所得两项；②所得来源国(地区)的法定税率和其实际有效税率明显高于我国的25%税率，具体国家(地区)名单由财政部、国家税务总局颁布，并可根据实际情况适时进行调整。目前颁布的名单包括美国、阿根廷、布隆迪、喀麦隆、古巴、法国、日本、摩洛哥、巴基斯坦、赞比亚、科威特、孟加拉国、叙利亚、约旦、老挝。

属于上述两种简易办法规定以外的股息、利息、租金、特许权使用费、转让财产等投资性境外所得，均应按前述规范的方法计算抵免。

企业抵免境外所得税税额后实际应纳所得税税额的计算公式为

$$\text{企业实际应纳所得税税额}=\text{企业境内外所得应纳税总额}-\text{企业所得税减免、抵免优惠税额}-\text{境外所得税抵免额}$$

【例 7-7】 某企业 2008 年境内应纳税所得额为 100 万元，适用 25%的企业所得税税率。另外，该企业分别在 A、B 两国设有分支机构，我国与 A、B 两国已经缔结避免双重征税协定。在A国分支机构的应纳税所得额为50万元，A国税率为20%；在B国的分支机构的应纳税所得额为30万元，B国税率为30%。假设该企业在A、B两国所得按我国税法计算的应纳税所得额和按A、B两国税法计算的应纳税所得额一致，两个分支机构在A、B两国分别缴纳了10万元和9万元的企业所得税。请计算该企业汇总时在我国应缴纳的企业所得税税额。

解：该企业按我国税法计算的境内、境外所得的应纳税额：

应纳税额＝(100＋50＋30)×25%＝45(万元)

A国扣除限额＝45×50÷(100＋50＋30)＝50×25%＝12.5(万元)

B国扣除限额＝45×30÷(100＋50＋30)＝30×25%＝7.5(万元)

在A国缴纳的所得税为10万元，低于扣除限额12.5万元，可全额扣除。

在B国缴纳的所得税为9万元，高于扣除限额7.5万元，其超过限额的1.5万元当年不能扣除，但可在以后5年内扣除。

汇总时在我国应缴纳的所得税＝45－10－7.5＝27.5(万元)

7.7.2 居民企业核定征收企业所得税的计算

企业所得税征收无论计算还是缴纳，都要以企业准确地进行财务核算为前提。但在企业所得税实际征收管理中，常常有部分企业尤其是中小企业不能或有意识不愿意进行准确的财务核算，为了加强企业所得税征收管理，对这类企业应纳企业所得税进行核定征收(国税发【2008】30号)。

1. 核定征收企业所得税的范围

居民企业纳税人具有下列情形之一的，核定征收企业所得税：

(1)依照法律、行政法规的规定可以不设置账簿的；

(2)依照法律、行政法规的规定应当设置但未设置账簿的；

(3)擅自销毁账簿或者拒不提供纳税资料的；

(4)虽设置账簿，但账目混乱或者成本资料、收入凭证、费用凭证残缺不全，难以查账的；

(5)发生纳税义务，未按照规定的期限办理纳税申报，经税务机关责令限期申报，逾期仍不申报的；

(6)申报的计税依据明显偏低，又无正当理由的。

特殊行业、特殊类型的纳税人和一定规模以上的纳税人不适用上述办法。

2. 核定征收的方法

税务机关应根据纳税人的具体情况，对核定征收企业所得税的纳税人，采取规定的方法核定应税所得率或者核定应纳所得税税额。

(1)核定应税所得率，是指税务机关按照一定的标准、程序和方法，预先核定纳税人的应税所得率，由纳税人根据纳税年度内的收入总额或成本费用等项目的实际发生额，按预先核定的应税所得率计算缴纳企业所得税的办法。

具有下列情形之一的，可以采取核定应税所得率的办法：能正确核算（查实）收入总额，但不能正确核算（查实）成本费用总额的；能正确核算（查实）成本费用总额，但不能正确核算（查实）收入总额的；通过合理方法，能计算和推定纳税人收入总额或成本费用总额的。

采取核定应税所得率征收办法的，应纳所得税税额计算公式为

应纳税所得额＝应税收入额×应税所得率

或

应纳税所得额＝成本（费用）支出额÷（1－应税所得率）×应税所得率

应纳所得税税额＝应纳税所得额×适用税率

应税所得率应按以下规定的标准执行：农、林、牧、渔业，3％～10％；制造业，5％～15％；批发和零售贸易业，4％～15％；交通运输业，7％～15％；建筑业，8％～20％；饮食业，8％～25％；娱乐业，15％～30％；其他行业，10％～30％。

纳税人经营多业的，无论其经营项目是否单独核算，均由税务机关根据其主营项目确定适用的应税所得率。主营项目应为纳税人所有经营项目中，收入总额或者成本（费用）支出额或者耗用原材料、燃料、动力数量所占比重最大的项目。

纳税人不属于以上情形的，直接核定其应纳所得税税额。

（2）核定应纳所得税税额，是指税务机关按照一定的标准、程序和方法，直接核定纳税人年度应纳企业所得税税额，由纳税人按规定进行申报缴纳的办法。

直接核定应纳所得税税额可以采用下列方法：参照当地同类行业或者类似行业中经营规模和收入水平相近的纳税人的税负水平核定；按照应税收入额或成本费用支出额定率核定；按照耗用的原材料、燃料、动力等推算或测算核定；按照其他合理方法核定。

如果采用上述一种方法不足以正确核定应纳税所得额或应纳税额的，可以同时采用两种以上的方法核定。采用两种以上方法测算的应纳税额不一致时，可按测算的应纳税额从高核定。

3. 核定征收企业所得税情况下享受税收优惠的限制

核定征收是对企业没有能力或者不主动采取措施规范财务核算情况下采取的一种临时计税措施，或者说在某种程度上应该带有惩罚性意图。故此类企业不得享受税收优惠。例如，税法规定的小型微利企业待遇，应适用于具备建账核算应纳税所得额条件的企业。在不具备准确核算应纳税所得额条件前，采取核定征收方法的企业，不适用小型微利企业的优惠税率（财税【2009】69 号）。

税务机关应积极督促核定征收企业所得税的纳税人建账建制，改善经营管理，引导纳税人向查账征收方式过渡。纳税人一旦具备了查账征收的条件，要及时调整征收方式，实行查账征收。

7.8 企业所得税的征收管理

7.8.1 纳税地点

除税收法律、行政法规另有规定外，居民企业以企业登记注册地为纳税地点；但登记注册地在境外的，以实际管理机构所在地为纳税地点。企业登记注册地是指企业依照国家有关规定登记注册的住所地。

如果居民企业在我国境内设立不具有法人资格的营业机构，应当汇总计算并缴纳企业所得税。企业汇总计算并缴纳企业所得税时，应当统一核算应纳税所得额。

非居民企业在我国境内设立机构、场所的，应当就其所设机构、场所取得的来源于我国境内的所得，以及发生在我国境外但与其所设机构、场所有实际联系的所得，以机构、场所所在地为纳税地点。非居民企业在我国境内设立两个或者两个以上机构、场所的，经税务机关审核批准，可以选择由其主要机构、场所汇总缴纳企业所得税。非居民企业经批准汇总缴纳企业所得税后，需要增设、合并、迁移、关闭机构、场所或者停止机构、场所业务的，应当事先由负责汇总申报缴纳企业所得税的主要机构、场所向其所在地税务机关报告；需要变更汇总缴纳企业所得税的主要机构、场所的也依同等规定办理。

非居民企业在我国境内未设立机构、场所的或者虽设立机构、场所但取得的所得与其所设机构、场所没有实际联系的，以扣缴义务人所在地为纳税地点。

除国务院另有规定外，企业之间不得合并缴纳企业所得税。

7.8.2 纳税期限

企业所得税按年计征，分月或者分季预缴，年终汇算清缴，多退少补。

所谓预缴，是指企业先采取对一个月或者一个季度内应纳税所得额的实际发生数计算缴纳所得税税款，或按上一年度应纳税所得额每月或每季度的平均数计算缴纳所得税税款。纳税人预缴所得税时，应当按纳税期限的实际利润额预缴；按实际利润额预缴有困难的，可以按上一纳税年度应纳税所得额的月度或季度平均额预缴，或按照经税务机关认可的其他方法预缴。预缴方法一经确定，该纳税年度内不得随意变更。

所谓汇算清缴，是指在年度终了后，对全年应纳税所得额进行结算。如果全年应纳所得税税款大于预缴总数，少缴的予以补缴；如果小于预缴总数，多缴的予以退还。因此，需要计算预缴税额、全年应纳税额和年终清缴应补(退)税额。

企业所得税的纳税年度，自公历 1 月 1 日起至 12 月 31 日止。企业在一个纳税年度的中间开业，或者由于合并、关闭等原因终止经营活动，使该纳税年度的实际经营期不足 12 个月的，应当以其实际经营期为一个纳税年度。企业清算时，应当以清算期间作为一个纳税年度。

自年度终了之日起 5 个月内，企业应该向税务机关报送年度企业所得税纳税申报表，并汇算清缴，结清应缴应退税款。

企业在年度中间终止经营活动的，应当自实际经营终止之日起60日内，向税务机关办理当期企业所得税汇算清缴。

7.8.3 纳税申报

按月或按季预缴的，应当自月份或者季度终了之日起15日内，向税务机关报送预缴企业所得税纳税申报表，预缴税款。

企业在报送企业所得税纳税申报表时应当按照规定附送财务会计报告和其他有关资料。

企业应当在办理注销登记前就其清算所得向税务机关申报并依法缴纳企业所得税。缴纳的企业所得税，以人民币计算；所得以人民币以外的货币计算的，应当折合成人民币计算并缴纳税款。

企业在纳税年度内无论盈利或者亏损，都应当依照税法规定的期限，向税务机关报送预缴企业所得税纳税申报表、年度企业所得税纳税申报表、财务会计报告和税务机关规定应当报送的其他有关资料。

习题

一、判断题

1. 在计算企业所得税的应税所得时，凡是成本都能在税前扣除(　　)

2. 中国境内的企业，都是企业所得税的纳税人(　　)

3. 纳税人建造、购置固定资产，开发、购置无形资产发生的利息支出，不得从发生当期的收入总额中扣除(　　)

4. 企业在计算应纳税所得额时，允许扣除企业发生的合理的工资薪金支出，包括以各种形式支付给职工的基本工资、浮动工资，各类补贴、津贴、奖金等(　　)

5. 纳税人来源于境外所得在境外实际缴纳的所得税税款，超过扣除限额的，其超过部分不得在本年度的应纳税额中扣除，但可以列为费用支出(　　)

6. 通过捐赠、投资、非货币性资产交换、债务重组等方式取得的生产性生物资产，以该资产的公允价值和支付的相关税费为计税基础(　　)

7. 企业已经确认销售收入的售出商品发生销售折让和销售退回，应当追溯冲减原销售期间销售商品收入(　　)

8. 企业上一年度发生亏损，可以用当年所得予以弥补，但仍应按补亏损前的所得额来计算应纳所得税税额(　　)

9. 纳税人在纳税年度内有盈利，应当按照规定的期限，向当地主管税务机关报送所得税申报表和年度会计报表；若是亏损，则不用报送所得税申报表及年度会计报表(　　)

10.《企业所得税法》中规定的减免税优惠措施，对一个企业可能会有减免税政策交叉的情况，在具体执行时可两项或几项优惠政策累加执行(　　)

11. 非居民企业技术转让所得不超过500万元的部分，免征企业所得税；超过500万元的部分，减半征收企业所得税(　　)

12. 纳税人用于公益性捐赠支出的扣除比例，不得超过年度应纳税所得额的12%(　　)

二、不定项选择题

1. 纳税人用于公益、救济性的捐赠，在会计利润总额(　　)以内的部分准予扣除

A. 10%　　B. 12%　　C. 15%　　D. 18%

2. 按企业所得税制度规定，在计算应纳税所得额时，(　　)不计入纳税人的收入总额

A. 国库券的利息收入　　B. 工程价款结算收入

C. 固定资产盘盈收入　　D. 有价证券转让收入

3. 下列各项收入中，应计入纳税人收入总额予以征税的有(　　)

A. 生产、经营收入　　B. 利息、租赁收入

C. 特许权使用费收入　　D. 接受的捐赠收入

4. 纳税人可以分期确定经营业务收入的事项是(　　)

A. 为其他企业加工、制造大型机械设备、船舶等，持续时间超过一年的

B. 接受委托代销商品持续时间超过一年的

C. 建筑、安装、装配工程和提供劳务持续时间超过一年的

D. 委托代销商品持续时间超过一年的

5. 下列项目属于企业所得税准予税前扣除的是(　　)

A. 增值税　　B. 营业税　　C. 消费税

D. 城建税　　E. 资源税　　F. 教育费附加

6. 在计算应纳税所得额时不得扣除的项目是(　　)

A. 被没收财物的损失　　B. 计提的固定资产减值准备

C. 迟纳税款的滞纳金　　D. 法院判处的罚金

7. 某国家重点扶持的高新技术企业本年利润总额150万元，其中产品销售收入1 800万元，发生业务招待费支出12万元，假定不存在其他纳税调整事项，该企业当年应缴纳企业所得税(　　)

A. 23.22万元　　B. 38.7万元　　C. 25.41万元　　D. 25.79万元

8. 某生产性企业全年销售额1 600万元，销售成本600万元，销售税金及附加400万元，各种费用400万元。已知上述成本费用中包括新产品研发且未形成无形资产的费用40万元、广告费支出250万元。该企业当年应纳企业所得税(　　)

A. 22.5万元　　B. 30万元　　C. 47.5万元　　D. 35万元

9. 某摩托车生产企业为增值税一般纳税人，其生产的摩托车气缸容量均高于250毫升。某年度购进原材料准予抵扣的进项税510万元；销售摩托车1 200辆，其中开具增值税专用发票取得销售额4 000万元，开具普通发票取得的销售额1 170万元。在计算企业所得税应纳税所得额时，准予扣除的销售税金及附加为(　　)

A. 584万元　　B. 558.8万元　　C. 525.2万元　　D. 914万元

10. 某企业全年为本企业雇员支付工资300万元、奖金40万元、地区补贴20万元、国家规定标准的社会保险10万元，假定该企业工资薪金支出符合合理标准，实际发生职工教育经费12万元，当年职工教育经费可在所得税前列支的金额是(　　)

A. 10万元　　B. 12万元　　C. 9万元　　D. 8.5万元

11. 某企业按照统一会计政策计算出利润总额300万元，当年直接给受灾灾民发放慰问金10万元，通过政府机关对受灾地区捐赠30万元，则其当年公益性捐赠的调整金额是(　　)

A. 10万元　　B. 15万元　　C. 15.15万元　　D. 18万元

12. 除税收法律、行政法规另有规定外，居民企业以(　　)为纳税地点

A. 企业登记注册地　　B. 企业实际经营地

C. 企业会计核算地　　　　D. 企业管理机构所在地

13. 某企业全年取得生产经营收入总额4 000万元，发生销售成本2 700万元、财务费用150万元、管理费用400万元(其中含业务招待费用60万元)，上缴增值税100万元、消费税200万元、城建税14万元、教育费附加6万元，“营业外支出”账户中列支被工商行政管理部门罚款7万元，通过民政部门向贫困地区捐赠50万元，直接捐赠10万元。该企业在计算当年度应纳税所得额时，准许扣除的公益、救济性捐赠的金额是(　　)

A. 50万元　　B. 55.56万元　　C. 60万元　　D. 56.4万元

14. 企业资产的下列用途不属于视同销售收入，不缴纳所得税的是(　　)

A. 用于市场推广　　　　B. 用于对外捐赠

C. 用于职工奖励　　　　D. 用于建造固定资产

15. 企业下列项目的所得免征收企业所得税的是(　　)

A. 油料作物的种植　　B. 花卉的种植　　C. 茶的种植　　D. 香料作物的种植

16. 某企业(一般纳税人)因意外事故损失外购材料50万元(不含税)。保险公司审理后同意赔付5万元，则该企业所得税前可以扣除的损失为(　　)

A. 45万元　　B. 50万元　　C. 53.5万元　　D. 58.5万元

三、计算题

1. 某企业2008年会计利润300万元，纳税时经检查有以下项目可能出现会计处理与税务处理不一致：①国债利息收入3万元；②全年销售收入2 000万元，业务招待费支出20万元；③“六一”对市属某小学赞助5万元；④支付税收罚款两万元。请计算该企业当年应纳企业所得税税额。

2. 北京市某高新技术企业年初委托壹佰会计师事务所代理其上一年度纳税审查事务。税务师发现，其上年会计账面主营业务收入2 000万元；主营业务成本1 000万元；其他业务收入500万元；其他业务支出200万元；管理费用200万元，其中含招待费12万元；销售费用300万元，其中含广告费40万元；财务费用20万元；权益法核算投资损失25万元；营业外支出30万元，其为通过政府部门向灾区的实物捐赠。进一步检查，发现账面对灾区的捐赠，是该企业用外购的账面成本30万元的建材通过政府部门对贫困地区进行捐赠，直接冲转了库存商品，未作其他涉税处理，同类商品销售价格50万元(不含增值税)。另外，企业当年接受友好企业捐赠的生产流水线一条，将其按公允价值200万元直接计入了应付账款，并未作任何涉税处理。请计算该企业当年的会计利润、应纳税所得额和应纳税额。

3. 某企业实现产品销售利润1 200万元，其他业务利润80万元。按照税法规定，其成本、工资、费用等在计算所得税时有480万元不得在税前扣除。该企业在某国有一分支机构，其应纳税所得额为300万元，已在所在国缴纳所得税81万元。请计算该企业当年度应缴纳的企业所得税。

4. 某工业企业某年取得产品销售收入5 600万元；产品销售成本4 000万元；其他业务收入800万元；其他业务成本660万元；购买国债利息收入40万元；缴纳增值税230万元，销售税金及附加300万元；管理费用760万元，其中新技术研究开发费用60万元，业务招待费70万元；财务费用200万元；联营企业分回利润34万元，此利润已在投资方所在地按15%的税率缴纳了企业所得税；接受捐赠收入100万元；发生营业外支出250万元，其中通过公益性社会团体捐赠38万元。请计算该企业当年应纳企业所得税。

5. 某企业某年度生产经营情况如下：销售收入5 500万元；销售成本3 800万元；增值税900万元；销售税金及附加100万元；销售费用800万元，其中含广告费500万元；管理费用600万元，其中含业务招待费100万元和研究新产品费用50万元；财务费用100万元，其中含向非金融机构借款500万元的年利息支出50万元(按年利率10%计，银行同期同类贷款利率6%)；营业外支出50万元，其中含向供货商支付违约金10万元，向税务局支付税款滞纳金两万元，通过公益性社会团体向贫困地区捐款 10 万元。请计算该企业当年应纳税所得额和应纳企业所得税。

6. 某企业某年境内经营应纳税所得额为 500 万元，并在甲、乙两国设有分支机构，其中在甲国的分支机构获得应纳税所得额为 150 万元，这 150 万元中有 130 万元是生产经营所得，甲国规定的所得税税率为 40%；剩余的 20 万元是利息所得，甲国规定税率为 20%，并且已在甲国缴纳了相应的税额 56 万元(130×40%+20×20%)。另外，在乙国的分支机构获得应纳税所得额为 100 万元，其中 80 万元是生产经营所得，乙国规定税率为 20%；20 万元是特许权使用费所得，乙国规定税率为 10%，且也已在乙国缴纳了 18 万元(80 万元×20%+20 万元×10%)的税额。请计算该企业当年度应缴纳多少所得税税额?

7. 某企业为增值税一般纳税人，主要生产销售彩电，某年度有关经营业务如下：①销售彩电取得不含税收入 8 600 万元，与彩电配比的销售成本 5 660 万元。②转让技术所有权取得收入 700 万元，直接与技术所有权转让有关的成本和费用 100 万元。③出租设备取得租金收入 200 万元，接受原材料捐赠取得增值税专用发票注明材料金额 50 万元、增值税进项税金 8.5 万元，取得国债利息收入 30 万元。④购进原材料共计 3 000 万元，取得增值税专用发票注明进项税额 510 万元；另支付购料运输费用共计 230 万元，取得运输发票。⑤销售费用 1 650 万元，其中广告费 1 400 万元。⑥管理费用 850 万元，其中业务招待费 90 万元。⑦财务费用 80 万元，其中含向非金融企业借款 500 万元所支付的年利息 40 万元(当年金融企业贷款的年利率为 5.8%)。⑧计入成本、费用中的实发工资 540 万元，发生的工会经费 15 万元、职工福利费 82 万元、职工教育经费 18 万元。⑨营业外支出 300 万元，其中包括通过公益性社会团体向贫困山区的捐款 150 万元。

请根据上述资料，计算该企业当年度应纳各种流转税及附加、会计利润、企业所得税的应纳税所得额和应纳企业所得税税额。

第8章

企业特定业务的所得税处理

随着经济全球化深化、市场经济完善及资本市场的快速发展，企业在日常经营活动以外常常发生法律结构或经济结构的重大改变，如股权投资、债务重组、股权收购、资产收购、合并、分立等。由于会计与税法对于这些业务的收入确认、成本扣除等相关问题的处理差异，导致这些特定事项的所得税处理成为企业所得税计算的难点，一般的企业所得税介绍中很少涉及。基于上述理由，在对企业所得税一般税制要素已作介绍的基础上，本章将专门对企业权益性投资、重组业务、企业清算等特定事项的企业所得税处理进行系统介绍。

8.1 权益性投资的所得税处理

投资是企业为了获得收益或实现资本增值向被投资单位投放资金的经济行为。按《企业所得税法实施条例》第119条的规定，投资资产是指企业对外进行权益性投资和债权性投资形成的资产。其中，权益性投资，是指企业接受的不需要支付偿还本金和支付利息、投资人对关联企业净资产拥有所有权的投资，其范围包括投资人对关联企业投入资本以及形成的资本公积、盈余公积和未分配利润等①；债权性投资，是指企业从关联方获得的需要偿还本金和支付利息或者需要以其他具有利息性质的方式予以补偿的融资，如购买企业债券。会计和税法的核算目的不同，导致了投资的税务处理和会计处理方面存在较大差异，最终影响企业所得税的计算与缴纳。鉴于权益性投资税务处理的特殊性和复杂性，本节将重点介绍权益性投资的所得税处理规定。

---

① 需要说明的是，税法并没有严格区分短期权益性投资和长期权益性投资，因而其税务处理方法也就具有一致性。而企业会计准则将股权投资划分为长期股权投资和短期股权投资，并对长期股权投资规定了较为复杂的会计处理方法。本节重点介绍长期权益性投资(即长期股权投资)税务处理及会计与税法的有关差异。

8.1.1 股权投资计税成本的确定及税务处理

1. 股权投资计税成本的确定

投资作为企业的一项资产，需要确认投资资产的计税成本，即在计算应纳税所得额时准予税前扣除的金额。依照投资方式不同，《企业所得税法实施条例》第 71 条规定了不同投资资产计税成本的确定方法：

(1)以支付货币资产方式取得的投资资产，直接以购买价款作为投资资产计税成本。通过货币方式获取投资资产的成本确定，相对较为简单和方便，因为获得投资资产的形式是企业实际支付的货币，所以直接以购买价款作为投资资产成本。例如，甲公司以 500 万元的货币资金对乙公司进行长期股权投资，获得乙公司 30%的股权，则甲公司该项长期股权投资的计税成本为 500 万元。

需要注意的是，税法权益性投资计税成本与会计权益法下所确定的账面投资成本是有差异的。按会计准则的规定，当长期股权投资的初始投资成本小于投资时应享有被投资单位可辨认净资产公允价值份额时，应按享有被投资方的资产份额确定投资账面成本。仍援用上例，假定投资时，乙公司可辨认净资产的公允价值为 2 000 万元，则按会计权益法核算的长期股权投资的账面成本为 600 万元(即 2 000 万元×30%)，而税法认可的投资计税成本为 500 万元。在计算企业所得税时，需要特别注意会计和税法对长期股权投资成本确认上的差异，并适时进行纳税调整。

(2)以支付非货币资产方式取得的投资资产(实质为非货币资产交换)，以该投资资产的公允价值和支付的相关税费作为投资资产的计税成本。这是一个兜底条款。除了支付货币外，企业还可能通过其他非货币形式，如以固定资产、无形资产、存货等方式取得投资资产。在这些情形下，投资方没有直接的货币支付，无法简单地按照货币支付额确定投资资产的成本，只能通过投资资产的公允价值和支付的相关税费来确定其计税成本。

企业以支付非货币资产方式取得投资资产时，会计与税法对长期股权投资的初始投资成本的确定原则基本是一致的。但是，在某些情况下也会产生差异。例如，对于不具有商业实质①(在实务中这种交易不具有普遍性)或者公允价值不能可靠计量的非货币资产投资，会计按照换出资产的账面价值作为换入投资资产的初始投资成本，而税法通常要求按照换出资产的公允价值作为换入投资资产的计税基础。

2. 股权投资计税成本的税务处理

(1)投资持有期间，股权投资成本不得扣除。企业对外投资所形成的权益性投资资产，是企业行使其资本所有权的凭据，企业据此取得的收益属于股息、红利等权益性投

---

① 满足下列条件之一的非货币性资产交换具有商业实质：一是换入资产的未来现金流量在风险、时间和金额方面与换出资产显著不同。二是换入资产与换出资产的预计未来现金流量现值不同，且其差额与换入资产和换出资产的公允价值相比是重大的。

资收益。在投资持有期间，除非企业增加或者减少对被投资企业的股权，否则投资资产的计税基础应该保持不变。《企业所得税法》第 14 条规定，企业对外投资期间，投资资产的成本在计算应纳税所得额时不得扣除。这主要是因为企业对外投资资产价值，主要取决于被投资企业的生产经营状况，其价值是否会发生损耗存在很大的不确定性，投资资产的折旧或者摊销很难归入某一具体的产品或劳务成本，其价值很难从某一确定成本费用中实现价值补偿。按照企业所得税税前扣除的确定性原则，投资资产不宜计提折旧或者摊销。此外，投资资产价值的自行降低还会导致对所投资企业权益的丧失。因此，投资期间，投资资产的计税基础应保持不变。

(2)处置投资资产时，股权投资成本一次性扣除。对外投资期间，企业投资资产成本在计算应纳税所得额时不得扣除。所以在企业转让或者处置投资资产时，投资资产转让或者处置收入，应首先冲减已经缴纳过企业所得税的投资资产成本。因此，《企业所得税法实施条例》第 71 条规定，企业在转让或者处置投资资产时，投资资产的成本，准予一次性扣除。

8.1.2　投资期间投资损益的确定及税务处理

1. 投资收益的确定及税务处理

按现行税法规定，除国务院财政、税务主管部门另有规定外，企业因权益性投资而从被投资方分得的股息、红利等权益性投资收益，应并入投资方的应税收入总额计征企业所得税；收入确认的时间为被投资方做出利润分配决定的当天。这一规定在一定程度上表明税法对投资收益的确定，遵从的是收付实现制原则。与会计遵循权责发生制依据被投资方经营业绩确认投资收益的会计处理方式不同，税法根据被投资方宣告利润分配方案确认投资收益。由于税法和会计对企业投资持有期投资损益的确定存在较大差异，投资方在计算缴纳企业所得税时，应特别注意相关纳税调整问题。同时，税法规定了以下两类投资收益免税：

一是符合条件的居民企业之间的股息、红利等权益性投资收益。所谓符合条件，是指居民企业直接投资于其他居民企业取得的投资收益，不包括连续持有居民企业公开发行并上市流通的股票不足 12 个月取得的投资收益。即现行税法不鼓励企业的短期股票炒买炒卖行为，因而其投资收益并不属于税收优惠范围。

二是在中国境内设立机构、场所的非居民企业从居民企业取得与该机构、场所有实际联系的股息、红利等权益性投资收益。这一政策是比照上述第一种税收优惠的结果，也是税收国民待遇原则的具体体现。

2. 投资损失的确定及税务处理

前面的分析表明，现行税法不允许投资方依被投资方经营亏损确定投资损失，但并不意味着投资方在整个投资持有期间均不得确定投资损失。当投资方具备税法规定的资产损失条件并能提供确凿证据表明权益性投资已形成资产损失时，可以确定投资资产损失，并在计算应纳税所得额时扣除。

1)投资损失确认应具备的条件

按《关于企业资产损失税前扣除政策的通知》(简称财税【2009】57 号)的规定，在投资期间，企业的权益性投资符合下列条件之一的，可以确认权益性投资损失：一是被投资方依法宣告破产、关闭、解散、被撤销，或者被依法注销、吊销营业执照的；二是被投资方财务状况严重恶化，累计发生巨额亏损，已连续停止经营 3 年以上，且无重新恢复经营改组计划的；三是对被投资方不具有控制权，投资期限届满或者投资期限已超过 10 年，且被投资单位因连续 3 年经营亏损导致资不抵债的；四是被投资方财务状况严重恶化，累计发生巨额亏损，已完成清算或清算期超过 3 年以上的；五是国务院财政、税务主管部门规定的其他条件。

2)投资损失确认需提供的证据

根据《企业资产损失税前扣除管理办法》(简称国税发【2009】88 号)的规定，企业符合确认投资损失条件之一的权益性投资，应提供下列相关证据到税务机关认定后确认投资损失：

一是企业法定代表人、主要负责人和财务负责人签章证实有关投资损失的书面声明；二是有关被投资方破产公告、破产清偿文件，工商部门注销、吊销文件，政府有关部门的行政决定文件，终止经营、停止交易的法律或其他证明文件；三是有关资产的成本和价值回收情况说明；四是被投资方清算剩余资产分配情况的证明。

上述分析表明，企业持有期间投资损失的确定以税务机关的认可为准，企业不可自行确认股权投资损失。

3)股权投资损失金额的确定

当有确凿证据表明企业的股权(权益)投资已形成资产损失时，企业应确认股权投资损失，其计算公式为

股权投资损失＝股权投资成本－责任人和保险赔款＋变价收入或可收回金额

其中，可收回金额一律暂定为账面余额的 5%。

例如，2007 年，某企业以 500 万元投资一家房地产开发企业。2008 年，由于该房地产开发企业违规经营，导致资不抵债并进入破产清算程序。经当地法院破产清算后，实际收回投资 200 万元。则该企业 2008 年可在税前扣除的股权投资损失为 300 万元。

4)股权投资损失的税务处理

按《国家税务总局关于企业股权投资损失所得税处理问题的公告》(简称国家税务总局公告 2010 年第 6 号)规定，企业对外进行权益性(简称股权)投资所发生的损失，在经确认的损失发生年度，作为企业损失在计算企业应纳税所得额时一次性扣除。

另外，根据《企业所得税法实施条例》第 32 条、财税【2009】57 号文件第 11 条的规定，企业在计算应纳税所得额时已经扣除的资产损失，在以后纳税年度全部或者部分收回时，其收回部分应当作为收入计入收回当期的应纳税所得额。

3. 股权投资减值损失的税务处理

根据《企业所得税法》第 10 条以及《企业所得税法实施条例》第 50 条规定，除另有规定外，企业长期股权投资持有期间所核算的资产减值准备，不得在计算应纳税所得额时扣除。

例如，2008 年年初，A 企业以自有无形资产作价 600 万元投资某上市公司。当年年底，由于该上市公司经营状况恶化及股票市价持续下跌等原因，A 企业可收回金额低于账面价值。A 企业据此计提了资产减值损失——长期股权投资 50 万元，并计入当期损益。按照现行税法规定，此项减值准备不得在企业所得税前扣除，故应调增当期应纳税所得额 50 万元。

对企业已提取减值准备的资产，如果纳税申报时已调增应纳税所得额，因价值恢复或转让处置有关资产而冲销的准备，根据《国家税务总局关于执行〈企业会计制度〉需要明确的有关所得税问题的通知》(简称国税发【2003】第 45 号)应允许企业作相反的纳税调整，也就是说，可以调减当期的应纳税所得额。

8.1.3　股权投资转让或处置的税务处理

财产转让收入是指企业转让固定资产、生物资产、无形资产、股权、债权等财产取得的收入。按《企业所得税法》第 6 条和国家税务总局 2010 年第 19 号公告的规定，企业取得的包括股权投资转让收入在内的财产转让收入，无论是以货币形式体现，还是以非货币形式体现，除另有规定外，均应在确认收入的年度一次性计入应纳税所得额计算缴纳企业所得税。

同时，《企业所得税法实施条例》第 71 条规定，企业在转让或处置投资资产时，投资资产的成本，准予扣除。即企业应在转让或处置投资资产的纳税年度，确认股权投资转让或处置损益，计算缴纳企业所得税。

股权投资转让或处置损益＝转让收入－计税成本

至于股权投资转让或处置损益何时并入应纳税所得额，国家税务总局《关于做好 2007 年度企业所得税汇算清缴工作的补充通知》(简称国税函【2008】264 号)分别针对股权投资转让或处置所得和损失做出了不同的税务处理规定。

关于股权投资转让或处置所得，国税函【2008】264 号文件规定，企业在一个纳税年度发生的转让、处置持有 5 年以上的股权投资所得，占当年应纳税所得额 50%及以上的，可在不超过 5 年的期间均匀计入各年度的应纳税所得额。即现行税法对股权投资持有期限较长、股权投资转让所得额较大的情形，给予了 5 年递延缴纳企业所得税的税收优惠政策。

关于股权投资转让或处置损失，国税函【2008】264 号文件规定了每一年度税前扣除额度的限制。即企业每一纳税年度扣除的股权投资转让损失，不得超过当年实现的股权投资收益和股权投资转让所得，超过部分可向以后纳税年度结转扣除。企业股权投资转让损失连续向后结转 5 年仍不能从股权投资收益和股权投资转让所得中扣除的，准予在该股权投资转让年度后第 6 年一次性扣除。

案例研究 8-1　　　企业权益性投资的所得税处理

甲公司为生产型的增值税一般纳税人。2005 年 3 月甲公司购入房产 1 栋，取得普通发票注明的买价 117 万元。2008 年 3 月甲公司与其他公司共同创办注册资本为 400 万元的乙公司，甲将账面原值 117 万元，累计折旧为 10 万元的上述房产经评估投资给乙公司，评估值为 100 万元，因投资业务缴纳的相关税费为 3 万元。乙公司注册资本为 400 万元，按照章程规定，甲公司持有乙公司 25%的股份。2009 年 4 月，乙公司宣告将 2008 年的税后利润 20 万元进行利润分配。2009 年 12 月甲将对乙的投资转让给丙公司，获得转让收入 85 万元。同期，甲公司自身经营的应纳税所得额为 160 万元，来自境内丁居民企业的权益性投资收益 10 万元。按要求回答如下问题：

(1)计算甲公司股权投资的计税基础；

(2)计算 2009 年甲公司企业所得税前可抵扣的股权投资转让损失；

(3)计算 2009 年甲公司应缴纳的企业所得税(企业所得税税率为 25%)。

【解析】

(1)甲公司股权投资的计税基础：

100＋3＝103(万元)

(2)2009 年甲公司企业所得税前可抵扣的股权投资转让损失：

85－103＝－18(万元)

(3)2009 年甲公司应缴纳的企业所得税：

(160－18)×25%＝35.5(万元)

[注：2009 年甲企业的股权投资收益为 10＋20×25%＝15(万元)，符合税法的免税规定，所以该部分所得不必并入应纳税所得额纳税。]

8.2 债务重组的所得税处理

8.2.1 债务重组的概念

从理论上讲，债务重组分为持续经营条件下的债务重组和非持续经营条件下的债务重组两种形式。财政部和国家税务总局联合出台的《关于企业重组业务企业所得税处理若干问题的通知》(简称财税【2009】59 号)规定，债务重组是指债务人发生财务困难的情况下，债权人按照其与债务人达成的书面协议或者法院裁定书，就其债务人的债务做出让步的事项。例如，A 公司因向 B 公司销售产品而拥有 B 公司 10 万元债权，合同期已届满，B 公司因经营不善无力偿还全部债务，于是双方达成书面协议，约定 B 公司偿还 A 公司 8 万元债务，双方结清债权债务关系。这一界定与财政部 2006 年《企业会计准则第 12 号——债务重组》对债务重组的概念界定完全一致。即债务重组以债务企业的持续经营为前提，以减轻企业的债务负担、优化企业的资本结构为目的。

综上所述，税法和会计准则认可的债务重组是以债权人对债务人的"让步"为必要条件，其结果必然导致债务人因债务重组而获利，债权人因债务重组而受损。所以，财税【2009】59 号文件的所得税处理和企业会计准则的会计处理均规定，在债务重组业务中，债务人应确认重组所得缴纳企业所得税，债权人应确认重组损失在所得税前扣除。

8.2.2　债务重组方式

企业债务重组业务在所得税上的反应和处理，与债务重组方式密切相关。按国家税务总局 2003 年第 6 号令《企业债务重组业务所得税处理办法》(简称国家税务总局【2003】6 号令)的规定，企业债务重组有如下五种方式：①以低于债务计税成本的现金清偿债务；②以非现金资产清偿债务；③债务转换为资本，包括国有企业债转股；④修改其他债务条件，如延长债务偿还期限、延长债务偿还期限并加收利息、延长债务偿还期限并减少债务本金或债务利息等；⑤以上述两种或者两种以上方式组合进行的混合重组。

将税法与会计准则的债务重组方式①进行比较，不难发现，税法与会计债务重组方式基本相同，但其税务处理和会计处理却存在一定差异。

按照会计规定，债权人可对应收账款计提坏账准备，在计算会计利润时进行扣除。而按税法规定，除非经过税务机关核准，企业计提的坏账准备原则上不可以在企业所得税前扣除。只有企业的应收账款真正成为损失时，才在损失发生的当前按其实际损失发生额据实一次性扣除。这一规定上的差异，导致了税法和会计对债权人债务重组损失确认上的差异。如果企业对应收账款计提了坏账准备，则会计账面应收账款的价值为冲抵了坏账准备后的余额。而税法是按应收账款的计税基础②确定债务重组损失，因此，税法认可的重组损失将大于会计认可的重组损失。例如，甲企业欠乙企业 10 万元的货款，乙企业对该应收账款累计计提了 1 万元的坏账准备。双方协商甲公司支付给乙公司 6 万元后，余额不再偿还，双方结清债权债务关系。该业务中，会计确认的乙企业债务重组损失为 3 万元(10 万元－1 万元－6 万元)，而税法确认的债务重组损失为 4 万元(10 万元－6 万元)。从操作层面上讲，税法应在会计确定的债务重组损失基础上，按企业累计计提的坏账准备金额调增债务重组损失。即税法确定的债务重组损失＝会计债务重组损失＋累计计提的坏账准备。接上例，税法认可的债务重组损失＝3＋1＝4(万元)。

8.2.3　债务重组的所得税处理

在债务重组过程中，债务人一般会获得重组收益，债权人一般会产生重组损失。如果双方采用以资抵债或债转股方式进行重组，则还涉及双方的资产购销业务和投资业务。所有上述问题在企业所得税处理上的反应就是企业债务重组的所得税处理。

---

①　企业会计准则规定的债务重组方式有如下四种：①以资产清偿债务；②将债务转为资本；③修改其他债务条件，如减少债务本金、减少债务利息等，不包括上述①和②两种方式；④以上三种方式的组合等。

②　应收账款的计税基础，是指未来计算应纳税所得额时，允许税前扣除的金额，这一金额为会计入账时的初始价值，是没有抵减企业累计计提的坏账准备的，即应收账款全额。或应收账款计税基础＝企业应收账款账面余值＋累计计提的坏账准备。

根据重组的不同情形，企业债务重组分别适用一般性税务处理规定和特殊性税务处理规定。所谓一般性税务处理，是指债务人的重组收益应缴纳企业所得税，债权人的重组损失允许在企业所得税前扣除。而特殊性税务处理的核心，是对符合税法规定条件的债务重组给予了一定的企业所得税税收优惠。

1. 一般性税务处理

根据财税【2009】59 号文件第 4 条第 2 款规定，除符合特殊性税务处理规定外，企业债务重组应按以下规定进行税务处理：

(1)债务人以低于债务账面价值的现金清偿债务时，其重组收益就是应付账款与实付现金之间的差额。这种收益虽然是纳税人在日常经营业务之外获得的，但仍属于企业的应税收入，按财税【2009】59 号文件的规定应缴纳企业所得税。按会计准则规定，该债务重组收益计入“营业外收入——债务重组利得”。这说明债务人以低于债务账面价值的现金清偿债务时，会计准则和税法的所得税处理是一致的，都将债务重组收益并入企业所得中缴纳企业所得税。

对债权人而言，假如没有针对应收账款计提坏账准备，债权人的重组损失就等于债务人的重组收益，按财税【2009】59 号文件的规定，该项损失可以在企业所得税前扣除。从会计将该笔损失计入“营业外支出——债务重组损失”可以看出，会计和税法对债务重组损失的处理也是一致的，均将重组损失在企业所得税前扣除。假如企业基于谨慎性原则对应收账款计提了坏账准备，则税法和会计所确认的债务重组损失金额是不一致的。这一点在 8.2.2“债务重组方式”中已举例说明，在此不再赘述。

(2)债务人以非货币资产清偿债务，相当于债务人先行转让非货币资产，然后再用资产转让收入清偿债务，所以财税【2009】59 号文件规定，对两种行为应分别进行税务处理。首先，按转让非货币性资产进行税务处理。针对资产转让的公允价值缴纳流转税，针对资产转让的所得额缴纳企业所得税。其次，按货币清偿债务方式进行税务处理。其处理方法与前述现金清偿债务方法完全一致，应确定债务重组所得或损失，并入企业所得纳税或在企业所得税前扣除。

在具体确定债务人的资产转让所得和债务重组所得金额时，同样需要关注企业计提的资产减值准备对应纳税所得额的影响。从税法角度看，债务人的资产转让所得＝资产的公允价值－资产的计税基础。假如企业对该资产计提了资产减值准备(如存货跌价准备、固定资产减值准备等)，则会计资产账面价值是扣除了资产准备后的余额。而税法在计算所得额时不得扣除未经税务机关核准的资产减值准备，即税法认可的资产计税基础是没有扣减资产准备的原值。因此，在计算企业所得税时，需要就累计计提的减值准备金额调增应纳税所得额。至于债务重组所得金额的确认，与本节前述现金清偿债务方法相同，不再赘述。

案例研究 8-2　　企业债务重组的所得税处理

甲公司为增值税一般纳税人，适用 17%的增值税税率。公司由于财务困难，短期内无法偿付已于2008年5月1日到期的应付乙公司货款350 000元。2008年7月1日，经双方协商，乙公司同意甲公司以其生产的产品偿还债务。该产品的实际成本为120 000元，公允价值为200 000元(不含税)。乙公司于2008年8月1日收到甲公司抵债产品，作为库存商品入库。根据上述业务分析甲、乙公司债务重组业务的税务处理(假设重组债务账面价值与计税成本一致)。

【解析】

1. 甲公司的税务处理

(1)计算资产转让所得

产品销售所得＝200 000－120 000＝80 000(元)

(2)计算债务重组所得

应付账款的账面余额(同计税基础一致)350 000元

减：抵债产品公允价值200 000元

增值税销项税额34 000元(200 000元×17%)

债务重组所得116 000元

(3)计算企业重组业务应确认应纳税所得额

80 000＋116 000＝196 000(元)

(4)计算应缴纳的企业所得税

196 000×25%＝49 000(元)

2. 乙公司的税务处理——计算债务重组损失

应收账款账面余额350 000元

减：受让资产的公允价值200 000元

增值税进项税额34 000元

债务重组损失116 000元

---

(3)企业以债转股方式清偿债务，对债权人而言，相当于用从债务方收回的债权进行投资，而全部应收债权与债务人认可的股权公允价值之间的差额即为债务重组损失。对债务人而言，相当于偿还部分债务的同时接受对方的等额投资，其全部应付债务与接受对方投资额之间的差额为债务重组收益。

上述分析表明，以债转股方式清偿债务，虽然涉及债务清偿和股权投资两项业务，但其中与所得税处理相关的部分只有债务清偿，股权投资业务不涉及所得税问题。这一分析结论与财税【2009】59号文件企业重组业务的税务处理规定一致。即企业以债转股方式清偿债务，应分解为债务清偿和股权投资两项业务，债务人应将债权人对自己做出的偿债让步确认为债务重组收益；债权人应将对债务人做出的偿债让步确认为债务重组损失，并按公允价值确定取得股权投资的计税基础。

【例8-1】 2009年1月16日，甲公司因购买一批原材料欠乙公司货款1 000万元。由于甲公司资金周转困难，双方于2010年5月8日达成了债务重组协议，协议约定甲公司以其100万股普通股抵偿所欠乙公司的1 000万元货款，结清双方债权债务关系。甲公司普通股的面值为每股1元，协议生效日甲公司普通股的市价为每股8元。简析税法与会计准则对该债务重组业务的处理方法(假定重组债务账面价值与计税成本一致)。

解：根据国家税务总局【2003】6 号令及财税【2009】59 号文件规定，债转股业务中，债务人应将债权人对其做出的让步确认为债务重组收益；债权人应将对债务人做出的让步确认为债务重组损失，并按公允价值确定取得股权投资的计税基础。本案例中，甲公司应确认债务重组收益 200 万元；乙公司应按公允价值确认对甲公司的长期股权投资 800 万元，同时确认债务重组损失 200 万元。

根据会计准则规定，债转股业务中，债务人应将债权人豁免的债务确认为收益并计入营业外收入；债权人应将对债务人做出的让步确认为损失并计入营业外支出，同时按照享有股权的公允价值确定取得股权的入账价值。本案例中，重组债务的账面价值为 1 000 万元，债转股后甲公司增加股本 100 万元，增加资本公积 100×(8－1)＝700(万元)，同时确认债务重组收益 1 000－100－700＝200(万元)；乙公司应按享有甲公司股份的公允价值确认长期股权投资 800 万元，同时确认债务重组损失 200 万元。

分析可见，债转股业务的一般性所得税处理与会计准则的处理是一致的。

2. 特殊性税务处理

债务重组的一般所得税处理表明，债务方在债务状况困难下的债务重组，纵然减轻了其偿债压力，但同时由于税法确认了虚拟的资产转让所得和债务重组所得，债务人必然面临着缴纳相关流转税和企业所得税的双重纳税义务，特别是 25%的企业所得税义务对债务人财务压力的缓解是非常不利的。为了真正减轻债务人的财务困难，财税【2009】59 号文件规定，同时符合一定条件的债务重组企业可采用特殊性税务处理方法，其实质是给予了债务人一定的所得税优惠。相关具体规定如下：

1)特殊性税务处理应具备的条件

中国境内企业的重组交易，在选择采用特殊性税务处理规定时，除满足不同重组业务的基本条件外，还必须同时具备下列特别条件：①企业重组具有合理的商业目的，且不以减少、免除或者推迟缴纳税款为主要目的。②被收购、合并或分立部分的资产或股权比例符合本通知规定的比例。③企业重组后的连续 12 个月内不改变重组资产原来的实质性经营活动。④重组交易对价中涉及股权支付金额符合本通知规定比例。⑤企业重组中取得股权支付的原主要股东，在重组后连续 12 个月内，不得转让所取得的股权。这些条件，同样适用企业股权(资产收购、合并分立业务)，8.3、8.4 中讲述特殊性税务处理时将不再赘述这些条件。

需要注意的是，企业发生符合财税【2009】59 号文件规定的特殊性重组条件并选择特殊性税务处理的，当事各方应在该重组业务完成当年企业所得税纳税申报时，向主管税务机关提交书面备案资料，证明其符合各类特殊性重组规定的条件。企业未按规定提交书面备案资料的，一律不得按特殊重组业务进行税务处理。

2)特殊性税务处理方法

第一，债务人债务重组确认的应纳税所得额占该企业当年应纳税所得额 50%以上的，可以在 5 个纳税年度内，将重组所得额均匀计入各年度的应纳税所得额中。

应该注意的是，债务重组确认的应纳税所得额包括相关资产转让所得和债务重组所得两部分。企业所得税纳税义务的递延，对缓解债务人的财务困难，增加其资金的流动性具有重要意义。

第二，在债转股业务中，债务人可暂不将债权人对其做出的让步确认为债务重组所得。同时，债权人暂不将其对债务人做出的让步确认为债务重组损失，其取得的股权投资计税基础按原债权的计税基础确定；企业的其他相关所得税事项保持不变。

结合【例 8-1】，假如债转股符合特殊性处理条件，甲公司当年暂不确认债务重组所得 200 万元；乙公司也暂不确认债务重组损失 200 万元，同时按原债权的计税基础 1 000 万元确认长期股权投资的计税基础。

特殊性税务处理政策的出台大大降低了债务人的税收负担，为更多企业债转股业务打开了方便之门。

8.3　股权／资产收购的所得税处理

作为企业重组业务的一种方式，股权／资产收购业务涉及出让方的资产转让、承受方的资产入账及双方股东的权益确认等诸多方面的税务处理，与一般的重组业务相比，涉及面更多，情形更加复杂。

8.3.1　股权／资产收购的概念

1. 股权收购

股权收购，是指一家企业(以下称为收购企业或收购方)购买另一家企业(以下称为被收购企业或被收购方)的股权，以实现对被收购企业控制的交易。收购企业支付对价的形式包括股权支付、非股权支付或两者的组合。

所谓股权支付，是指企业重组中购买、换取资产的一方支付的对价中，以本企业或其控股企业的股权、股份作为支付的形式。例如，甲公司以本企业 20％的股权作为对价，收购乙公司持有的 N 公司 60％的股权。股权收购后，甲公司持有 N 公司 60％的股权，乙公司持有甲公司 20％的股权。以收购方的股权作为对价，收购方的股本总额将增加。又如，甲公司以其持有的 M 公司 55％的股权作为对价，收购乙公司持有的 N 公司 60％的股权，这种股权收购方式也称为股权置换。股权置换后，控股企业的股本总额不变，不过控股企业的全部或部分股权将由收购方变更为被收购方。可以直接采用股权支付进行收购的前提是换出股权与换入股权的公允价值相等。

所谓非股权支付，是指以本企业的现金、银行存款、应收账款、本企业或其控股企业股权和股份以外的有价证券、存货、固定资产、其他资产以及承担债务等作为支付的形式。两种形式的组合收购，是指在股权收购中，既有股权支付也有非股权支付。例如，A 公司与 B 公司达成协议，A 公司收购 B 公司 60％的股权，A 公司支付 B 公司股东的对价为 50 万元银行存款以及 A 公司控股的 C 公司 10％股权，股权收购后，A 公司实现了对 B 公司的控制。在该股权收购中，A 公司为收购企业，采用股权支付和非股权支付形式实现了对 B 公司的收购，其中 50 万元的银行存款为 A 公司的非股权支付额。

从股权收购的定义来看，股权收购的目的是实现控制(即纳入合并会计报表的编制范围)，与会计准则中的“控股合并”相同。如果不能对被收购方实施控制，则不能作为股权收购重组对待，而是一般的股权收购业务。一般的股权收购业务，相对简单，本节不作重点介绍。至于支付对价的方式并没有特别规定，但只有以本公司或其控股企业的股权、股价作为对价，才能作为股权支付额对待。这里所说的“本公司控股企业”是指由直接持有或控制 50%以上本企业股份的企业，即本企业的母公司。如果以持有的非控股企业的股权、股份作为支付方式，则只能属于非股权支付额。

2. 资产收购

资产收购，是指一家企业(以下称为受让企业或受让方)购买另一家企业(以下称为转让企业或转让方)实质经营性资产的交易。受让方支付对价的形式包括股权支付、非股权支付或两者的组合，其股权支付、非股权支付的定义与股权收购业务一致。例如，A 公司与 B 公司达成协议，A 公司购买 B 公司经营性资产(包括固定资产、存货等)，该经营性资产的公允价值为 1 000 万元，A 公司支付的对价为本公司 10%股权、100 万元银行存款以及承担 B 公司 200 万元债务。在该资产收购业务中，A 公司为受让企业，以股权支付和非股权支付的组合形式收购了 B 公司(转让企业)的实质经营性资产。

在理解资产收购含义时，需要重点区别以下两组概念：

(1)资产收购不同于一般的资产买卖。财税【2009】59 号文件的资产收购是指涉及实质经营性资产的交易，即一家企业必须是购买另一家企业内部用于从事生产经营活动、与产生经营收入相关的资产(如经营所用各类资产)或资产的组合，该组合一般具有投入、加工处理过程和产出能力，能够独立计算其成本费用或所产生的收入，但不构成独立法人资格的部分。同时，企业在购买这些资产组合后，必须实际经营该项资产，以保持经营上的连续性。例如，A 企业单纯购买 B 企业的房产、土地就不是资产收购，仅是一般的资产买卖。2005 年 8 月 11 日，阿里巴巴宣布收购雅虎在中国的全部资产及业务则是一个具有法律意义的资产收购过程。

(2)资产收购不同于企业合并。资产收购是一场企业与企业之间的资产交易，交易的双方都是企业。而企业合并是一场企业与企业股东之间的交易，即合并方企业与被合并方企业的股东之间就被合并企业进行的一场交易。因此，相对于企业合并而言，资产收购不涉及法律主体资格的变更或者法律权利义务的承受，可以避免被收购方向收购方转嫁债务。在资产收购中，只要购买方对所购资产支付了合理对价，就不再承担被收购方的任何债务。这样就可有效避免因出卖方债务不如实告知或者发生或有债务带来的债务风险。

8.3.2 股权/资产收购的税务处理

通常情况下，无论是股权投资转让还是其他非现金资产转让，转让方都应确认财产转让所得；取得股权或资产的一方，应该按照实际支付的对价(即公允价值)作为得到股权或非现金资产的计税基础。但对于具有合理商业目的的大额交易，如果涉及的现金数额较少，要求转让方另筹资金纳税，极可能降低转让方资金的流动性，增加其财务风险，最终阻碍股权／资产收购业务的顺利进行。因此，财税【2009】59 号文件对股权／资产收购业务分情形规定了不同的所得税处理方法，即一般性税务处理和特殊性税务处理。无论采用何种方式进行税务处理，股权／资产收购业务涉及的主体均包括收购企业、被收购企业及被收购企业股东。下面围绕三大主体讲述不同业务不同情形下的所得税处理。

1. 一般性税务处理

根据财税【2009】59 号文件第 4 条第 3 款规定，一般性的股权收购和资产收购交易，应按以下规定处理：一方面，被收购企业股东应确认股权、资产转让所得或损失，计算缴纳企业所得税；被收购企业其他相关所得税事项原则上保持不变。另一方面，收购企业以其支付股权或资产的公允价值作为其取得股权或资产的计税基础。

【例 8-2】 假设 A 公司持有甲企业 100％的股权，计税基础是 200 万元，公允价值为 500 万元。乙企业收购 A 公司所持有的甲企业全部股权，支付的非股权支付额为 500 万元。试分析上述股权收购业务相关各方的所得税处理。

解：本案例中的股权投资转让只涉及非股权支付，应进行一般性税务处理。即被收购甲企业的股东 A 公司应确定股权投资转让所得 300 万元(500 万元－200 万元)，需要缴纳企业所得税 75 万元。乙企业收购甲企业股权的计税基础为 500 万元。被收购甲企业的相关所得税事项原则上保持不变。

2. 特殊性税务处理

从一般性税务处理可知，被收购企业应确定股权或资产的转让所得计算缴纳企业所得税，但现实的情况往往是，被收购企业转让股权的目的并不是为了获利，所以其从收购企业得到的股权占交易额度的比例一般较大。要求处于市场弱势地位且在交易中尚未获得足够货币收入的被收购企业对股权/资产转让所得缴纳企业所得税，必然极大地影响被收购企业的生存和发展，因此税法对符合条件的股权/资产收购专门做出了特殊性税务处理规定。

1)股权收购

当收购企业购买的股权不低于被收购企业全部股权的 75％，收购企业在该股权收购发生时的股权支付金额不低于其交易支付总额的 85％，且股权收购还满足 8.2.3 中讲述的特殊性税务处理条件时，股权收购双方及其股东可以选择按以下规定处理：①被收购企业的股东取得收购企业股权的计税基础，以被收购股权的原有计税基础确定。②收购企业取得被收购企业股权的计税基础，以被收购股权的原有计税基础确定。③收购企业、被收购企业的原有各项资产和负债的计税基础和其他相关所得税事项保持不变。

【例 8-3】 甲公司以其本企业 20％的股权(计税价值 1 000 万元，公允价值 6 000 万元)作为对价，收购乙公司持有的丙公司80%的股权，该股权的计税基础为1 000万元，公允价值为6 000万元。假定该股权收购同时符合特殊性税务处理的其他条件，分析被收购企业及股东的一般性税务处理和特殊性税务处理。

解：由于甲公司收购的股权超过丙公司全部股权的75%，且对价全部为股权支付方式，同时符合特殊性税务处理的其他条件，所以上述业务可以选择采用一般性税务处理或特殊性税务处理。

假如采用一般性税务处理，则被收购企业的股东乙公司应确认财产转让所得5 000万元(公允价值－计税基础，不考虑其他税费)缴纳企业所得税，同时确认其获得股权的计税基础为6 000万元。

假如选用特殊性税务处理，乙公司可以不确认股权投资转让所得，并将来自甲公司20%股权的计税基础确定为1 000万元。被收购丙公司的原有各项资产和负债的计税基础和其他相关所得税事项保持不变。

从上述税务处理发现，规定特殊性税务处理的目的，并不是让被收购企业的股东真正享受所得税的免税待遇，而是为支持企业并购重组，允许被收购方股东递延缴纳企业所得税而已。从长期来看，对被收购企业股东的应纳税所得额和所得税纳税义务没有影响。这是因为，当被收购企业股东再次转让收购企业的股权时，计算股权投资转让所得的计税基础就只有1 000万元，相对于一般性税务处理而言，其股权投资转让所得会扩大5 000万元(6 000万元－1 000万元)，即股权收购时采用特殊性税务处理所享受的5 000万元所得的免税优惠，将在被收购企业股东再次转让股权时通过纳税得以抵消。

案例研究8-3　　　企业股权收购的所得税处理

2008年9月，四川双马(SZ.000935)发布重大重组预案公告称，公司将通过定向增发，向该公司的实际控制人拉法基中国海外控股公司(简称拉法基中国)发行36 809万股A股股票，收购其持有的都江堰拉法基水泥有限公司(简称都江堰拉法基)50%的股权，增发价7.61元/股。收购完成后，都江堰拉法基将成为四川双马的控股子公司。

都江堰拉法基成立时的注册资本为856 839 300元，其中都江堰市建工建材总公司的出资金额为214 242 370元，出资比例为25%，拉法基中国的出资金额为642 596 930元，出资比例为75%。

根据法律法规，拉法基中国承诺，本次认购的股票自发行结束之日起36个月内不上市交易或转让。

根据上述资料分析相关主体适用的企业所得税政策及应缴纳的企业所得税。

【解析】

1. 股权收购业务的性质界定

此项股权收购完成后，四川双马将达到控制都江堰拉法基的目的，因此符合财税【2009】59号文件规定中的股权收购的定义。

2. 企业所得税政策的适用

尽管符合控股合并的条件，所支付的对价均为上市公司的股权，但由于四川双马只收购了都江堰拉法基 50% 的股权，没有达到 75% 的要求，因此应当适用一般性税务处理。

(1)被收购企业的股东——都江堰拉法基，应确认股权投资转让所得：

股权投资转让所得＝取得对价的公允价值－原计税基础

＝7.61×368 090 000－856 839 300×50%＝2 372 745 250(元)

由于拉法基中国的注册地在英属维尔京群岛，属于非居民企业，因此其股权投资转让应纳的所得税为 2 372 745 250×10%＝237 274 525(元)。

(2)收购企业：四川双马取得(对都江堰拉法基)股权的计税基础应以公允价值为基础确定，即 2 801 164 900 元(7.61 元/股×368 090 000 股)。

(3)被收购企业：都江堰拉法基的相关所得税事项保持不变。

2)资产收购

当受让方收购的资产不低于转让企业全部资产的 75%，受让方在该资产收购发生时的股权支付金额不低于其交易支付总额的 85%，且资产收购满足 8.2.3 中讲述的特殊性税务处理条件时，资产收购双方可以选择按以下规定处理：①转让方取得受让方股权的计税基础，以转让方被转让资产的原有计税基础确定；②受让方取得转让方资产的计税基础，以受让方被转让资产的原有计税基础确定。

【例 8-4】 甲公司以本企业 20% 的股权(公允价值 5 000 万元)作为对价，收购乙公司实质经营性资产(非现金资产)。若被收购资产占乙公司资产总额的 90%，资产的计税基础为 3 000 万元，公允价值为 5 000 万元。分析该资产收购业务的特殊性税务处理方法。

解：由于甲公司购买的经营性资产占乙公司资产总额的比例达到 75%，且以甲公司自身股权作为对价，所以，该资产收购业务可选择采用特殊性税务处理。即乙公司暂不确认资产转让所得，相应地，乙公司取得甲公司股权的计税基础按 3 000 万元确定。

上述特殊性税务处理的核心在于，符合条件的股权／资产收购，被收购企业可以选择对交易中的股权支付暂不确认有关资产的转让所得或损失。

需要注意的是，企业发生涉及中国境内与境外之间(包括中国港澳台地区)的股权／资产收购交易，在满足 8.2.3 中特殊性税务处理的五项条件的同时，还符合下列四项条件的(简称特殊重组处理九项条件)，可选择适用特殊性税务处理规定：

(1)非居民企业向其 100% 直接控股的另一非居民企业转让其拥有的居民企业股权，没有因此造成以后该项股权投资转让所得预提税负担变化，且转让方非居民企业向主管税务机关书面承诺在 3 年(含 3 年)内不转让其拥有受让方非居民企业的股权。

(2)非居民企业向与其具有 100% 直接控股关系的居民企业转让其拥有的另一居民企业股权。

(3)居民企业以其拥有的资产或股权向其 100% 直接控股的非居民企业进行投资。

(4)财政部、国家税务总局核准的其他情形。

在实际税务管理中，主管税务机关判断是否可适用特殊性税务处理的基本原则，是该重组业务实质上确保被重组企业资产及企业股权的所得的税收管辖权仍保留在中国境内，并适用不低于重组前应当适用的企业所得税税率。

专栏 8-1　　警惕境外股权收购的税收风险

按现行《企业所得税法》的规定，在一般情况下外国企业从境内取得的股息收入应按10%税率计算预提所得税。但《协定股息税率情况一览表的通知》(简称国税函【2008】112号)规定，中国香港、中国澳门公司只要对境内子公司控股25%以上，其从境内取得股息就可以按照协定股息税率5%计算预提所得税。预提所得税5%的税率差异为境外企业提供了税收筹划的空间，不少境外企业纷纷利用这一政策将自身的股权收购行为向中国香港、中国澳门地区进行转移，以实现减税收购。

例如，英属离岸公司A拥有一家中国大陆境内分公司B，按规定中国大陆境内分公司B拟向英属离岸公司A汇出股息1 000万元，英属离岸公司A从境内取得的股息收入则要按照10%税率计算预提所得税。为了降低集团企业所得税税负，2009年英属离岸公司A在香港注册一家全资子公司C，并由C公司收购中国大陆境内分公司B 100%的股权，收购完成后中国大陆境内分公司B变成C公司100%控股的全资子公司。企业这么做的目的是使中国大陆境内分公司B所汇出的1 000万元股息适用5%协定股息税率计算预提所得税，使得企业集团减少50万元的预提所得税。

不过，以上看似完美的税务筹划其实存在着巨大的税务风险，因为财税【2009】59号文件已经把此种运作方式列为国际反避税的重点内容，并通过该文件第7条进行了有效的规避，其核心内容是中国境内与境外之间(包括中国港澳台地区)的股权和资产收购交易行为需要同时符合前述特殊重组处理九项条件才可以适用特殊性税务处理规定，享受股权收购的税收优惠待遇。

上述筹划案例忽视了财税【2009】59号文件第7条第2款的规定："非居民企业向其100%直接控股的另一非居民企业转让其拥有的居民企业的股权，没有因此造成以后该项股权转让所得预提税负担发生变化"。同时违反了财税【2009】59号文件第5条第1款的规定："具有合理的商业目的，且不以减少、免除或者推迟缴纳税款为主要目的"。因为英属离岸公司A向C公司转让其拥有的中国大陆境内分公司B的股权，属于非居民企业中国大陆境内分公司B向其100%直接控股的另一非居民企业C公司转让其拥有的居民企业的股权，此转让行为不具有合理的商业目的，且以减少、免除或者推迟缴纳税款为主要目的。所以上述筹划不能适用特殊性税务处理规定，无法享受税收优惠。

以上案例提示我们，企业在利用财税【2009】59号文件的规定进行税收筹划时，一定要警惕相关的税收风险，防止筹划不成反而出现损害企业利益行为的发生。

3. 非股权支付收购业务的税务处理

前述股权或资产收购业务的特殊性税务处理，主要是针对完全的股权支付，现实的情况，可能更多地表现在两种组合支付方式收购。下面将重点介绍其中非股权支付收购业务的税务处理。

收购企业以股权支付和非股权支付收购被收购方的股权或资产，可以视同被收购企业发生了股权投资转让或资产转让行为，应确认被收购企业的财产转让所得或损失，计算缴纳企业所得税。但财税【2009】59 号文件第 6 条第 6 项规定，符合前述条件的特殊收购业务，转让企业按规定可以对交易中股权支付暂不确认有关资产的转让所得或损失。这就意味着转让企业仍需对其非股权支付在交易当期确认相应的资产转让所得或损失，并调整相应资产的计税基础。

1)确认非股权支付对应的资产转让所得或损失

确定非股权支付对应的资产转让所得或损失，应先计算被收购企业整个资产转让的所得或损失(被转让资产的公允价值－被转让资产的计税基础)，然后根据非股权支付金额占被转让资产公允价值的比例计算出非股权支付对应的资产转让所得或损失。上述表述用公式表示为

$$\begin{matrix}\text{非股权支付对应的}\\\text{资产转让所得或损失}\end{matrix}=\left(\begin{matrix}\text{被转让资产}\\\text{的公允价值}\end{matrix}-\begin{matrix}\text{被转让资产}\\\text{的计税基础}\end{matrix}\right)\times\left(\begin{matrix}\text{非股权}\\\text{支付金额}\end{matrix}\div\begin{matrix}\text{被转让资产}\\\text{的公允价值}\end{matrix}\right)$$

2)确定被收购企业股东获得新股的计税基础

从等价交换的基本原则出发，被收购企业股东获得新股的计税基础，理论上应该与其放弃的旧股原有计税基础相当。但由于交换过程中伴随着非股权的收付，所以在确定获得新股的计税基础时，应减去股东收到的补价(或加上股东支付的补价)，同时还应加上收到非股权支付对应的资产转让所得或损失。用公式表示为

$$\begin{matrix}\text{被收购企业}\\\text{股东获得新股}\\\text{的计税依据}\end{matrix}=\begin{matrix}\text{所放弃旧股}\\\text{(被收购股权)}\\\text{原有计税基础}\end{matrix}-\begin{matrix}\text{收到的非股权}\\\text{支付额(或加上}\\\text{支付的补价)}\end{matrix}+\begin{matrix}\text{收到非股权支付}\\\text{对应的资产转让}\\\text{所得或损失}\end{matrix}$$

同理，

$$\begin{matrix}\text{资产收购业务被收购企业}\\\text{获得新股(收购企业或其}\\\text{控股公司股权)的计税依据}\end{matrix}=\begin{matrix}\text{转让资产}\\\text{原有计税}\\\text{基础}\end{matrix}-\begin{matrix}\text{收到的非股权}\\\text{支付额(或加上}\\\text{支付的补价)}\end{matrix}+\begin{matrix}\text{收到非股权支付}\\\text{对应的资产转让}\\\text{所得或损失}\end{matrix}$$

其中，支付的补价是指收购企业支付的对价大于被收购股权公允价值，应由被收购企业股东向收购企业支付的差额。如果用非现金资产支付补价，应视同销售确认资产转让所得。

【例 8-5】 甲公司以本企业 20%的股权(公允价值为 5 700 万元)和 300 万元现金作为支付对价，收购乙公司持有的丙公司 80%的股权(计税基础为 1 000 万元，公允价值为 6 000 万元)。假定该股权收购业务同时符合特殊性税务处理的其他条件，试分析该业务中相关主体的所得税处理。

解：分析股权收购业务的性质。

由于甲公司收购丙公司股权的比例为 80%，大于税法规定的 75%，股权支付占交易总额比例为 95%(5 700÷6 000)，大于税法规定的 85%，且同时符合特殊性税务处理

的其他条件，故该股权收购业务可选用特殊性税务处理。

(1)乙公司的股权投资转让所得。

依据财税【2009】59号文件规定，乙公司可暂不确认转让丙公司股权的全部转让所得，但应确认取得非股权支付额300万元现金对应的股权投资转让所得。

股权投资转让所得=(6 000-1 000)×(300÷6 000)=250(万元)

(2)乙公司收到甲公司资产的计税价值。

乙公司取得甲公司现金资产的计税基础应为300万元，取得甲公司股权的计税基础应为1 000-300+250=950(万元)。即未来乙公司转让甲公司股权时允许扣除的计税基础为950万元，而不是初得时的公允价值5 700万元。

(3)甲公司取得被收购企业股权的计税基础，为被收购股权的原有计税基础1 000万元。

收购企业、被收购企业的原有各项资产和负债的计税基础和其他相关所得税事项保持不变。

案例研究8-4 企业资产收购的所得税处理

A企业是一家大型纺织品生产企业，为扩展生产经营规模，决定收购同城的B企业。由于B企业负债累累，为避免整体合并后承担过高债务风险，A企业决定仅收购B企业从事纺织品生产的所有资产(具体信息见表8-1)。B企业所有资产评估后的总额为2 200万元，其中拟向A企业转让的资产价值为1 730万元。为收购B企业资产，A企业除支付现金130万元外，还将其持有的全资子公司20%的股权合计800万股，支付给B企业。该项长期股权投资的公允价值为1 600万元，计税基础为800万元(其他税费忽略不计)。假设A企业上述资产收购是为了扩大生产经营，具有合理的商业目的，且A企业承诺收购B企业的纺织品资产后，除进行必要的设备更新后，在连续12个月内仍用该资产从事纺织品生产。

表8-1 收购资产相关信息(单位：万元)

资产名称	公允价值	计税基础	备注
设备	560	520	被收购
生产厂房	800	400	被收购
存货	220	350	被收购
应收账款	150	200	被收购
合计	1 730	1 470	

要求：根据上述业务做出A、B企业的税务处理。

【解析】

1. A企业的税务处理

第一，资产收购的性质。

通过案例提供的信息初步判断，该项资产并购符合财税【2009】59号文件的特殊性税务处理的5个条件。

下面考察收购资产比例和股权支付比例两个指标。

A企业收购B企业资产占B企业总资产的比例为1 730÷2 200≈78.6%，超过75%的法定比例。

股权支付占交易总额的比例为1 600÷1 730≈92.5%，超过85%的法定比例。

因此，A企业对B企业的资产收购符合特殊收购条件，可以适用特殊性税务处理。

第二，受让方A企业的税务处理，即确定受让资产的计税基础。

A企业取得B企业资产的计税基础，以A企业被转让资产的原有计税基础确定，即930万元(800万元+130万元)。同时，应将930万元在取得的4项资产中按公允价值进行分配。

设备的计税基础=930×560÷1 730≈301.04(万元)

生产厂房的计税基础=930×800÷1 730≈430.06(万元)

存货的计税基础=930×220÷1 730≈118.27(万元)

应收账款的计税基础=930−301.04−430.06−118.27=80.63(万元)

2.B企业的税务处理

第一，不确认经营性资产的转让所得。

第二，确认非股权支付对应的资产转让所得。

非股权支付对应的资产转让所得=(1 730−1 470)×130÷1 730≈19.54(万元)

注：该笔所得应缴纳企业所得税。

第三，确定来自A企业资产的计税基础。

总体上讲，以B企业被转让资产的原有计税基础确定。

取得现金的计税基础为130万元。

取得新股的计税基础为1 359.54万元(1 470万元+19.54万元−130万元)。

8.4　合并和分立的所得税处理

企业因发展的需要，常常采取调整经营规模的合并、分立做法。为鼓励和促进基于正常经营需要的企业合并、分立业务的健康发展，规范和加强合并、分立业务的所得税管理，财税【2009】59号文件对合并、分立的基本内涵及相应的所得税处理问题进行了明确的界定。掌握相关规定，对更好地加强企业改组、改制的税收筹划具有重要意义。

8.4.1　合并及分立的概念及形式

企业合并通常包括控股合并①、吸收合并和新设合并三种形式。而财税【2009】59号文件所称的合并，是指一家或多家企业(以下称为被合并企业)将其全部资产和负债转

① 控股合并是指合并企业(或购买方)在企业合并中取得对被合并企业(或被购买方)的控制权，被合并企业(或被购买方)在合并后仍保持其独立的法人资格并继续经营，合并企业(或购买方)确认企业合并形成的对被合并企业(或被购买方)的投资的合并行为。控股合并与股权收购具有相似性，其税务处理详见8.3.2“股权/资产收购的税务处理”。此处所讲的合并业务，是以至少一方解散为前提的合并，与控股合并有明显差异。

让给另一家现存或新设企业(以下称为合并企业),被合并企业股东换取合并企业的股权或非股权支付,实现两个或两个以上企业的依法合并,即《企业所得税法》中所称的合并是指吸收合并和新设合并两种方式。具体而言,吸收合并是指两个以上的企业合并时,其中一个企业吸收其他企业而存续(简称存续企业),被吸收的企业解散。例如,A公司是股东X公司投资设立的有限责任公司,现将全部资产和负债转让给B公司,B公司支付A公司股东X公司银行存款500万元作为对价,A公司解散。在该吸收合并中,A公司为被合并企业,B公司为合并企业,且为存续企业。而新设合并是指两个以上企业并为一个新企业,合并各方解散。例如,现有A公司和B公司均为X公司控股下的子公司,现A公司和B公司将全部资产和负债转让给新设立的C公司,C公司向X公司支付30%股权作为对价。合并完成后,A公司和B公司均解散。在该新设合并中,A公司和B公司为被合并企业,C公司为合并企业。

分立,是指一家企业(以下称为被分立企业或被分立方)将部分或全部资产分离转让给现存或新设的企业(以下称为分立企业或分立方),被分立企业股东换取分立企业的股权或非股权支付,实现企业的依法分立。分立可以采取存续分立和新设分立两种形式。存续分立是指被分立企业存续,将其中一部分资产分出设立为一个或数个新的企业。例如,A公司将部分资产剥离,转让给新设立的B公司,同时为A公司股东换取B公司100%股权,A公司继续经营。在该分立重组中,A公司为被分立企业,B公司为分立企业。新设分立是指被分立企业解散,分立出的各方分别设立为新的企业。例如,A公司将全部资产分离转让给新设立的B公司和C公司,同时为A公司股东换取B公司和C公司的股权,A公司解散。

8.4.2 合并业务的所得税处理

企业合并必然导致企业资产的转移,同时由于合并前后纳税主体发生了变化,必然引发一系列的企业所得税问题。例如,接受资产、负债方的计税基础如何确定,转让方的资产转让所得是否需要缴纳所得税以及如何缴纳所得税,有关所得税事项如何衔接等。财税【2009】59号文件对此做出了明确的规定。

1. 一般性税务处理

从税收角度看,企业合并对于合并企业来讲主要是一种支付行为,所以一般不涉及所得额的确定和所得税缴纳问题(合并企业用其非货币性资产进行支付除外)。不过,合并企业接受被合并企业转移来的资产和负债(即净资产),需要确定相关接受资产和负债的计税基础;对于被合并方及其股东来说,企业因被合并而注销,必然涉及财产转让所得和清算所得的所得税问题。财税【2009】59号文件第4条第4项规定,除特殊合并外,合并各方按如下规定进行税务处理:

(1)合并企业应按被合并企业各项资产和负债的公允价值确定其接受资产和负债的计税基础。这一规定的目的,是要求被合并企业按资产和负债的转让所得缴纳企业所得税。以资产转让所得为例,资产转让所得=资产公允价值-资产计税基础。

(2)被合并企业及其股东按清算进行所得税处理(详见8.5“企业清算的所得税处理”)。

(3)被合并企业的亏损不得在合并企业结转弥补。因为在正常情况下，合并后的企业与合并前的被合并企业是两个独立的纳税主体，所以被合并企业的亏损不得在合并后的企业结转弥补。

不过，在吸收合并中，合并后的存续企业性质及适用税收优惠的条件未发生改变的，可以继续享受合并前该企业剩余期限的税收优惠，其优惠金额按存续企业合并前一年的应纳税所得额(亏损计为零)计算。

【例 8-6】 某年 6 月 30 日，A 公司向 B 公司的股东支付银行存款 1 500 万元对 B 公司进行吸收合并，并于当日取得 B 公司净资产。被合并日 B 公司资产账面价值 3 000 万元，公允价值 3 500 万元；负债账面价值 2 000 万元，公允价值 2 000 万元。5 年内未弥补的亏损 380 万元。分析 A、B 公司适用的企业所得税政策。

解：由于该合并业务不具备合并业务特殊性税务处理条件，所以适用一般合并业务的企业所得税政策。

(1)A 公司应按 B 公司被合并日资产公允价值 3 500 万元确定其接受资产的计税基础，同时，按 B 公司被合并日负债公允价值 2 000 万元确定其接受负债的计税基础。

(2)B 公司被吸收合并，企业资产被兼并转移，依据《企业所得税法》、《企业所得税法实施条例》及财税【2009】60 号文件的相关规定，应视同清算计算 B 公司及其股东应缴纳的所得税。其中 B 企业资产评估增值 500 万元(评估后的资产净值－评估前的资产净值)应按规定缴纳企业所得税，税后按清算分配处理。

(3)B 公司尚未弥补完的 5 年内的亏损 380 万元不得在 A 公司结转弥补。

2. 特殊性税务处理

假如企业合并具有合理的商业目的，并且涉及的现金数额较少或不涉及现金支付，一方面，因为资金困难，要求被合并企业及股东按资产转让所得和清算所得缴纳企业所得税的难度较大，并可能因此阻碍正常合并的顺利进行；另一方面，此类合并实质上是两企业将各自拥有的资产、负债和经营业绩进行融合，并不存在被合并方的资产、负债转让和企业解散。鉴于此，从给予合并双方税收优惠的角度出发，财税【2009】59 号文件对符合条件的企业合并规定了特殊的所得税处理政策。具体而言，被合并企业的股东在企业合并时取得的股权支付金额不低于其交易支付总额的 85%，以及同一控制下且不需要支付对价的企业合并，可以选择按以下规定处理：

(1)合并企业接受被合并企业资产和负债的计税基础，以被合并企业的原有计税基础确定。

(2)被合并企业合并前的相关所得税事项由合并后的企业承继。

(3)合并企业的所得可以限额弥补被合并企业 5 年内的亏损，其计算公式为

$$\begin{matrix}\text{可由合并企业}\\ \text{弥补的被合并}\\ \text{企业亏损的限额}\end{matrix}=\begin{matrix}\text{被合并企}\\ \text{业净资产}\\ \text{公允价值}\end{matrix}\times\begin{matrix}\text{截至合并业务发生当}\\ \text{年年末国家发行的最}\\ \text{长期限的国债利率}\end{matrix}$$

其中，可由合并企业弥补的被合并企业的亏损不超过法定 5 年的亏损弥补期限；被合并

企业净资产公允价值包括商誉；可由合并企业弥补的被合并企业亏损的限额按年计算。

(4)被合并企业股东取得合并企业股权的计税基础，以其原持有的被合并企业股权的计税基础确定。

【例 8-7】 A 公司将其全部资产和负债转让给 B 公司，合并后 A 公司解散。为进行该项企业合并，B 公司向 A 公司股东发行了 1 500 万股本公司普通股(每股面值 1 元)作为对价。假定合并当年年末国家发行的最长期限的国债利息为 7%，A 公司合并前净资产的公允价值为 1 500 万元，5 年内未弥补的亏损额为 1 000 万元。计算合并当年可由 B 公司弥补的 A 公司亏损限额。

解：合并当年可由 B 公司弥补的 A 公司亏损限额为 1 500×7%=105(万元)。

上述规定的目的在于：一是给予被合并企业及股东免税优惠。以被合并企业的资产转让为例，从理论上讲，被合并企业的资产转移到合并企业应确认财产转让所得(公允价值－原有计税基础)，所以在一般性税务处理中，合并企业接受被合并企业的资产要以合并企业的公允价值作为计税基础。给予被合并企业资产转让所得优惠的思路之一是使被合并企业资产转让所得为零，因此，财税【2009】59 号文件规定，符合特殊处理条件企业合并，合并企业接受被合并企业资产的计税基础，以被合并企业的原有资产的计税基础来确定。同理，有了如下两条规定：合并企业接受被合并企业负债的计税基础，以被合并企业的原有计税基础确定；被合并企业股东取得合并企业股权的计税基础，以其原持有的被合并企业股权的计税基础确定。二是给予合并企业减税优惠。正常情况下，由于合并后的企业与合并前的被合并企业是两个独立的纳税主体，所以，被合并企业的亏损不得在合并企业结转弥补。但假如合并业务符合特殊性税务处理的条件，这时的合并是以双方经营业绩的融合而非单纯以被合并方资产负债的转让为目的，此类合并不存在被合并方的清算，被合并企业合并前的相关所得税事项由合并企业承继，自然被合并企业的亏损也可以结转到合并企业去弥补，这无疑是对合并企业的一项税收优惠政策。

需要说明的是，上述所称同一控制下的企业合并，其中的“同一控制”是指参与合并的企业在合并前后均受同一方或相同的多方最终控制且该控制并非暂时性的。能够对参与合并的企业在合并前后均实施最终控制的相同多方，是指根据合同或协议的约定，对参与合并企业的财务和经营政策拥有决定控制权的投资者群体。在企业合并之前(即合并日之前)，参与合并各方受最终控制方的控制在 12 个月以上，企业合并后所形成的主体在最终控制方的控制时间也应达到连续 12 个月。从最终控制方的角度看，该项交易仅仅是其原本已经控制的资产、负债空间位置的转移，原则上不应影响所涉及资产、负债的计价基础变化。因此，同一控制下且无须支付对价的企业合并可适用特殊性税务处理。

专栏 8-2　企业合并应筹划税务处理方式

对于企业在改组改制过程中发生资产评估增值的税务处理，财税【2009】59 号文件规定了一定的“可选择性”，即符合条件的企业重组可选用一般性税务处理和特殊性税务处理。企业是否一定要选择具有免税或税款递延优惠的特殊处理方式呢？下面的案例给了我们一些启示。

假定 A 公司拟吸收合并 B 公司。合并日双方有关信息如下：A 公司合并前净资产的公允价值为 1 亿元；B 公司净资产账面价值为－1 000 万元，公允价值为 200 万元(增值部分主要为房地产)，合并前有尚未弥补的亏损 1 500 万元(未超过税法规定的 5 年弥补期限)，合并业务发生当年年末国家发行的最长期限的国债利率为 7%。企业合并过程中的非股权支付额为零，预计合并后 A 公司每年应纳税所得额约为 1 000 万元。简述上述企业合并的两种税务处理方法，并从节税角度对方案进行评价。

解析：按财税【2009】59 号文件规定，当被合并企业的股东在企业合并时取得的股权支付金额不低于其交易支付总额的 85%，企业合并"可选择"免税或应税合并，即采用一般性税务处理或特殊性税务处理。

方案一：企业选择免税合并。即 A 公司和 B 公司选择按特殊性税务处理进行相关所得税处理。B 公司不确认资产的转让所得，其亏损 1 500 万元可由合并后的 A 公司用以后年度的应纳税所得额弥补，其中当年可弥补的亏损为 200×7%＝14(万元)；A 公司接受 B 公司全部资产的计税成本，以 B 公司原账面净值为基础确定。

方案二：企业选择应税合并。即 A 公司和 B 公司选择按一般性税务处理进行相关所得税处理。B 公司视为按公允价值转让处置全部资产，应计算资产转让所得，依法缴纳所得税；B 公司以前年度的亏损，不得结转到合并后的 A 公司弥补；A 公司接受 B 公司的有关资产，计税成本按经评估确认的价值确定。

上述哪种税务处理选择更具节税效果?

比较 1：方案一 B 公司不确认资产转让所得，不缴纳企业所得税。方案二 B 公司须确认资产转让所得 1 200 万元[200 万元－(－1 000 万元)]，但由于确认的资产转让所得可全部用于弥补以前年度亏损(1 200＜1 500)，所以 B 公司事实上不需要负担企业所得税。最终结果为两方案 B 公司均无须就资产转让所得缴纳企业所得税。

比较 2：方案一 B 公司亏损可结转到合并后的 A 公司进行弥补，但 B 公司净资产的公允价值只有 200 万元，5 年内可由合并后的 A 公司弥补的亏损大约只有 70 万元(200 万元×7%×5)。方案二 B 公司亏损不得结转到 A 公司弥补。

比较 3：方案一 A 公司接受 B 公司的有关资产只能按 B 公司的原账面净值提取折旧(或摊销，下同)在税前扣除。方案二 A 公司接受 B 公司的有关资产可按评估价值提取折旧在税前扣除。

在本例中，无论采取哪种合并方案，B 公司均不需要负担企业所得税。方案一的优势在于，合并后 A 公司可在税前弥补 B 公司亏损约 70 万元。方案二的优势在于，合并后 A 公司可在税前多列支折旧 1 200 万元，可见，方案二显然优于方案一。

8.4.3　分立业务的税务处理

在分立业务中，被分立企业将自有资产的一部分或全部转移到分立企业中，被分立企业的股东也会因此而获得一定的收入。对被分立企业及股东的收入如何处理，是《企业所得税法》必须要界定的。对被分立企业而言，涉及资产的转让，应确定资产转让的所得或损失。此时，被分立企业的股东从本公司取得的收入应视同企业股息红利分配。

假如被分立企业因此而解散，被分立企业及其股东应按清算进行所得税处理。对分立企业而言，要确认接受资产的计税基础。对企业分立当事各方相关问题的所得税处理，财税【2009】59 号文件做出了明确规定。

1. 一般性税务处理

分立业务具体的税务处理方法因分立形式而异：存续分立时，被分立企业对分离出去的资产应按公允价值确认资产转让所得或损失，计算缴纳企业所得税。被分立企业股东从分立企业取得的对价应视同被分立企业股息红利分配进行所得税处理；新设分立时，被分立企业应按清算进行所得税处理，被分立企业股东取得的对价视同清算后的剩余财产分配进行所得税处理。同时，无论是存续分立还是新设分立，分立企业均应按公允价值确认接受资产的计税基础。

例如，甲公司一块土地账面成本(假定计税账面成本等于计税基础)8 000 万元，市场公允价值 20 000 万元，甲公司将该土地分立出去成立乙公司。由于该分立为符合一般条件的存续分立，应采用一般性税务处理。甲公司应确认 12 000 万元(不考虑其他税费，20 000 万元－8 000 万元)土地使用权转让收益，同时乙公司应以 20 000 万元的公允价值作为土地成本入账和计税基础。

需要注意的是，在一般分立业务中，分立相关企业之间的亏损不得相互结转弥补。

2. 特殊性税务处理

假如分立业务是被分立企业整体业务和持股情况的均匀划出，并且被分立企业得到的非股权收入(即现金收入)很少，可以认为被分立企业将与自身资本结构完全相同的企业的一部分整体划转给了分立企业。按财税【2009】59 号文件的规定，这种分立具备如下条件：被分立企业所有股东按原持股比例取得分立企业的股权，分立企业和被分立企业均不改变原来的实质经营活动，且被分立企业股东在该企业分立发生时取得的股权支付金额不低于其交易支付总额的 85%。由于这种分立可以认为是被分立企业整体中一部分的均匀转出，所以分立企业应整体承继被分立企业划转过来的资产相应的所得税事项。如果分立后的存续企业性质及适用税收优惠的条件未发生改变的，可以继续享受分立前该企业剩余期限的税收优惠，其优惠金额按该企业分立前一年的应纳税所得额(亏损计为零)乘以分立后存续企业资产占分立前该企业全部资产的比例计算；如果分立前被分立企业有尚未弥补的亏损，分立企业应按被分立企业划转过来的整体资产比例分享被分立企业可弥补的亏损。此外，分立企业应按被分立企业划转过来的资产和负债的原有计税基础作为计税基础。仍援用上例，假如企业符合特殊分立条件，甲公司可以避免土地增值税且免交企业所得税。不过作为新成立的乙公司，就只能以土地在甲公司的账面价值入账，从而使得土地入账成本大大低于公允价值，造成乙公司日后的企业所得税和土地增值税大幅增加。

分析发现，上述政策的核心是被分立企业资产转让企业所得税的免缴，以及分立企业资产计税基础的低估(以接受资产公允价值作为计税基础为正常)，实质上是将被分立企业应缴的企业所得税转移到了分立企业，并且应缴税款得到了有效递延。

至于被分立企业的股东因此而得到的分立企业的股权(简称“新股”)，其计税基础的确定则因势而异。如得到“新股”需部分或全部放弃原持有的被分立企业的股权(简称“旧股”)，“新股”的计税基础应以放弃“旧股”的计税基础确定。如得到“新股”不需放弃“旧股”，则其取得“新股”的计税基础可从以下两种方法中选择确定：直接将“新股”的计税基础确定为零；或者以被分立企业分离出去的净资产占被分立企业全部净资产的比例先调减原持有的“旧股”的计税基础，再将调减的计税基础平均分配到“新股”上。

【例 8-8】 甲企业将净资产中的 20%分立成立乙公司。甲公司两法人股东在甲企业投资资产的计税基础为 6 000 万元。在不放弃原有持股的前提下，乙公司成立后，两法人股东从新成立的乙公司分得等比新股份。计算两股东对乙公司投资股权投资的计税基础。

解：税务处理 1：“旧股”计税基础为 6 000 万元，“新股”计税基础为零。

税务处理 2：“旧股”计税基础为 6 000×(1－20%)＝4 800(万元)。

“新股”计税基础为 1 200 万元，再按两法人股东持股比例分摊。

分析发现，这一规定实质上是为了防止有关各方利用分立业务进行避税，而对被分立公司股东的股权投资计税基础的变化做出的限制性规定。简单地说，就是分立后原股东在各相关企业的股权投资计税基础应与分立前持平。

案例研究 8-5　　企业分立业务的所得税处理

A 公司是由甲、乙两个投资者共同投资设立的一家有限责任公司，每位股东均出资 500 万元，A 公司注册资本为 1 000 万元。现拟将 A 公司的一个分部设立为 B 公司，A 公司存续经营且股东不变。B 公司成立后，除向 A 公司原股东支付股权外，未向 A 公司及其股东支付其他任何利益，甲、乙两股东仍按 1∶1 比例对 B 公司持股。A 公司分立前资产、负债和净资产的账面价值分别为 3 800 万元、2 500 万元和 1 300 万元，计税基础分别为 3 600 万元、2 300 万元和 1 300 万元，公允价值分别为 4 500 万元、2 500 万元和 2 000 万元。有已补亏 3 年的亏损 200 万元；分立后 B 公司资产、负债和净资产的账面价值分别为 1 600 万元、900 万元和 700 万元(即注册资本)，公允价值分别为 1 800 万元、900 万元和 900 万元。A 公司和 B 公司均不改变原来的实质经营活动(假设分立业务不影响甲、乙股东在 A 公司的持股份额；分立业务同时满足其他特殊性税务处理条件)。

要求：根据上述资料分析在分立业务中相关主体适用的企业所得税政策并计算应缴纳的企业所得税。

【解析】

1. 判断分立业务的性质，即是否属于特殊重组

因分立时未发生非股权支付额，且满足其他条件，应认定为特殊重组。

2. 适用的企业所得税政策

(1)被分立企业是否需要确定财产转让所得。

由于分立业务符合特殊性税务处理规定，虽然分立出去的净资产公允价值高于账面价值，被分立企业 A 公司不计算分立资产的转让所得，无须缴纳企业所得税。

(2)确定B公司可以弥补的亏损额。

A公司在分立时未超过法定补亏期限的200万元亏损，可在A、B之间进行分摊弥补。

B公司可以从A公司承接过来继续弥补的亏损为200×(1 600÷3 800)≈84.21(万元)(按各自的资产账面价值分摊补亏额)。

(3)确定B公司资产、负债的计税基础。

由于没有新的投资者加入，B公司建账时仍以原A公司相应资产1 800万元和负债900万元确定计税基础。

(4)确定甲、乙两股东在B公司持有股权的计税基础。

B公司的注册资本为700万元，甲、乙两股东在B公司仍平均持股，每位股东的股权份额为350万元。由于分立业务不需放弃“旧股”，甲、乙两股东在A、B公司股权投资的计税基础可从下列两种方案中选择。

方案一：甲、乙两股东在B公司股权投资的计税基础为零，在A公司股权投资的计税基础仍各为500万元。

方案二：调整计算甲、乙两股东在A、B公司股权投资的计税基础。

首先计算在两股东B公司股权投资的计税基础总额：

股东持有的“旧股”(A公司)的总成本×B公司分立的净资产(公允价值)/A公司原总净资产(公允价值)=1 000×(900÷2 000)=450(万元)；

其次计算两股东在A公司股权投资的计税基础总额：

股东持有的“旧股”(A公司)的总成本－B公司股权投资的计税成本=1 000－450=550(万元)。

需要说明的是，A公司被分立后，应相应转销分离出去的资产、负债和所有者权益账面价值，但在转销所有者权益时，如果转销了“未分配利润”和“盈余公积”项目，应经过税务机关核准。因为转销的未分配利润和盈余公积具有应税属性，其中视为对股东所作的分配额，股东应按规定缴纳所得税。

8.5 企业清算的所得税处理

清算，是指企业终结现存的法律关系，处理其剩余财产，使之归于消灭的程序。清算是一种法律程序，企业注销时，必须进行财产清算，其中涉及一系列税收问题，如清算主体清算所得税的计算缴纳、清算剩余财产分配以及投资主体分得剩余财产的税务处理等。本节将对上述问题进行阐述。

8.5.1 企业清算所得税处理概述

1. 清算的内涵及清算情形

企业清算所得税处理，是指企业在不再持续经营，发生结束自身业务、处置资产、偿还债务以及向所有者分配剩余财产等经济行为时，对清算所得、清算所得税、股息分配等事项的处理。按《关于企业清算业务企业所得税处理若干问题的通知》(简称财税【2009】60 号)规定，下列企业应进行清算所得税处理：

(1)按《中华人民共和国公司法》、《中华人民共和国企业破产法》等规定需要进行清算的企业。

(2)企业重组中需要按清算处理的企业。

财税【2009】59 号文件规定，企业由法人转变为个人独资企业、合伙企业等非法人组织，或将登记注册地转移至中华人民共和国境外(包括中国港澳台地区)的企业法律形式的改变，应视同企业进行清算、分配，股东重新投资成立新企业。如原有限责任公司变更为个人独资企业、合伙企业均属需按清算处理的企业重组。至于企业发生其他法律形式简单改变，如企业改变注册名称、变更注册地址等，仅仅是原有企业税务登记内容的变更，原有企业继续存在。例如，北京金陵房地产开发有限公司更名为北京海运房屋开发有限公司。按现行《中华人民共和国税收征管法实施细则》第 14 条的规定，纳税人税务登记内容发生变化的，只需要自工商行政管理机关或者其他机关办理变更登记之日起 30 日内，持有关证件向原税务登记机关申报办理变更税务登记。财税【2009】59 号文件第 4 条(1)中也规定，除另有规定外，这类变更可直接变更税务登记。这些规定意味着企业此类法律形式的改变不涉及企业所得税的税务处理问题。财税【2009】59 号文件的规定正好体现了这一精神：企业发生其他法律形式简单改变的，除另有规定外，有关企业所得税纳税事项(包括亏损结转、税收优惠等权益和义务)由变更后企业承继，但因住所发生变化而不符合税收优惠条件的除外。因此，北京金陵房地产开发有限公司更名为北京海运房屋开发有限公司，就不涉及清算所得税的处理。

2. 企业清算的税务处理主体

一般的法人企业是由股东投资成立的，这里的股东包括自然人股东和法人股东。因此，当一个企业依法成立时，在企业所得税上实际上就产生了两个主体：一是被投资企业层面。接受投资依法创立的企业作为一个企业所得税的纳税主体，应就其生产经营所得和其他所得和清算所得缴纳企业所得税。二是股东层面。该公司股东也是企业所得税和个人所得税的纳税人，应就其投资业务所取得的股息所得和投资转让所得依法缴纳所得税。正是因为企业的创立之初就在所得税上产生了两个层面的主体，故清算所得税处理也应该涉及两个层面的清算，即清算企业(被投资企业)和企业股东。其中，清算企业主要涉及清算所得税的计算缴纳以及剩余财产的分配，清算企业股东主要涉及分得剩余财产的计价及所得税处理。两类主体的税务处理的具体内容，将在下文中逐一阐述。

3. 企业清算的所得税处理内容

从清算程序看，清算过程就是在企业出现解散事由后对清算资产进行处置、分配，最终了结企业的一切债权、债务的过程。这一过程中，一是涉及清算所得税的计算与缴纳。确定清算所得，主要是计算全部资产处置过程中产生的所得以及了结一切债权、债务所产生的所得或损失；同时，企业进行清算，即表明已终止持续经营，是企业存在的最后一个过程。因此，清算所得税的处理，还应考虑清算前企业尚未确认的递延收益、尚未在税前扣除的待摊费用、已在税前扣除而不再实际支付的预提性质的费用、商誉的扣除以及尚未超过弥补期限的亏损等问题。二是涉及对股东进行剩余财产分配。企业进行清算，意味着股东投资行为的终结，因此公司财产在支付清算费用、清偿债务后仍有余额的，要对股东进行剩余财产分配。财税【2009】60号文件对上述两项内容进行了细化，具体而言，企业清算所得税处理包括如下几方面内容：

(1)全部资产均应按可变现价值或交易价格，确认资产转让所得或损失；

(2)确认债权清理、债务清偿的所得或损失；

(3)改变持续经营核算原则，对预提或待摊性质的费用进行处理；

(4)依法弥补亏损，确定清算所得；

(5)计算并缴纳清算所得税；

(6)确定可向股东分配的剩余财产、应付股息等。

8.5.2 清算所得的计算

清算所得属于应税收入，按《企业所得税法》第55条规定，企业应在办理注销登记前，就其清算所得向税务机关申报并依法缴纳企业所得税。至于清算所得的计算方法，在《企业所得税法实施细则》和财税【2009】60号文件中都做出了明确的规定。所谓清算所得，为企业的全部资产可变现价值或交易价格，减除资产计税基础、清算费用和相关税费，加上债务清偿损益等后的余额。用公式表示为

$$\text{清算所得}=\text{资产可变现价值或交易价格}-\text{资产计税基础}-\text{清算费用}-\text{清算税金及附加}+\text{债务清偿损益}-\text{弥补以前年度亏损}$$

根据上述公式可知，企业清算所得的计算主要包括四项内容。

1. 按可变现价值或交易价格，确认全部资产处置损益

企业清算期间的资产无论是否实际处置，一律视同变现，确认资产处置损益。资产处置损益，是指纳税人全部资产按可变现价值或交易价格扣除其计税基础后确认的资产处置所得或损失金额。用公式表示为

$$\text{资产转让所得或损失}=\text{资产可变现价值或交易价格}-\text{资产计税基础}-\text{清算税金及附加}$$

1)资产可变现价值或交易价格

企业进入清算期后，因为正常进行会计核算的持续经营假设前提已不复存在，企业清算中的会计处理，与公司正常情况下的财务会计出现很大差异，各项资产不宜再按历史成本和账面净值估价，企业清算期间的全部资产(除货币资金外)无论是否实际处置，一律要以现值来衡量资产收入。清算期间已处置变现的资产，以其交易价格为基础确认收入。清算期间没有实际处置变现的资产，应按照其可变现价值来确认资产收入。资产可变现价值或交易价格为货币资金、可收回债权和存货、固定资产和非实物资产可变现

价值的合计。《企业所得税法》本身没有对可变现价值进行定义，具体可参照《企业会计准则》对可变现净值的规范加以确定。

待摊费用作为一种特殊的资产，财税【2009】60 号文件规定，企业在计算清算所得时，应改变持续经营假设，对待摊费用进行处理。也就是说，企业在清算时，应对原有的待摊事项处理完毕，而不能作为一项资产转让给接受企业，接受企业也不能作为本企业的资产来进行摊销。而国税函【2009】388 号文件在界定清算所得额时对待摊费用从“账面价值、计税基础、可变现价值、资产处置损益”四个方面进行了反映。

根据上述两个文件规定，企业在清算时发生的待摊费用是作为资产处置损益来处理的，其处置损益同样为可变现价值或交易价格减除计税基础的余额。只是作为一项特殊的资产，待摊费用的可变现价值应为零，因此，其处置损益一般为负数(假设计税基础为正数)，其实质是对企业清算资产的冲减。

2)资产的计税基础

按照《企业会计准则第 18 号——所得税》的规定，资产的计税基础是指企业收回资产账面价值的过程中，计算应纳税所得额时按照税法规定可以自应税经济利益中抵扣的金额。即该项资产在未来使用或最终处置时，允许作为成本或费用于税前列支的金额。用公式表示为

资产的计税基础＝资产账面价值－以前期间已税前列支的金额

【例 8-9】 某项机器设备原价为 150 万元，预计使用年限为 5 年，预计净残值为 0。会计已按直线法计提折旧两年，税收采用加速折旧法中的年数总和法计提折旧。试分别计算该项资产的账面价值和计税基础。

解：会计每年计提的折旧为 30 万元，两年合计 60 万元；税法两年计提的折旧分别为 50 万元、40 万元，合计 90 万元。

资产账面价值＝150－60＝90(万元)

资产计税基础＝150－50－40＝60(万元)①

通常情况下，资产在取得时其入账价值与计税基础是相同的，但在后续计量过程中，因《企业会计准则》规定与税法核算目的不同引发的规定差异，可能造成账面价值与计税基础出现差异。具体的确定方法在本书 7.5“企业资产的税务处理”中已有详细介绍，在此不再赘述。

国税函【2009】388 号文件专门对清算资产的计税基础内涵和计量进行了明确的规定。所谓企业清算资产的计税基础，是指纳税人按照税收规定确定的清算开始日的各项资产计税基础的金额，即取得资产时确定的计税基础减除在清算开始日以前纳税年度内按照税收规定已在税前扣除折旧、摊销、准备金等的余额。

---

① 算式中的“50”和“40”分别为年数总和法下该固定资产在第 1 年和第 2 年计提的折旧，其中 50＝150×5÷(1＋2＋3＋4＋5)；40＝150×4÷(1＋2＋3＋4＋5)。

3)清算税金及附加

按国税函【2009】388 号文件规定，清算税金及附加，是指纳税人清算资产处置过程中发生的除企业所得税和允许抵扣的增值税以外的各项税金及其附加，如营业税、印花税、土地增值税、教育费附加等税费，不包括纳税人以前年度欠缴的各项税金及其附加。

2. 确认负债清偿损益

负债清偿损益是指纳税人全部负债按计税基础减除其清偿金额后确认的负债清偿所得或损失金额。用公式表示为

负债清偿损益＝负债的计税基础－负债清偿金额

准确计算负债清偿损益的关键是正确确定相关债务的计税基础。按国税函【2009】388 号文件规定，负债的计税基础是纳税人按照税收规定确定的清算开始日的各项负债计税基础的金额，即负债计税基础是负债的账面价值①减去未来期间计算应纳税所得额时按照税法规定准予扣除金额的余额。反过来讲，负债计税基础是“未来期间计算应纳税所得额时按照税法规定不允许税前扣除部分的金额”。

负债计税基础是一个比较抽象的概念，需要在实务中加以理解。假如，某企业资产负债表中“应付股利”科目的账面价值为 200 万元。按现行税法的规定，企业在确认和清偿应付股利时均不得税前扣除，因此，该项负债的计税基础＝账面余额－未来支付股利时可税前扣除数＝200－0＝200(万元)。又如，甲公司为乙公司银行借款担保者。2010 年 10 月 10 日，因乙公司未能如期偿还借款而被诉讼，甲公司由此被要求承担担保责任。至 2010 年 12 月 31 日诉讼尚未审结，甲公司预计履行该担保责任很可能支付的金额为 2 200 万元。关于担保支出能否在企业所得税前扣除？现行税法规定，企业为其他独立纳税人提供的与本身应纳税收入无关的贷款担保，因被担保方还不清贷款而由该担保人承担的贷款本息支出，不可以在税前扣除。此时，该项负债的计税基础为 2 200 万元(2 200 万元－0 万元)；假如企业的担保支出与企业应纳税收入有关，则由此承担的担保损失可在税前扣除(如企业之间的相互担保)，此时，负债的计税基础为 0(2 200 万元－2 200 万元)。

按《中华人民共和国破产法》的规定，企业清算时应按一定的顺序清偿债务：首先是共益债务②；其次是破产人所欠职工的工资和医疗、伤残补助、抚恤费用和基本社会保险费，以及法律、行政法规规定应当支付给职工的补偿金；再次是破产人以前年度欠缴的税金及附加(包括欠缴并在清算期入库的增值税)；最后是除了上述债务之外的其他普

① 负债的账面价值是指纳税人按照国家统一会计制度规定确定的清算开始日的各项负债账面价值的金额。

② 按《中华人民共和国破产法》的规定，共益债务是指人民法院受理破产申请后发生的下列债务：因管理人或者债务人请求对方当事人履行双方均未履行完毕的合同所产生的债务；债务人财产受无因管理所产生的债务；因债务人不当得利所产生的债务；为债务人继续营业而应支付的劳动报酬和社会保险费用以及由此产生的其他债务；管理人或者相关人员执行职务致人损害所产生的债务；债务人财产致人损害所产生的债务。共益债务由债务人财产随时清偿。

通破产债务。上述四类债务清偿中，前两种在计算债务清偿损益时扣除，即在清算所得税前扣除，后两种在清算所得税后扣除。

需要注意的是，在计算负债清偿损益时，需要改变企业持续经营核算原则，对递延所得、商誉、递延所得税资产、预提和待摊费用进行所得税处理。具体而言，对清算前分期确认所得的项目(如符合条件的企业债务重组确认的应纳税所得额占该企业当年应纳税所得额50%以上等业务)，剩余未确认所得的金额，必须一次性并入清算所得；对于生产经营期间预提的各项费用(不含递延所得税负债)不再支付的，必须并入清算所得；其他待摊费用(如按三年平均扣除的企业筹办费、房屋装修费等)按照剩余计税基础扣除；非同一控制下的企业合并形成的商誉，在生产经营期间不得摊销扣除，在计算清算所得时一次性扣除。递延所得税资产与应纳税所得额无关，其计税基础为零。

对于以收入为基础确定扣除限额的广告宣传费，不得结转到清算期间扣除。在清算期间发生的业务招待费属于与清算所得有关的费用，因其与生产经营无关，所以不受比例限制，全额扣除。

3. 确定清算费用

按国税函【2009】388号文件规定，清算费用是指纳税人清算过程中发生的与清算业务有关的费用支出，包括清算组组成人员的报酬，清算财产的管理、变卖及分配所需的评估费、咨询费等费用，清算过程中支付的诉讼费用、仲裁费用及公告费用，以及为维护债权人和股东的合法权益支付的其他费用。

4. 依法弥补亏损

按照财税【2009】60号文件的规定，清算期作为一个独立的纳税年度，清算所得可依法弥补以前年度亏损。即清算期之前5个纳税年度的税法认定的亏损额，可以在计算清算所得时弥补，以弥补以前年度亏损后的所得作为清算所得计算缴纳清算所得税。

不过，对大部分中小企业而言，清算期的资产可收回金额一般小于其资产的计税基础，无法偿还的债务金额比较小，故清算所得往往是负数，企业往往只需要履行正常的纳税申报流程和手续，其实不需要缴纳清算所得税。

准确计算清算所得，还要注意如下两点：

(1)以清算期间作为一个独立的纳税年度计算清算所得。无论清算期间实际是长于12个月还是短于12个月，均以该期间为基准计算确定企业应纳税所得额。企业如果在年度中间终止经营，该年度终止经营前属于正常生产经营年度，此后则属于清算年度。

(2)持续经营条件下的税收优惠政策一律停止。《企业所得税法》第25条规定，企业清算期间，正常的生产经营都已经停止，企业取得的所得已经不是正常的产业经营所得，企业所得税优惠政策的适用对象已经不存在，因而企业清算期间所得税优惠政策应一律停止，企业应就其清算所得依照税法规定的25%的法定税率缴纳企业所得税。

8.5.3　股东分得剩余财产的税务处理

清算所得税的税务处理，除上述内容外，还包括被清算企业的税后所得向股东进行剩余财产分配。被清算企业的可供分配的剩余财产，是纳税人全部资产按可变现价值或交易价格减除清算费用、职工工资、社会保险费用、法定补偿金、清算税费、清算所得税税额、以前年度欠税和企业其他债务后的余额。

清算剩余财产分配的税务处理，主要涉及被清算企业股东分回剩余财产计税基础的确定及所得税处理两个问题。由于被清算企业已按税法规定确认了可供分配剩余财产的转让所得，因此依据财税【2009】60 号文件规定，被清算企业的股东从被清算企业分得的资产应按可变现价值或实际交易价格确定计税基础；因股东身份不同(如企业所得税中居民企业和非居民企业，个人所得税中的独资企业或合伙企业及其他个人)分回剩余财产的所得税处理不同。

1. 居民企业

居民企业(含在中国境内设立机构场所的外国企业)分得剩余财产，相当于处置投资资产所得到的收入，这部分收入包含企业投资成本的收回、被清算企业的累积未分配利润的股息分配以及投资资产的转让所得。其中相当于被清算方累计未分配利润和累计盈余公积①中按该股东所占股份比例计算的部分，应确认为股息所得；分得的剩余资产减除股息所得后的余额，超过或低于股东投资成本的部分，应确认为企业的投资转让所得或损失。除符合条件的境内居民企业之间的股息所得可享受免税优惠外，其他的股息所得以及投资资产转让所得或损失应并入投资企业的所得额中缴纳企业所得税。依据财税【2009】57 号文件规定，企业的股权投资转让所得或损失＝清算分配额－股息所得－投资计税基础②。

同时，法人股东从被清算企业分得的资产应依据公平市场交易原则，按可变现价值或实际交易价格确定计税基础。需要说明的是，居民企业取得的股息所得符合税法规定条件，只要备案即可享受免征企业所得税优惠，而股东的投资转让损失，只有经过税务机关批准后才能在税前扣除。

2. 在中国境内没有设立机构场所的非居民企业

在中国境内没有设立机构场所的非居民企业取得的来自境内的股息所得或投资转让所得应由清算企业代扣代缴预提所得税。《财政部、国家税务总局关于企业所得税若干优惠政策的通知》(财税【2008】1 号)规定，2008 年 1 月 1 日之前外商投资企业形成的累积未分配利润，在 2008 年以后分配给外国投资者的，免征企业所得税；2008 年及以后

① 清算企业的累计未分配利润和累计盈余公积是指清算前的留存收益与清算期间实现的税后留存收益(或损失)之和。

② 投资计税基础是指为取得该项投资资产支付的对价，包括现金、非现金资产公允价、权益工具的公允价、承担债务金额、相关税费等。相关税费是指投资方以非现金资产对外投资视同销售计算增值税销项税额，以不动产、无形资产作为对价，取得被投资方持有第三方的股权，应纳的营业税及附加、土地增值税，由于投资时已获得税前扣除，因此不得计入投资资产的计税基础，否则会导致转让股权时重复扣除。被投资方用资本溢价(或股本溢价)转增资本(或股本)不得计入投资资产的计税基础。被投资方用留存收益或者其余的资本公积转增资本，视同追加投资，应当计入投资资产的计税基础。

年度外商投资企业新增利润分配给外国投资者的，依法缴纳企业所得税。

$$股息所得应纳预提所得税=股息所得\times 10\%$$

其中，股息所得仅指外商投资企业 2008 年及以后年度实现的留存收益归属于外国投资者的部分。

$$\begin{matrix}投资转让所得应\\纳预提所得税\end{matrix}=\left(\begin{matrix}清\quad 算\\分配额\end{matrix}-\begin{matrix}股息\\所得\end{matrix}-\begin{matrix}投资计\\税基础\end{matrix}\right)\times\begin{matrix}适用\\税率\end{matrix}$$

其中，股息所得是指外商投资企业实现的全部留存收益归属于外国投资者的部分。

3. 独资企业或合伙企业

企业变更为独资企业或合伙企业，除了原企业要视同清算，按上述清算所得税规定进行税务处理外，还要视同股东重新投资成立新企业，这必然涉及新企业资产的计税基础确定问题。原有企业转变为非法人组织后，非法人组织相应地承接原清算企业的所有资产和纳税事宜。理论上讲，这种承接应以清算时点为准。所以，转变后的非法人组织承续原有企业资产的计税基础，应以清算时资产的公允价值为基础确定计税基础。财税【2009】59 号文件规定，非法人组织承续清算企业的全部资产以及股东投资资产的计税基础均应以公允价值为基础确定。

4. 外籍个人

依据《财政部、国家税务总局关于个人所得税若干政策问题的通知》(财税【1994】20号)规定，外籍个人从外商投资企业取得的股息所得免征个人所得税，至于外籍个人从外商投资企业以外的企业取得的股息所得和投资转让所得依法征收个人所得税。

5. 境内个人

自然人股东从被清算企业分得的剩余资产的金额，不再区分股息所得和股权投资转让所得，一律按照“财产转让所得”计算个人所得税，允许扣除的计税基础包括留存收益转增实收资本的金额。《国家税务总局关于非货币性资产评估增值暂不征收个人所得税的批复》(国税函【2005】319 号)规定，个人以非现金资产出资的，股权计税基础按非现金资产未评估前的价值确定。自然人股东应纳税额由清算企业负责代扣代缴。

案例研究 8-6　　企业清算的所得税处理

A、B 居民企业分别出资 500 万元和 300 万元共同设立了 C 有限责任公司，A、B 分别拥有股份 62.5%和 37.5%。某年后的 5 月双方决定将 C 公司变更为合伙企业，C 公司遂进入清算程序。清算中发生清算费用 30 万元，缴纳流转税等 120 万元，股东按出资比例分配剩余资产。经清查，C 公司账面资产及变现情况如表 8-2 所示。

表 8-2 资产负债及变现偿付情况(单位：万元)

资产			负债及权益		
项目	账面余额	可变现值	项目	账面余额	(需)偿付额
货币资金	100	100	流动负债	200	200
存货	600	400	长期负债	400	400
应收款项	150	100	实收资本	800	—
固定资产	650	500	资本公积	50	—
			盈余公积	150	—
无形资产	500	1 200	未分配利润	400	—
资产总额	2 000	2 300	负债及权益	2 000	—

分析 A、B、C 各方适用的所得税政策并计算应缴纳的企业所得税(假设资产与负债的计税基础与账面价值一致)。

【解析】

1.C 企业应缴纳的清算所得税

全部资产变现值为 2 300 万元，而资产计税依据为 2 000 万元，那么对应的各项负债及所有者权益项目金额共 2 000 万元，其中应该全额偿还的负债 600 万元。

清算所得＝2 300－2 000－30－120＝150(万元)

应纳企业所得税税额＝150×25％＝37.5(万元)

2.A 法人股东分得清算剩余财产应缴纳的企业所得税

A 公司占有 C 公司 62.5％的股权，应分得剩余财产：

(2 300－600－30－120－37.5)×62.5％≈945.31(万元)

可以确认为股息所得的部分即相当于未分配利润和盈余公积的部分为(400＋150)×62.5％＝343.75(万元)

股权投资转让所得＝945.31－500－343.75＝101.56(万元)

按照现行税法规定，符合条件的居民企业之间的股息所得免缴企业所得税，所以 A 分得清算所得中 343.75 万元的股息所得不必缴纳企业所得税，而 101.56 万元的股权投资转让所得应并入 A 公司 2008 年的应税所得中缴纳企业所得税。

应缴企业所得税＝101.56×25％＝25.39(万元)

3.B 法人股东分得清算剩余财产应缴纳的企业所得税

B 占有 C 公司 37.5％的股权，应分得剩余财产：

(2 300－600－30－120－37.5)×37.5％≈567.19(万元)

可以确认为股息所得的部分即相当于未分配利润和盈余公积的部分为(400＋150)×37.5％＝206.25(万元)

股权转让所得＝567.19－300－206.25＝60.94(万元)

由于该股息所得符合税法规定的免税条件，所以 B 分得清算所得中 206.25 万元的股息所得免缴企业所得税，而 60.94 万元的股权投资转让所得应并入 B 公司 2008 年的所得缴纳企业所得税。

应缴企业所得税＝60.94×25％≈15.24(万元)

习题

一、判断题

1. 企业法律形式变更后，除另有规定外，有关企业所得税纳税事项(包括亏损结转、税收优惠等权益和义务)由变更后企业承继(　　)

2. 企业在重组前后连续 12 个月内分步对其资产、股权进行交易，应根据实质重于形式原则将上述交易作为一项企业重组交易进行处理(　　)

3. 在分立业务中，被分立企业的股东如需部分或全部放弃“旧股”，则其“新股”的计税基础应以放弃“旧股”的计税基础确定(　　)

4. 企业对外投资期间，投资资产的成本在计算应纳税所得额时不得扣除(　　)

二、单项选择题

1. 按财税【2009】59 号文件的规定，企业股权收购的目的是(　　)

A. 实现对被收购企业控制　　B. 获得被收购企业的无形资产

C. 获得较高的投资回报率　　D. 加强与被收购企业的合作关系

2. 下列重组业务中，不得选择适用企业所得税特殊性税务处理规定的有(　　)

A. 债务重组　　B. 合并与分立

C. 股权/资产收购　　D. 企业法律形式改变

3. 企业以非货币资产清偿债务，债务人的一般性税务处理为(　　)

A. 将非货币性资产计税基础与公允价值之间的差额，确认为资产转让损益

B. 将非货币性资产账面价值与公允价值之间的差额，确认为资产转让损益

C. 将应支付的债务清偿额与债务计税基础之间的差额，确认为债务重组所得

D. 将应支付的债务清偿额与非货币性资产公允价值之间的差额，确认为债务重组所得

4. 企业发生符合一般性税务处理的股权收购交易时，收购方取得股权的计税基础应以(　　)为基础确定

A. 该股票的公允价值　　B. 该股票在被收购方的计税基础

C. 该股票在被收购方的账面价值　　D. 该股票被收购时的市场价值

5. 企业重组业务中，针对企业尚未超过法定弥补期限的亏损，正确的税务处理为(　　)

A. 分立业务中，被分立企业的亏损额可按分离资产占全部资产的比例进行分配，由分立企业继续弥补

B. 合并业务中，被合并企业的亏损不得在合并企业结转弥补

C. 企业法律形式变更业务中，变更前法人的亏损额由变更后企业继续弥补

D. 吸收合并中，合并后的存续企业性质及适用税收优惠的条件未发生改变的，可以继续享受合并前该企业剩余期限的亏损弥补优惠

6. 企业重组符合特殊性税务处理规定的，交易各方对其交易中的股权支付部分，可以按以下规定进行税务处理的有(　　)

A. 重组交易各方股权支付和非股权支付暂不确认有关资产的转让所得或损失的

B. 企业发生债权转股权业务，对债务清偿和股权投资两项业务应确认有关债务清偿所得或损失

C. 企业债务重组确认的应纳税所得额占该企业当年应纳税所得额 100%以上，可以在 5 个纳税年度的期间内，均匀计入各年度的应纳税所得额

D. 居民企业以其拥有的股权向其 100%直接控股关系的非居民企业进行投资，其股权投资转让收益，可以在 10 个纳税年度内均匀计入各年度应纳税所得额

7. 因权益性投资而从被投资方分得的投资收益应并入投资方的应税收入总额计征企业所得税。除国务院财政、税务主管部门另有规定外，收入确认的时间为(　　)

A. 收到投资收益的当天　　B. 实施利润分配公告的当天

C. 被投资方发布利润分配公告的当天　　D. 被投资方做出利润分配决定的当天

三、多项选择题

1. 按财税【2009】59 号文件的规定，企业下列法律形式的改变，只需直接变更税务登记的有(　　)

A. 企业改变注册登记名称　　B. 企业将注册登记地移至外省

C. 企业将注册登记地移至中国香港　　D. 企业由有限责任公司变为合伙企业

2. A 公司拥有资产账面价值 500 万元，计税基础 480 万元，公允价值 600 万元。A 公司于 2009 年 5 月 1 日变更为 B 合伙企业。针对该变更业务，下列税务处理中正确的有(　　)

A. A 公司仅需变更税务登记　　B. A 公司应确认清算所得缴纳企业所得税

C. B 企业的全部资产的计税基础应以 600 万元为基础确定

D. A 公司的股东应将清算分得的剩余财产确认为投资转让所得，缴纳企业所得税

3. 股权收购或资产收购企业支付对价的形式包括(　　)

A. 以本企业的股权支付　　B. 以承担对方债务支付

C. 以本企业的固定资产支付　　D. 以本企业拥有的其他企业的股份支付

4. 下列各项中，属于依法分立重组业务的有(　　)

A. 甲企业将部分财产分离出去，新设乙企业，甲企业股东换取乙企业股权支付

B. 甲企业将部分财产分离出去，新设乙企业，甲企业股东获得乙企业货币支付

C. 甲企业将全部财产转让给现存乙企业，甲企业股东换取乙企业股权支付

D. 甲企业将全部财产转让给现存乙企业，甲企业股东获得乙企业货币支付

5. 企业发生的下列重组业务中，应按清算进行所得税处理的主体有(　　)

A. 分立业务中的被分立企业及其股东

B. 合并业务中的被合并企业及其股东

C. 企业由法人改变为合伙企业中的法人及其股东

D. 有限责任公司改变为股份有限公司中的有限责任公司

6. 在股权收购业务中，收购企业取得被收购企业股权的计税基础，以被收购股权原有的计税基础确定应具备的条件有(　　)

A. 收购企业购买的股权不低于收购企业全部股权的 75%

B. 收购企业购买的股权不低于被收购企业全部股权的 75%

C. 收购企业在该股权收购发生时的股权支付金额不低于其交易支付总额的 85%

D. 收购企业在该股权收购发生时的股权支付金额不低于其非股权支付总额的 85%

四、案例分析题

1. A 企业是 1995 年设立的有限责任公司，实收资本 500 万元，法人股东 B、C 和自然人股东 D 分别占有 50%、25%、25%的股份。2003～2007 年，经税务机关确认的亏损额合计 28 万元，其中 2003 年的亏损额为 2 万元；2008 年 1 月 1 日～5 月 31 日，企业账面亏损额为 81 万元，经过纳税调整后的应纳税所得额为－11 万元。由于持续亏损，股东会决议注销该企业，并在 5 月 31 日成立清算组，2008 年 6 月 1 日企业进入清算阶段，截至 2008 年 12 月 20 日完成清算。清算前的 2008 年 5 月 31 日企业的资产负债情况如表 8-3 所示。

表 8-3　A 企业的资产负债表(单位：万元)

资产	期初数	期末数	负债及所有者权益	期初数	期末数
货币资金	210.0	285.0	短期借款	60.0	2.5
应收账款	75.0	50.0	应付账款	37.0	13.0
其他应收款	35.0	25.0	预收账款	5.5	2.0
存货	155.0	12.0	应付职工薪酬	1.0	0.5
待摊费用	8.0	5.0	应交税金	1.5	2.0
流动资产合计	483.0	377.0	其他应付款	60.0	35.0
固定资产原值	160.0	25.0	预提费用	2.7	0.0
减：累计折旧	105.0	20.0	流动负债合计	167.7	55.0
固定资产净值	55.0	5.0	负债合计	167.7	55.0
固定资产合计	55.0	5.0	实收资本	500.0	500.0
无形资产	95.0	85.0	盈余公积	11.0	11.0
长期待摊费用	21.0	18.0	未分配利润	−24.7	−81.0
无形资产及其他资产合计	116.0	103.0	所有者权益合计	486.3	430.0
资产总计	654.0	485.0	负债及所有者权益合计	654.0	485.0

清算组确认的企业资产、负债和所有者权益的相关数据见表 8-4。

表 8-4　A 企业清算确认金额(单位：万元)

资产	期末数	清算确认	负债及所有者权益	期末数	清算确认	清偿企业债务
货币资金	285.0	285.0	短期借款	2.5	2.5	2.5
应收账款	50.0	47.0	应付账款	13.0	10.9	10.9
其他应收款	25.0	23.0	预收账款	2.0	1.3	1.3
存货	12.0	11.0	应付职工薪酬	0.5	0.6	0.0
待摊费用	5.0	0.0	应交税金	2.0	2.8	0.0
流动资产合计	377.0	366.0	其他应付款	35.0	31.7	31.7
固定资产原值	25.0	4.0	预提费用	0.0	0.0	
减：累计折旧	20.0	0.0	流动负债合计	55.0	49.8	46.4
固定资产净值	5.0	4.0	负债合计	55.0	49.8	
固定资产合计	5.0	4.0	实收资本	500.0	500.0	
无形资产	85.0	195.0	盈余公积	11.0	11.0	
长期待摊费用	18.0	0.0	未分配利润	−81.0	−81.0	
无形资产及其他资产合计	103.0	195.0	所有者权益合计	430.0	430.0	
资产总计	485.0	565.0	负债及所有者权益合计	485.0	479.8	

在清算期间发生的清算费用为 10 万元，清算税金及附加 7 万元。此外，清算组还确认企业应为员工支付的社会保险费和法定补偿金分别为 1 万元和 1.5 万元。分析 A、B、C、D 各方适用的所得税政策并计算应缴纳的企业(个人)所得税(假设企业资产的账面价值与资产的计税一致)。

2. 甲公司于 2008 年 6 月 1 日将账面价值 600 万元的经营性资产(明细见表 8-5)转让给乙公司，乙公司支付了对价 1 175 万元(支付明细见表 8-6)。

表 8-5 甲公司转让时点资产负债表(局部简表)(单位：万元)

资产项目	账面价值	计税基础	公允价值	备注
货币资金	50	50	50	不转让
应收账款	45	50	45	不转让
存货	100	120	80	转让
固定资产	500	600	1 000	转让
资产合计	695	820	1 175	

表 8-6 乙公司支付对价构成情况(单位：万元)

支付形式	账面价值	计税基础	公允价值	备注
股权支付	600	1 000	1 000	股权支付比例为 92.6%
货币支付	80	80	80	
合计	680	1 080	1 080	

甲公司于 2008 年 6 月 1 日将经营性厂房(账面原值 600 万元、已提折旧 100 万元、计税基础 720 万元、公允价值 1 080 万元)转让给乙公司，乙公司支付对价 1 080 万元，其中包括乙公司 10%的股权(其计税基础为 850 万元，公允价值为 1 000 万元)和 80 万元的银行存款。甲公司转让经营性资产时点的资产负债表显示的资产总额为 1 175 万元。根据上述业务，分析甲、乙公司适用的企业所得税政策及应缴纳的企业所得税(假定相关定性条件符合特殊性税务处理规定)。

第9章

特定目的与行为类税

特定目的税是国家为了达到某种特定目的而设置的税种，行为税则是以某种特定行为作为征税对象的税种。本章将介绍城建税、教育费附加，以及印花税、契税。城建税和教育费附加由于专款专用，其征收具有明显的目的性，因此可将这二者视为特定目的税。印花税是对经济活动和经济交往中书立、使用、领受的应税经济凭证征收的一种税。契税是以所有权发生转移的不动产为征税对象，向产权承受人征收的一种财产税。二者同是较为古老的税种，印花税属于行为税，契税虽然属于财产税，但是它主要对财产转移行为征税，所以仍可将其视为行为税。

9.1 城市维护建设税及教育费附加

城建税是对从事生产经营活动的单位和个人，以其实际缴纳流转税的税额为计税依据，按纳税人所在地适用的不同税率计算征收的一种税。此税是为了扩大和稳定城市维护建设资金的来源，加强城市的维护和建设而征收的。

新中国成立以来，我国城市建设和维护在不同时期都取得了较大成绩，但一直存在资金不足的问题。1979年以前，我国用于城市维护建设的资金来源由当时的工商税附加、城市公用事业附加和国拨城市维护费组成。1979年国家开始在部分大中城市试行从上年工商利润中提取5%用于城市维护和建设的办法，但未能从根本上解决问题。1981年国务院在批转财政部关于改革工商税制的设想中提出："根据城市建设的需要，开征城建税，作为县以上城市和工矿区市政建设的专项资金。"1985年2月8日国务院正式颁布了《中华人民共和国城市维护建设税暂行条例》(简称《城市维护建设税暂行条例》)，并于1985年1月1日在全国范围内施行。

9.1.1 城市维护建设税的特点

从性质看，城建税是一种以主税的税额为征税对象的附加税；从收入用途看，城建税属于特定目的税。与其他税种比较，其具有以下几个特点：

(1)没有特定的征税对象。城建税是以消费税、增值税、营业税为计税依据，随“三税”同时征收，属于“三税”的一种附加税。

(2)税款使用遵循专款专用原则。国家的一般税收，都直接纳入国家财政，根据社会经济、文教事业等发展需要，由中央和地方人民政府安排使用，税法不规定税款的具体使用范围和方向。城建税则不同，税法明确规定，所收税款应当保证用于城市的公用事业和公共设施的维护建设，具有明确的课税目的。

(3)税率是根据受益程度确定的。城建税的税率，不是根据计税依据的多寡或纳税人的经济性质确定的，而是根据纳税人所在地不同，其所享受的城镇设施也不同的情况设计的。一般来说，城市市区的设施好于县城和镇，而县城和镇的设施，又好于一般乡村。根据“受益多的多纳税、受益少的少纳税”原则，城建税的税率，城市市区高于县城和镇，而县城和镇又高于一般农村。这样规定不仅税收负担合理，而且也能够使不同地区获得不同数量的城市建设资金，因地制宜地进行城市的维护和建设。

(4)征收管理工作不独立。因为城建税是消费税、增值税、营业税的附加税，并与“三税”同时征收，所以其纳税时间、纳税地点、纳税环节以及违章处理等，均比照“三税”的有关规定办理。

9.1.2 征税范围和纳税人

城建税是对从事工商经营活动的单位和个人，就其实际缴纳的消费税、增值税、营业税的税额计征的，所以其征税范围很广，不仅包括城市、县城和建制镇，而且还包括广大农村。也就是说，只要缴纳消费税、增值税和营业税的地方，除税法另有规定者外，都属于征收城建税的范围。

城建税的纳税人，是缴纳消费税、增值税、营业税的单位和个人，其包括外商投资企业、外国企业及外籍个人(国发【2010】35 号)。即不论单位还是个人，只要缴纳了“三税”，就发生了缴纳城建税的义务，必须依照税法规定缴纳城建税。

个体商贩及个人在集市上出售商品，对其征收临时经营的增值税的同时是否征收城建税，则由各省、自治区、直辖市人民政府根据实际情况确定。

但是，税法规定海关对进口产品征收增值税、消费税时，不征收城建税。

9.1.3 计税依据和纳税环节

城建税的计税依据是纳税人实际缴纳的消费税、增值税、营业税的税额。以消费税、增值税、营业税税额作为计税依据，指的仅是“三税”的正税，不包括非税款项。如对违反“三税”有关税法规定而加收的滞纳金和罚款，是税务机关对纳税人采取的一种经济制裁，不是“三税”的正税，因此也就不能作为计税依据。但是，如果纳税人缴纳了“三税”之后，却不按规定缴纳城建税，则可以对其单独加收滞纳金，也可以对其单独进行罚款。

城建税的纳税环节，确定在纳税人缴纳消费税、增值税、营业税的环节。也就是说，商品从生产到消费流转过程中，在哪个环节缴纳“三税”，就要在哪个环节缴纳城建税；“三税”发生一道，城建税就要征收一道。

9.1.4　税率与计算

城建税实行的是地区差别税率，是根据纳税人受益与负担相一致的原则设计的，并贯彻了区别对待、合理负担的政策精神。即按照纳税人所在地的不同，税率分别规定为7%、5%、1%三个档次，不同地区的纳税人，实行不同档次的税率。具体适用范围如下：

(1)纳税人所在地在城市市区的，税率为 7%；

(2)纳税人所在地在县城、建制镇的，税率为 5%；

(3)纳税人所在地不在城市市区、县城、建制镇的，税率为 1%。

货物运输业按代开发票纳税人管理的所有单位和个人(包括外商投资企业、特区企业和其他单位、个人)，凡按规定应当征收营业税的，在代开货物运输业发票时一律按开票金额 3%征收营业税，按营业税税额 7%预征城建税。在代开发票时已征收的属于法律、法规规定的减征或者免征的城建税及高于法律、法规规定的城建税税率征收的税款，在下一征期退税。此规定同样适用于教育费附加。

城建税的适用税率，一般按纳税人所在地的适用税率执行，但对由受托方代收、代扣“三税”和流动经营等无固定纳税地点的单位和个人，按缴纳“三税”所在地的适用税率就地纳税。

对铁道部应纳城建税的税率，鉴于其计税依据为铁道部实际集中缴纳的营业税税额，难以适用地区差别税率，税率统一为 5%，税款作为中央预算收入上缴中央财政。

自 2005 年 1 月 1 日起，经国家税务总局正式审核批准的当期免抵的增值税税额应纳入城建税的计征范围，分别按规定的税率征收城建税。

综上所述，城建税应纳税额的计算公式如下：

$$\begin{matrix}\text{应纳}\\\text{税额}\end{matrix}=\left(\begin{matrix}\text{实际缴纳的}\\\text{增值税税额}\end{matrix}+\begin{matrix}\text{实际缴纳的}\\\text{消费税税额}\end{matrix}+\begin{matrix}\text{实际缴纳的}\\\text{营业税税额}\end{matrix}\right)\times\begin{matrix}\text{适用}\\\text{税率}\end{matrix}$$

【例 9-1】　某市区一企业某月缴纳增值税 35 万元；缴纳消费税 20 万元，因故被加收滞纳金 0.2 万元；缴纳营业税 10 万元。请计算该企业当月应纳的城建税。

解：该企业当月应纳城建税＝(35＋20＋10)×7%＝4.55(万元)

案例研究 9-1　　　错用税率少缴城市维护建设税

南宁新睿服装厂系为乡办企业，厂址设在南宁市区，注册资金 100 万元，在职职工 60 人，经营范围主要是服装，经营方式为制衣加工。2002 年销售收入 350 万元，销售税金 20 万元，利润总额 25 万元，固定资产净值 100 万元，所有者权益 150 万元。

2003 年 10 月，税务人员对该企业“应交税金——应交城建税”账户检查时发现，该账户有贷方余额 1.2 万元，企业账面反映 2003 年 1～9 月已缴销售税金 15 万元，已缴城建税1 500元，当年计提的城建税已申报缴纳，上述余额为2002年结转的余额。进一步核对该企业2002年有关收入账户与凭证，核实企业2002年应纳销售税金20万元，按7%税率计提城建税应为1.4万元，但该企业只按1%的税率计算申报，实际缴纳城建税2 000元。据企业有关人员反映，在2002年，企业按规定提取7%的城建税后，了解到其他乡办企业按1%缴纳城建税，该企业感到按7%缴纳城建税吃亏，故先按1%税率申报纳税，其余部分挂在账上。

根据《城市维护建设税暂行条例》第四条"纳税人所在地在市区的，税率为7%"的规定，该乡办企业应适用7%的税率计算城建税。经计算，2002年1月至2003年9月，该企业因错用税率少缴城建税2.1万元，其中2002年度少缴1.2万元，2003年1～9月少缴9 000元，应予以补缴。

一方面，从案件发生的过程来看，企业财务人员对税法的规定是理解的，在先按7%税率计提应缴纳的城建税后，再按1%的税率计算申报纳税，存在着逃税的意图。

另一方面，从税法的规定看，城建税税率的确定依据是纳税人所在地的行政区划的归属，而不是按其隶属关系，这就会产生同样隶属关系的企业，适用税率不同，税负不一致的情况，客观上使纳税人产生了横向对比税负不平衡的心理。同时，税务部门未严格把关，也是导致该企业避税成功的一个原因。由此可见，税务人员在审核纳税人的纳税申报时，应对审查适用税率问题给予充分的重视，防止纳税人有机可乘。

9.1.5 减免税优惠

城建税是以增值税、消费税、营业税税额为计税依据，并与"三税"同时征收的。因此，税法规定对纳税人减免"三税"时，相应地也减免了城建税。所以，城建税原则上不单独规定减免税。但对个别纳税确有困难的，可以由省、自治区、直辖市人民政府酌情予以减税、免税照顾。同时，针对现实中的一些特殊情况，财政部和国家税务总局陆续做出了一些特定税收优惠规定，归纳起来主要有以下几方面的优惠政策。

(1)对于进出口产品的税收政策简单地概括为"进口不征，出口不退"，也就是海关对进口产品代征增值税、消费税的，不征收城建税(财税【1985】69号)。对出口产品退还增值税、消费税的，不退还已缴纳的城建税。

(2)对于因减免税而需要进行"三税"退库的，城建税也可以同时退库。但是，对"三税"实行先征后返、先征后退、即征即退办法的，除另有规定外，对随"三税"附征的城建税，一律不予退(返)还(财税【2005】72号)。

(3)为了鼓励与帮助某些特殊群体就业或自主择业，国家税务总局也出台了一系列的税收优惠政策。例如，对下岗人员的税收优惠，参见营业税一章(第4章)中减免税优惠部分(财税【2005】186号)。此外对城镇退役士兵也有相应的税收优惠：对为安置自谋职业的城镇退役士兵就业而新办的服务型企业(除广告业、桑拿、按摩、网吧、氧吧外)，和新办的商业零售企业，当年新安置自谋职业的城镇退役士兵达到职工总数30%以上，并与其签订1年以上期限劳动合同的，经县以上民政部门认定，税务机关审核，3年内免征城建税。对自谋职业的城镇退役士兵，从事个体经营(除建筑业、娱乐业以及广告业、桑拿、按摩、网吧、氧吧外)的，自领取税务登记证之日起，3年内免征城建税(财税【2004】93号)。

(4)经中国人民银行依法决定撤销的金融机构及其分设于各地的分支机构(包括被依法撤销的商业银行、信托投资公司、财务公司、金融租赁公司、城市信用社和农村信用社)，用其财产清偿债务时，免征被撤销金融机构转让货物、不动产、无形资产、有价证券、票据等应缴纳的城建税(财税【2003】141号)。

9.1.6　教育费附加

教育费附加是以单位和个人缴纳的增值税、消费税、营业税税额为计算依据征收的一种附加费。教育费附加名义上是一种专项资金，但实质上具有税的性质。为了调动各种社会力量办教育的积极性，开辟多种渠道筹措教育经费，国务院于1986年4月28日颁布了《征收教育费附加的暂行规定》，同年7月1日开始在全国范围内征收教育费附加。教育费附加自开征以来，对筹集教育资金，发展地方教育事业发挥了重要的作用。

教育费附加与城建税一样，都是在增值税、消费税、营业税基础上的附加，因此，包括征税范围、纳税人、计税依据、税收优惠在内的很多规定与城建税一样，下面仅就教育费附加比率与费额计算进行介绍。

现行教育费附加比率为3%。对于单位和个人，其应缴纳的教育费附加的计算公式如下：

应纳教育费附加＝实际缴纳的“三税”之和×征收比率

【例9-2】 某卷烟厂(地处县城)某月销售卷烟500箱，取得不含税销售额150万元，假设该厂当月应纳增值税25万元。要求：计算当月应纳城建税和教育费附加(卷烟消费税税率为36%，固定税额150元/箱)。

解：该厂当月应纳消费税＝500×150÷10 000＋150×36%＝61.5(万元)

应纳城建税＝(61.5＋25)×5%＝4.325(万元)

应纳教育费附加＝(61.5＋25)×3%＝2.595(万元)

9.2　印花税

印花税是对经济活动和经济交往中书立、使用、领受的经济凭证征收的一种税。因纳税人主要通过在应税经济凭证上粘贴印花税票来完成纳税义务，故名印花税。现实经济生活中，各种经济凭证种类繁多，书立、领受经济凭证的行为十分普遍，印花税已成为筹集财政资金的重要税种之一。

印花税是世界各国普遍征收的一个税种，它的历史悠久，最早始于1624年的荷兰。旧中国北洋军阀政府曾颁布过《印花税法》。新中国成立后，在1958年简化税制时，将印花税并入工商统一税，不再单独征收。党的十一届三中全会以来，随着改革开放，我国国民经济得到迅速发展，经济活动中依法书立各种经济凭证已成为普遍现象，为了在税收上适应变化着的客观经济情况，广泛筹集财政资金，维护经济凭证书立、领受人的合法权益，国务院于 1988 年 8 月 6 日发布《中华人民共和国印花税暂行条例》，于同年 10 月 1 日起恢复征收印花税。

9.2.1 印花税的特点

印花税不论在性质上，还是在征税方式上，都具有不同于其他税种的特点。

(1)兼具凭证税和行为税性质。一方面，从表面上看，印花税是对单位和个人书立、使用、领受的应税凭证征收的一种税，具有凭证税性质。而另一方面任何一种应税经济凭证反映的都是某种特定的经济行为，因此，对凭证征税，实质上是对经济行为课税。

(2)征税范围广泛。印花税的征税对象包括了经济活动和经济交往中的各种应税凭证，凡书立和领受这些经济凭证的单位和个人都要缴纳印花税，其征税范围极其广泛。

(3)税率低、税负轻。印花税的税率是遵循税负从轻，共同负担的原则设计的。因此，印花税与其他税种相比较，税率要低得多，其税负较轻。

(4)交易各方都要纳税。印花税通常对签订合同的交易各方都要征收，即对应税凭证，凡是由两方或两方以上当事人共同书立的，其当事各方都是纳税人。

(5)由纳税人自行完成纳税义务。纳税人通过自行计算、购买并粘贴印花税票的方法完成纳税义务，并在印花税票和凭证的骑缝处自行注销或画销，这与其他税种的缴纳方法存在较大区别，有利于督促纳税人养成自觉纳税的习惯。

专栏 9-1　　印花税的起源

印花税是一个很古老的税种，人们比较熟悉，但对它的起源却鲜为人知。从税史学理论上讲，任何一种税种的“出台”，都离不开当时的政治与经济的需要，印花税的产生也是如此，其间有不少趣闻。

公元 1624 年，荷兰政府发生经济危机，财政困难。当时执掌政权的统治者摩里斯(Maurs)为了解决财政上的需要，提出要用增加税收的办法来解决支出的困难，但又怕人民反对，便要求政府的大臣们出谋献策。众大臣议来议去，就是想不出两全其美的妙法来。于是，荷兰的统治阶级就采用公开招标办法，以重赏来寻求新税设计方案，谋求敛财之妙策。印花税，就是从千万个应征者设计的方案中精选出来的“杰作”。可见，印花税的产生较之其他税种，更具有传奇色彩。

印花税的设计者可谓独具匠心。他观察到人们在日常生活中使用契约、借贷凭证之类的单据很多，连绵不断，所以，一旦征税，税源将很大；而且，人们还有一个心理，认为凭证单据上由政府盖个印，就成为合法凭证，在诉讼时可以有法律保障，因而对缴纳印花税也乐于接受。正是这样，印花税被资产阶级经济学家誉为税负轻微、税源畅旺、手续简便、成本低廉的“良税”。英国的哥尔柏(Kolebe)说过：“税收这种技术，就是拔最多的鹅毛，听最少的鹅叫。”印花税就是“听最少的鹅叫”的税种。

从 1624 年世界上第一次在荷兰出现印花税后，由于印花税“取微用宏”，简便易行，欧美各国竞相效仿。丹麦在 1660 年、法国在 1665 年、美国在 1671 年、奥地利在 1686

年、英国在 1694 年先后开征了印花税。它在不长的时间内，就成为世界上普遍采用的一个税种，在国际上盛行。

资料来源：孟冬．听最少的鹅叫．深圳商报，2006-05-16.

9.2.2 征税范围和纳税人

1. 征税范围

我国经济活动中发生的经济凭证种类繁多，数量巨大，对所有凭证全面征税既无必要，也不可能。因此，印花税只将界限比较清楚，税源易于控制，又容易征收管理的凭证列入征税范围，反之就暂不列入。印花税的征税范围采用正列举法，按列举税目征税。正式列举的凭证分为五类，即经济合同，产权转移书据，营业账簿，权利、许可证照和经财政部门确认征税的其他凭证。

1)经济合同

合同是指当事人之间为实现一定目的，经协商一致，明确当事人各方权利、义务关系的协议。以经济业务活动作为内容的合同，通常称为经济合同。

比照《中华人民共和国合同法》对经济合同的分类，印花税在税目税率表中列举了 10 大类合同：①购销合同；②加工承揽合同；③建设工程勘察设计合同；④建筑安装工程承包合同；⑤财产租赁合同；⑥货物运输合同；⑦仓储保管合同；⑧借款合同；⑨财产保险合同；⑩技术合同。

此外，在确定应税经济合同的范围时，特别需要注意以下三个问题：

一是具有合同性质的凭证应视同合同征税。所谓具有合同性质的凭证，是指具有合同效力的协议、契约、合约、单据、确认书及其他各种名称的凭证。它们虽然未采用规范的合同格式，也不一定具有合同法规要求的完备条款和规范的行为约定，但是对当事人各方仍具有特定的民事法律约束力。因此，对于具有与上述 10 大类合同大致相同的内容、形式和作用的凭证亦应纳印花税。例如，工业、商业、物业、外贸等部门经销和调拨商品、物资供应的调拨单，如果是代替合同使用，作为供货和结算依据的，则是具有合同性质的凭证，应计税贴花。

对于企业集团内具有平等法律地位的主体之间自愿订立、明确双方购销关系、据以供货和结算、具有合同性质的凭证(包括集团内部使用的各种形式的表、证、单、书、卡等)，应按规定征收印花税。对于企业集团内部执行计划使用的、不具有合同性质的凭证，不征收印花税。

二是未按期兑现的合同应贴印花。纳税人签订应税合同，就发生了应税经济行为，即不论合同是否兑现或能否按期兑现，都应缴纳印花税。

三是办理一项业务，如果既书立合同，又开具单据，只就合同贴花；凡不书立合同，只开具单据的，则对单据按规定贴花。

2)产权转移书据

产权转移即财产权利关系的变更行为，表现为产权主体发生变更。产权转移书据是在产权的买卖、交换、继承、赠与、分割等产权主体变更过程中，由产权出让人与受让人之间所订立的民事法律文件。其包括财产所有权、版权、商标专用权、专利权、专有技术使用权等的转移书据和土地使用权出让合同、土地使用权转让合同、商品房销售合同等权利转移合同，还包括股份制企业向社会公开发行的股票，因购买、继承、赠与所书立的产权转移书据。

3)营业账簿

印花税税目中的营业账簿归属于财务会计账簿，是按照财务会计制度的要求设置的，反映生产经营活动的账册。按照营业账簿反映内容的不同，在税目中分为记载资金的账簿(简称资金账簿)和其他营业账簿两类，以便于分别采用按金额计税和按件计税两种计税方法。

记载资金的账簿，是指反映生产经营单位资本金数额增减变化的账簿。其他营业账簿，是指除上述账簿以外的有关其他生产经营活动内容的账簿，包括日记账簿和各种分类账簿。

4)权利、许可证照

权利、许可证照，包括政府部门发给的房屋产权证、工商营业执照、商标注册证、专利证、土地使用证等证照。

5)经财政部门确定征税的其他凭证

另外还要注意，印花税的征税范围，不仅限于在我国境内书立、领受印花税税目税率表所列举的凭证，还包括不在我国境内书立、领受，但在我国境内使用，并具有法律效力，受我国法律保护的凭证。

2. 纳税人

在中国境内书立、使用、领受《中华人民共和国印花税暂行条例》所列举凭证的单位和个人，都是印花税的纳税人。对印花税的纳税人，按照书立、使用、领受应税凭证的不同，可以分别确定为立合同人、立据人、立账簿人、领受人和使用人五种。

(1)立合同人。其是指合同的当事人。当事人是指对凭证有直接权利义务关系的单位和个人，但不包括合同的担保人、证人、鉴定人。

当事人的代理人有代理纳税义务，他与纳税人负有同等的税收法律义务和责任。

(2)立据人。产权转移书据的纳税人是立据人。所谓立据人，是指书立产权转移书据的单位和个人。如立据人未贴印花或少贴印花，书据的持有人应负责补贴印花。如所立书据是以合同方式签订的，应由持有书据的各方分别按全额贴花。

(3)立账簿人。营业账簿的纳税人是立账簿人。立账簿人是指开立并使用营业账簿的单位和个人。如某企业因生产需要，设立了若干营业账簿，这个企业就是印花税的纳税人。

(4)领受人。权利许可证照的纳税人是领受人。领受人是指领取并持有该项凭证的单位和个人。如某人持有政府有关部门发给的房屋产权证，该人就是印花税纳税人。

(5)使用人。在国外书立或领受，但在国内使用的应税凭证，使用人为纳税人。如果应税凭证是以电子形式签订的，则纳税人为各类电子应税凭证的签订人。

值得注意的是，对应税凭证，凡是由两方或两方以上当事人共同书立的，其当事人各方都是纳税人，应就其所持凭证的计税金额履行纳税义务。

9.2.3 税率

印花税的税率规定得较低，只有千分之几甚至万分之几；凭证的当事人，即对凭证有直接权利义务关系的单位和个人，均应就其所持凭证依法纳税。这样规定，对纳税人来说，由于税收负担轻，比较容易接受，从而便于缴纳。对国家来说，由于共同负担，签订合同各方都要纳税，从而保证了印花税收入有一定规模。

印花税的税率采用比例税率和定额税率两种形式。

1. 比例税率

在印花税的税目中，各类合同以及具有合同性质的凭证(含电子形式签订的各类应税凭证)、产权转移书据、营业账簿中记载资金的账簿，这些凭证载有金额，容易按比例计算应纳税额，适用比例税率(表9-1)。

表9-1 印花税比例税率(单位:‰)

税目	税率
借款合同	0.05
购销合同、建筑安装工程承包合同、技术合同	0.3
加工承揽合同、建设工程勘察设计合同、货物运输合同、产权转移书据、营业账簿中记载资金的账簿	0.5
财产租赁合同、仓储保管合同、财产保险合同	1

另国务院规定，股份制企业向社会公开发行的股票(包括A股、B股)，因购买、继承、赠与所书立的产权转移书据，均按照书据书立时证券市场当日实际成交价格计算的金额，由出让方按照1‰的税率缴纳证券交易印花税①。

2. 定额税率

定额税率的税额均为每件5元。定额税率适用于一些无法计算金额的凭证，如各种权利许可证照；或者虽载有金额，但作为计税依据明显不合理的凭证，如“营业账簿”税目中的其他账簿。

专栏9-2　　证券交易印花税

证券交易印花税，是从普通印花税发展而来的，属于行为类税。我国税法规定，对证券市场上买卖、继承、赠与所确立的股权转让依据，按确立时实际市场价格计算的金

① 证券交易印花税税率于2005年1月24日由2‰下调至1‰，2007年5月30日又上调至3‰，2008年4月24日下调回1‰，并从2008年9月19日实行对出让方单边征收。

额征收印花税。证券交易印花税作为政府宏观调控股市的一项政策工具，其税率的高低可以直接地改变股票的交易成本，因此其调整可以对市场发生一定程度的影响，尤其是2007年5月30日财政部将证券交易印花税税率由1‰调整为3‰，而这次调整终止了当年我国股市上扬步伐，也引起了我国证券市场投资者对证券交易印花税的特别关注。

证券市场的健康发展在很大程度上依赖于证券法律的完善，证券税收法律作为一个强有力的经济工具和法律工具，对一国证券市场的发展有着非常重要的意义。由于证券税收法律的调整直接反映出一国政府对于证券市场发展走向的把握，而证券市场又是一个市场化程度较高、信息敏感度较强的场所，因而证券税收法律的调整可能会直接影响到投资者的信心与整个证券市场的波动。从稳定发展证券市场这一前提出发，在进行证券税收法律方面的调整时，本着相当慎重的态度，不以短期的调控策略影响到长期的发展基础。从各个国家的经验来看，证券交易税呈下降趋势，大部分发达国家都逐步取消了证券交易税，由证券交易税为主转变为证券交易所得税为主，逐渐建立了以证券交易所得税为主的税收法律体系。

在我国，伴随着证券市场的诞生和发展，证券交易印花税从1990年在深圳的试点征收到立法规范，直至成为税法中行为税的一种，至今已经走过了20多个年头。从我国征收证券交易印花税的整体情况来看，我国证券交易印花税制度的立法特点包括：一是将证券交易印花税作为普通印花税的一个税种，对证券交易行为征收，相当于国际上的证券交易税；二是在证券交易所得税难以征收的情况下，将印花税作为证券交易所得税(资本利得税)的替代税种；三是设立证券交易印花税达到增加财政收入、调节证券市场的作用。据统计，在1991～2000年的10年间，沪深股市提供的证券交易印花税总额达1 461.58亿元，年均递增210.39%。2006年，证券交易印花税收入179亿元，2007年证券交易印花税收入达2 005亿元，是2006年的11倍。证券交易印花税收入已成为国家财政收入的一个重要源泉。

然而，在证券交易印花税成为我国政府财政收入越来越重要的组成部分之时，国外很多国家却纷纷开始或是早已取消此税种。原因如下：

第一，扭曲有价证券和资金结构。由于证券交易印花税将改变持有或发行不同证券的相对成本、市场净值及证券的供给与需求，故资本市场的资金结构和投资有价证券结构也将改变。同时，由于证券交易税对不同证券的影响是不同的，因而最终将产生市场扭曲。

第二，提高资金成本，降低市场流动性。征收证券交易印花税的必然结果是提高交易成本，而研究表明，交易成本与投资者要求的投资回报率呈正相关关系，也就是说，交易成本越高，投资者要求的回报率也将越高。从而，开征证券交易税的必然结果就是提高筹资成本。

第三，税收负担缺乏公平。美国学者G. 威廉认为，证券交易印花税的税收负担必将更多地由广大公众承担，而不仅仅是投机者和盲目交易者，因而证券交易印花税将打击直接和间接权益人，因为税收负担不是被全部纳税人平均承担，那些持有较多金融资产和投资风险较小证券(如蓝筹股)的投资者要承担更多的税收负担。

因此，从经济效应角度分析，证券交易印花税可以说是负面影响较大，上述负面影响是美国、英国、日本等发达国家纷纷取消证券交易印花税的重要原因之一(当然，证券市场间竞争的加剧也是导致发达国家取消证券交易印花税的重要原因)。因此，我国用证券交易印花税在某种程度上代替证券市场所得税实现特定的政策目标很可能是得不偿失的。

9.2.4 计税依据

印花税根据不同征税项目，分别实行从价计征和从量计征两种征收方法。实行从量计征的其他营业账簿和权利、许可证照，以计税数量为计税依据。实行从价计征的凭证，以凭证所载金额为计征依据。最简单的是产权转移书据，直接以书据中所载的金额为计征依据。经济合同和记载金额的营业账簿的情况就复杂一些。

1. 经济合同

各类经济合同，以合同上所记载的金额、收入或费用为计税依据。例如，建设工程勘察设计合同的计税依据为勘察、设计收入；财产租赁合同的计税依据为租金收入；仓储保管合同的计税依据为仓储保管的费用(即保管费收入)；财产保险合同的计税依据为支付(收取)的保险费金额，不包括所保财产的金额。

下面就一些特殊情况进行说明：

(1)购销合同的计税依据为购销金额，不得作任何扣除。

购销合同包括供应、预购、采购、购销结合及协作、调剂、补偿、贸易等合同。此外，还包括出版单位与发行单位之间订立的图书、报纸、期刊和音像制品的应税凭证，如订购单、订数单等。还包括发电厂与电网之间、电网与电网之间签订的购售电合同。但是，电网与用户之间签订的供用电合同不征印花税。

在商品购销活动中，采用以货换货方式进行商品交易签订的合同是反映既购又销双重经济行为的合同。对此，应按合同所载的购、销金额合计数计税贴花。合同未列明金额的，应按合同所载购、销数量，依照国家牌价或市场价格计算应纳税额。

(2)加工承揽合同的计税依据是加工或承揽收入的金额。

对于由受托方提供原材料的加工、定做合同，凡在合同中分别记载加工费金额和原材料金额的，应分别按“加工承揽合同”、“购销合同”计税，两项税额相加数，即为合同应贴印花；若合同中未分别记载，则应就全部金额依照加工承揽合同计税贴花。

对于由委托方提供主要材料或原料，受托方只提供辅助材料的加工合同，无论加工费和辅助材料金额是否分别记载，均以辅助材料与加工费的合计数，依照加工承揽合同计税贴花。对委托方提供的主要材料或原料金额不计税贴花。

(3)建筑安装工程承包合同的计税依据为承包金额，不得剔除任何费用。如果施工单位将自己承包的建设项目再分包或转包给其他施工单位，其所签订的分包或转包合同，仍应按所载金额另行贴花。

(4)货物运输合同的计税依据为取得的运输费金额(即运费收入)，不包括所运货物的金额、装卸费和保险费等。

对国内各种形式的货物联运，凡在起运地统一结算全程运费的，应以全程运费为计税依据，由起运地运费结算双方缴纳印花税；凡分程结算运费的，应以分程的运费作为计税依据，分别由办理运费结算的各方缴纳印花税。

对国际货运，凡由我国运输企业运输的，运输企业所持的运费结算凭证，以本程运费为计税依据计算应纳税额；托运方所持的运费结算凭证，以全程运费为计税依据计算应纳税额。由外国运输企业运输进出口货物的，运输企业所持的运费结算凭证免纳印花税，托运方所持的运费结算凭证，应以运费金额为计税依据缴纳印花税。

(5)借款合同的计税依据为借款金额。针对实际借贷活动中不同的借款形式，税法规定了不同的计税方法：

凡是一项信贷业务既签订借款合同，又一次或分次填开借据的，只以借款合同所载金额为计税依据计税贴花；凡是只填开借据并作为合同使用的，应以借据所载金额为计税依据计税贴花。

借贷双方签订的流动资金周转性借款合同，一般按年(期)签订，规定最高限额，借款人在规定的期限和最高限额内随借随还，为避免加重借贷双方的负担，对这类合同只以其规定的最高额为计税依据，在签订时贴花一次，在限额内随借随还不签订新合同的，不再另贴印花。

对借款方以财产作抵押，从贷款方取得一定数量抵押贷款的合同，应按借款合同贴花；在借款方因无力偿还借款而将抵押财产转移给贷款方时，应再就双方书立的产权书据，按产权转移书据的有关规定计税贴花。

对银行及其他金融组织的融资租赁业务签订的融资租赁合同，应按合同所载租金总额，暂按借款合同计税。

在贷款业务中，如果贷方为由若干银行组成的银团，银团各方均承担一定的贷款数额，借款合同由借款方与银团各方共同书立，各执一份合同正本，对这类合同，借款方与贷款银团各方应分别在所执的合同正本上，按各自的借款金额计税贴花。

在基本建设贷款中，如果按年度用款计划分年签订借款合同，在最后一年按总概算签订借款总合同，且总合同的借款金额包括各个分合同的借款金额的，对这类基本建设借款合同，应按分合同分别贴花，最后签订的总合同，只就借款总额扣除分合同借款金额后的余额计税贴花。

(6)技术合同的计税依据为合同所载的价款、报酬或使用费。为了鼓励技术研究开发，对技术开发合同，只就合同所载的报酬金额计税，研究开发经费不作为计税依据。对合同约定单按研究开发经费一定比例作为报酬的，应按一定比例的报酬金额贴花。

在确定合同计税依据时应当注意的一个问题是，有些合同在签订时无法确定计税金额，如技术转让合同中的转让收入，是按销售收入的一定比例收取或是按实现利润分成；财产租赁合同只是规定了月(天)租金标准而无期限。对于这类合同，可在签订时先按定额 5 元贴花，以后结算时再按实际金额计税，补贴印花。

2. 营业账簿

营业账簿中记载资金的账簿，以“实收资本”和“资本公积”两项的合计金额为计税依据；其他账簿按件计税。

有关营业账簿的具体征免范围还应明确以下若干问题：

(1)纳入征税范围的营业账簿，不按立账簿人是否属于经济组织(工商企业单位、工商业户)来划定范围，而是按账簿的经济用途来确定征免界限。例如，一些事业单位实行企业化管理，从事生产经营活动，其账簿就视同于企业账簿，应纳印花税；而一些企业单位内的职工食堂、工会组织以及自办的学校、托儿所、幼儿园设置的经费收支账簿，不反映生产经营活动，就不属于营业账簿税目的适用范围。

(2)对采用一级核算形式的单位，只就财会部门设置的账簿贴花；采用分级核算形式的，除财会部门的账簿应贴花之外，财会部门设置在其他部门和车间的明细分类账，也应按规定贴花。但是，车间、门市部、仓库设置的不属于会计核算范围或虽属于会计核算范围，但不记载金额的登记簿、统计簿、台账等，不交印花税。

(3)对会计核算采用单页表式记载资金活动情况，以表代账的，在未形成账簿(账册)前，暂不贴花，待装订成册时，按册贴花。

(4)对有经营收入的事业单位，凡属由国家财政部门拨付事业经费，实行差额预算管理的单位，其记载经营业务的账簿，按其他账簿定额贴花，不记载经营业务的账簿不贴花；凡属经费来源实行自收自支的单位，对其营业账簿，应就记载资金的账簿和其他账簿分别按规定贴花。

(5)跨地区经营的分支机构使用的营业账簿，应由各分支机构在其所在地缴纳印花税。对上级单位核拨资金的分支机构，其记载资金的账簿按核拨的账面资金数额计税贴花；对上级单位不核拨资金的分支机构，只就其他账簿按定额贴花。为了避免对同一资金重复计税，上级单位记载资金的账簿，应按扣除拨给下属机构资金数额后的其余部分计税贴花。

(6)对金融系统营业账簿，要结合金融系统财务会计核算的实际情况进行具体分析。凡银行用以反映资金存贷经营活动、记载经营资金增减变化、核算经营成果的账簿，如各种日记账、明细账和总账都属于营业账簿；而银行根据管理需要设置的各种登记簿，如空白重要凭证登记簿、有价单证登记簿等，其记载的内容与资金活动无关，仅用于内部备查，属于非营业账簿，不征收印花税。

(7)外国银行在我国境内设立的分行，其境外总行须拨付规定数额的“营运资金”，分行在账户设置上不设“实收资本”和“资本公积”账户。应根据外国银行分行记载由其境外总行拨付的“营运资金”账簿，按核拨的账面资金数额计税贴花。

(8)企业启用新账簿后，其“实收资本”和“资本公积”两项的合计金额大于原已贴花资金的，就增加的部分补贴印花。凡资金在次年度的“实收资本”和“资本公积”中未增加的，对其不再计税贴花。

9.2.5　计算与申报缴纳

在计算印花税应纳税额时，对实行从价计征的凭证，按比例税率计算；对实行从量计征的凭证，则按定额税率计算。

1. 应纳税额的计算

按比例税率计算应纳税额的方法：

应纳税额＝计税金额×适用税率

按定额税率计算应纳税额的方法：

应纳税额＝凭证数量×单位税额

计算印花税应纳税额应注意如下问题：

(1)按金额比例贴花的应税凭证，未标明金额的，应按照凭证所载数量及市场价格计算金额，依适用税率贴足印花。

(2)应税凭证所载金额为外国货币的，按凭证书立当日的国家外汇管理局公布的外汇牌价折合人民币，计算应纳税额。

(3)同一凭证由两方或者两方以上当事人签订并各执一份的，应当由各方分别按所执合同全额贴花。

(4)同一凭证因载有两个或两个以上经济事项而适用不同税率，分别载有金额的，应分别计算应纳税额，相加后按合计税额贴花；未分别记载金额的，按税率高的计税贴花。

(5)已贴花的凭证，修改后所载金额增加的，其增加部分应当补贴印花税票。

(6)按比例税率计算纳税而应纳税额又不足 1 角的，免纳印花税；应纳税额在 1 角以上的，其税额尾数不满 5 分的不计，满 5 分的按 1 角计算贴花。对财产租赁合同的应纳税额超过 1 角但不足 1 元的，按 1 元贴花。

【例 9-3】 某企业某年 2 月开业，领受房产权证、工商营业执照、土地使用证各一件，与其他企业订立转移专用技术使用权书据一件，所载金额 100 万元；订立产品购销合同两件，所载金额为 180 万元；订立借款合同一份，所载金额为 60 万元。此外，企业的营业账簿中，“实收资本”科目载有资金 700 万元，其他营业账簿 15 本。2008 年 12 月该企业“实收资本”所载资金增加为 900 万元。试计算该企业该年 2 月应纳印花税税额和 12 月应补缴印花税税额。

解：企业领受权利、许可证照应纳税额＝3×5＝15(元)

企业订立产权转移书据应纳税额＝1 000 000×0.5‰＝500(元)

企业订立购销合同应纳税额＝1 800 000×0.3‰＝540(元)

企业订立借款合同应纳税额＝600 000×0.05‰＝30(元)

账簿中“实收资本”应纳税额＝7 000 000×0.5‰＝3 500(元)

企业其他营业账册应纳税额＝15×5＝75(元)

2 月企业应纳印花税税额＝15＋500＋540＋30＋3 500＋75＝4 660(元)

12 月应补缴印花税税额＝(9 000 000－7 000 000)×0.5‰＝1 000(元)

案例研究 9-2　　巧订合同可节省印花税

某铝合金门窗厂与某安居建筑安装公司签立了一份加工承揽合同。合同中规定：铝合金门窗厂受安居建筑安装公司委托，负责加工总价值 100 万元的铝合金门窗，加工所需原材料由铝合金门窗厂提供，铝合金门窗厂收取加工费及原材料费共计 70 万元；同时，由铝合金门窗厂提供价值 10 万元的零配件。

该份合同铝合金门窗厂交印花税(700 000＋100 000)×0.5‰＝400(元)

那么，如何签订合同，从而既合理又经济地缴纳税款呢？

由于合同签订形式不恰当，铝合金门窗厂多缴纳了税款。我国印花税税法对加工承揽合同的计税依据有如下规定：加工承揽合同的计税依据为加工或承揽收入，如由受托方提供原材料的，若合同中分别记载加工费金额和原材料金额，应分别计税：加工费金额按加工承揽合同运用 0.5‰税率计税，原材料金额按购销合同运用 0.3‰税率计税，并按两项税额相加的金额贴花；若合同中未分别记载两项金额计税，则只有以合同的总金额计税，从高适用税率。

所以，在这个案例中，如果合同将铝合金门窗厂所提供的加工费金额与原材料金额分别核算，则能达到节税的目的。如加工费为 20 万元，原材料费为 50 万元，零配件为 10 万元，所需贴花的金额为(500 000＋100 000)×0.3‰＋200 000×0.5‰＝280(元)，相对少纳印花税 120 元。

2. 缴纳方法

印花税的纳税方法与其他税种不同，其特点是由纳税人根据税法规定，自行计算应纳税额，自行购买印花税票，自行完成纳税义务。同时，对特殊情形采取特定的纳税贴花方法。

1)自行贴花办法

印花税通常由纳税人根据规定自行计算应纳税额，购买并一次贴足印花税票，完成纳税。纳税人向税务机关或指定的代售单位购买印花税票，就税务机关来说，印花税票一经售出，国家即取得印花税收入。但就纳税人来说，购买了印花税票，不等于履行了纳税义务。因此，纳税人将印花税票粘贴在应税凭证后，应即行注销，注销标记应与骑缝处相交。所谓骑缝处，是指粘贴的印花税票与凭证之间的交接处。

对国家政策性银行记载资金的账簿，一次贴花数额较大、难以承担的，经当地税务机关核准，可在 3 年内分次贴足印花。

2)汇贴或汇缴办法

这一办法，适用于那些应纳税额较大或者贴花次数频繁的纳税人，具体又分为如下两种方法。

一是以缴款书或完税证代替贴花的方法。某些应税凭证，如资金账簿、大宗货物的购销合同、建筑工程承包合同等，如果一份凭证的应纳税额数量较大，超过 500 元，贴用印花税票不方便的，可向当地税务机关申请填写缴款书或者完税证，将其中一联粘贴在凭证上或者由税务机关在凭证上加完税标记，代替贴花。

二是按期汇总缴纳印花税的方法。同一种类应纳税凭证若需要频繁贴花的，纳税人可向当地税务机关申请按期汇总缴纳印花税。经税务机关核准发给许可证后，按税务机关确定的限期(最长不超过1个月)汇总计算纳税。应纳税凭证在加注税务机关指定的汇缴戳记、编号，并装订成册后，纳税人应将缴款书的一联黏附册后，盖章注销，保存备查。

3)委托代征办法

这种办法主要是通过税务机关的委托，经由发放或者办理纳税凭证的单位代为征收印花税税款。税务机关为了加强税收源泉控制管理，可以委托某些填开应税凭证的单位(如代办运输、联运的单位)对凭证的当事人应纳的印花税予以代扣，并按期汇总缴纳。

此外，纳税人贴花时，还必须遵照以下规定：

(1)在应纳税凭证书立或领受时即行贴花完税，不得延至凭证生效日期贴花。

(2)印花税票应粘贴在应纳税凭证上，并由纳税人在每枚税票的骑缝处盖戳注销或画销，严禁揭下重用。

(3)凡多贴印花税票者，不得申请退税或者抵扣。

(4)纳税人对凭证不能确定是否应当纳税的，应及时携带凭证，到当地税务机关鉴别。

(5)纳税人同税务机关对凭证的性质发生争议的，应报请上一级税务机关核定。

(6)对已贴花的各类应纳税凭证，纳税人须按规定期限保管，不得私自销毁，以备纳税检查。凡国家明确规定有保存期限的，按规定办理；其他凭证均应在履行纳税义务完毕后保存1年。

9.2.6 减免税优惠

《中华人民共和国印花税暂行条例》及实施细则中规定了以下凭证免征印花税：

(1)已缴纳印花税的凭证的副本或者抄本，免征印花税。

(2)为了鼓励社会各界支持和关心文化教育、社会福利事业等，对财产所有人将财产赠给政府、社会福利单位、学校所书立的书据，免征印花税。

(3)为了支持农业生产的发展和减轻农牧业生产的负担，调动农民的积极性，对国家指定的收购部门与村民委员会、农民个人书立的农副产品收购合同等，免征印花税。

(4)为了利用外资，加速我国的经济建设，对外国政府或者国际金融组织向我国政府及国家金融组织提供优惠贷款所立的合同，免征印花税。

(5)为了扶持某些行业的发展，有关部门根据国家政策需要发放无息贷款、贴息贷款所签订的合同，免征印花税。

此外，对印花税还规定有一些减免。例如，对房地产管理部门与个人签订的用于生活居住的租赁合同免税(财税【2008】24号)；对特殊货运凭证免税(国税发【1990】173号)；投资者买卖证券投资基金单位，暂不征收印花税(财税【2004】173号)；对个人销售或购买住房暂免征收印花税(财税【2008】137号)。

9.3　契税

契税是以所有权发生转移的不动产为征税对象，向产权承受人征收的一种财产税。契税以发生转移的不动产，即土地和房屋为征税对象，具有财产转移课税的性质。土地、房屋产权未发生转移的，不征契税。但是，一般税种都确定销售者为纳税人，即卖方纳税。契税则属于土地、房屋产权发生交易过程中的财产税，由承受人纳税，即买方纳税。所以，契税在一定程度上是对承受不动产的行为征税。对买方征税的主要目的，在于承认不动产转移生效，承受人纳税以后，便可拥有转移过来的不动产产权或使用权，法律保护纳税人的合法权益。

专栏 9-3　　中国契税简史

我国的契税起源于东晋时期。当时，封建经济已经发展到了一定的阶段，农业和手工业比较发达，商业和交通运输业也已经发展起来。当时对商品交换课税，即征收"估税"。在商品交易时对数额较大，又立有文据的大笔交易(如买卖奴婢、田宅等)，征收 4%的税，其中卖方缴纳 3%，买方缴纳 1%；对价值较小，买卖时又不立文据的交易，也征收 4%的税，但是税负全部由卖方承担。东晋征收的这种估税，是后世契税的起源。但当时的课税对象包括动产和不动产两类，是一种对商品转移课征的税。

东晋以后，各朝代都沿袭其做法，并且不断改进。如清朝乾隆年间就定了契税之法，其税率买契为 9%，典契为 4.5%。国民党政府统治时期也开征了契税，但当时契税管理混乱，税率高，而且还有附加税，给人民造成了沉重的负担。

中华人民共和国成立之后，政务院于 1950 年 4 月颁布了《中华人民共和国契税暂行条例》(简称《契税暂行条例》)。发生房屋的买卖、典当、赠与、交换等行为，则缴纳契税。1978 年改革开放之后，我国城市兴建了大批居民住宅，农村也新建了不少房屋，以满足城乡居民的住房需要，契税的征收范围和征收数额随之增加。

1997 年 7 月 7 日国务院发布了新的《契税暂行条例》，该条例的征税范围比以前有所扩大，减免税的范围相对缩小，税率也由原来的 6%降低到 3%～5%。与以前相比，新的《契税暂行条例》更加适合目前住房商品化的趋势。

资料来源：黄天华．中国税收制度史．上海：华东师范大学出版社，2007，经整理。

9.3.1　征税范围和纳税人

契税的征税对象是所有权发生转移的不动产，纳税人是产权承受人。

1. 征税范围

契税的征税对象为发生土地使用权和房屋所有权权属转移的土地和房屋。具体征税范围如下：

1)国有土地使用权出让

国有土地使用权出让是指土地使用者向国家交付土地使用权出让费用，国家将国有土地使用权在一定年限内让予土地使用者的行为。对承受国有土地使用权所应支付的土地出让金，要计征契税。不得因减免土地出让金而减免契税。

2)土地使用权转让

土地使用权转让，是指土地使用者以出售、赠与、交换或者其他方式将土地使用权转移给其他单位和个人的行为。

对以国家作价出资(入股)方式转移国有土地使用权的行为，应视同土地使用权转让，由土地使用权的承受方按规定缴纳契税。

土地使用权转让不包括农村集体土地承包经营权的转让。

3)房屋买卖

房屋买卖是指房屋所有者将其房产所有权过渡给承受者，由承受者交付货币、实物、无形资产或其他经济利益的行为。以下几种特殊情况，视同房屋买卖：

一是以房产抵债或实物交换房屋。经当地政府和有关部门批准，以房产抵债和实物交换房屋，均视同房屋买卖，应由产权承受人按房屋现值缴纳契税。例如，甲某因无力偿还乙某债务，而以自有的房产折价抵偿债务。经双方同意，有关部门批准，乙某取得甲某的房屋产权，在办理产权过户手续时，按房产折价款缴纳契税。如以实物(金银首饰等等价物品)交换房屋，应视同以货币购买房屋。

二是以房产作投资或作股权转让。这种交易业务属房屋产权转移，应根据国家房地产管理的有关规定，办理房屋产权交易和产权变更登记手续，视同房屋买卖，由产权承受方按投资房产价值或房产买价缴纳契税。例如，甲某以自有房产投资于乙某企业。其房屋产权变为乙某企业所有，故产权所有人发生变化，因此，乙某企业在办理产权登记手续后，按甲某入股房产现值(国有企事业房产须经国有资产管理部门评估核价)缴纳契税。又如，丙某以股份方式购买丁某企业房屋产权，丙某在办理产权登记后，按取得房产买价缴纳契税。

但是，以自有房产作股投入本人经营企业，免纳契税。因为以自有的房地产投入本人独资经营的企业，产权所有人和使用权使用人未发生变化，不需办理房产变更手续，也不办理契税手续。

三是买房拆料或翻建新房，应照章征收契税。例如，甲某购买乙某房产，不论其目的是取得该房产的建筑材料还是翻建新房，实际构成房屋买卖。甲某应首先办理房屋产权变更手续，并按买价缴纳契税。

4)房屋赠与

房屋赠与是指房屋产权所有人将房屋无偿转让给他人所有。其中，将自己的房屋转交给他人的法人和自然人，称为房屋赠与人，接受他人房屋的法人和自然人，称为房屋受赠人。房屋赠与的前提必须是：产权无纠纷，赠与人和受赠人双方自愿。

由于房屋是不动产，价值较大，故法律要求赠与房屋应有书面合同(契约)，并到房地产管理机关或农村基层政权机关办理登记过户手续，才能生效。如果房屋赠与行为涉及涉外关系，还须公证处证明和外事部门认证，才能有效。房屋的受赠人要按规定缴纳契税。

以获奖方式取得房屋产权的，其实质是接受赠与房产，应缴纳契税。

5)房屋交换

房屋交换，是指房屋所有者之间相互交换房屋的使用权或所有权的行为。行为的主体有公民、房地产管理机关，以及企事业单位、机关团体。交换的标的性质有公房(包括直管房和自管房)、私房；标的种类有住宅、店面及办公用房等。行为的内容如下：①房屋使用权交换。经房屋所有人同意，使用者可以通过变更租赁合同，办理过户手续，交换房屋使用权。交换房屋的价值相等的不征收契税。②房屋所有权交换。交换双方应订立交换契约，办理房屋产权变更手续和契税手续。房屋产权相互交换，双方交换价值相等，免纳契税，办理免征契税手续。其价值不相等的，按超出部分由支付差价方缴纳契税。

2. 纳税人

契税的纳税人是指境内转移土地、房屋权属，承受的单位和个人。

9.3.2　税率和计税依据

1. 税率

目前，我国契税实行 3%～5%的幅度税率。契税的具体适用税率，由省、自治区、直辖市人民政府在 3%～5%的幅度税率规定范围内，按照本地区的实际情况决定，并报财政部和国家税务总局备案。

2008 年 11 月 1 日起，对个人首次购买 90 平方米及以下普通住房的，契税税率暂统一下调到 1%。首次购房证明由住房所在地县(区)住房建设主管部门出具。对两个或两个以上个人共同购买 90 平方米及以下普通住房，其中一人或多人已有购房记录的，该套房产的共同购买人均不适用首次购买普通住房的契税优惠政策(财税【2010】13 号)。

2. 计税依据

现行《契税暂行条例》对契税的计税依据规定如下：

(1)土地使用权出售、房屋买卖，其计税依据为成交价格。

(2)土地使用权赠与、房屋赠与，其计税依据由征收机关参照土地使用权出售、房屋买卖的市场价格核定。

(3)土地使用权交换、房屋交换，其计税依据为所交换的土地使用权、房屋的价格差额。土地使用权交换、房屋交换，交换价格不相等的，由多交付货币、实物、无形资产或者其他经济利益的一方缴纳税款。交换价格相等的，免征契税。

如果成交价格明显低于市场价格并且无正当理由的，或者所交换土地使用权、房屋的价格的差额明显不合理并且无正当理由的，由征收机关参照市场价格核定。

(4)国有土地使用权出让，契税计税价格为承受人为取得该土地使用权而支付的全部经济利益。

以协议方式出让的，其契税计税价格为成交价格。成交价格包括土地出让金、土地补偿费、安置补助费、地上附着物和青苗补偿费、拆迁补偿费、市政建设配套费等承受者应支付的货币、实物、无形资产及其他经济利益。

没有成交价格或者成交价格明显偏低的，征收机关可依次按评估价格和土地基准地价确定。这里评估价格是指由政府批准设立的房地产评估机构根据相同地段、同类房地产进行综合评定，并经当地税务机关确认的价格。土地基准地价是指由县以上人民政府公示的土地基准地价。

以竞价方式出让的，其契税计税价格，一般应确定为竞价的成交价格，土地出让金、市政建设配套费以及各种补偿费用应包括在内。

先以划拨方式取得土地使用权，后经批准改为出让方式取得该土地使用权的，应依法缴纳契税，其计税依据为应补缴的土地出让金和其他出让费用之和。

(5)房屋附属设施有关契税政策如下：①承受与房屋相关的附属设施(包括停车位、汽车库、自行车库、顶层阁楼以及储藏室，下同)所有权或土地使用权的行为，按照契税法律、法规的规定征收契税；对于不涉及土地使用权和房屋所有权转移变动的，不征收契税。②采取分期付款方式购买房屋附属设施土地使用权、房屋所有权的，应按合同规定的总价款计征契税。③对承受的房屋附属设施权属单独计价的，按照当地确定的适用税率征收契税；与房屋统一计价的，适用与房屋相同的契税税率。

(6)个人无偿赠与不动产行为(法定继承人除外)，应对受赠人全额征收契税。

专栏 9-4　　二手住宅类商品房买卖如何缴税?

二手房买卖过程中要缴很多的税费，有些税是出卖方交的，而有些税由承受方交。除了税收之外，还有不少行政性收费和经营性收费。下面我们就大多数人关心的二手住宅类的商品房来简单梳理一下二手房买卖中的税收问题。

首先要明确什么是普通住房和非普通住房。对于此问题，各个城市都规定有自己的标准，以武汉市为例，所谓普通住房是指同时满足以下条件的住房：住宅小区建筑容积率在1.5(含1.5)以上、单套建筑面积在140平方米(含140平方米)以下、单价不超过7 000元/平方米(含7 000元/平方米)且总价不超过100万元(含100万元)。那么不满足于普通住房标准中任一条件的即为非普通住房。

因此，下面我们将分情况介绍一下目前二手普通住房交易的缴税问题。

(一)取得产权证或完税凭证的时间不满五年的

1. 卖方需缴纳的税费

(1)营业税。按成交价与购进价差额的5%缴纳。

(2)城建税和教育费附加。按营业税税额为计税依据缴纳。

(3)个人所得税。个人所得税的税率为20%，但纳税基数是房屋的增值部分。具体计算公式如下：应纳税额=成交价-买入价-合理费用(合理费用包括各种税费、装修费用)×20%。纳税人未能提供完整、准确的有关扣除合理费用的凭证，不能正确计算应纳税额的，采取核定征税，目前核定征收税率暂为成交价的1%。

(4)印花税和土地增值税。自2008年11月1日起，这两种税都是暂免的(财税【2008】137号)。而在2008年11月1日前，印花税是按正常交易成交价格以1‰的税率计征，由交易双方各承担一半；土地增值税如果既不能提供发票，也不能提供房地产评估机构按照重置成本评估报告的，则按转让二手房交易价格全额的1%征收率计证。

2. 买方需缴纳的税费

(1)契税：普通住宅按成交价的1.5%缴纳。其中个人首次购买90平方米及以下普通住房契税按1%征收。个人出售家庭唯一住房后又重新购置住房的，原有住房已缴纳契税可在重新购房应缴纳契税税额中抵减。

(2)印花税。暂免。

(二)取得产权证或完税凭证的时间满五年的

1. 卖方需缴纳的税费

首先营业税、城建税、教育费附加、印花税、土地增值税均免征。

对于个人所得税，则要视情况而定。如果是自用五年，且是家庭唯一生活用房，免征个人所得税；如果非家庭自用或者并非家庭唯一住房，则仍按前述标准征收个人所得税。

2. 买方需缴纳的税费与取得产权证或完税凭证的时间不满五年的相同

对于二手住宅类非普通商品房，则也以取得产权证或完税凭证是否满五年为界。买卖双方所涉及的税种与普通住宅相同。不同之处就在于营业税和契税。营业税规定对取得产权证或完税凭证的时间不满五年的非普通住宅，按买进价全额的5%缴纳；对满五年的，按成交价与买进价差额的5%缴纳。契税规定对购买非普通住宅的税率是3%；购买单、连体别墅的税率则是4%。

9.3.3 应纳税额的计算

契税应纳税额，依照《契税暂行条例》规定的税率和规定的计税依据计算征收。应纳税额计算公式如下：

应纳税额＝计税依据×税率

【例9-4】 甲企业与乙企业为了工作的方便，双方经过协商，同意将各自的办公大楼互相对换。经房产评估机构评定，甲企业的办公大楼折价为300万元，乙企业的办公大楼折价为500万元。为此，甲企业向乙企业补付200万元的价格差额，双方签订了交换契约。当地契税税率为4%，计算在该事项中，甲乙双方各自应缴纳的契税。

解：根据现行税法规定，房屋交换价格不等时，由多交付货币、实物、无形资产或者其他经济利益的一方缴纳税款。因此，由甲企业缴纳契税，乙企业免交契税。

甲企业应纳契税＝(500－300)×4%＝8(万元)

案例研究 9-3　　交换式买房可减免契税

个人买卖住房要缴纳许多税费，其中，比较重的要数契税。合理利用优惠政策，买房可节省大笔费用。

武汉傲人理财公司国际资质理财师王自生介绍，税法有两条特别规定：

一、城镇职工按规定第一次购买公有住房，免征契税(《契税暂行条例》第 6 条第2 款)；

二、相互交换房屋，以房屋的价格差价征契税，交换价格相等时，免征契税(《契税暂行条例》第 4 条第 3 款)。

弄清楚"先买后换"原理，省钱的道理其实很简单，由享受第一条优惠的人购买自己想买的房屋，然后再用自己的住房和该人交换，从而降低契税税负。

案例：杜老师原住房为已购买产权的公有住房，房龄 5 年，面积约 80 平方米，价值 40 万元左右。这次想买的新房属单位公有新住房，面积 150 平方米，价值约 70 万元。如果杜老师直接购买，需要缴纳契税 2.8 万元(按高档新房 4%计)。

恰巧同单位张老师也有资格买 150 平方米的新住房，可无奈资金有限，并有意购杜老师 80 平方米的现住房。

杜老师提出方案：以张老师的名义购买新房(免契税)，资金由杜老师提供，新房买下后，双方再交换，张老师付给杜老师 30 万元。

这样，杜老师仅需在双方交换住房时，按房屋价款差价 30 万元缴纳契税 1.2 万元(按二手高档房税率 4%计)，比直接购买新房节约税金 1.6 万元。若张老师想装修，可在换房前提前装修，以减小房屋差价，还可节省更多。

资料来源：凌云焰．交换式买房可减免契税．晨报网，2006-08-01，经整理。

9.3.4　减免税优惠

根据纳税人的负担能力和国家宏观经济调控的需要，《契税暂行条例》规定有下列情形之一的，减征或免征契税：

(1)国家机关、事业单位、社会团体、军事单位承受土地、房屋用于办公、教学、医疗、科研和军事设施的，免征契税。

(2)城镇职工按规定第一次购买公有住房的，免征契税。

城镇职工按规定第一次购买公有住房是指经县以上人民政府批准，在国家规定标准面积以内购买的公有住房。超过国家规定标准面积的部分，仍应按照规定缴纳契税。

(3)因不可抗力灭失住房而重新购买住房的，酌情准予减征或者免征契税。

(4)土地、房屋被县级以上人民政府征用、占用后，重新承受土地、房屋权属的，是否减征或者免征契税，由省、自治区、直辖市人民政府确定。

(5)纳税人承受荒山、荒沟、荒丘、荒滩土地使用权，用于农、林、牧、渔业生产的，免征契税。

(6)依照我国有关法律规定以及我国缔结或参加的双边和多边条约或协定的规定应当予以免税的外国驻华使馆、领事馆、联合国驻华机构及其外交代表、领事官员和其他外交人员承受土地、房屋权属的，经外交部确认，可以免征契税。

(7)财政部规定的其他减征、免征契税的项目。

经批准减征、免征契税的纳税人如果改变有关土地、房屋的用途，不再属于上述规定的减征、免征契税范围的，应当补缴已经减征、免征的税款。

此外，企业在改制、重组的过程中通常会遇到不动产产权的变更问题，对此，规定有以下的一些契税优惠(财税【2008】175号)：

(1)企业改制。非公司制企业整体改建为有限责任公司(含国有独资公司)或股份有限公司，或者有限责任公司整体改建为股份有限公司的，对改建后的公司承受原企业土地、房屋权属，免征契税。

非公司制国有独资企业或国有独资有限责任公司，以其部分资产与他人组建新公司，且该国有独资企业(公司)在新设公司中所占股份超过50%的，对新设公司承受该国有独资企业(公司)的土地、房屋权属，免征契税。

国有控股公司以部分资产投资组建新公司，且该国有控股公司占新公司股份85%以上的，对新公司承受该国有控股公司土地、房屋权属免征契税。

(2)企业股权转让、合并、分立。对在企业股权转让、合并、分立过程中涉及的土地、房屋，通常不征或免征契税。

(3)企业出售。国有、集体企业出售，被出售企业法人予以注销，并且买受人按照《中华人民共和国劳动法》等国家有关法律法规政策妥善安置原企业全部职工，其中与原企业30%以上职工签订服务年限不少于三年的劳动用工合同的，对其承受所购企业的土地、房屋权属，减半征收契税；与原企业全部职工签订服务年限不少于三年的劳动用工合同的，免征契税。

(4)企业注销、破产。企业依照有关法律、法规的规定注销、破产后，债权人(包括注销、破产企业职工)承受注销、破产企业土地、房屋权属以抵偿债务的，免征契税；对非债权人承受注销、破产企业土地、房屋权属，符合第(3)条买受人相关规定的减征或免征契税。

此外，对经国务院批准实施债权转股权的企业，对债权转股权后新设立的公司承受原企业的土地、房屋权属，免征契税。政府主管部门对国有资产进行行政性调整和划转过程中发生的土地、房屋权属转移，不征收契税。企业改制重组过程中，同一投资主体内部所属企业之间土地、房屋权属的无偿划转，包括母公司与其全资子公司之间，同一公司所属全资子公司之间，同一自然人与其设立的个人独资企业、一人有限公司之间土地、房屋权属的无偿划转，不征收契税。

习题

一、判断题

1. 城建税是增值税、消费税、营业税的附加税，因此它本身没有独立的征税对象(　　)
2. 凡是缴纳增值税、消费税、营业税的纳税人，须同时缴纳城建税(　　)

3. 教育费附加按实际缴纳的“三税”税额计征，随“三税”的法定减免而减免(　　)

4. 甲临终前立下遗嘱：将价值为300万元的房产留给其妻A安度晚年；价值为100万元的房产由其独子B继承；价值为80万元的房产捐赠给15岁的孤儿C。当地契税税率为3%。其妻A无须缴纳契税，其独子B无须缴纳契税，孤儿C因属限制民事行为能力人，所以无须缴纳契税(　　)

5. 城建税的税率是根据受益程度确定的(　　)

6. 海关对进口产品代征的增值税、消费税不征收城建税(　　)

7. 纳税人违反“三税”有关税法而加收的滞纳金，是税务机关对纳税人违法行为的经济制裁，也要作为城建税的计税依据(　　)

8. 生产企业自营出口或委托外贸企业代理出口的自产货物在出口产品退还增值税、消费税时，一并退还已缴纳的城建税；有出口经营权的外贸企业收购后直接出口或委托其他外贸企业代理出口的货物在出口产品退还增值税、消费税时，不退还已缴纳的城建税(　　)

9. 在某市区的外商投资企业销售产品取得收入50万元，当期缴纳增值税8万元。按规定其应征收城建税0.56万元(　　)

10. 房屋交换价格相等时，免征契税(　　)

11. 印花税始于法国，兼具财产税和行为税的性质(　　)

二、单项选择题

1. 城建税的适用税率，一般按(　　)的适用税率执行

A. 纳税人纳税所在地　　B. 纳税人缴纳“三税”所在地

C. 纳税人的生产经营地　　D. 纳税人总机构所在地

2. 下列应缴纳印花税的凭证是(　　)

A. 房屋产权证、工商营业执照、卫生许可证、营运许可证

B. 土地使用证、专利证、烟草专卖许可证、房屋产权证

C. 商标注册证、税务登记证、土地使用证、营运许可证

D. 房屋产权证、工商营业执照、商标注册证、专利证、土地使用证

3. 甲、乙签订一份商品购销合同，甲要求乙提供商品的鉴定，丙愿意为该种商品提供鉴定，丁为甲的业务代理人，并代表甲与乙签订了经济合同，这一事项中，属于印花税纳税人的为(　　)

A. 甲、乙　　B. 乙、丁　　C. 甲、乙、丁　　D. 甲、乙、丙、丁

4. 加工承揽合同计税依据为(　　)

A. 受托方加工费收入　　B. 委托方提供的原材料金额

C. 受托方提供的辅助材料金额　　D. 委托方提供的辅助材料金额

5. 甲公司与乙公司签订了一项以货易货合同，按合同规定，甲公司向乙公司提供60吨钢材，但合同并未列明钢材金额，国家牌价为每吨0.5万元；乙公司则向甲公司提供价值40万元的设备。则甲、乙两个公司合计应纳印花税(　　)

A. 90元　　B. 420元　　C. 210元　　D. 30元

6. 下列贷款合同中免征印花税的有(　　)

A. 无息、贴息贷款合同

B. 银行同业拆借所签订的借款合同

C. 国际金融组织向国家金融机构提供优惠贷款合同

D. 基本建设货款合同

7. 甲企业受托为乙企业加工一批产品，加工合同分别记载原材料金额60万元由甲企业提供，另外再向乙企业收取加工费10万元。该项业务中甲企业应缴纳印花税(　　)

A. 180元　　B. 210元　　C. 230元　　D. 350元

8. 下列行为不征收契税的是(　　)

A. 以房抵债　　B. 房屋赠与

C. 以房产对外投资　　D. 房屋使用权交换

9. 居民甲某有四套住房，将一套价值 120 万元的别墅折价给乙某抵偿了 100 万元的债务；用市场价值 70 万元的第二、三两套两室住房与丙某交换一套四室住房，另取得丙某赠送价值 12 万元的小轿车一辆；将第四套市场价值 50 万元的公寓房折成股份投入本人独资经营的企业。当地确定的契税税率为 3%，甲、乙、丙缴纳契税的情况是(　　)

A. 甲不缴纳，乙缴纳 30 000 元，丙缴纳 3 600 元

B. 甲缴纳 3 600 元，乙缴纳 30 000 元，丙不缴纳

C. 甲不缴纳，乙缴纳 36 000 元，丙缴纳 21 000 元

D. 甲缴纳 15 000 元，乙缴纳 36 000 元，丙不缴纳

10. 以划拨方式取得土地使用权的，后经批准改为出让方式取得该土地使用权的，由房地产转让者以(　　)为计税依据补缴契税

A. 土地基准地价

B. 双方协议的价格

C. 转让房地产的评估价格

D. 补交的土地使用权出让费用或者土地收益

三、多项选择题

1. 可以作为城建税计税依据的项目有(　　)

A. “三税”实纳税额　　B. 纳税人滞纳“三税”而加收的滞纳金

C. 纳税人偷逃“三税”被处的罚款　　D. 纳税人偷逃“三税”被查补的税款

2. 城建税属于(　　)

A. 财产税　　B. 附加税　　C. 受益税　　D. 目的税

3. 城建税的纳税人包括在征税范围内从事工商经营，并缴纳增值税、消费税、营业税的(　　)

A. 国有企业　　B. 个体工商户　　C. 股份制企业　　D. 外商投资企业

4. 下列各项中，符合城建税规定的有(　　)

A. 只要缴纳增值税、消费税、营业税的企业都应缴纳城建税

B. 因减免税而需进行“三税”退库的，可同时退还城建税

C. 对出口产品退还增值税、消费税的，不退还城建税

D. 海关对进口产品代征增值税、消费税，不征收城建税

5. 根据《中华人民共和国印花税暂行条例》及其实施细则的规定，以下属于印花税纳税人的有(　　)

A. 合同的当事人　　B. 当事人的代理人

C. 立账簿人　　D. 权利、许可证照的领受人

6. 下列应税凭证中，可免纳印花税的有(　　)

A. 无息、贴息贷款合同

B. 合同的正本或抄本

C. 外国政府或国际金额组织向我国企业提供的优惠贷款所书立的合同

D. 国家指定收购部门与村民委员会书立的农产品收购合同

7. 下列合同中，属于印花税征税对象的有(　　)

A. 企业与其主管部门签订的租赁承包合同

B. 银行同业拆借所签订的借款合同

C. 会计师事务所签订的招聘合同

D. 企业和个人出租门店柜台所签订的租赁合同

E. 仓储、保管合同或作为合同使用的入库单

8. 关于契税的计税依据说法正确的有(　　)

A. 土地使用权出售，计税依据为成交价格

B. 土地使用权赠与，计税依据为征收机关参照土地使用权出售的市场价格核定

C. 土地使用权交换，计税依据为所交换的土地使用权的价格差额

D. 出让国有土地使用权的，计税依据为市场价格

四、计算题

1. 某县城一生产企业为增值税的一般纳税人，本期进口的材料，缴纳的进口环节增值税 10 万元；本期在国内销售甲产品缴纳增值税 30 万元、消费税 50 万元，由于缴纳消费税时超过纳税期限，被罚滞纳金 1 万元；本期出口乙产品，退回增值税 5 万元。则该企业应该缴纳的城建税为多少?

2. 某高新技术企业某月开业，注册资金 220 万元，当年发生经济活动如下：①领受工商营业执照、房屋产权证、土地使用证各 1 份；②建账时共设 8 个账簿，其中资金账簿中记载实收资本 220 万元；③签订购销合同 4 份，共记载金额 280 万元；④签订借款合同 1 份，记载金额 50 万元，当年取得借款利息 0.8 万元；⑤与广告公司签订广告制作合同 1 份，分别记载加工费 3 万元，本企业提供的原材料 7 万元；⑥签订技术服务合同 1 份，记载金额 60 万元；⑦签订租赁合同 1 份，记载租赁费金额 50 万元；⑧签订转让专有技术使用权合同 1 份，记载金额 150 万元；⑨签订建筑设计合同 1 份，记载金额 3 000 万元。

按下列顺序回答问题：

(1)计算领受权利、许可证照应缴纳的印花税；

(2)计算设置账簿应缴纳的印花税；

(3)计算签订购销合同应缴纳的印花税；

(4)计算签订借款合同应缴纳的印花税；

(5)计算签订广告制作合同应缴纳的印花税；

(6)计算签订技术服务合同应缴纳的印花税；

(7)计算签订租赁合同应缴纳的印花税；

(8)计算签订专有技术使用权转让合同应缴纳的印花税；

(9)计算签订建筑设计合同应缴纳的印花税。

3. 赵某和钱某各拥有一套价值 100 万元的房屋，孙某欲购买赵某的房屋，而赵某也想购买钱某的房屋后出售自己的房屋，假设税率为 5%。如果赵某购买钱某的住房，应缴纳契税 100×5%＝5(万元)；同样，赵某向孙某出售自己的住宅，孙某也应该缴纳契税 5 万元。请分析根据现行《契税暂行条例》的规定，如何做能使总体契税税负最小。

4. 某房地产开发公司开发销售公寓、办公用房和商业用地，注册资本 3 000 万元，在职员工 30 人。2003 年 1 月，该公司与某建筑工程公司签订财大工程施工合同，金额为 6 500 万元，合同签订后，印花税即已缴纳。该工程于 2003 年 11 月竣工。由于工程建筑图纸重大修改，原办公楼由七层改为五层，实际工程决算金额为 4 800 万元。该公司 2003 年 12 月签订交大工程建筑施工合同，合同金额为 8 000 万元，并以财大工程多缴印花税为由，直接冲减合同金额 1 700 万元，然后计算缴纳印花税。交大工程还有建筑设计合同金额 200 万元，电力安装工程合同金额 400 万元，消防安装合同金额 300 万元，建筑技术咨询合同金额 20 万元，均尚未申报缴纳印花税。请分析根据现行《中华人民共和国印花税暂行条例》的规定，该公司计算缴纳印花税的做法正确吗？您能帮助该公司正确计算应纳印花税税额吗?

第10章

资源类税

资源类税是对占有、开发和利用自然资源的单位和个人征收的一类税。在历史上，土地、矿产、石油等重要资源曾被广泛地当做资源税的征收对象。现代资源税按征收目的不同，可分为一般资源税与级差资源税。其中，一般资源税是对使用自然资源的单位和个人，为了赋予其使用权而普遍征收的一种税；级差资源税是国家对开发和利用自然资源的单位和个人，由于资源条件差别所取得的级差收入课征的一种税。在税收实践中，一般资源税和级差资源税往往很难划分清楚，大多是两者兼备，使得资源类的税种具有一般资源税和级差资源税双重性质，只不过各税种的侧重点有所不同。为了贯彻国有资源有偿使用原则，促进自然资源的合理开发利用，我国现行资源类税共设置了资源税、土地增值税、城镇土地使用税和耕地占用税四个税种，其中资源税侧重级差调节，而土地增值税、城镇土地使用税和耕地占用税则侧重体现土地资源的保护和有偿使用。本章将对上述税种的基本法律规范进行系统的介绍。

10.1 资源税

资源税是以自然资源为课税对象征收的一种税。对资源占用行为课税具有十分悠久的历史。我国对资源占用课税的历史至少可以追溯到周代，当时的“山泽之赋”就是对伐木、采矿、狩猎、捕鱼、煮盐等开发、利用自然资源的生产活动课征的赋税。此后，我国历代政府一直延续了对矿冶资源、盐业资源等自然资源的开发利用课税的制度。新中国成立以来，我国资源税经历了一个从1950年的单一盐税到1984年的盐税、资源税并行以及1994年的盐税并入资源税的发展过程。我国现行资源税基本规范是1993年12月25日国务院颁布并于2011年9月30日修订后的《资源税暂行条例》，本节所介绍的资源税内容即以该条例为基本法律依据。

10.1.1 资源税概述

现行资源税是对在我国境内从事应税矿产品开采和生产盐的单位和个人课征的一种

税。与一般税种的课税依据不同，资源税的征收兼具国有资源所有权和政治权力双重依据，了解其开征依据对理解资源税的立法原则和开征目的十分必要。

1. 资源税的开征依据

(1)理论依据。征收资源税最重要的理论依据是地租理论。矿产等资源具有不可再生的特征，加上国家对自然资源所有权的垄断，使资源产生地租。矿产资源的地租表现为矿产资源的租金，矿产资源的租金体现了矿产资源的价值。这种价值不是矿产企业在开采矿产资源过程中的“劳动凝结”，而是矿产资源无以复加的使用价值的“国家所有权垄断”的体现。任何单位和个人未经国家允许，都不可能实施矿产资源的开采经营权，也不可能基于法律的规定取得矿产资源的所有权。所以，纳税人取得的是矿产资源开采权，实际上是国家对矿产资源所有权的部分让渡，国家凭借矿产资源所有权对获取矿产资源开采权的纳税人所征收的税就是资源税。

(2)法律依据。为加强对自然资源的利用和保护，我国1986年3月通过的《中华人民共和国矿产资源法》第三条明确规定：“矿产资源属于国家所有，由国务院行使国家对矿产资源的所有权。”同时，“勘查、开采矿产资源，必须依法分别申请、经批准取得探矿权、采矿权，并办理登记”。在第五条中规定：“国家实行探矿权、采矿权有偿取得的制度；开采矿产资源，必须按照国家有关规定缴纳资源税和资源补偿费。”资源税就是依据这一法律规定而制定的。

2. 资源税的开征目的

任何税种的开征都具有一定的目的。例如，流转税的基本目的是组织收入，所得税的基本目的是调节收入。由于课税对象的特殊性，国家开征资源税的目的较多，主要是基于如下几方面：

(1)促进企业之间的公平竞争。我国的资源税属于比较典型的级差资源税，它根据应税产品的品种、质量、存在形式、开采方式以及企业所处地理位置和交通运输条件等客观因素的差异确定差别税率，从而使条件优越者税负较高；反之，则税负较低。这种税制设计使资源税能够比较有效地调节由于自然资源条件差异等客观因素给企业带来的级差收入，减少或排除资源条件差异对企业盈利水平的影响，为企业之间开展平等竞争创造有利的外部条件。

(2)促进自然资源的合理开采使用。资源税可以根据资源类型和开发条件的优劣，确定不同的税额，把资源的开发和利用，同纳税人的切身利益结合起来。一方面，有助于国家加强对自然资源的保护和管理，防止经营者乱采滥用，减少资源的浪费；另一方面，也有利于经营者出于自身经济利益的考虑，提高资源的开发利用率，最大限度地合理开发利用国家资源。

(3)增强税收杠杆的整体调控功能。1984年第二步利改税以后的资源税，由于资源税开征范围较窄、税率设计不规范等原因，从资源的开发到产品的生产以及商品的流通，在税制上并没有形成一个完整的体系。通过1994年税制改革，较好地理顺了资源税与消费税、增值税、企业所得税的关系，建立了相辅相成的综合调节机制，使税收的调节作用有效地贯穿于资源开发、产品生产和商品流通各个环节。

(4)为国家筹集财政收入。资源税虽然以促进平等竞争和保护自然资源为主要课征目的，但就其课征结果而言，仍不失为财政收入的一项重要来源。随着其课征范围的扩展和计税方法的完善，资源税的收入规模将不断提高，其财政意义将日渐明显。

总之，在当今经济社会条件下，政府对资源占用行为课税的动机除基于财政原因之外，主要是为了运用税收杠杆调节纳税人的收入，为企业间开展公平竞争创造外部条件，并诱导纳税人节约、合理地开发利用自然资源，促进经济社会可持续发展。

3. 资源税的特点

我国现行资源税主要具有以下几个特点：

(1)只对特定资源征税。我国现行资源税的征税对象既不是全部的自然资源，也并非所有具有商品属性的资源，而是选择对部分矿产品和盐进行征税。具体操作时，对矿产资源的绝大多数主要矿种，采取列举品目的办法征收。未列举品目的矿种主要是税源不大、不具代表性的矿种，对这部分矿产征收资源税或者缓征收资源税的权限适当下放地方。

(2)具有受益税性质。在我国，国家是自然资源的所有者，又是政治权力的行使者。单位和个人开发经营自然资源，既应为拥有开发权而付出一定的“代价”；也应因享受国有自然资源而有义务支付一定的“费用”。所以，资源税的征收是国家政治权力和资源所有权的统一。它除了体现税收强制性、固定性的特征外，更体现了对国有资源的有偿占用性。从这一角度看，我国资源税具有受益税的性质。

(3)灵活计征，多目标调节。现行资源税既对石油、天然气从价计征，也对其他应税资源定额计征。油气资源税从价征收有利于促进资源有效利用、遏制过度开发；有利于提高地方政府对资源价格上涨的税收分享，增加地方政府财政收入。资源条件有好有坏，存储状况、开采条件、地理位置也有很大的差异，根据应税资源的不同品种以及同一品种的不同资源条件和开采条件确定不同资源税的定额税负，有助于利用税收杠杆调节因资源条件不同而产生的级差收入。

专栏 10-1　　我国的资源费

对资源的有偿使用，我国采用的是“税费并存”形式。除开征资源税外，我国还对一些资源的开采使用征收资源费。

(1)水资源费。为了促进水资源的节约、保护和管理，我国从 1980 年开始征收水资源费。1998 年以来，我国年水资源费以年均 27%左右的幅度快速增长，这主要是因为目前全国已有 30 个省(自治区、直辖市)出台水资源费征收管理办法并已征收水资源费。2006 年 2 月21 日，国务院公布了《取水许可和水资源费征收管理条例》，其明确规定，直接从江河、湖泊或者地下取用水资源的单位和个人，应当按照国家取水许可制度和水资源有偿使用制度的规定，向水行政主管部门或者流域管理机构申请领取取水许可证，并缴纳水资源费。

(2)矿产资源费。为了维护国家对矿产资源的财产权益，并促进矿产资源的勘查、合理开发和保护，根据《中华人民共和国矿产资源法》的有关规定，国务院于 1994 年发布并于1997年修订了《矿产资源补偿费征收管理规定》，其规定对部分矿产征收矿产资源费。目前，矿产资源费名目较多，主要有下列几种：

一是矿产资源补偿费。其是指因开发利用行为、已经造成或可能造成矿产资源减少和破坏的人向矿产资源管理机构缴纳的一定费用，以便于矿产资源的更新和恢复。

二是矿产资源使用费。其是指因勘探、开采、使用矿产资源而缴纳的各种费用，如矿产资源勘探费、开采费等。其征收范围是企业开发利用资源的行为，而资源补偿费征收依据是开发利用后给矿产资源造成损害，其理论依据是矿产资源是有价值的稀缺资源。

三是矿产资源管理费。其是指开发利用矿产资源者及矿产资源的享有者向管理机关缴纳的维护、管理矿产资源的费用。

除此之外，矿业资源企业还要缴纳矿区使用费、探矿权使用费、采矿权使用费、采矿登记费和勘查登记费等行政性费用。

(3)石油特别收益金。2006年3月25日起，国务院决定对石油开采企业销售国产原油因价格超过国际油价一定水平所获得的超额收入，按一定比例征收石油特别收益金。石油特别收益金实行5级超额累进从价定率计征，按月计算、按季缴纳，其性质属于中央财政非税收入。

资料来源：曹永潇，方国华，毛春梅．我国水资源费征税和使用情况分析. 水利经济，2008，(3)：26～29；焦艳鹏．论我国矿产资源费税制度的缺陷及重新设计．社科纵横，2006，(11)：66～67，经整理。

10.1.2 纳税人、征税对象和税率

掌握资源税的基本要素，是准确计算应纳税额和加强资源税管理的基本前提，下面将分别介绍资源税的纳税人、征税对象和税目、税率。

1. 纳税人

在中华人民共和国领域及管辖海域开采应税矿产品或者生产盐的单位和个人，为资源税的纳税人。同时自2011年11月1日起，中外合作开采石油、天然气，征收资源税。

为了加强对零星、分散、不定期开采应税资源的税收管理，《资源税暂行条例》还规定，收购未税矿产品的单位为资源税的扣缴义务人。目前适合代扣代缴的矿产品仅限于除原油、天然气、煤炭以外的应税未税资源。收购未税矿产品的单位是指独立矿山、联合企业和其他单位。具体来讲，独立矿山是指只有采矿或只有采矿和选矿，独立核算，自负盈亏的单位，其生产的原矿和精矿主要用于对外销售。联合企业是指采矿、选矿、冶炼(或加工)连续生产的企业或采矿、冶炼(或加工)连续生产的企业，其采矿单位一般是该企业的二级或二级以下核算单位。其他单位也包括收购未税矿产品的个体户在内。

应税资源属于有形动产，因此，资源税的纳税人也应同时缴纳增值税，在此要注意二者在计税方法和税收征管上的异同点。

2. 征税对象和税目

1)基本规定

从理论上看，一切开发和利用的国有资源，均属于资源税的征税范围。但由于受开

征条件的限制，现行资源税只将部分矿产品和盐两类资源纳入了征税范围。具体税目、内涵及税率(税额)幅度见表 10-1。

表 10-1　资源税税目税额幅度表

税目	内涵	税率(税额)幅度
原油	其是指开采的天然原油，不包括人造石油。开采原油过程中加热、修井的原油免税	销售额的 5%～10%
天然气	其是指专门开采或与原油同时开采的天然气，暂不包括煤矿生产的天然气	销售额的 5%～10%
煤炭	其是指原煤，不包括洗煤、选煤及其他原煤加工产品	焦煤：每吨 8～20 元
		其他煤炭：每吨 0.3～5 元
其他非金属矿原矿	其是指上列产品和井矿盐外的非金属矿原矿	普通矿：每吨或者每立方米 0.5～20 元
		贵重矿：每千克或者每克拉 0.5～20 元
黑色金属矿原矿	其具体包括铁矿石、锰矿石、铬矿石等子目	每吨 2～30 元
有色金属矿原矿	其具体包括铜矿石、铅锌矿石、铝土矿石、钨矿石、锡矿石、锑矿石及其他有色金属原矿等子目	稀土矿：每吨 0.4～60 元
		其他矿：每吨 0.4～30 元
固体盐	其是指用海、湖水或地下湖水晒制和加工出来呈现固体颗粒状态的盐。其具体包括海盐原盐、湖盐原盐和井矿盐	每吨 10～60 元
液体盐	液体盐俗称卤水，是指氯化钠含量达到一定浓度的溶液，是用于生产碱和其他产品的原料	每吨 2～10 元

需要注意的是，由于资源税是对在中国境内开采或生产应税产品的行为征收，所以进口的矿产品和盐不征收资源税。相应地，对出口应税产品也不免征或退还已纳资源税。

2)伴生矿、伴采矿、伴选矿的课税问题

伴生矿是指在同一矿床内，除主要矿种外，还含有多种可供工业利用的成分，这些成分即称为伴生矿。税法规定，以主产品的矿石名称作为应税品目，但在确定税额标准时，会适当考虑作为副产品的元素成分及有关因素。例如，攀枝花矿山公司开采的钒钛磁铁矿，只以其主产品元素——铁矿石作为应税品目，但在确定其铁矿石的资源等级高低和适用税额时，除考虑铁矿石资源的级差程度外，也考虑了钒钛作为副产品的附加值的情况。

伴采矿是指开采单位在同一矿区内开采主产品时，伴采出的非主产品元素的矿石。例如，铜矿山在同一矿区内开采铜矿石原矿时，伴采出铁矿石原矿，则伴采出的铁矿石原矿就称伴采矿。伴采矿属于资源税的征税范围。

伴选矿是指对矿石原矿中所含主产品进行选精矿的加工过程中，以精矿形式伴选出的副产品，对于以精矿形式伴选出的副产品不征收资源税。

3. 税率

各国对矿产、石油等资源征税，大致有三种形式：①按采矿区面积征收；②按产量或销售收入征收；③按资源丰瘠情况征收。我国资源税税制设计，兼顾资源价格、资源产量和资源丰瘠情况，分产品类型，采用幅度比例税率和定额税率。即对石油、天然气按销售额的5%～10%计税；对其他应税资源以“吨”、“克拉”、“立方米”或“千克”为计量单位确定了0.3～60元的幅度税额，税额幅度情况见表10-1。纳税人具体适用的税率，由财政部会同国务院有关部门在《资源税税目税率表》规定的税率幅度内，根据纳税人所开采或者生产应税产品的资源品位、开采条件等情况确定，详见《中华人民共和国资源税暂行条例实施细则》所附的《资源税税目税率明细表》和《几个主要品种的矿山资源等级表》①。

在确定适用税率时，还需要注意如下几点：

(1)财政部未列举名称且未确定具体适用税率的其他非金属矿原矿和有色金属矿原矿，由省、自治区、直辖市人民政府根据实际情况确定，报财政部和国家税务总局备案。

(2)《几个主要品种的矿山资源等级表》中未列举名称的纳税人适用税率的确定。纳税人具体的适用税率是依据《几个主要品种的矿山资源等级表》确定的。对于划分资源等级的应税产品，其《几个主要品种的矿山资源等级表》中未列举名称的纳税人适用的税率，由省、自治区、直辖市人民政府根据纳税人的资源状况，参照《资源税税目税率明细表》和《几个主要品种的矿山资源等级表》中确定的邻近矿山或者资源状况、开采条件相近矿山的税率标准，在浮动30%的幅度内核定，并报财政部和国家税务总局备案。

(3)开采或生产不同税目应税产品适用税率的确定。纳税人开采或者生产不同税目应税产品的，应分别核算不同税目应税产品的销售额或者销售数量；未分别核算或者不能准确提供不同税目应税产品的销售额或者销售数量的，从高适用税率。

(4)代扣代缴资源税适用税额的规定。独立矿山、联合企业收购与本单位矿种相同的未税矿产品，按照本单位相同矿种应税产品的单位税额，依据收购数量代扣代缴资源税。独立矿山、联合企业收购与本单位矿种不同的未税矿产品，以及其他收购单位收购的未税矿产品，按照收购地相同矿种规定的单位税额，依据收购数量代扣代缴资源税。收购地没有相同品种矿产品的，按收购地主管税务机关核定的单位税额，依据收购数量代扣代缴资源税。

此外，纳税人开采或者生产不同税目应税产品，原则上应分别核算不同税目产品的课税数量，分别适用税额计税。否则，从高适用税额计税。

10.1.3 计税方法及应纳税额的计算

1. 计税方法

由于1994年我国资源税开征的初衷是调节资源级差收入、促进公平竞争，加之当时的税收征管水平较低和资源价格相对稳定，所以资源税以产量和销售量为计税基数，实行分产品类别的定额税率，即从量定额征收。这种计税方法，不仅计算简单，而且便于管理。但是采取定额征收的方法，对于资源开采中的级差收入的征税政策不能体现出来，尤其当资源价格波动比较大时，资源税无法分享价格上涨收益，不利于资源的合理

① 受篇幅所限，本书未列示《资源税税目税率明细表》和《几个主要品种的矿山资源等级表》，详见2011年10月颁布的《中华人民共和国资源税暂行条例实施细则》的附件1和附件2。

开采和利用。因此，2011 年 9 月 30 日我国对资源税的计税方法进行了进一步调整，修改后的资源税对石油、天然气采用从价计征法，而其他应税资源则继续沿用从量计征法，即现行资源税采用了从价计征和从量计征两种计税方法。

按上述计税方法，资源税应纳税额的计算有如下两个公式：

应纳税额＝计税销售额×比例税率

应纳税额＝计税销售数量×单位税额

为准确计算应纳税额，必须正确核算销售额和销售数量。

2. 销售额的确定

所称销售额为纳税人将开采或生产的应税原油、天然气对外销售时，向购买方收取的全部价款和价外费用，但不包括收取的增值税销项税额。

价外费用，包括价外向购买方收取的手续费、补贴、基金、集资费、返还利润、奖励费、违约金、滞纳金、延期付款利息、赔偿金、代收款项、代垫款项、包装费、包装物租金、储备费、优质费、运输装卸费以及其他各种性质的价外收费。但下列项目不包括在内：

(1)同时符合以下条件的代垫运输费用：一是承运部门的运输费用发票开具给购买方的；二是纳税人将该项发票转交给购买方的。

(2)同时符合以下条件代为收取的政府性基金或者行政事业性收费：一是由国务院或者财政部批准设立的政府性基金，由国务院或者省级人民政府及其财政、价格主管部门批准设立的行政事业性收费；二是收取时开具省级以上财政部门印制的财政票据；三是所收款项全额上缴财政。

纳税人以人民币以外的货币结算销售额的，应当折合成人民币计算。其销售额的人民币折合率可以选择销售额发生的当天或者当月 1 日的人民币汇率中间价。纳税人应在事先确定采用何种折合率计算方法，确定后 1 年内不得变更。

纳税人申报的应税产品销售额明显偏低并且无正当理由的、有视同销售应税产品行为而无销售额的，除财政部、国家税务总局另有规定外，按下列顺序确定销售额：

(1)按纳税人最近时期同类产品的平均销售价格确定；

(2)按其他纳税人最近时期同类产品的平均销售价格确定；

(3)按组成计税价格确定。组成计税价格为

组成计税价格＝成本×(1＋成本利润率)÷(1－税率)

其中，成本是指应税产品的实际生产成本，成本利润率由省、自治区、直辖市税务机关确定。

所谓视同销售，是指纳税人将开采或生产的应税产品用于连续生产应税产品以外的其他方面的行为，如将开采的原油无偿赠送给他人。

3. 销售数量的确定

1)基本规定

销售数量包括纳税人开采或者生产应税产品的实际销售数量和视同销售的自用数

量。纳税人开采或者生产的从量计征的应税产品，凡直接对外销售的，以实际销售数量为计税依据；纳税人开采或者生产应税产品，凡自用于连续生产应税产品的，不缴纳资源税；凡自用于其他方面的，应视同销售以自用数量为计税依据缴纳资源税。

2)特殊规定

第一，纳税人不能准确提供应税产品销售数量或移送使用数量的，以应税产品的产量或主管税务机关确定的折算比换算成的数量为课税数量。

采取折算比换算课税数量的具体规定如下：

(1)煤炭。对于连续加工前无法正确计算原煤移送使用数量的，可按加工产品的综合回收率，将加工产品实际销量和自用量折算成原煤数量作为课税数量。

(2)金属和非金属矿产品原矿。无法准确掌握纳税人移送使用原矿数量的，可将其精矿按选矿比折算成原矿数量作为课税数量。其计算公式为

选矿比＝精矿数量÷耗用原矿数量

【例 10-1】 某铜矿山某月销售铜矿石原矿 20 000 吨，移送入选精矿 4 000 吨，选矿比为 20%，适用的税额为 1.2 元/吨，计算该矿山应缴纳的资源税。

解：外销铜矿应纳资源税：20 000×1.2＝24 000(元)

移送使用铜矿应纳资源税：4 000÷20%×1.2＝24 000(元)

合计应纳资源税：24 000＋24 000＝48 000(元)

第二，原油中的稠油、高凝油与稀油划分不清或不易划分的，一律按原油稀油的数量课税。

第三，纳税人以液体盐加工固体盐，以加工的固体盐数量为课税数量。假如液体盐为外购的，其加工固体盐所耗用液体盐的已纳税额准予在其固体盐应纳税额中抵扣。

【例 10-2】 某盐场某月生产液体盐 25 万吨，销售自产液体盐 10 万吨，将自产液体盐 15 万吨和外购液体盐 16 万吨加工成 14 万吨固体盐，全部对外销售。计算该盐场当月应纳资源税(液体盐和固体盐单位税额分别为 3 元/吨和 12 元/吨)。

解：应纳资源税＝10×3＋14×12－16×3＝150(万元)

4. 资源税与增值税的关系

按现行税法规定，目前纳入资源税课税范围的资源是应税矿产品和盐，这两大类应税资源均具有有形可动的特点。同时，资源税是对开发利用应税资源的行为征税。而现行增值税的主要课税对象也是境内销售有形动产的行为。因此，可以得出结论，纳税人在对销售的应税资源缴纳资源税的同时，也应缴纳增值税。

不过在具体的计税方法上存在差别：除原油、天然气外，资源税采用从量计征法，以应税资源的销售数量为计税依据，而增值税采用从价计征法，以应税资源的销售额为依据，计算销项税额。

此外，还应特别注意的是，资源税一般只对源头环节的原生态资源征税，属于一次课征制，而增值税征收从应税资源的开采(或生产)销售环节一直延续至资源产品的零售

环节，属于多次课征制。

下面的例题可以帮助大家更好地理解两税之间的关系。

【例10-3】 某冶金独立矿山为增值税一般纳税人，某月有关业务如下：

(1)开采铁矿石8 000吨、锰矿石400吨，其中包括邻省非独立核算矿山开采的锰矿石50吨；收购未税铜矿石2 000吨，取得的增值税专用发票上注明的货款50万元，税金3.4万元，货款已支付。

(2)将收购的铜矿石800吨加工成铜锭，本月将加工铜锭的20%对外投资，承担投资风险；将加工铜锭的80%出售，取得不含税销售额172.8万元。

(3)将本地开采的一部分铁矿石移送生产精铁矿，共生产精铁矿400吨。

(4)采用分期收款方式销售精铁矿300吨，每吨不含税价格860元/吨，合同规定本月收回60%货款，其余款项7月15日之前收回，本月实际收回货款40%；采用托收承付方式销售锰矿石200吨(其中销售邻省矿山开采的50吨)，不含税单价300元/吨，开具了增值税专用发票。由于购货方资金紧张，对方只支付货款50%。

(注：开采企业所在地铁矿石资源税单位税额为3元/吨，铜矿石资源税单位税额为1元/吨，锰矿石资源税单位税额为3.2元/吨；邻省锰矿石资源税单位税额为3.5元/吨，未税铜矿开采地铜矿石资源税单位税额为2元/吨；精矿的选矿比为60%；本月购进货物取得的相关票据，符合条件的均在本月通过认证并抵扣。)

根据上述资料和税法的有关规定，回答下列问题：

(1)计算该独立矿山当月应代扣代缴资源税；

(2)计算该独立矿山当月应缴纳的资源税；

(3)计算该独立矿山当月应缴纳的增值税。

解：(1)该独立矿山当月应代扣代缴资源税＝2 000×1＝2 000(元)

(2)该独立矿山当月应缴纳的资源税

＝300÷60%×40%×3＋150×3.2＋50×3.5＝1 255(元)

(3)该独立矿山当月应缴纳的增值税

＝172.80÷80%×17%＋(300×860×60%＋200×300)×17%÷10 000－3.4≈36.97(万元)

10.2 土地增值税

土地增值税法是指国家制定的用以调整土地增值税征收与缴纳之间权利及义务关系的法律规范。我国现行土地增值税的基本规范，是1993年12月13日国务院颁布的《中华人民共和国土地增值税暂行条例》(简称《土地增值税暂行条例》)。

10.2.1 土地增值税概述

1. 土地增值税的概念及产生

土地增值税是对有偿转让国有土地使用权及地上建筑物和其他附着物产权，并取得增值收益的单位和个人所征收的一种税。

土地增值税由英国资产阶级经济学家约翰·斯图亚特·穆勒首创。世界上最早把土地增值税理论用于实践的国家是德国和英国。在德国，土地增值税的征收一波三折，而在英国却以失败而告终。可见，土地增值税在执行中绝非易事。

我国最早实施土地增值税的是1898年德国人占领的胶州地区。新中国成立以来，我国对城市土地长期实行无偿的指令性划拨和无限期使用的管理制度，故很长时间无土地增值税之说。改革开放后，原有无偿使用国家土地的制度逐步向有偿使用的方向转化。为了规范土地、房地产市场交易秩序，合理调节土地增值收益，维护国家权益，国务院于1993年12月13日发布了《土地增值税暂行条例》，于1994年1月1日起在全国正式开征。

土地增值税的开征，对于规范房地产市场交易秩序，建立公平、公正竞争的市场机制，对于增加地方财政收入，夯实"分税制"财政体制基础，对于促进土地资源的合理配置，防止国有土地收益的流失等具有重要的意义。

2. 土地增值税的特点

(1)以转让房地产取得的增值额为征税对象。土地增值税和营业税都是基于纳税人转让房地产的行为课征的税种，但二者之间又有明显区别，营业税对转让土地使用权和销售不动产取得的收入分别征税，而土地增值税属于"土地转移增值税"的类型，将土地、房屋的转让增值额合并征收。作为计税依据的土地增值额有两种计算方法：对于新建房的转让，以转让房地产的收入减除税法规定准予扣除项目金额后的余额确定增值额；对于旧房及建筑物的转让，以及纳税人转让房地产申报不实、成交价格偏低的，采用评估价格法确定增值额。

(2)征税面比较广。凡在我国境内转让房地产并取得增值收入的单位和个人，除税法规定免税的外，均应依照税法规定缴纳土地增值税。

(3)实行超率累进税率。土地增值税的税率以转让房地产的增值率高低为依据，按照累进原则设计，实行分级设率。增值率高的，适用的税率高、多纳税；增值率低的，适用的税率低、少纳税。

(4)实行按次征收。土地增值税在房地产发生转让的环节，实行按次征收，每发生一次转让行为，就应根据每次取得的增值额征一次税。

10.2.2 纳税人、征税范围和税率

1. 纳税人

土地增值税的纳税人为在我国境内转让国有土地使用权、地上建筑物及其附着物产权并取得收入的单位和个人。概括起来，不论自然人和法人，不论经济性质，不论内资与外资企业、中国公民与外籍个人，不论部门，只要有偿转让房地产，都是土地增值税的纳税人。

2. 征税范围

土地增值税以转让国有土地使用权及地上建筑物和附着物产权并取得收入的行为为征

税范围。所谓国有土地使用权，是指土地使用人根据国家法律、合同等的规定，对国家所有的土地享有的使用权利。所谓地上建筑物，是指建于土地上的一切建筑物，包括地上地下的各种附属设施。所谓附着物，是指附着于土地上、不能移动，一经移动即遭损坏的种植物、养殖物及其他物品。纳入土地增值税征税范围的行为，必须同时具有如下条件：

第一，行为对象必须是国有土地使用权。土地增值税只对单独转让国有土地使用权，以及连带地上建筑物和附着物一起转让国有土地使用权的行为课税。至于集体所有土地，按现行规定需先由国家征用后才能转让使用权用于非农业建设，自行转让集体土地使用权用于非农业建设的行为是一种违法行为，应由有关部门依照相关法律规定来处理，而不应纳入土地增值税的征税范围。

第二，行为方式必须是转让。将土地转给他人使用，但不变更土地使用权属的行为，如土地使用权的抵押、出租等行为，则不属于应税范围。此外，在我国非集体所有土地的所有权始终都归国家所有，可以转让的只能是土地使用权，国家显然是土地使用权的初始转让者。为了避免混淆，税法将国家在一级市场上转让土地使用权的行为特称为“出让”，并规定土地使用权的出让不是应税行为。

第三，行为结果必须是取得收入。土地增值税只对取得收入的国有土地使用权转让行为征税，对以继承、赠与等方式无偿转让国有土地使用权以及地上建筑物和附着物的行为则不征收土地增值税。

由于纳税人的行为只有同时满足上述三个条件才属于土地增值税的征税范围，于是就有一些纳税人以不办理土地使用权属证书等方式来规避土地增值税。为了防止税收流失，税法按照实质重于形式的原则，对征税范围又做了如下补充规定：土地使用者抵押、置换或以其他方式处置土地，只要土地使用者享有占有、使用、收益或处分该土地的权利，且有合同等证据表明其实质取得了相应的经济利益，无论是否办理土地使用权证，相关当事人都必须缴纳土地增值税(国税函【2007】645号)。这在一定程度上修改了上述第二个条件。

3. 税率

土地增值税采用四级超率累进税率(详见表10-2)。实行这样的税率结构和负担水平，一方面，可以通过较低的优惠税率体现国家对正常的房地产开发经营行为的支持；同时，也可以通过高税率，对炒买炒卖房地产的暴利行为进行调控。

表10-2 土地增值税四级超率累进税率(单位：%)

级数	增值额与扣除项目金额的比率	税率	速算扣除系数
1	不超过50%的部分	30	0
2	超过50%～100%的部分	40	5
3	超过100%～200%的部分	50	15
4	超过200%的部分	60	35

10.2.3 计税依据的确定

土地增值税以转让房地产的增值额为税基，转让房地产的增值额，是纳税人转让房地产的收入减除税法规定的扣除项目金额后的余额。土地增值额的大小，取决于转让房地产的收入额和扣除项目金额两个因素。对这两个因素的内涵、范围和确定方法等，税法做了较为明确的规定。

1. 收入额的确定

1)转让收入额

转让收入额主要是指纳税人转让房地产所取得的各种收入，包括货币收入、实物收入和其他收入在内的全部价款及有关的经济利益，不允许从中减除任何成本费用。对取得的实物收入，按收入时的市场价格折算成货币收入；对取得的无形资产收入，需在专业评估的基础上折算成货币收入。

房地产开发企业将开发产品用于职工福利、奖励、对外投资、分配给股东或投资人、抵偿债务、换取其他单位和个人的非货币性资产等方面时，应视同销售房地产，按下列方法和顺序确认计税收入额：第一，按该企业在同一地区、同一年度销售的同类房地产的平均价格确定；第二，由主管税务机关参照当地当年同类房地产的市场价格或评估价格确定。

2)评估价格

假如纳税人隐瞒、虚报房地产成交价格的，或转让房地产的成交价格明显低于评估机构通过市场比较法进行房地产评估时所确定的正常市场交易价，并且纳税人又不能提供有效凭据或无正当理由进行解释的，以评估价格作为计税收入额。所谓评估价格，是指由政府批准设立的房地产评估机构根据相同地段、同类房地产进行综合评定，并经当地税务机关确认的价格。

隐瞒、虚报房地产成交价格的情况主要有如下两种：一是指纳税人不报转让房地产的成交价格，即根本不申报；二是指纳税人有意低报转让土地使用权、地上建筑物及其附着物价款，即少申报。

对隐瞒、虚报房地产成交价格的，评估价格的确定方法为

$$\text{房地产评估价格}=\text{交易实例房地产价格}\times\text{实物状况因素修正}\times\text{权益因素修正}\times\text{区域因素修正}\times\text{其他因素修正}$$

2. 扣除项目及金额的确定

在计算房地产转让的增值额时，允许从房地产转让收入总额中扣除的项目及其金额，依转让房地产的情形不同而有所差异。

1)转让新房

所谓新房，是指建成后未使用的房产，其扣除项目主要包括如下内容：

第一，取得土地使用权所支付的金额。取得土地使用权所支付的金额是指纳税人为取得土地使用权支付的地价款和按国家统一规定缴纳的有关费用之和。其中，取得土地使用权所支付的金额可以有如下三种形式：以出让方式取得土地使用权的，为支付的土地出让金；以行政划拨方式取得土地使用权的，为转让土地使用权时按规定补缴的出让金；以转让方式取得土地使用权的，为支付的地价款。

第二，开发土地和新建房及配套设施的成本(简称房地产开发成本)。房地产开发成本是指纳税人开发房地产项目实际发生的成本，这些成本允许按实际发生数扣除。其主要包括土地征用及拆迁补偿费、前期工程费、建筑安装工程费、基础设施费、公共配套设施费、开发间接费用等。

第三，开发土地和新建房及配套设施的费用(简称房地产开发费用)。房地产开发费用是指与房地产开发项目有关的销售费用、管理费用、财务费用。根据现行财务会计制度的规定，这三项费用作为期间费用，直接计入当期损益，不按成本核算对象进行分摊。故作为土地增值税扣除项目的房地产开发费用，不按纳税人房地产开发项目实际发生的费用进行扣除，而按税法规定的标准进行扣除。具体分为以下两种情形：

(1)纳税人能够按转让房地产项目计算分摊利息支出，并能提供金融机构的贷款证明的，其允许扣除的房地产开发费用如下：利息+(取得土地使用权所支付的金额+房地产开发成本)×5%以内[①](注：利息最高不能超过按商业银行同类同期贷款利率计算的金额)。

(2)纳税人不能按转让房地产项目计算分摊利息支出或不能提供金融机构贷款证明的，其允许扣除的房地产开发费用如下：(取得土地使用权所支付的金额+房地产开发成本)×10%以内。

需要解释的是，计算扣除的具体比例由省、自治区、直辖市人民政府规定。

此外，财政部、国家税务总局还对扣除项目金额中利息支出的计算问题做了两点专门规定：①利息的上浮幅度按国家的有关规定执行，超过上浮幅度的部分不允许扣除；②对于超过贷款期限的利息部分和加罚的利息不允许扣除。

第四，与转让房地产有关的税金。其是指在转让房地产时缴纳的营业税、印花税、城建税，教育费附加也可视同税金扣除。

房地产开发企业按照《施工、房地产开发企业财务制度》的有关规定，其缴纳的印花税列入管理费用，印花税不再单独扣除。房地产开发企业以外的其他纳税人在计算土地增值税时，允许单独扣除在转让房地产环节缴纳的印花税。

第五，财政部确定的其他扣除项目。为了抑制炒买炒卖房地产的投机行为，保护正常开发投资者的积极性，现行税法规定，对从事房地产开发的纳税人可按取得土地使用权时所支付的金额和房地产开发成本之和，加计20%扣除。

2)转让旧房

所谓旧房，是指使用一定时间或达到一定磨损程度的房产。按现行税法规定，纳税人转让旧房的，应按旧房及建筑物的评估价格、取得土地使用权所支付的地价款和按国家统

① 此处公式中的“5%以内”和下述公式中的“10%以内”是对房地产开发费用总额的限制。

一规定缴纳的有关费用以及在转让环节缴纳的税金作为扣除项目金额计算土地增值额。

需要解释的是：①“旧房及建筑物的评估价格”是指转让已使用过的房屋及建筑物时，由政府批准设立的房地产评估机构评定的重置成本价乘以成新度折扣率后的价格，评估价格须经当地税务机关确认。对于个人购入房地产再转让的，其在购入环节缴纳的契税，已经包含在旧房及建筑物的评估价格之中，计算土地增值税时，不另作为与转让房地产有关的税金予以扣除。②对取得土地使用权时未支付地价款或不能提供已支付的地价款凭据的，不允许扣除取得土地使用权时所支付的金额。③纳税人转让旧房及建筑物时，因计算土地增值税需要对房地产进行评估，其支付的评估费用允许在计算土地增值税时予以扣除。但是，对纳税人因隐瞒、虚报房地产成交价格等情形而按房地产评估价格计算征收土地增值税时所发生的评估费用，则不允许在计算土地增值税时予以扣除。

3)转让土地使用权

对取得土地使用权后，未进行房地产开发即转让的，在计算土地增值税时，只允许扣除取得土地使用权时支付的地价款、缴纳的有关费用，以及在转让环节缴纳的税金，不得享受财政部对从事房地产开发纳税人的加计扣除优惠。这样规定的目的，主要是抑制炒买炒卖地皮的投机行为。

在土地增值税纳税申报中，纳税人往往不据实提供扣除项目金额，而是虚增被转让房地产扣除项目的内容或金额，使税务机关无法从纳税人方面了解计征土地增值税所需的正确的扣除项目金额，以达到通过虚增成本偷税的目的。对此，税法规定，对于纳税人申报扣除项目金额不实的，应由评估机构对该房屋按照评估出的房屋重置成本价，乘以房屋的成新度折扣率，确定房产的扣除项目金额，并用该房产所坐落土地取得时的基准地价或标定地价来确定土地的扣除项目金额，房产和土地的扣除项目金额之和即为该房地产的扣除项目金额。

10.2.4 应纳税额的计算

1. 基本计算公式

土地增值税按照纳税人转让房地产所取得的增值额和规定的税率计算征收。土地增值税的计算公式为

$$应纳税额 = \sum(每级距的土地增值额 \times 适用税率)$$

但在实际工作中，分步计算比较繁琐，一般可以采用速算扣除法计算。即计算土地增值税税额，可按土地增值额乘以适用税率减去扣除项目金额乘以速算扣除系数的简便方法计算，具体公式为

$$应纳税额=土地增值额\times适用税率-扣除项目金额\times速算扣除系数$$

2. 具体计算方法

不同课税情形下，土地增值税计算的具体方法有所差异。

1)转让土地使用权和出售新建房及配套设施应纳税额的计算

转让土地使用权和出售新建房及配套设施的情况在征管实践中较为普遍，可根据上述计税原理，分四步计算应纳税额。

第一步，计算土地增值额。

土地增值额＝收入额－扣除项目金额

第二步，计算增值率。

增值率＝土地增值额÷扣除项目金额×100％

第三步，确定适用税率。依据计算的增值率，查表10-2确定适用税率。

第四步，计算应纳税额。其计算公式同本节“基本计算公式”。

【例10-4】 某房地产开发公司出售一幢写字楼，收入总额为10 000万元。开发该写字楼有关支出如下：支付地价款及各种费用1 000万元；房地产开发成本3 000万元；财务费用中的利息支出为500万元(可按转让项目计算分摊并提供金融机构证明)，但其中有50万元属加罚的利息；转让环节缴纳的有关税费共计为555万元；该单位所在地政府规定的其他房地产开发费用计算扣除比例为5％。试计算该房地产开发公司应纳的土地增值税。

解：(1)计算土地增值额。

取得土地使用权支付的地价款及各种费用为1 000万元；

房地产开发成本为3 000万元；

房地产开发费用：500－50＋(1 000＋3 000)×5％＝650(万元)；

允许扣除的税费为555万元；

从事房地产开发的纳税人加计扣除20％；

加计扣除额：(1 000＋3 000)×20％＝800(万元)；

允许扣除的项目金额合计为6 005(万元)；

土地增值额：10 000－6 005＝3 995(万元)。

(2)计算增值率。

增值率＝3 995÷6 005×100％≈66.53％

(3)确定增值率。

因为增值率50％＜66.53％＜100％，所以适用税率为40％，速算扣除率为5％。

(4)计算应纳土地增值税。

应纳税额＝3 995×40％－6 005×5％＝1 297.75(万元)

2)出售旧房及建筑物应纳税额的计算

出售旧房及建筑物应纳税额的计算步骤与新建房基本相同，差异在于房地产扣除项目金额是按评估价格及有关因素计算确定的。其中，评估价格为房屋重置成本价与成新度折扣率的乘积。

【例10-5】 某工业企业转让一幢20世纪90年代建造的厂房，当时造价100万元，无偿取得土地使用权。如果按现行市场价的材料、人工费计算，建造同样的房子需600万元，该房子为七成新，按500万元出售，支付有关税费计27.5万元。计算企业转让旧房应缴纳的土地增值税税额。

解：评估价格：600×70%=420(万元)；

允许扣除的税费为27.5万元；

扣除项目金额合计：420+27.5=447.5(万元)；

增值额=500−447.5=52.5(万元)；

增值率=52.5÷447.5×100%≈11.73%；

应纳税额=52.5×30%−447.5×0=15.75(万元)。

3)特殊售房方式应纳税额的计算

房地产业经营方式较为特殊，征收管理难度也比较大，其中，最突出的是纳税人成片受让土地使用权后分期分批开发、转让房地产，以及纳税人采取预售方式出售商品房。为了加强土地增值税的征收管理，堵塞漏洞，保证税收及时足额入库，现行税法规定，土地增值税以纳税人房地产成本核算的最基本核算项目或核算对象为单位计算。依据这项原则，对上述两种经营方式采取了先按比例征收，然后清算的办法。具体方法如下：

纳税人成片受让土地使用权后，分期分批开发、转让房地产的，对允许扣除项目的金额可按转让土地使用权的面积占总面积的比例计算分摊。若按此办法难以计算或明显不合理，也可按建筑面积或税务机关确认的其他方式计算分摊。

按转让土地使用权的面积占总面积的比例计算分摊扣除项目金额的计算公式为

$$\frac{\text{扣除项}}{\text{目金额}}=\frac{\text{扣除项目}}{\text{总金额}}\times\frac{\text{转让土地使用权的}}{\text{面积或建筑面积}}\div\frac{\text{受让土地使用}}{\text{权的总面积}}$$

纳税人采取预售方式出售商品房，在计算缴纳土地增值税时，可按买卖双方签订预售合同所载金额计算出应纳土地增值税税额，再根据每笔预收款占总销售价款的比例计算每次所需缴纳的土地增值税税额，在每次预收款时计征土地增值税。其计算公式为

每次应纳税额=土地增值税总额×每笔预收款÷总销售价款

3. 先预征后清算应纳税额的计算方法

土地增值税的计税依据以出售房地产的总收入减除扣除项目金额计算求得，其金额的确定以转让房地产的竣工清算为前提。假如转让和销售的房地产项目能够一次性确定收入和扣除项目金额，土地增值税可采取据实征收方式。但现实中，由于主、客观的原因，大量的房地产开发企业往往存在迟迟不对开发项目进行竣工结算的情况，导致土地增值税无法及时征收入库。对此，国家对房地产开发企业的土地增值税往往采取“先预征、后清算、多退少补”的方式。即在项目全部竣工结算前，先按销售、转让房地产取得的各种收入和规定的预征率预征税款，待工程项目全部竣工结算后再进行清算，多退少补。预征及清算公式为

预缴税额=房地产销售收入(预收款或定金)×预征率

预征率由各省、自治区、直辖市地方税务局根据当地情况制定。

应补(应退)土地增值税税额＝应纳税额－预缴税额

案例研究10-1　　房地产公司要缴多少税

某市区房地产开发公司2008年开发商品房对外出售，具体情况如下：

(1)按转让产权合同取得收入4 000万元；

(2)支付取得土地使用权的金额800万元；

(3)开发成本1 500万元；

(4)开发费用250万元(当地政府规定开发费用的扣除比例为10%)。

该公司计算应缴纳的有关税金如下：

(1)应缴纳营业税＝4 000×5%＝200(万元)

(2)应缴纳城建税＝200×7%＝14(万元)

(3)应缴纳教育费附加＝200×3%＝6(万元)

(4)应缴纳印花税＝4 000×0.5‰＝2(万元)

(5)应缴纳土地增值税的计算如下：

扣除项目金额＝800＋1 500＋250＋222＋(800＋1 500)×20%＝3 232(万元)

增值额＝4 000－3 232＝768(万元)

增值率＝768÷3 232×100%≈24%

应缴纳土地增值税＝768×30%－3 232×0＝230.4(万元)

(6)应缴纳企业所得税＝(4 000－3 232－230.4)×25%＝134.4(万元)

要求：

1. 根据上述核算资料，分析该公司计算应缴纳的各种税费是否正确及错在何处。

2. 准确计算该公司应缴纳的各种税费。

【解析】

1. 公司自行计算的应缴营业税、城建税、教育费附加、印花税正确，土地增值税、企业所得税错误。

(1)计算土地增值额时，其开发费用应按照当地政府规定的比例计算扣除，而企业按照实际数扣除。

(2)按照规定，房地产开发公司缴纳的印花税，应记入其“管理费用”账户中，计算土地增值额时不再单独扣除。如果转让时印花税未记入其“管理费用”，可进行扣除。

(3)公司在计算企业所得税时，扣除金额中含有计算土地增值额时的加计扣除金额，加计扣除金额允许作为计算土地增值额时的扣除数，企业所得税的扣除项目中没有该项规定。

2. 应缴纳的土地增值税、企业所得税计算如下：

(1)土地增值税。

①扣除项目金额＝800＋1 500＋(800＋1 500)×10%＋220＋(800＋1 500)×20%
　　　　　　　＝3 210(万元)

②增值额=4 000−3 210=790(万元)

③增值率=790÷3 210×100%≈25%

④应缴纳土地增值税=790×30%−3 210×0=237(万元)

(2)企业所得税。

①应纳税所得额=4 000−800−1 500−250−220−237=993(万元)

②应缴纳企业所得税=993×25%=248.25(万元)

10.2.5 税收优惠

为了促进房地产开发结构的调整，改善城镇居民的居住条件，并有利于城市改造规划的实施，《土地增值税暂行条例》及其他有关法规规定了相应的减免税项目。

下列项目经过纳税人申请，当地主管税务机关审批，可以免征土地增值税：

(1)纳税人建造普通标准住宅，其增值额未超过扣除项目金额20%的；

(2)因城市实施规划、国家建设的需要依法被政府征用、收回房地产的；

(3)因城市实施规划、国家建设的需要而搬迁，由纳税人自行转让原房地产的；

(4)个人之间互换自有居住用房地产的；

(5)从2008年11月1日起，对居民个人转让住房一律免征土地增值税；

(6)企事业单位、社会团体以及其他组织转让旧房作为改造安置住房房源且增值额未超过扣除项目金额20%的。

同时，下列情形可以暂免征收土地增值税：

(1)以房地产进行投资、联营，联营一方以房地产作价入股或作为联营条件，将房地产转让到所投资、联营的企业中的；

(2)一方出地、一方出资，合作建房后按照比例分房自用的；

(3)企业兼并中，被兼并企业将房地产转让到兼并企业中的；

(4)对企事业单位、社会团体以及其他组织转让旧房作为公租房房源，且增值额未超过扣除项目金额20%的，自2010年9月起3年内免征土地增值税。

案例研究10-2　　追加投资　少缴税款

家美乐房地产公司一在建小区的相关涉税信息如下：土地使用权费用和开发成本费用为20 800万元，不能提供金融机构贷款证明。建成普通住宅可售面积10万平方米，预计销售均价为3 500元/平方米，销售收入35 000万元。缴纳的营业税为1 750万元，城建税及教育费附加为175万元。在项目竣工之前，该公司税务顾问提出了进一步美化绿化整个小区的追加投资建议：在小区中心花园建一个喷泉，在靠近马路的地方建隔音带，合计须追加投资300万元。试从税收筹划的角度分析，该公司是否应接受这一追加投资建议？

分析：假如公司直接按现状开发销售。其中计算土地增值税的扣除项目金额为20 800×(1+10%+20%)+1 750+175=28 965(万元)，增值额为35 000−28 965=6 035(万元)，增值率为20.8%，应缴纳的土地增值税为6 035×30%=1 810.5(万元)。

假如公司接受税务顾问的小区绿化建议，则计算土地增值税的可扣除项目金额为(20 800＋300)×(1＋10％＋20％)＋1 750＋175＝29 355(万元)，增值额为35 000－29 355＝5 645(万元)，增值率为19.2％，正好符合税收优惠政策，可以免缴土地增值税。

房地产公司追加300万元投资，不仅进一步美化小区居住环境和提高小区配套设施档次，同时少缴1 810.5万元的土地增值税，产生了巨大的经济效益和社会效益。基于此，房地产公司应接受税务顾问的追加投资建议。

这一案例，实质上是房地产行业土地增值税税收筹划的一个缩影。土地增值税税率为四级超率累进税率，税率从30％到60％，增值额越多，税率越高。此外土地增值税还有一些税收优惠政策。土地增值税筹划的基本思路是根据土地增值税的税率特点及有关优惠政策，控制增值额，从而适用低税率或享受免税待遇。而控制增值额的方法主要为减少收入、增加成本。例如，将装修收入从收入中分解出去，或适当增加开发项目的投资。

10.2.6 征收管理

我国的土地增值税制度早在1994年就已制定，按规定，土地增值税需要等到开发房地产发售完毕项目清算结束后才可以准确计税。由于房地产开发项目周期较长，同时开发企业的成本核算存在较大的技术难题以及没有严格的征缴时限，大部分地区采取先预征后清算的办法，即在开发过程中按预售商品房收入的一定比例征收，到项目开发结束再进行清算。即土地增值税的征管实质上采用的是“先预缴、后清算、多退少补”的制度。从执行情况看，全国各地的土地增值税预缴制度可谓五花八门：深圳直到2005年才首次对普通住宅和别墅、度假村、酒店式公寓等分别按销售收入的0.5％和1％预征税款；上海一直不分房产类别统一按销售额的1％预征。而土地增值税的清算工作因为难度大，某些地区对土地增值税的征收管理产生畏难情绪，还有些地区误信土地增值税要停征，而放松了征收管理，土地增值税税款流失严重。这些现象的存在，一方面，造成税法实施大打折扣，严重削弱了税法威严；另一方面，大量应收未收税款长期被企业无偿占用，在一定程度上刺激了房地产市场发展，哄抬了房价。与其他税种相比，加强土地增值税的征管显得尤为重要。不仅因为加强土地增值税的征管，有助于营造房地产行业良好的税收秩序，而且对促进房地产市场的健康发展意义重大。2010年国家把遏制房价过快上涨作为宏观调控的重要目标，这使得土地增值税的征管工作重要性更是提高到了前所未有的高度。下面将对现行土地增值税征管制度作一介绍。

1. 纳税地点

土地增值税由房地产所在地的主管税务机关负责征收。所谓“房地产所在地”，是指房地产的坐落地。不论纳税人的机构所在地、经营所在地、居住所在地设在何处，均应在房地产的所在地申报纳税。

2. 纳税申报

根据《土地增值税暂行条例》规定，纳税人应自转让房地产合同签订之日起7日内，向房地产所在地的主管税务机关办理纳税申报，同时向税务机关提交房屋及建筑物产权、土地使用权证书、土地转让、房产买卖合同、房地产评估报告及其他与转让房地产有关的资料，然后在税务机关核定的期限内缴纳土地增值税。纳税人因经常发生转让房地产行为而难以在每次转让后申报的，经税务机关审核同意后，可以定期进行纳税申报，具体期限由税务机关根据情况确定。

此外，对于纳税人预售房地产所取得的收入，凡当地税务机关规定预征土地增值税的，纳税人应到主管税务机关办理纳税申报，并按规定比例预交，待办理决算后，多退少补；凡当地主管税务机关规定不预征土地增值税的，也应在取得收入时先到税务机关登记或备案。

3. 征收缴纳

土地增值税由地方税务局负责征收。土地管理部门、房地产管理部门应向税务机关提供相关房屋及建筑物产权、土地使用权、房地产评估价格、土地出让金额数及权属变更等方面的资料。如果纳税人没有按照规定缴纳土地增值税，土地管理部门和房地产管理部门不能办理有关权属变更登记。

除了上述基本的税收征管制度外，近年来，国家税务总局出台了一系列税收征管方面的政策措施，以期加强土地增值税的征收管理，同时充分发挥税收对房地产市场的调节作用。具体规定如下：

(1)进一步完善土地增值税的征收管理制度和操作规程，建立健全土地增值税的纳税申报制度、健全和完善房地产项目管理制度、完善土地增值税预征和清算制度等。

(2)为了充分发挥土地增值税在预征阶段的调节作用，进一步完善土地增值税的预征办法，2010 年 6 月 3 日《关于加强土地增值税征管工作的通知》(国税发【2010】53 号)规定，除保障性住房外，东部地区省份预征率不得低于 2%，中部和东北地区省份不得低于 1.5%，西部地区省份不得低于 1%。对尚未预征或暂缓预征的地区，应切实按照税收法律法规开展预征，确保土地增值税在预征阶段及时、充分发挥调节作用。

(3)为了提高土地增值税清算效果，国家税务总局就房地产开发企业开发产品的完工条件进行了规定(国税函【2010】201 号)，国税发【2009】91 号文件以及国税函【2010】220 号文件进一步细化土地增值税清算操作办法，完善清算流程，严格审核房地产开发项目的收入和扣除项目，提升清算水平。

(4)各级税务机关要在当地政府支持下，继续加强与国土资源、住房建设等有关部门协调配合，共同搞好土地增值税的征收管理。

上述一系列规定分别从预征、开发完工、清算三个环节加强了土地增值税的征缴，意味着 16 年未贯彻到位的土地增值税将迎来严征管时代。

专栏 10-2　　从严土地增值税能否撼动高房价

遏制房价过快上涨，无疑是 2010 年国家宏观调控的重要目标。从 2010 年 1 月 10 日的“国十一条”(即国务院发布的《关于促进房地产市场平稳健康发展的通知》)到 4 月

17日的“国十条”(即国务院发布的《关于坚决遏制部分城市房价过快上涨的通知》)，国家在房地产宏观调控方面的政策越来越多、越来越严。在紧锣密鼓的宏观调控中，拥有宏观调控重要杠杆的国家税务总局自然不能缺席。不仅传说中的房产税让大家争吵不休、寝食难安，有关土地的税收政策也连续出台。尤其近期，有关土地增值税的文件在20天内密集出台：5月12日发布《关于房地产开发企业产品完工条件确认的通知》，5月19日发布《关于土地增值税清算有关问题的通知》，6月3日发布《关于加强土地增值税征管工作的通知》，这三个文件分别从产品完工条件、清算、预征三个环节加强土地增值税的征缴。在此背景下，国家税务总局密集出台土地增值税的文件，引起了广泛关注。山雨欲来，房地产行业再次绷紧了神经，而已经丧失置业信心的置业者重新点燃了置业的希望。那么，加强土地增值税预征、清算真能遏制房价过快上涨吗?

从理论上讲，通常所说的房地产市场，包括两个层面的市场：即土地市场和房屋市场。影响房子价格的，是房子的供应和需求；影响土地价格的，是土地的供应和需求。如果宏观调控主要以遏制房价过快上涨为目的，那么，调控措施应该主要在影响房子的供应和需求上发力，这样才会更直接、更有效。国家税务总局有关土地增值税的三个文件，分别从产品完工条件、清算、预征三个环节加强对土地增值税的征缴，这一方面有利于促使开发商加快开发节奏，进而增加房子供给，但另一方面也会打击开发商拿地的积极性，进而影响到房子的长远供应，因此，从房子的供给层面分析，国家税务总局的举措能否达到遏制房价过快上涨的目的，现在恐怕还很难说。

我国房价高的根源在于，在现行国际货币体系安排下，我国地方政府主导区域经济的恶性竞争造成对资源、环境和人民健康的过分让度，即形成“血汗贸易顺差”，由此引来“噬血”的海外游资加剧了我国国际收支的失衡，并通过巨额外汇占款渠道对人民币的供应量形成强烈冲击，我国房地产市场最终成了货币泡沫的宣泄口。

地价高一定会导致房价高，但房价高并非一定是地价高之故。这些年来，我国房价高涨的原因之一是货币泡沫的拉动。国家税务总局加强土地增值税的征缴，肯定能从房地产泡沫盛宴中分得一杯巨羹，这显然有助于缓解我国目前财政收入资金的紧张状况。但是，对于房地产市场而言，国家税务总局的举措可以说没有触及房价之所以过快上涨的根本，因此，从房子的需求层面来说，国家税务总局的三个文件对遏制房价过快上涨起不到多少作用。

资料来源：张牡霞．各地从严清算土地增值税　能否撼动高房价？上海证券报，2010-04-05；王子鹏．专访章林晓：土地增值税难遏房价．地产中国网，2010-06-08，经整理。

10.3 城镇土地使用税

城镇土地使用税法是指国家制定的调整城镇土地使用税征收与缴纳之间权利及义务关系的法律规范。现行城镇土地使用税法的基本规范，是2006年12月31日国务院修改并颁布的《中华人民共和国城镇土地使用税暂行条例》(简称《城镇土地使用税暂行条例》)。

10.3.1 城镇土地使用税概述

1. 城镇土地使用税的概念

城镇土地使用税是以国有土地为征税对象，对拥有土地使用权的单位和个人，就其实际占用的土地面积按规定税额征收的一种税。

开征城镇土地使用税，有利于通过经济手段，加强对土地的管理，变土地的无偿使用为有偿使用，促进合理、节约使用土地，提高土地使用效益；有利于适当调节不同地区、不同地段之间的土地级差收入，促进企业加强经济核算，理顺国家与土地使用者之间的分配关系。

2. 城镇土地使用税的特点

(1)对占用土地的行为征税。广义上，土地是一种财产，对土地课税在国外属于财产税。但是，根据我国宪法规定，城镇土地的所有权归国家，单位和个人对占用的土地只有使用权而无所有权。因此，现行的城镇土地使用税实质上是对占用土地资源的行为课税，属于准财产税，而非严格意义上的财产税。

(2)征税范围设定限制。现行土地使用税征税范围限定在城市、县城、建制镇、工矿区。而农村的土地，未纳入征税范围。

(3)实行差别幅度税额。为了实现调节土地级差收入的课税目的，城镇土地使用税实行差别幅度税额。对不同城镇适用不同税额，对同一城镇的不同地段，根据市政建设状况和经济繁荣程度也确定不等的负担水平。

10.3.2 征税范围、纳税人和适用税率

1. 征税范围

城镇土地使用税的征税范围，包括城市、县城、建制镇和工矿区内的国家所有和集体所有的土地。其中，城市是指经国务院批准设立的市；县城是指县人民政府所在地；建制镇是指经省、自治区、直辖市人民政府批准设立的建制镇；工矿区是指工商业比较发达，人口比较集中，符合国务院规定的建制镇标准，但尚未设立建制镇的大中型工矿企业所在地。工矿区须经省、自治区、直辖市人民政府批准。

上述城镇土地使用税的征税范围中，城市的土地包括市区和郊区的土地，县城的土地是指县人民政府所在地的城镇的土地，建制镇的土地是指镇人民政府所在地的土地。建立在城市、县城、建制镇和工矿区以外的工矿企业则不需缴纳城镇土地使用税。另外，自 2009 年 1 月 1 日起，公园、名胜古迹内的索道公司经营用地，应按规定缴纳城镇土地使用税。

2. 纳税人

在城市、县城、建制镇、工矿区范围内使用土地的单位和个人，为城镇土地使用税

的纳税人①。

由于在现实经济生活中，使用土地的情况十分复杂，为确保将城镇土地使用税及时、足额地征收入库，税法根据用地者的不同情况，对纳税人做了如下具体规定：

(1)拥有土地使用权的单位和个人为纳税人。

(2)拥有土地使用权的单位和个人不在土地所在地的，其土地的实际使用人和代管人为纳税人。

(3)土地使用权未确定或权属纠纷未解决的，其实际使用人为纳税人。

(4)土地使用权共有的，共有各方都是纳税人，由共有各方分别纳税。

3. 适用税率

城镇土地使用税实行地区分级幅度税额，具体规定见表 10-3。

表 10-3 城镇土地使用税税率

级别	人口[1)]/人	每平方米税额/元
大城市	50 万以上	0.5～10
中等城市	20 万～50 万	0.4～8
小城市	20 万以下	0.3～6
县城、建制镇、工矿区		0.2～4

1)纳入统计范围的人口是指登记在册的非农业正式户口人数

各省、自治区、直辖市人民政府应在法定税额幅度内，根据市政建设状况、经济繁荣程度等条件，确定所辖地区的适用税额幅度。经济落后地区，土地使用税的适用税额标准可适当降低，但降低额不得超过上述规定最低税额的 30%。经济发达地区的适用税额标准可以适当提高，但须报财政部批准。

土地使用税规定幅度税额主要是考虑到我国各地区存在着悬殊的土地级差收益，同一地区内不同地段的市政建设情况和经济繁荣程度也有较大的差别。把土地使用税税额定为幅度税额，拉开档次，而且每个幅度税额的差距规定为 20 倍。这样，各地政府在划分本辖区不同地段的等级、确定适用税额时，有选择余地，便于具体划分和确定。幅度税额还可以调节不同地区、不同地段之间的土地级差收益，尽可能地平衡税负。

10.3.3 计税依据及应纳税额的计算

1. 计税依据

城镇土地使用税以纳税人实际占用的土地面积(平方米)为计税依据。纳税人实际占用的土地面积按下列办法确定：

---

① 需要说明的是，2007 年 1 月 1 日以前，外商投资企业和外国企业不属于城镇土地使用税的纳税人；2007 年1 月 1 日以后，修订实施的城镇土地使用税将外商投资企业和外国企业纳入了城镇土地使用税的课税范围，这是我国内外税制统一的重要举措之一。

(1)由省、自治区、直辖市人民政府确定的单位组织测定土地面积的，以测定的面积为准。

(2)尚未组织测量，但纳税人持有政府部门核发的土地使用证书的，以证书确认的土地面积为准。

(3)尚未核发土地使用证书的，应由纳税人申报土地面积，据以纳税，待核发土地使用证以后再作调整。

2. 应纳税额的计算

城镇土地使用税依据纳税人实际占用的土地面积和适用单位税额计算。计算公式如下：

应纳税额＝计税土地面积(平方米)×适用税额

土地使用权由几方共有的，由共有各方按照各自实际使用的土地面积占总面积的比例，分别计算缴纳土地使用税。

纳税单位与免税单位共同使用、共有使用权土地上的多层建筑，对纳税单位可按其占用的建筑面积占建筑总面积的比例计征城镇土地使用税。

【例 10-6】 某市一商场坐落在该市繁华地段，企业土地使用证书记载占用土地的面积为 5 000 平方米，经确定属一等地段；该商场另设两个统一核算的分店均坐落在市区三等地段，共占地 4 000 平方米；一座仓库位于市郊，属五等地段，占地面积为 2 000 平方米；该商场自办托儿所占地面积 2 500 平方米，属三等地段。计算该商场全年应纳城镇土地使用税税额(一等地段年税额 4 元/平方米；三等地段年税额 2 元/平方米；五等地段年税额 1 元/平方米。当地规定托儿所占地面积免税)。

解：商场占地应纳税额：5 000×4＝20 000(元)

分店占地应纳税额：4 000×2＝8 000(元)

仓库占地应纳税额：2 000×1＝2 000(元)

商场自办托儿所按税法规定免税。

全年应纳土地使用税税额＝20 000＋8 000＋2 000＝30 000(元)

10.3.4 减免税优惠

根据《城镇土地使用税暂行条例》及有关规定，城镇土地使用税的减免税优惠主要体现在如下几个方面：

第一，非营利性组织自用的土地免征城镇土地使用税。如国家机关、人民团体、军队、由国家财政部门拨付事业经费的单位、宗教寺庙等自用的土地免征城镇土地使用税。所谓自用，是指免税单位本身的办公用地和公务用地。不过，免税单位自用的土地改变用途、纳税单位无偿使用免税单位的土地应依法纳税。

第二，营利性的组织将城镇土地用于公益事业，免征城镇土地使用税。如企业办的学校、医院、托儿所、幼儿园，其用地能与企业其他用地明确区分的，可享受免税优惠。

第三，公共用地免征城镇土地使用税，如公园、名胜古迹中供公共参观游览的用地及其管理单位的办公用地，市政街道、广场、绿化地带等公共用地，均可享受免税优惠。

第四，为了体现国家的产业政策，支持重点产业的发展，对石油、电力、煤炭等能源用地，民用港口、铁路等交通用地和水利设施用地，三线调整企业、盐场、采石场、邮电等一些特殊用地划分了征免税界限，并给予了一定的政策性减免照顾。如水利设施及管护用地、港口的码头用地、矿山的采石场、排土场、尾矿库、炸药库的安全区用地，免征城镇土地使用税。

第五，自2010年9月起3年内，对公租房建设期间用地及公租房建成后占地免征城镇土地使用税。在其他住房项目中配套建设公租房，依据政府部门出具的相关材料，可按公租房建筑面积占总建筑面积的比例免征建造、管理公租房涉及的城镇土地使用税。

第六，在商品住房等开发项目中配套建造安置住房的，依据政府部门出具的相关材料和拆迁安置补偿协议，按改造安置住房建筑面积占总建筑面积的比例免征城镇土地使用税。

除以上规定外，省、自治区、直辖市地方税务局有权确定的减免税的优惠主要如下：

(1)个人所有的居住房屋及院落用地。

(2)房地产管理部门在房租调整改革前已经租用的居民住房用地。

(3)免税单位职工家属的宿舍用地。

(4)民政部门设立的安置残疾人员占一定比例的福利企业用地。

(5)集体和个人办的各类学校、医院、托儿所和幼儿园用地。

专栏10-3　　改革探讨：房地产税改革与土地制度

中国改革现有的房地产税制度，开征统一规范的物业税，是大势所趋。新开征的物业税征税对象中是否应包括土地?

从国际做法看，不同国家的征税对象不同，有的国家只对土地征税，有的国家只对建筑物征税，大多数国家既对土地征税也对建筑物征税。而在具体设计中，有的将土地房屋合在一起征税，有的将土地房屋分别征税。由于世界许多国家土地是私有的，房产所有者同时也拥有其房产所在的土地所有权，因此将房产和土地合并在一起征税理所当然。而中国一个最大的特点是土地国有。购房者对房产和土地的权利是不同的，购房者拥有房产的所有权，但只拥有土地的使用权，并为此向国家缴纳多年的地租。将两种不同的权利合并在一起征税，似乎不太合适。在法理上，一个问题是土地使用者缴纳地租后是否要为其使用土地的行为纳税。在土地国有的情况下，如何设计最合理的税收制度是一个值得思考的问题。

反对土地并入计税的理由：房地产一般是每年增值的，但其实际增值只是土地的增值，因为土地之上的房产由于折旧，甚至可能是逐年贬值的。因此如果仅以房产作为税基，购房者的税负有可能是逐年减轻的。相反，如果以房地产作为税基，购房者的税负将逐年加重。而如果购房者不出售房产，只是使用，并不能享受土地增值的好处，因为土地增值最终属于国家。因此，将土地增值部分加到房产价值中对购房者征收房地产税，对购房者是不公平的。

赞同土地并入计税的理由：一方面，从操作的角度讲，仅对房产征税无疑在技术上有很大难度，因为交易时总是将房产和土地捆绑在一起，单独估计房产的价值是有困难的。因此如果考虑到操作难度，可以将土地和房产合在一起征税，以房地产的交易价格作为参考税基。因为土地是国有的，相当于土地使用者替国家缴纳土地税，而国家在收取的地租中将这部分土地税扣除掉，最终土地使用者的实际负担是一样的。另一方面，将土地包含于征税对象中的另一个好处是可以降低名义税率，而纳税者对税率更为敏感。税率的降低使得纳税人更容易接受税收征管，从而有助于降低物业税推行中的社会阻力，提高物业税征管效率。

10.4 耕地占用税

为了保护耕地资源，加强对土地的管理，体现和贯彻土地有偿使用政策，我国于2007年12月1日颁布了重新修订后的《中华人民共和国耕地占用税暂行条例》，自2008年1月1日起施行。

10.4.1 耕地占用税概述

耕地占用税是对占用耕地建房或从事其他非农业建设的单位和个人，就其实际占用的耕地面积征收的一种税。

耕地是土地资源中最重要的组成部分，是农业生产最基本的生产资料。我国人口众多，耕地资源相对较少，人多地少的矛盾十分突出，保护耕地意义重大。但是，由于过去长期实行非农业用地无偿使用制度，助长了乱占耕地的行为，浪费了大量的耕地，加剧了地少人多的矛盾。耕地占用税的开征，使那些占用耕地建房及从事其他非农业建设的单位和个人承担必要的经济责任，有利于政府运用税收经济杠杆调节他们的经济利益，引导他们节约、合理地使用耕地资源。这对于保护国土资源，促进农业可持续发展，以及强化耕地管理，保护农民的切身利益等，都具有十分重要的意义。

10.4.2 纳税人、征税范围和税率

1. 纳税人

耕地占用税以在我国境内占用耕地建房或从事非农业建设的单位和个人为纳税人。

2. 征税范围

耕地占用税的征税范围，包括纳税人为建房或从事其他非农业建设而占用的国家所有和集体所有的耕地。

所谓“耕地”是指用于种植农作物的土地，由于农作物包括粮食作物、经济作物、工业原料作物、饲料作物和药用作物等，因此耕地也包括菜地、园地。其中，园地包括花

圃、苗圃、茶园、果园、桑园和其他种植经济林木的土地。占用鱼塘及其他农用土地建房或从事其他非农业建设，视同占用耕地，征收耕地占用税。

占用已开发从事种植、养殖的滩涂、草场、水面和林地等从事非农业建设，由省、自治区、直辖市本着有利于保护土地资源和生态平衡的原则，结合具体情况确定是否征收耕地占用税。

此外，在占用之前三年内属于上述范围的耕地或农用土地，也视为耕地。农田水利占用耕地不征收耕地占用税。

3. 税率

耕地占用税在税率设计上采用了地区差别定额税率。具体规定如下：

(1)人均耕地不超过1亩(1亩＝666.7平方米)的地区(以县级行政区域为单位，下同)，每平方米为10～50元；

(2)人均耕地超过1亩但不超过两亩的地区，每平方米为8～40元；

(3)人均耕地超过两亩但不超过3亩的地区，每平方米6～30元；

(4)人均耕地超过3亩以上的地区，每平方米5～25元。

经济特区、经济技术开发区和经济发达、人均耕地特别少的地区，适用税额可以适当提高，但最多不得超过上述规定税额的50％。

国务院财政、税务主管部门根据人均耕地面积和经济发展情况确定各省、自治区、直辖市的平均税额，具体规定见表10-4。

表10-4 各省、自治区、直辖市(不包括港澳台地区)耕地占用税平均税额(单位：元/平方米)

地区	平均税额
上海	45
北京	40
天津	35
江苏、浙江、福建、广东	30
辽宁、湖北、湖南	25
河北、安徽、江西、山东、河南、重庆、四川	22.5
广西、海南、贵州、云南、陕西	20
山西、吉林、黑龙江	17.5
内蒙古、西藏、甘肃、青海、宁夏、新疆	12.5

各地适用税额，由省、自治区、直辖市人民政府在税额幅度内，根据本地区情况核定。各省、自治区、直辖市人民政府核定的适用税额的平均水平，不得低于表10-4规定的平均税额。

10.4.3 计税依据和应纳税额的计算

1. 计税依据

耕地占用税以纳税人实际占用的耕地面积为计税依据，按照规定的适用税额标准计算应纳税额，实行一次性从量定额征收。其计税依据为纳税人实际占用的耕地面积，计税单位为平方米。

2. 应纳税额的计算

耕地占用税应纳税额的计算公式为

应纳税额＝实际占用耕地面积(平方米)×适用定额税率

【例 10-7】 假设某市一家企业新占用 19 800 平方米耕地用于工业建设，所占耕地适用的定额税率为 20 元/平方米。计算该企业应纳的耕地占用税。

解：应纳税额＝19 800 平方米×20 元/平方米＝396 000(元)

由于耕地占用税属于一次性课征的税种，纳税人获准新征用耕地的，第 1 年应按前述规定计算缴纳耕地占用税；自批准征用之日起满 1 年后开始缴纳城镇土地使用税。

10.4.4 减免税优惠

1. 免税情形

(1)军事设施占用耕地。

(2)学校、幼儿园、养老院、医院占用耕地。

2. 减税情形

(1)铁路线路、公路线路、飞机场跑道、停机坪、港口、航道占用耕地，减按每平方米两元的税额征收耕地占用税。

根据实际需要，国务院财政、税务主管部门会同国务院有关部门，可以对上述情形免征或者减征耕地占用税。

(2)农村居民占用耕地新建住宅，按照当地适用税额减半征收耕地占用税。

农村烈士家属、残疾军人、鳏寡孤独以及革命老根据地、少数民族聚居区和边远贫困山区生活困难的农村居民，在规定用地标准以内新建住宅缴纳耕地占用税确有困难的，经所在地乡(镇)人民政府审核，报经县级人民政府批准后，可以免征或者减征耕地占用税。

免征或者减征耕地占用税后，纳税人改变原占地用途，不再属于免征或者减征耕地占用税情形的，应当按照当地适用税额补缴耕地占用税。

习题

一、判断题

1. 河北某联合企业到河南收购未税矿产品，应回河北核算地缴纳代扣代缴的资源税(　　)

2. 由于对进口应税矿产品不征资源税，相应地，对出口应税产品也不免征或退还已缴纳的资源税(　　)

3. 原油中的稠油、高凝油与稀油划分不清或不易划分的，一律按稠油的数量课税(　　)

4. 纳税人以外购的液体盐加工固定盐，以移送液体盐数量为资源税计税依据(　　)

5. 经省、自治区、直辖市人民政府批准，经济发达地区土地使用税税率标准可以适当提高，但不得超过《土地使用税暂行条例》规定最高税额的 30%(　　)

二、单项选择题

1. 下列应税未税资源中，可以采用代扣代缴方式征收资源税的是(　　)

A. 原油　　B. 固体盐　　C. 原煤　　D. 天然气

2. 根据现行资源税的有关规定，下列煤炭中属于资源税征收范围的是(　　)

A. 煤矿开采企业销售的原煤　　B. 商业企业销售的选煤

C. 生产企业销售的蜂窝煤　　D. 商业企业销售的原煤

3. 下列各项中，属于资源税应税产品的有(　　)

A. 开采的铁矿石　　B. 进口的原油

C. 批发井矿盐　　D. 零售居民生活用煤

4. 某冶金独立矿山 2008 年 9 月开采铁矿石 3 400 吨，在开采铁矿石的过程中还伴采了铝矿石 680 吨，对外销售铁矿石原矿 3 000 吨，铝矿原矿 450 吨，该矿山 9 月应纳的资源税为(　　)(该矿山资源税单位税额：铁矿石 20 元/吨，铝土矿 18 元/吨)

A. 60 000 元　　B. 68 100 元　　C. 44 100 元　　D. 32 100 元

5. 根据资源税有关规定，对纳税人以未税液体盐连续加工固体盐的税务处理，正确的是(　　)

A. 液体盐移送环节不纳税，以加工的固体盐数量为课税数量计算纳税

B. 液体盐移送环节不纳税，加工成固体盐销售时，按液体盐移送使用数量纳税

C. 液体盐移送环节按移送使用数量为课税数量计算纳税，加工成固体盐销售时不再纳税

D. 液体盐移送环节按移送使用数量为课税数量计算纳税，加工成固体盐销售时，再按固体盐销售数量计算纳税，但允许扣除液体盐已纳税额

6. 纳税人新征用的耕地，自(　　)开始缴纳城镇土地使用税

A. 批准征用之日起满 1 年时　　B. 批准之次月起

C. 批准征用之日起满半年时　　D. 批准之次日起

三、多项选择题

1. 资源税纳税环节为(　　)

A. 生产销售环节　B. 开采销售环节　C. 批发环节　　D. 零售环节

2. 按照我国资源税税法的有关规定，下列单位和个人的生产经营行为应缴纳资源税的有(　　)

A. 冶炼企业进口铁矿石　　B. 个体经营者开采煤炭

C. 军事单位开采石油　　D. 中外合作开采天然气

3. 下列关于资源税扣缴规定的说法中，正确的有(　　)

A. 适合扣缴税款是除原油、天然气、煤炭以外的其他应税未税资源

B. 扣缴义务人代扣资源税的计税依据是收购的未税矿产品数量

C. 扣缴义务人代扣资源税适用收购地的单位税额

D. 资源税的扣缴义务人不包括收购未税矿产品的个体经营者

4. 某煤矿开采销售原煤，在流转环节应缴纳的税金有(　　)

A. 资源税　　B. 增值税　　C. 营业税　　D. 消费税

5. 下列行为中，属于土地增值税征税范围的有(　　)

A. 以房地产抵债

B. 将房屋产权赠与直系亲属

C. 被兼并企业将房地产转让到兼并企业

D. 以房地产作价入股投资房地产开发公司

四、计算题

1. 某油田 2007 年 6 月生产原油 25 万吨，当月销售 20 万吨，加热、修井用 1.6 万吨，将 0.4 万吨原油赠送给协作单位；开采天然气 700 万立方米，当月销售 600 万立方米，待售 100 万立方米，原油、天然气的单位税额分别为 30 元/吨和 15 元/千立方米。计算该油田 2007 年 6 月应纳的资源税。

2. 某市一房地产开发公司 2008 年开发一个项目，有关经营情况如下：

(1)该项目商品房全部销售，取得销售收入 4 000 万元，并签订了销售合同。

(2)签订土地购买合同，支付与该项目相关的土地使用权价款 600 万元，相关税费 50 万元。

(3)发生土地拆迁补偿费 200 万元，前期工程费 100 万元，支付工程价款 750 万元，基础设施及公共配套设施费 150 万元，开发间接费用 60 万元。

(4)发生销售费用 100 万元，财务费用 60 万元，管理费用 80 万元。

(5)该房地产开发公司不能按转让项目计算分摊利息，当地政府规定的开发费用扣除比例为 10%。

根据上述资料和税法相关规定，计算企业应缴纳的土地增值税。

3. 位于建制镇的某公司拥有土地 6.5 万平方米，主要经营农产品采摘、销售、观光业务。2009 年用地情况如下：采摘、观光的种植用地 4.5 万平方米，职工宿舍和办公用地 0.5 万平方米，子弟学校占地 0.3 万平方米，幼儿园占地 0.1 万平方米，企业内部绿化占地 0.2 万平方米，其余土地闲置。该地区适用城镇土地使用税税率为每平方米 4 元。计算该企业 2009 年应缴纳的城镇土地使用税。

第11章

财产类税

财产类税是以法人和自然人拥有的财产数量或者财产价值为征税对象的一类税收。财产类税的征税对象一般可以分为不动产和动产两大类，不动产包括土地和土地上的建筑物等，动产包括耐用消费品、车辆等有形资产。

我国现行的具有对财产课税性质的税种有房产税、契税、土地增值税、车船税、船舶吨税和车辆购置税等。不过，财产类税不同于任何流转税的本质特征在于它是对财产的所有或占有持续地征税，而不是只在财产买卖环节征税。所以，上述各税中，契税、土地增值税和车辆购置税都只在财产买卖环节征税，所以并不是严格意义上的财产税。由于契税是对不动产转移行为征税，故在特定目的与行为税部分介绍；而土地增值税更大程度上与土地资源联系紧密，所以将其放在资源类税部分介绍。将车辆购置税放在本章，以便将现行税制中的车船类的税种集中介绍。

11.1 房产税

房产税是以房产为征税对象，按照房屋的计税余值或出租房屋的租金收入，向房屋产权所有人征收的一种财产税。

新中国成立后，政务院于1951年8月颁布了《中华人民共和国城市房地产税暂行条例》，规定对城市中的房屋及占地合并征收房产税和地产税，称为城市房地产税。1973年简化税制，把对企业征收的这个税种并入了工商税，对房地产管理部门和个人的房产，以及外商投资企业的房屋，继续保留征收房地产税。

我国实行改革开放以后，为了发挥税收的作用，1984年10月，国务院决定在推行第二步利改税和改革工商税制时，对国内企业单位恢复征收房产税。当时考虑土地归国家所有，不容许买卖，按原房地产税的税名征收范围已名不符实，故将城市房地产税分为房产税和城镇土地使用税。1986年9月15日，国务院正式发布了《中华人民共和国房产税暂行条例》(简称房产税条例)，适用于内资企业和个人。2009 年 1 月 1 日起，为了进一步公平税负，我国废止了《中华人民共和国城市房地产税暂行条例》，规定外商投资企业、外国企业以及外籍个人(包括中国港澳台资企业和组织以及华侨、港澳台同胞)也依照房产税条例缴纳房产税。

专栏 11-1 *房产税溯源*

我国的房产税最早可追溯到周代的廛布。廛在古代是指一户人家所住的房屋，而布是古代的一种钱币。《周礼》载“掌敛廛布而入于泉府”就是指市邸房舍之税。

到了唐朝德宗建中四年(783 年)，朝廷在全国开征“间架税”，即房产税。规定房屋每两架为一间，房屋分三等征税。上等每间收税两千文，中等一千文，下等五百文。每隐瞒一间的杖打六十。严厉的刑罚曾引得人民怨声载道。

清朝的房产税称市廛输钞、计檀输税；到清末和民国时期则称为房捐。清光绪二十四年(1898 年)，订有《房捐章程》，按租价征收十分之一的税，房主、租户负担各半。若房屋为房主自住，无租价可用于计算的，则按邻近相仿房屋的租价计征。该税后来因人民反对而被停征。光绪二十七年(1901 年)，清政府在签订《辛丑条约》后，由于巨额赔款而国库日空，于是重新开征房捐。这次仅对店铺房征税，而且月租价在三千文以内的可以免征。民国四年(1915 年)10 月，国民政府制定了《宅地税征收条例》，各省根据该条例再制定细则，将征收地分为省会、商埠和县镇 3 等，每等税率各分 5 级，3 等共分 15 级税率，最高为每平方弓(1 平方弓＝1.6 平方米)4 元，最低为每平方弓 0.6 元。分级标准以房屋所处地段的繁僻与房屋价值而定。

新中国成立初期，房产税被列入《全国税政实施要则》在一些城市征收。

资料来源：武世平，朱青．房产税溯源．中国税务报，2004-05-21，经整理。

11.1.1 房产税的特点

现行房产税是在原计划经济体制和财产所有结构的框架内恢复征收的，既继承了过去房产税的传统做法，又考虑了我国新旧体制转换过程中的某些特殊情况。因此，其具有自身的特点。

(1)房产税属于财产税中的个别财产税。按征税对象的范围不同，财产税可以分为一般财产税与个别财产税。一般财产税，也称综合财产税，是对纳税人拥有的各类财产实行综合课征的税收。个别财产税，也称单项财产税，是对纳税人拥有的土地、房屋和其他财产分别课征的税收。房产税属于个别财产税，其征税对象只是房屋。

(2)征税范围限于城镇的经营性房屋。房产税在城市、县城、建制镇和工矿区范围内征收，不涉及农村。农村的房屋，大部分是农民居住用房，为了不增加农民负担，农村的房屋没有纳入征税范围。另外，对某些单位拥有的房屋，如国家拨付行政经费、事业经费和国防经费的单位自用的房产，税法也通过免税的方式将这类房屋排除在征税范围之外。因为这些单位本身没有经营收入，若对其征税，就要相应增加财政拨款，征税也就失去了意义。

(3)依据房屋的经营使用方式确定不同征税办法。拥有房屋的单位和个人，既可以将房屋用于经营自用，又可以把房屋用于出租。房产税根据纳税人经营形式不同，对前一类房屋按房产计税余值征收，对后一类房屋按租金收入计税，使征税办法符合纳税人的经营特点，便于平衡税收负担和征收管理。

11.1.2 征税范围和纳税人

1. 征税范围

房产税的征税对象是房屋。由于房屋是一种不动财产，所以与房屋不可分割的各种附属设备或一般不单独计算价值的配套设施，也应并入房屋价值一并征税。至于那些独立于房屋之外的建筑物，如围墙、烟囱、水塔、变电塔、油池油柜、酒窖菜窖、酒精池、糖蜜池、室外游泳池、玻璃暖房、砖瓦石灰窑、加油站罩棚以及各种油气罐等，则不属于房产，所以不征房产税。

房产税的征税范围包括城市、县城、建制镇和工矿区，不包括农村。开征房产税的工矿区须经省、自治区、直辖市人民政府批准。

2. 纳税人

房产税的纳税人是房屋的产权所有人。产权属国家所有的，由经营管理的单位缴纳；产权属集体和个人所有的，由集体单位和个人缴纳。

在房屋的管理和使用中，还有“出典”、“承典”和“租典纠纷”等现象。房屋出典时，承典人是纳税人。所谓出典，是指产权所有人将房屋、生产资料等的产权，在一定的期限内典当给他人使用，而取得资金的一种融资业务。这类产权所有人(房主)，称为房屋的出典人；支付现金或实物的人，称为房屋的承典人。承典人向出典人交付一定的典价之后，在质典期内即获抵押物品的支配权，并可转典。产权的典价一般要低于卖价。出典人在规定的期间必须归还典价的本金和利息，方可赎回出典房屋的产权。由于房屋出典期间，产权所有人已无权支配房屋，故税法规定对房屋具有支配权的承典人为纳税人。若产权所有人、承典人不在房产所在地的，由房产代管人或者使用人纳税。

当房屋产权未确定时，由房产代管人或者使用人纳税。例如，产生租典纠纷时，就是产权所有人在房产出典和租赁关系上，与承典人、租赁人发生种种争议，特别是权利和义务的争议悬而未决的。此外还有一些产权归属不清的问题等。为了便于征收管理，保证房产税的及时入库，对租典纠纷尚未解决的房产，由房产代管人或者使用人纳税。

对于无租使用其他房产的，纳税单位和个人无租使用房产管理部门、免税单位及其他纳税单位的房产，应由使用人代为缴纳房产税。

综上所述，房产税的纳税人为产权所有人、承典人、房产代管人或使用人。

11.1.3 税率和计税依据

1. 税率

房产税采用比例税率。由于房产税的计税依据分为从价计征和从租计征两种形式，所以房产税的税率也有两种：一种是按房产原值一次减除10%～30%后的余值计征的，税率为1.2%；另一种是按房产出租的租金收入计征的，税率为12%。这两种税率之所以相差10倍，是因为一般来说，房产的计税余值大体上相当于房产标准租金的10倍。这样规定，有利于合理负担税负。从2001年1月1日起，对个人居住用房出租后仍用于居住的，其应缴纳的房产税暂减按4%的税率征收。

2. 计税依据

房产税对经营自用的房屋以房产计税余值为计税依据，对出租的房屋以租金作为计税依据。下面将分别介绍不同征税方式下计税依据的确定。

1)从价计征

房产税属于财产税，应当以房产的价值为计税依据。可是房产的价值有三种表现形式：第一种是房产的原值，即房屋造价，包括房屋建造时所用的料、工、费价值等；第二种是房产的净值，即房屋的原值扣除折旧后的净剩值；第三种是房产的市价，即买卖房屋的市场价值(价格)。按房产原值计税比较稳定，但不够合理，因为随着时间的推移，房产的账面原值会随着折旧基金的提取而逐渐减少，最后形成一个"空壳"原值。在这种情况下仍按原值计税，显然是不合适的。而按净值计税，不仅麻烦，也不科学。从理论上讲，房产税的计税依据应当是房产的市价，因为市价是房屋的现实价值，它包括了土地开发利用等增值因素。可是房屋在不发生买卖行为时没有市价。因此按市价计税，客观上存在不少困难和问题。

然而，按照房产计税余值作为计税依据的最大弊端就在于与市场价值脱离，而近几年备受关注的"物业税"则提出以市场价值为基础，按房地产评估值征税，从而能比较客观地反映房地产价值和纳税人的承受能力，有利于解决现行房地产税制存在的计税依据不合理问题，同时也体现了税收公平①。

(1)经营自用房屋的计税依据。对经营自用的房屋，以房产余值计税。所谓计税余值，是指依照税法规定按房产原值一次减除10%～30%的损耗价值以后的余额。

房产原值，是指纳税人按照会计制度规定，在账簿"固定资产"科目中记载的房屋原价。对没有按会计制度规定记载的，在计征房产税时，应按规定调整房产原值；对房产原值明显不合理的，应重新予以评估；对没有房产原值的，应由房屋所在地的税务机关参考同类房屋的价值核定。

---

① 2011年1月27日晚，重庆、上海房产税细则同时出台，1月28日立即开始实行，这标志着我国对个人住房征收房产税的改革试点的开始。

房产原值应包括与房屋不可分割的各种附属设备或一般不单独计算价值的配套设施。其主要包括：暖气、卫生、通风、照明、煤气、中央空调等设备；各种管线，如蒸汽、压缩空气、石油、给水排水等管道及电力、电信、电缆导线；电梯、升降机、过道、晒台等。属于房屋附属设备的水管、下水道、暖气管、煤气管等应从最近的探视井或三通管起，计算原值；电灯网、照明线从进线盒连接管起，计算原值。

纳税人对原有房屋进行改建、扩建要相应地增加其房屋的原值，不应作为大修理费用处理。

在确定计税余值时，房产原值的具体减除比例由省、自治区、直辖市人民政府在税法规定的减除幅度内自行确定。这样规定，既有利于各地区根据本地情况，因地制宜地确定计税余值，又有利于平衡各地税收负担，简化计算手续，提高征管工作的效率。

(2)投资联营及融资租赁房产的计税依据。对投资联营的房产，在计征房产税时应予以区别对待。对于以房产投资联营，投资者参与投资利润分红，共担风险的，按房产的余值作为计税依据计征房产税；对于房产投资，收取固定收入，不承担联营风险的，实际是以联营名义取得房产租金，由出租方按租金收入计算缴纳房产税。

对融资租赁房屋的情况，由于租赁费包括购进房屋的价款、手续费、借款利息等，与一般房屋出租的"租金"内涵不同，且租赁期满后，当承租方偿还最后一笔租赁费时，房屋产权一般都转移到承租方，实际上是一种变相的分期付款购买固定资产的形式，所以在计征房产税时应以房产余值计算征收。至于租赁期内房产税的纳税人，由当地税务机关根据实际情况确定。

(3)居民住宅区内业主共有的经营性房产的计税规定。对居民住宅区内业主共有的经营性房产，由实际经营(包括自营和出租)的代管人和使用人缴纳房产税。其中自营的，依照房产原值减除10%～30%后的余值计征，没有房产原值或不能将业主共有房产与其他房产原值准确划分开的，由房产所在地税务机关参照同类房产核定房产原值。

2)从租计征

对于出租的房屋，按租金收入计税。所谓房产的租金收入，是指房屋产权所有人出租房产使用权所得的报酬，包括货币收入和实物收入。对以劳务或其他形式为报酬抵付房租收入的，应根据当地同类房屋的租金水平，确定一个租金标准，依率计征。

11.1.4 应纳税额的计算

因为房产税的计税依据有两种，所以房产税的税额计算也分为两种。

(1)以计税余值为计税依据的税额计算，其计算公式为

年应纳税额＝房产原值×[1－(10%～30%)]×1.2%

(2)按租金收入为计税依据的税额计算，其计算公式为

应纳税额＝租金收入×12%

以人民币以外的货币为记账本位币的外资企业及外籍个人在缴纳房产税时，均应将其根据记账本位币计算的税款按照缴款上月最后一日的人民币汇率中间价折合成人民币。

【例 11-1】 某一大中型国有企业，用于生产经营的厂房原值为 6 000 万元，该企业还创建了一座职工医院和一个托儿所，房产原值分别为 300 万元和 200 万元。另外该企业还有一个仓库出租出去，年租金 4 万元。按当地政府规定，允许以房产原值减去 20%后的余值作为计税依据。则该企业分季应缴纳的房产税为多少？

解：厂房应纳税额＝60 000 000×(1－20%)×1.2%＝576 000(元)

仓库应纳税额＝40 000×12%＝4 800(元)

企业开办的医院、托儿所免税。

该企业分季应纳税额＝(576 000＋4 800)÷4＝145 200(元)

案例研究 11-1　　相同的房产不一样的税负

1999 年夏，王先生毕业于北京某高校，选择了自主创业这条路。经过 5 年的奋斗，王先生在 2000 年年初组建的独资企业现已取得了不小业绩。为了进一步扩展业务，扩招员工，王先生决定购置房产，以解决企业职工的住所问题。经过一番考察，王先生看中了离企业办公处较近的一处房产。该房产购入市场价为 100 万元。鉴于王先生的双重身份选择，他既可以以独资企业的名义，又可以以个人的名义，购入房产再出租给职工。

假定该房屋预计使用年限为 30 年(报废后不考虑残值)；该房产全部出租时，当地同类住房每月租金为两万元；贷款年利率为 5%。下面我们来看两种方案如何影响王先生的税负。

方案一：王先生以独资企业的名义购入，企业每月向职工收取租金。

以这种方案购入房产时，独资企业除支付购房款外，每年均还应缴纳房产税、营业税和个人所得税。独资企业每年应纳营业税为 1.2 万元；应纳房产税为 2.88 万元。王先生应纳个人所得税为 3.12 万元。所以，王先生和其独资企业纳税合计为 7.2 万元。

方案二：王先生向独资企业贷款 100 万元，以个人名义购入房产，并每月向使用房屋的职工收取租金。

独资企业每年从王先生处收取利息 5 万元，应纳个人所得税为 1 万元。

此外，按规定，个人按市场价格出租的居民住房，房产税按 4%征收，营业税按 3%征收，个人所得税按 10%征收。以此计算，应纳营业税为 0.72 万元；应纳房产税为 0.96 万元；个人租赁所得应纳个人所得税为 1.39 万元。

所以，王先生和其独资企业纳税合计为 4.5 万元。

显然，方案二对王先生更有利。因而，考虑税收的因素，王先生选择了向独资企业贷款，并以个人名义购房的方式，不失为明智之举。

11.1.5　税收优惠

房产税的减税和免税，主要是根据国家政策需要和纳税人的负担能力考虑的。由于房产税属于地方税，为了便于地方因地制宜地处理问题，除税法规定的减免税外，其他房产税的减免项目，基本上由地方根据情况自行决定。

1. 房产税减免的一般规定

按《房产税暂行条例》规定，房产税的减免范围如下：

(1)国家机关、人民团体、军队自用的房产免征房产税。但这些单位的出租房产以及非本身业务使用的生产、营业用房，不属免税范围，应按规定征收房产税。

(2)由国家财政部门拨付事业经费的单位自用的房产免征房产税。企业所办的各类学校、医院、托儿所、幼儿园自用的房产可以比照该政策享受免税待遇。

(3)宗教寺庙、公园、名胜古迹自用的房产。但其中附设的营业单位，如影剧院、饮食部、茶社、照相馆等所使用的房产及出租的房产，不属于免税房产，应按规定缴纳房产税。

(4)个人所有非营业用的房产免征房产税。但是，对个人所有的营业用房或出租等非自用的房产，应按照规定征收房产税。

2. 财政部批准免税的其他房产

除了上述的优惠政策之外，财政部还对其他房产做了房产税的减免规定，简单列举如下：

(1)经过有关部门鉴定停止使用的毁损房屋和危险房屋，在停止使用后，可免征房产税。

(2)纳税人因房屋大修导致连续停用半年以上的，在房屋大修期间免征房产税。

(3)凡是在基建工地为基建工地服务的各种工棚、材料棚、休息棚和办公室、食堂、茶炉房、汽车房等临时性房屋，不论是施工企业自行建造还是由基建单位出资建造，交施工企业使用的，在施工期间，一律免征房产税。但是，如果在基建工程结束以后，施工企业将这种临时性房屋交还或者估价转让给基建单位的，应当从基建单位接收的次月起，依照规定征收房产税。

(4)对按政府规定价格出租的公有住房和廉租住房，包括企业和自收自支事业单位向职工出租的单位自有住房；房管部门向居民出租的公有住房；落实私房政策中带户发还产权并以政府规定租金标准向居民出租的私有住房等，暂免征收房产税。

(5)房地产开发企业开发的商品房在出售前，对房地产开发企业而言是一种产品，因此，对房地产开发企业建造的商品房，在出售前不征收房产税。但对出售前房地产开发企事业已使用或出租、出借的商品房应按规定征收房产税。

此外，对地下人防设施的房屋；政府部门和企事业单位、社会团体以及个人等社会力量投资兴办的福利性、非营利性的老年服务机构；非营利性医疗机构、疾病控制机构和妇幼保健机构等卫生机构自用的房产；高校后勤实体自用的房产；向居民供热并向居民收取采暖费的供热企业的房屋免征或暂免征收房产税。

需要注意的是，当纳税单位与免税单位共同使用的房屋，按各自使用的部分划分，分别征收或免征房产税。

除了上述规定之外，纳税人纳税确有困难的，可以由省、自治区、直辖市人民政府确定，定期减征或者免征房产税。

11.1.6 与房地产有关的税收

房屋乃普通民众的安居之所，也是企业生产、经营场所的重要组成部分，与房屋有关的税收问题无疑成为想要买房和想要卖房，以及房屋持有者等所关心的问题。而房屋作为不动产和土地是密不可分的，所以在这里我们对与房地产有关的税收作一归纳。

首先，对房屋的建设行为要按照建筑业劳务征收营业税。

其次，在房地产出售时，对房屋卖出方要征收销售不动产的营业税，以及与房屋购销合同、产权转移书据有关的印花税，此外还要就房地产转让的增值部分征收土地增值税。同时对房地产的买方征收契税。

最后，对房地产的持有者征税。目前我国主要对经营性的房屋和土地征税。对经营性的房屋(包括自营和出租)征收房产税，对土地征收城镇土地使用税。

近期，在我国，对研究了近十年但是一直未推出的物业税问题又提到日程上来，也许未来房地产税收调整的方向会是增加一些保有环节的税收，减少部分流通环节的税收。

11.2 车船税

2011 年 2 月 25 日第十一届全国人民代表大会常务委员会第十九次会议通过了《中华人民共和国车船税法》(简称《车船税法》)，2011 年 11 月 23 日国务院第 182 次常务会议通过了《中华人民共和国车船税法实施条例》，该法和条例从 2012 年 1 月 1 日起实行，而原来的《中华人民共和国车船税暂行条例》则自该法实施之日起废止。

11.2.1 车船税概述

1. 车船税的概念

车船税是指在中国境内的车辆、船舶(简称车船)的所有人或者管理人按照《车船税法》的规定应缴纳的一种税。

征收车船税，可以通过税收手段开辟财源，增加财政收入，用于改善公共道路条件，修建和保养航道，保障车船行驶安全；可以促使纳税人提高使用效率，更加合理地利用车船；还可以借此加强对车辆的管理。

2. 车船税的特点

(1)具有单项财产税的特点。从财产税的角度看，车船税属于单项财产税，不仅征税对象仅限于车船类运输工具，而且对不同的车、船还规定了不同的征税标准。

(2)实行分类、分级(项)定额税率。车船税首先划分车辆与船舶，规定各自的定额税率。车船税采用分类、分项幅度税额，即对不同类别和不同项目的车船规定了最高年税额和最低年税额，以适应我国各地经济发展不平衡，车船种类繁多、大小不同的实际情况。

11.2.2 纳税人和征税范围

车船税是以车船为征税对象的，其纳税人和征税范围都是与车船分不开的。下面就具体的、细节性的规定展开介绍。

1. 纳税人

车船税的纳税人，是指在中国境内按照《车船税法》所附《车船税税目税额表》规定的车船的所有人或者管理人。管理人，是指对车船具有管理使用权，不具有所有权的单位。

2. 征税范围

车船税的征税范围，是指在我国按照《车船税法》所附《车船税税目税额表》规定的车船。其是指依法应当在车船登记管理部门登记的机动车辆和船舶，以及依法不需要在车船登记管理部门登记的在单位内部场所行驶或者作业的机动车辆和船舶。具体由以下两大类组成：

(1)机动车辆，即依靠燃油、电力等能源为动力运行的车辆，包括汽车、拖拉机、无轨电车和摩托车等。

(2)船舶，分为机动船舶和非机动船舶。机动船舶，即依靠燃料等能源为动力运行的船舶，包括客货轮船、气垫船、拖轮和机帆船等；非机动船舶，即依靠人或其他力量运行的船舶，包括驳船、木船、帆船、舢板及各种人力驾驶船。

11.2.3 税目及税额标准

车船税采用定额税率，即对征税的车船规定固定的税额。定额税率计算简便，适用于从量计征的税种。车船税税额具体规定见表11-1。车船的具体适用税额由省、自治区、直辖市人民政府依照《车船税税目税额表》规定的税额幅度和国务院的规定确定，应当遵循的原则：非机动车船的税负轻于机动车船；小吨位船舶的税负轻于大船舶。对载客少于9人的汽车，发动机排气量越大税负越重；客车按照核定载客人数20人以下和20人(含)以上两档划分，递增税额。同时省、自治区、直辖市人民政府确定的车辆具体适用税额，应当报国务院备案。

表11-1 车船税税目税额

税目		计税单位	年基准税额/元	备注
乘用车[按发动机汽缸容量(排气量)分档]	1.0升(含)以下的	每辆	60～360	核定载客人数9人(含)以下
	1.0升以上至1.6升(含)的		300～540	
	1.6升以上至2.0升(含)的		360～660	
	2.0升以上至2.5升(含)的		660～1 200	
	2.5升以上至3.0升(含)的		1 200～2 400	
	3.0升以上至4.0升(含)的		2 400～3 600	
	4.0升以上的		3 600～5 400	

续表

税目		计税单位	年基准税额/元	备注
商用车	客车	每辆	480～1440	核定载客人数9人以上，包括电车
	货车	按自重[1]每吨	16～120	包括半挂牵引车、三轮汽车、低速货车等
挂车		按自重每吨	按照货车税额的50%计算	
其他车辆	专用作业车	按自重每吨	16～120	不包括拖拉机
	轮式专用机械车		16～120	
摩托车		每辆	36～180	
机动船舶		按净吨位每吨	3～6	拖船和非机动驳船分别按船舶税额的50%计算
其中：				
净吨位不超过200吨			3	
净吨位超过200吨，不超过2 000吨			4	
净吨位超过2 000吨，不超过10 000吨			5	
净吨位超过10 000吨			6	
游艇		按艇身长度[2]每米	600～2 000	
其中：				
艇身长度不超过10米的			600	
艇身长度超过10米但不超过18米的			900	
艇身长度超过18米但不超过30米的			1 300	
艇身长度超过30米的			2 000	
辅助动力帆艇			600	

1)自重是指机动车的整备质量；2)游艇艇身长度是指游艇的总长

上述税目中的有关车船划分的具体解释如下：

(1)三轮汽车，是指在车辆管理部门登记为三轮汽车或者三轮农用运输车的机动车。

(2)低速货车，是指在车辆管理部门登记为低速货车或者四轮农用运输车的机动车。

(3)专用作业车，是指装置有专用设备或者器具，用于专项作业的机动车；轮式专用机械车是指具有装卸、挖掘、平整等设备的轮式自行机械。

(4)拖船，是指专门用于拖(推)动运输船舶的专业作业船舶。拖船按照发动机功率每1千瓦折合净吨位0.67吨计算征收车船税。

11.2.4 计税依据的确定与应纳税额的计算

1. 计税依据的确定

确定车船税的计税依据时，以下一些情况需要强调：

车辆自重尾数在 0.5 吨以下(含 0.5 吨)的，按照 0.5 吨计算；超过 0.5 吨的，按照 1 吨计算。船舶净吨位尾数在 0.5 吨以下(含 0.5 吨)的，不予计算；超过 0.5 吨的，按照 1 吨计算。1 吨以下的小型车船，一律按照 1 吨计算。拖船按照发动机功率每两马力折合净吨位 1 吨计算征收车船税。

车船的排气量、整备质量、核定载客人数、净吨位、千瓦、艇身长度，以车船登记管理部门核发的车船登记证书或者行驶证相应项目所载数据为准。依法不需要办理登记和依法应当登记而未办理登记或者不能提供车船登记证书、行驶证的车船，以车船出厂合格证明或者进口凭证相应项目标注的技术参数、数据为准；不能提供车船出厂合格证明或者进口凭证的，由主管税务机关参照国家相关标准核定，没有国家相关标准的，参照同类车船核定。

2. 应纳税额的计算

购置的新车船，购置当年的应纳税额自纳税义务发生的当月起按月计算，计算公式为

应纳税额＝年应纳税额÷12×应纳税月份数

【例 11-2】 某运输公司拥有载货汽车 15 辆(货车载重净吨位全部为 10 吨)；乘人大客车 20 辆；小客车 10 辆。载货汽车每吨年税额 80 元，乘人大客车每辆车税额 500 元，小客车每辆车税额 400 元，则该公司应纳车船税为多少？

解：载货汽车应纳税额＝15×10×80＝12 000(元)

乘人汽车应纳税额＝20×500＋10×400＝14 000(元)

全年应纳税额＝12 000＋14 000＝26 000(元)

下面是关于船舶征收车船税的举例。

【例 11-3】 某航运公司拥有机动船 30 艘(其中净吨位为 200 吨的 12 艘，2 000 吨的 8 艘，5 000 吨的 10 艘)。200 吨的单位税额 3 元、2 000 吨的单位税额 4 元、5 000 吨的单位税额 5 元。计算该公司全年应纳车船税。

解：全年应纳税额＝12×200×3＋8×2 000×4＋10×5 000×5＝321 200(元)

11.2.5 税收征管

与其他税种的征管不同，国家明确规定从事机动车交通事故责任强制保险业务的保险机构为机动车车船税的扣缴义务人，保险机构在销售机动车交通事故责任强制保险(简称“交强险”)时代收代缴车船税。纳税人在购买机动车交通事故责任强制保险时，应当提供地方税务机关出具的本年度车船税的完税凭证或者减免税证明。不能提供完税凭

证或者减免税证明的，应当在购买保险时按照当地的车船税税额标准计算缴纳车船税。

11.2.6 税收优惠

根据《车船税法》规定，下列车船免征车船税：

(1)捕捞、养殖渔船、军队、武警专用的车船、警用车船等免征车船税。

(2)依照我国有关法律和我国缔结或者参加的国际条约的规定应当予以免税的外国驻华使馆、领事馆和国际组织驻华机构及其有关人员的车船。

(3)对节约能源、使用新能源的车船可以减征或者免征车船税；对受严重自然灾害影响纳税困难以及有其他特殊原因确需减税、免税的，可以减征或者免征车船税。

此外，省、自治区、直辖市人民政府根据当地实际情况，可以对公共交通车船，农村居民拥有并主要在农村地区使用的摩托车、三轮汽车和低速载货汽车定期减征或者免征车船税。

11.3 船舶吨税

船舶吨税是海关代为对进出中国港口的国际航行船舶征收的一种税，旧称“船钞”。税收收入往往专款专用于助航设施的建造与维修，因此，船舶吨税也有“灯塔税”之称。新中国成立后，为限制外国船舶随意进入我国港口，保护我国海洋运输业的发展，同时筹集港口建设资金，于1952年发布《中华人民共和国海关船舶吨税暂行办法》。起初由财政部管理船舶吨税，海关代征；其后列为关税的一种，由海关征收管理，所征税款全部上缴中央金库。1986年，国务院批准将船舶吨税划归交通部管理，由海关代征，所征税款直接用于海上干线公用航标的维护和建筑。应征船舶吨税的船舶，经过特准行驶于我国未设海关的地方，由海关委托当地税务机关代征。2011年年底，国务院通过了新的《中华人民共和国舰艇吨税暂行条例》。该条例从2012年1月1日起实施。

开征船舶吨税的意义在于，可以限制外国船舶随意进入中国港口，保护中国海洋运输业的发展；为中国港口的建设和维护、海上干线公用航标的建设和维护筹集部分资金。

11.3.1 纳税人和征收范围

船舶吨税的纳税人，是指应税船舶的使用单位和个人。征税对象是在中国港口行驶的国际船舶。具体来讲，其包括：在中国港口行驶的外国籍船舶；外商租用的中国籍船舶；中外合营企业使用的中国籍船舶；中国租用的航行国外或者兼营国内沿海贸易的外国籍船舶。

船舶吨税与车船税相比在征税对象上存在明显的不同：首先，船舶吨税仅是针对船舶的，车船税不仅包括船舶还包括车辆；其次，船舶吨税针对的是外国籍船舶或是行驶在境外的船舶，车船税的征税对象是中国籍车船和行使在境内的车船。

11.3.2 税额标准和应纳税额的计算

船舶吨税税法规定，船舶吨税的计税依据是船舶注册的净吨位数，船舶吨税实行分级分类定额税率。

船舶吨税的税率分为优惠税率和普通税率两种(表 11-2)。凡与我国签有贸易互惠条约，并对船舶税费相互给予最惠国待遇的国家，其船舶吨税按优惠税率计征。凡未与我国签有对船舶税费相互给予最惠国待遇协定的国家，其船舶吨税按普通税率计征。如果船舶的所有权和使用权属国家不一致时，应以使用权属国家为准确定税率。中国香港、中国澳门籍船舶适用船舶吨税优惠税率(署税发【2002】36 号)。

表 11-2 船舶吨税税目税率表(单位：元/净吨)

税目(按船舶净吨位划分)	税率						备注
	普通税率(按执照期限划分)			优惠税率(按执照期限划分)			
	1年	90日	30日	1年	90日	30日	
不超过 2 000 净吨	12.6	4.2	2.1	9.0	3.0	1.5	拖船和非机动驳船分别按相同净吨位船舶税率的 50%计征税款
超过 2 000 净吨，但不超过 10 000 净吨	24.0	8.0	4.0	17.4	5.8	2.9	
超过 10 000 净吨，但不超过 50 000 净吨	27.6	9.2	4.6	19.8	6.6	3.3	
超过 50 000 净吨	31.8	10.6	5.3	22.8	7.6	3.8	

船舶吨税不同于其他税种的一个重要特点在于它的纳税期限具有可选择性，分为年期缴纳、90 天期缴纳和 30 天期缴纳三种，由纳税人在申请时自行选报。选择的纳税期不同，则同一栏目的适用税率也不同。

比照车船税中的船舶税额计税方法，船舶吨税中也有类似一些规定：船舶也同样分为机动船舶和非机动船舶，但是都是以净吨位为计税依据，净吨位尾数不足 0.5 吨的不计，0.5 吨以上的按照 1 吨计算。小型船舶净吨位不足 1 吨的，按照 1 吨计税，这与车船税的规定一样。其应纳税额计算公式简单，基本原理和以上各节税种的计算原理一样：

应纳税额＝应纳税船舶净吨位×适用税额标准

11.3.3 税收优惠

下列船舶可以免缴船舶吨税：

(1)应纳税额在人民币 50 元以下的船舶；

(2)自境外以购买、受赠、继承等方式取得船舶所有权的初次进口到港的空载船舶；

(3)吨税执照期满后 24 小时内不上下客货的船舶；

(4)非机动船舶(不包括非机动驳船)；

(5)捕捞、养殖渔船；

(6)避难、防疫隔离、修理、终止运营或者拆解，并不上下客货的船舶；

(7)军队、武装警察部队专用或者征用的船舶；

(8)依照法律规定应当予以免税的外国驻华使领馆、国际组织驻华代表机构及其有关人员的船舶；

(9)国务院规定的其他船舶。

11.4 车辆购置税

现行的《中华人民共和国车辆购置税暂行条例》是国务院于2000年10月22日发布，从2001年1月1日起施行的。车辆购置税是在原交通部门收取的车辆购置附加费的基础上，通过“费改税”方式演变而来的，从而理顺了税费关系，进一步完善了财税制度。

专栏11-2　　车辆购置税的国际比较

车辆购置税是在车辆购买环节一次性课征的税收，而世界各国在车辆购买环节的税收政策也不尽相同。

发达国家通常在购车环节采取轻税政策，即征收的税额都很低。美国的车辆购置税属于地方税，各州收取比例不同，最多的州也只有6%左右。而欧洲很多国家，在购车环节只征收增值税，不征收车辆购置税。在日本，购车阶段的税收分为消费税和车辆购置税，消费税税率为5%，而车辆购置税则是按照汽车排量的大小来确定征收税率。例如，家用汽车分为1升以上排量普通轿车和1升以下排量轻型车两个类型。普通轿车要缴纳5%的车辆购置税，而轻型车只需要缴纳3%的车辆购置税。

而购车之后使用阶段的燃油税则是发达国家汽车税收的重头。欧盟各国的燃油税率普遍在200%以上，日本的燃油税率大概为120%。

就全世界的平均水平来说，我国的车辆购置税处于上游，高达10%，这也成为了几乎每个消费者在买车时不得不考虑的因素。于是我国在对消费税(燃油税)和车船税相继进行了改革之后，汽车行业最大税种——车辆购置税便成为了改革最后的桥头堡，适当地减免购置税，有利于汽车消费的增长，以保障汽车市场的正常运转。

11.4.1 车辆购置税概述

车辆购置税是对在中国境内购置规定的车辆，在特定的环节向车辆购置者征收的一种税收。

1. 车辆购置税的特点

车辆购置税具有自身的特点：

(1)征收范围单一。车辆购置税仅以购置的特定车辆为课税对象，范围窄，是一种单项财产税。

(2)征收环节单一。车辆购置税实行一次性课征，仅在购买车辆时征收。

(3)征税有特定的目的用途。所得收入归中央政府所有，专门用于交通事业建设。

(4)价外征收，不转嫁税负。即车辆购置税是附加在价格之外的，且税收的缴纳者为最终的税收负担者。

2. 开征车辆购置税的作用

(1)有利于合理筹集建设资金，积累国家财政收入，促进交通基础设施建设事业的健康发展。首先，车辆购置税是在消费(购买)环节征税，具有经常税的特点，只要纳税人发生了购置自用应税车辆的行为就要征税，这比对所得课税和商品课税具有及时性。其次，车辆购置税按单一比例税率课税，具有相对稳定性。最后，车辆购置税与车辆购置附加费相比较，具有税收强制性和固定性的属性，因而它具有可靠性。因此，车辆购置税有利于依法合理地筹集交通基础设施建设和维护资金，从而促进交通基础设施建设事业的健康发展。

(2)有利于调节收入差别，缓解社会分配不公的矛盾。在消费环节对消费应税车辆的使用者征收车辆购置税，能更好地体现两条原则：第一，兼顾公平的原则，就是保护合法收入，取缔非法收入，整顿不合理收入，调节过高收入；第二，纳税能力原则，即高收入者多负税，低收入者少负税，具有较高消费需求能力的人比一般消费能力的人要多负税。

(3)有利于配合打击走私，维护国家权益。车辆购置税对于同一课税对象的应税车辆不论来源渠道如何，都按照同一比例税率征收，具有同一应税车辆税负相同的特性。因此，它可以平衡进口车辆与国产车辆的税收负担，体现国民待遇原则。车辆购置税在车辆上牌使用前征收，具有源泉控管的特点，可以配合有关部门在打击走私、惩治犯罪方面起到积极的作用。

11.4.2 纳税人和征税范围

1. 纳税人

车辆购置税的纳税人为在中华人民共和国境内购置应税车辆的单位和个人。其包括国内企事业单位和个人，也包括外商投资企业、外国企业和外国人。车辆购置包括纳税人购买、进口、自产、受赠、获奖或者以其他方式取得并自用应税车辆的行为。

相比较而言，车辆购置税与车船税有着显著的差别。车辆购置税是对纳税人有购置行为，使车辆的所有权发生转移的行为征税；而其他的税种是对拥有或使用车辆征税。

2. 征税范围

车辆购置税也是以列举产品为征税对象，征税范围包括汽车、摩托车、电车、挂车、农用运输车(表 11-3)。

表 11-3 车辆购置税征税范围

1. 汽车：包括各类汽车
2. 摩托车 ①轻便摩托车：最高设计时速不大于 50 千米/小时，发动机气缸总排量不大于 50 厘米的两个或三个车轮的机动车； ②二轮摩托车：最高设计车速大于 50 千米/小时，或发动机气缸总排量大于 50 厘米的两个车轮的机动车； ③三轮摩托车：最高设计车速大于 50 千米/小时，或发动机气缸总排量大于 50 厘米，空车质量不大于 400 千克的三个车轮的机动车
3. 电车 ①无轨电车：以电能为动力，由专用输电电缆线供电的轮式公共车辆； ②有轨电车：以电能为动力，在轨道上行驶的公共车辆
4. 挂车 ①全挂车：无动力设备，独立承载，由牵引车辆牵引行驶的车辆； ②半挂车：无动力设备，与牵引车辆共同承载，由牵引车辆牵引行驶的车辆
5. 农用运输车 ①三轮农用运输车：柴油发动机，功率不大于 7.4 千瓦，载重量不大于 500 千克，最高车速不大于 40 千米/小时的三个车轮的机动车； ②四轮农用运输车：柴油发动机，功率不大于 28 千瓦，载重量不大于 1 500 千克，最高车速不大于 50 千米/小时的四个车轮的机动车

11.4.3 税率和应纳税额的计算

我国车辆购置税实行单一比例税率，税率为 10%。车辆购置税计算比较简单，按照规定的应税车辆计税价格和适用税率计算应纳税额。应纳税额的计算公式为

应纳税额＝计税价格×税率

车辆购置税的计税依据和应纳税额应以人民币计算。纳税人以外汇结算应税车辆税款的，按照申报纳税之日中国人民银行公布的人民币基准汇价，折合成人民币计算应纳税额。

车辆购置税的计税价格根据应税车辆的所有权转移的方式不同，又有不同的具体确定方法。

1. 纳税人购买自用的应税车辆计税依据的确定

纳税人购买自用的应税车辆以计税价格为计税依据。计税价格的组成为纳税人购买应税车辆的时候支付给销售者的全部价款和价外费用，但是不包括增值税税款。未扣除增值税税款的，应换算成不含增值税的销售价格。换算公式为

计税价格＝含增值税的销售价格÷(1＋17%)

【例 11-4】 3 月，王某从一汽大众北京销售公司购买“宝来”牌轿车一辆，供自己使用，支付含增值税价款为 185 000 元，另支付购置工具件和零配件价款 3 860 元，车辆豪华

装饰费 9 000 元，销售公司代收保险费等 3 380 元，支付的各项价款均由北京销售公司开具统一发票。购车者随购买车辆支付的购置工具件和零配件价款应作为购车价款的一部分，计入计税价格；车辆装饰费，应作为价外费用并入计税价格；对于代收款项，凡使用代收单位票据收取的款项，应视作代收单位价外费用，并入计税价格。则王某应纳车辆购置税税额为多少？

解：计税依据＝(185 000＋3 860＋9 000＋3 380)÷(1＋17％)

＝172 000(元)

应纳税额＝172 000×10％＝17 200(元)

2. 纳税人进口自用的应税车辆计税依据的确定

纳税人进口自用的应税车辆以组成计税价格为计税依据。

组成计税价格＝关税完税价格＋关税＋消费税

【例 11-5】 某外贸进出口公司 2011 年 4 月 2 日，从外国进口 10 辆宝马小轿车。该公司报关进口这批小轿车时，核定关税完税价格为 215 000 元/辆，海关课征关税 60 200 元/辆，并按消费税、增值税的相关规定分别代征进口消费税 68 800 元/辆，增值税 58 480 元/辆。由于本单位的需要，该公司将三辆小轿车用于本单位使用，则应纳的车辆购置税税额为多少？

解：组成计税价格＝215 000＋60 200＋68 800＝344 000(元)

应纳车辆购置税税额＝3×344 000×10％＝103 200(元)

3. 其他自用应税车辆计税依据的确定

纳税人自产、受赠、获奖或者以其他方式取得并自用应税车辆的计税依据，按照购置该型号车辆的价格确定。不能取得购置价格的，则由主管税务机关参照国家税务总局规定的相同类型应税车辆的最低计税价格确定。

4. 以最低计税价格为计税依据的确定

当纳税人购买自用或进口自用应税车辆，申报的计税价格低于同类型应税车辆的最低计税价格，又无正当理由的，应以最低计税价格征收车辆购置税。国家税务总局也对几种特殊情况的最低计税价格做了规定：

一是对已缴纳车辆购置税并办理了登记注册手续的车辆，其底盘和发动机同时发生更换，其最低计税价格按同类型新车最低计税价格的 70％计算。

二是免税、减税条件消失的车辆，其最低计税价格的确定方法为

$$\text{最低计税价格}=\text{同类型新车最低计税价格}\times\left(1-\text{已使用年限}/\text{规定使用年限}\right)\times 100\%$$

其中，规定使用年限如下：国产车辆按 10 年计算；进口车辆按 15 年计算。超过使用年限的车辆，不再征收车辆购置税。

三是非贸易渠道进口车辆的最低计税价格，为同类型新车最低计税价格。

【例 11-6】 某部队在更新武器装备过程中，将一辆装有雷达系统的东风车进行更换，该车使用年限为 10 年，已使用 6 年，属于军队武器装备计划的免税车辆，部队将其改装成后勤用车，只拆除了雷达系统和改变了车厢，其主要设备的技术性能与核定最低计税价格为 64 000 元的另一类型东风车的性能数据相近。计算改制的这辆汽车应纳的车辆购置税。

解：应纳税额＝64 000×[1－(6÷10)]×100%×10%＝2 560(元)

11.4.4 车辆购置税的税收优惠

《中华人民共和国车辆购置税暂行条例》中规定了如下车辆免税：

(1)外国驻华使馆、领事馆和国际组织驻华机构及其外交人员自用的车辆免税。

(2)中国人民解放军和中国人民武装警察部队列入军队武器装备订货计划的车辆免税。

(3)设有固定装置的非运输车辆免税。设有固定装置的非运输车辆是指挖掘机、平地机、叉车、装载车(铲车)、起重机(吊车)、推土机等工程机械。

(4)有国务院规定予以免税或者减税的其他情形的，按照规定免税或者减免税。

此外，财政部还规定了其他的一些减免情况。例如，防汛部门和森林消防等部门购置的由指定厂家生产的指定型号的用于指挥、检查、调度、防汛(警)、联络的专用车辆，免税(财税【2001】39 号)；在外留学人员(含中国香港、澳门地区)回国服务的，购买 1 辆个人自用国产小汽车，免税(财税【2001】39 号)；来华定居专家进口的 1 辆自用小汽车免税(财税【2001】39 号)；农用三轮车免税(财税【2004】66 号)。

11.4.5 与车辆有关的税收

随着我国经济和社会发展，车辆的生产和消费规模不断扩大，车辆的税收日益成为我国税收收入的重要来源。而且越来越多的家庭和个人有了自己的小汽车。自然与车辆有关的税收问题不仅仅是政府部门所关心的，也成为家庭和个人在购买和使用车辆时必然要考虑的问题之一。下面我们就对车辆从生产到销售、从购买到使用等各环节的税收问题进行一个简单的梳理。

首先，车辆在生产环节要征收消费税，在生产销售的每个流转环节要征收增值税，同时还要基于上述两税的税额征收城建税及教育费附加。其次，车辆在购置环节要一次性地征收车辆购置税。最后，车辆在使用环节每年都需要征收车船税。

针对车辆涉及税种多，需要各税务征收部门相互协调的现状，目前主要实行的是“一条龙”的管理办法，即以车辆购置税征收为中间控制环节，牢牢抓住先缴车辆购置税才准上牌照的关键，并在车辆购置税征收环节审核车辆购买发票，记录相关信息，并将发票和征税信息向前后环节即增值税、消费税、车船税征管环节传递，使车辆税收征管形成一个有机的整体。

习题

一、判断题

1. 所有拥有城镇房屋产权的单位和个人，都是房产税的纳税人(　　)

2. 承租人使用房产，以支付修理费抵交房产租金的，房产所有人可免纳房产税(　　)

3. 新建房屋交付使用时，如果中央空调设备计算在房产原值之中，则房产原值不应包括中央空调设备，而旧房安装空调设备，应计入房产原值(　　)

4. 听雨茶庄是公园中附设的对外营业性单位，因此不能享受房产税减免照顾(　　)

5. 在基建工地为基建服务的各种材料棚、休息棚、工棚和办公室、食堂、汽车房等临时性房屋，在施工期间和工程结束后，应一律征收房产税(　　)

6. 车船税属于财产税，只要拥有车船的应税单位和个人，应依法缴纳车船税(　　)

7. 在我国缴纳船舶吨税的外籍轮船，不必在我国缴纳车船税；在外国缴纳船舶吨税的我国轮船，仍应在我国缴纳车船税(　　)

8. 纳税人在购买机动交通事故责任强制保险时缴纳车船税的，不需要再向税务机关申报纳税(　　)

9. 车辆购置税是价外征收，转嫁税负(　　)

10. 船舶吨税不同于其他税种的一个重要特点在于它的纳税期限具有可选择性，分为 90 天期缴纳和 30 天期缴纳两种，由纳税人在申请时自行选报(　　)

二、单项选择题

1. 符合房产税纳税人规定的是(　　)

A. 在征税范围内拥有房屋权的国有企业

B. 所有拥有城镇房屋的单位和个人

C. 农村房屋所有者

D. 外国企业

2. 纳税人经营自用的房屋缴纳房产税的计税依据是(　　)

A. 房屋原值　　B. 房屋净值　　C. 市场价格　　D. 计税余值

3. 下列有关房产税纳税人的表述中，不正确的是(　　)

A. 房屋产权出典的承典人纳税

B. 房屋出租的由承租人纳税

C. 产权人不在房屋所在地的，由房屋代管人或使用人纳税

D. 房屋产权未确定的由代管人或使用人纳税

4. 下列有关房产税纳税义务发生时间的表述中，正确的是(　　)

A. 纳税人自建房屋的，自房屋建成之日起开始缴纳房产税

B. 纳税人委托施工企业建设的房屋，自办理验收手续之日起缴纳房产税

C. 纳税人办理验收手续之前已经使用的房屋应缴纳房产税

D. 纳税人将房屋出典的，以签订合同的时间为纳税义务发生时间

5. 某企业 2002 年委托施工企业修建物资仓库，8 月底办理验收手续，工程结算支出 60 万元，并按此成本计入固定资产。已知当地政府规定的扣除比例为 30%，该企业 2002 年应缴纳房产税(　　)

A. 1 400 元　　B. 1 750 元　　C. 2 800 元　　D. 5 040 元

6. 某大型企业，其生产用房原值 6 000 万元，还拥有一个内部职工医院、一个幼儿园、一个超市和一个学校，房产的原值分别为 280 万元、100 万元、100 万元和 120 万元。已知当地政府规定的扣

除比例为20%，该企业应缴纳的房产税为(　　)

A. 57.6万元　　B. 58.58万元　　C. 63.38万元　　D. 82.56万元

7. 下列应缴纳车船税的是(　　)

A. 在国外已缴纳船舶吨税的我国远洋运输船

B. 汽车贸易中心待售汽车

C. 铁路客运的火车

D. 外商投资企业运输汽车

8. 对车船税的表述错误的是(　　)

A. 属于行为类税

B. 按年计算，分期缴纳

C. 适用于我国境内使用车船的所有单位和个人

D. 实行的是从量定额征收

9. 下列车辆中，可以免缴车辆购置税的是(　　)

A. 排气量在1.6升及以下的小排量乘用车

B. 公交汽车

C. 中国人民武装警察部队列入军队武器装备订货计划的车辆

D. 设有固定装置的运输车辆

10. 某公司拥有船舶3艘，净吨位分别为320.4吨、200.5吨、180.7吨；100马力的拖船1艘。该地船舶车船税税额为净吨位每吨年税额5元，该公司应缴纳的车船税为(　　)

A. 3 155元　　B. 3 630元　　C. 3 500元　　D. 3 250元

三、多项选择题

1. 按《房产税暂行条例》的规定，下列各项属于房产税征税对象的有(　　)

A. 工厂围墙　　B. 宾馆的室外游泳池

C. 水塔　　D. 企业职工宿舍

E. 房地产公司出租的写字楼

2. 下列各项，属于房产税免税范围的有(　　)

A. 人民团体自用的房产　　B. 事业单位的业务用房

C. 个人所有的非营业用房　　D. 宗教寺庙出租的住房

E. 企业办的学校自用的房产

3. 下列有关房产税的表述正确的有(　　)

A. 经有关部门鉴定的危房均可免征房产税

B. 融资租赁房屋对出租方以租金收入为计税依据征税

C. 纳税人无租使用免税单位房产暂免征房产税

D. 以房产投资收取固定收入不承担风险的以取得的固定收入为计税依据征税

E. 以房产投资联营并参与利润分红，共同承担风险的以计税余值为计税依据征税

4. 车船税的纳税地点为纳税人所在地。对单位而言，纳税人所在地是指(　　)

A. 经营所在地　　B. 领取车船牌照所在地

C. 机构所在地　　D. 税务登记所在地

5. 关于车辆购置税的计算，下列说法正确的有(　　)

A. 进口自用应税车辆的计税依据中包括消费税

B. 车辆购置税针对国产和进口车辆实行差别税率

C. 汽车销售公司使用本公司发票代收保险费并入计税依据计征车辆购置税

D. 购买者随车辆支付的代收款项，一律计入计税价格

6. 根据《中华人民共和国车辆购置税暂行条例》的规定，下列说法正确的有(　　)

A. 纳税人进口自用的应税车辆，以组成计税价格为计税依据

B. 纳税人购买自用的应税车辆，其计税依据为纳税人支付给销售者的含增值税税款的全部价款和价外费用

C. 进口自用的应税车辆，自进口之日起60天内申报纳税

D. 纳税人购买自用的应税车辆，自购买之日起60天内申报纳税

7. 下列关于车辆购置税的陈述，不正确的是(　　)

A. 征收单位包括国有企业、集体企业、私营企业、股份制企业，也包括外商投资企业、外国企业和党政机关等

B. 纳税人购买自用应税车辆的，应自上牌照之日起60日内申报纳税

C. 车辆购置税以列举的车辆作为征税对象，未列举的车辆不纳税

D. 个人包括个体工商户及其他个人，包括中国公民但不包括外国公民

8. 下列属于车船税法定免税项目的有(　　)

A. 在农业(农业机械)部门登记为拖拉机的车辆

B. 捕捞、养殖渔船

C. 城市、农村公共交通车船

D. 军队、武警专用的车船

9. 下列船舶可以免缴船舶吨税的有(　　)

A. 与中国建立外交关系、享有中国给予的外交豁免权的外国使馆、领事馆使用的船舶

B. 来中国港口避难、修理、停驶或者拆毁、添装船用燃料、物料，并不上下客货的船舶

C. 专为上下客货和存货的泊定趸船、浮桥趸船和浮船

D. 中国中央政府、地方政府征用或者租用的外籍船舶

10. 下列对车船税计税依据的理解，符合规定的有(　　)

A. 乘人汽车，以“辆”为计税依据　　B. 载货汽车，以“自重吨位”为计税依据

C. 机动船，以“艘”为计税依据　　D. 机动船，以“净吨位”为计税依据

四、计算题

1. 某国有企业2004年购入一栋房屋，原值为250万元，2005年1月将此房融资租赁给另一企业，租期3年，年租金50万元(该省规定允许按原值一次扣除20%)。根据资料，分别计算2005年该国有企业和承租企业应缴纳的房产税。

2. 某企业拥有房产三幢，其中一幢用于本企业经营，房产原值160万元；另两幢出租给其他单位经营，取得年租金收入90万元。当地规定允许按减除30%后的房产余值计税。请计算该企业年应纳房产税税额。

3. 某运输公司有货车挂车4辆，净吨位5吨，另有卡车7辆，净吨位2.6吨，仅供内部行使的平板货车3辆，接送职工面包车一辆(18人座)，2月还新添3辆卡车，当月投入使用，每辆净吨位为2吨，当地政府规定载货汽车单位税额为60元/吨，30座以内商用客车单位税额为250元。计算该单位全年应纳车船税为多少。

4. 某企业拥有一幢三层的办公楼，原值6 000万元，1/3以每月15万元的租金额出租给其他单位使用，2008年4月底，原租户的租期到期，该企业将该幢办公楼进行改建，更换楼内电梯，将原值80万元的电梯更换为120万元的新电梯，为该楼安装了300万元的智能化楼宇设施，这些改建工程于7月底完工，该企业所在人民政府规定房产原值减除比例为30%，请计算该企业全年应纳房产税税额。

5. 甲公司购买一辆北京现代小汽车，支付含增值税的价款 175 500 元，另支付订车费用 5 000 元，车辆装饰费 4 000 元，支付销售公司代收保险费等 5 000 元，支付的各项价款均由销售公司开具统一发票。计算甲公司应纳的车辆购置税。

6. 张某 2009 年 3 月购入轿车一辆，一直欠缴车船税。当地轿车车船税年税额 300 元。计算直至 2011 年上交强险时应纳车船税为多少。

主要参考文献

安体富，蒋震 . 2009. 我国资源税改革的时机选择与经济效应预期 . 涉外税务，12：10～14.

丁芸 . 2010. 我国环境税制改革设想 . 税务研究，1：45～47.

高培勇 . 2009. 新一轮税制改革评述：内容、进程与前瞻 . 财贸经济，2：5～12.

高颖，李善同 . 2009. 征收能源消费税对社会经济与能源环境的影响分析 . 中国人口 · 资源与环境，2：30～35.

贾康，程瑜 . 2011. 论“十二五”时期的税制改革——兼谈对结构性减税与结构性增税的认识 . 税务研究，1：3～8.

林伯强，刘希颖，邹楚沅，等 . 2012. 资源税改革：以煤炭为例的资源经济学分析 . 中国社会科学，2：58～78，206.

刘剑文 . 2007. 统一企业所得税法的必要性、改革趋势及其影响 . 法学杂志，2：68～74.

刘颖 . 2012. CPA 考试基础阶段应试指导及全真模拟测试：税法 . 北京：经济科学出版社 .

吕冰洋，郭庆旺 . 2011. 中国税收高速增长的源泉：税收能力和税收努力框架下的解释 . 中国社会科学，2：76～90，221～222.

阮家福 . 2009. 中外土地税收制度的比较与借鉴 . 宏观经济研究，9：75～79.

孙玉栋，马勋 . 2008. 关于我国全面推开增值税转型改革的思考 . 中国人民大学学报，3：61～67.

王韬 . 2009. 企业税收筹划(第二版). 北京：科学出版社 .

王韬，萧艳汾 . 2009. 增值税收入增长与工业经济增长关系浅析 . 税务研究，10：32～35.

吴俊培，李淼焱 . 2011. 国际视角下中国环境税研究 . 涉外税务，8：22～25.

杨斌 . 2007. 关于房地产税费改革方向和地方财政收入模式的论辩 . 税务研究，3：43～48.

杨志勇 . 2012. 如何看待“营改增”带来的机遇 . 注册税务师，6：14～15.

曾纪芬，黎奕，黄朝晓 . 2008. 关于车船税理论与政策的研究报告 . 经济研究参考，35：43～46.

张欣，陈烨 . 2009. 增值税理论探讨：为什么说生产型增值税才是中性的 . 财政研究，4：50～57.

中国注册会计师协会 . 2012. 2012 年度注册会计师全国统一考试辅导教材：税法 . 北京：经济科学出版社 .

朱青 . 2010. 从国际比较视角看我国的分税制改革 . 财贸经济，3：34～38，136～137.

Rosen H，Gayer T. 2010. Public Finance(9th ed.). New York：McGraw Hill.

附　录

主要税法依据

第一章　税收导论

1. 财税【2008】62 号，关于认真落实抗震救灾及灾后重建税收政策问题的通知，2008 年 5 月 19 日

2. 国务院令第 362 号，中华人民共和国税收征收管理法实施细则，2002 年 9 月 7 日

3. 主席令第 49 号，中华人民共和国税收征收管理法，2001 年 4 月 28 日

4. 国发明电【1993】18 号，国务院关于实行财政分税制有关问题的通知，1993 年 11 月 15 日

5. 财政部令第 65 号，关于修改《中华人民共和国增值税暂行条例实施细则》和《中华人民共和国营业税暂行条例施行细则》的决定，2011 年 10 月 28 日

6. 财政部、国家税务总局令第 66 号，中华人民共和国资源税暂行条例实施细则，2011 年 10 月 28 日

第二章　增值税

1. 财税【2011】110 号，财政部、国家税务总局关于印发《营业税改征增值税试点方案》的通知，2011 年 11 月 16 日

2. 财税【2011】111 号，财政部、国家税务总局关于在上海市开展交通运输业和部分现代服务业营业税改征增值税试点的通知，2011 年 11 月 16 日

3. 国家税务总局公告 2011 年第 23 号，国家税务总局关于纳税人销售自产货物并同时提供建筑业劳务有关税收问题的公告，2011 年 3 月 25 日

4. 国家税务总局公告 2011 年第 18 号，国家税务总局关于扩大适用免抵退税管理办法企业范围有关问题的公告，2011 年 3 月 14 日

5. 国税函【2010】139 号，国家税务总局关于明确《增值税一般纳税人资格认定管理办法》若干条款处理意见的通知，2010 年 4 月 7 日

6. 国税函【2010】137 号，国家税务总局关于《增值税一般纳税人资格认定管理办法》政策衔接有关问题的通知，2010 年 4 月 7 日

7. 国税发【2010】40 号，关于印发《增值税一般纳税人纳税辅导期管理办法》的通知，2010 年 4 月 7 日

8. 财税【2009】147 号，财政部、国家税务总局关于继续实行宣传文化增值税和营业税优惠政策的通知，2009 年 12 月 10 日

9. 财税【2009】148 号，财政部、国家税务总局关于以农林剩余物为原料的综合利用产品增值税政

策的通知，2009 年 12 月 7 日

10. 国税函【2009】617 号，国家税务总局关于调整增值税扣税凭证抵扣期限有关问题的通知，2009 年 11 月 9 日

11. 财税【2009】115 号，财政部、海关总署、国家税务总局关于研发机构采购设备税收政策的通知，2009 年 10 月 10 日

12. 财税【2009】90 号，国家税务总局关于增值税简易征收政策有关管理问题的通知，2009 年 2 月 25 日

13. 国税发【2009】10 号，国家税务总局关于修改若干增值税规范性文件引用法规规章条款依据的通知，2009 年 2 月 2 日

14. 财税【2009】9 号，财政部、国家税务总局关于部分货物适用增值税低税率和简易办法征收增值税政策的通知，2009 年 1 月 19 日

15. 财税【2008】170 号，财政部、国家税务总局关于全国实施增值税转型改革若干问题的通知，2008 年 12 月 19 日

16. 财税【2008】157 号，财政部、国家税务总局关于再生资源增值税政策的通知，2008 年 12 月 9 日

17. 财税【2008】156 号，财政部、国家税务总局关于资源综合利用及其他产品增值税政策的通知，2008 年 12 月 9 日

18. 国税函【2001】882 号，国家税务总局关于加油站一律按照增值税一般纳税人征税的通知，2001 年 12 月 3 日

19. 财税【2000】92 号，财政部、国家税务总局关于校办企业免税问题的通知，2000 年 9 月 28 日

20. 财税【2000】25 号，关于鼓励软件产业和集成电路产业发展有关税收政策问题的通知，2000 年 9 月 22 日

21. 国税发【1999】40 号，国家税务总局关于拍卖行取得的拍卖收入征收增值税、营业税有关问题的通知，1999 年 3 月 11 日

第三章　消费税

1. 国务院令第 539 号，中华人民共和国消费税暂行条例，2008 年 11 月 10 日

2. 财政部、国家税务总局第 51 号令，中华人民共和国消费税暂行条例实施细则，2008 年 12 月 15 日

3. 国税函【2009】380 号，国家税务总局关于加强白酒消费税征收管理的通知，2009 年 7 月 17 日

4. 财税【2009】84 号，财政部、国家税务总局关于调整烟产品消费税政策的通知，2009 年 5 月 26 日

5. 财税【2008】167 号，财政部、国家税务总局关于提高成品油消费税税率的通知，2008 年 12 月 19 日

6. 财税【2008】105 号，财政部、国家税务总局关于调整乘用车消费税政策的通知，2008 年 8 月 1 日

7. 财税【2006】33 号，国家税务总局关于调整和完善消费税政策的通知，2006 年 3 月 20 日

8. 财税【2006】20 号，国家税务总局关于明确啤酒包装物押金消费税政策的通知，2006 年 2 月 27 日

9. 财税【2003】86 号，财政部、国家税务总局关于铂金及其制品税收政策的通知，2003 年 4 月

28日

10. 国税发【2002】109号，国家税务总局关于酒类产品消费税政策问题的通知，2002年8月26日

11. 财税【2001】84号，财政部、国家税务总局关于调整酒类产品消费税政策的通知，2001年5月11日

12. 财税【2000】26号，财政部、国家税务总局关于对低污染排放小汽车减征消费税的通知，2000年6月17日

13. 财税字【1995】53号，财政部、国家税务总局关于酒类产品包装物押金征税问题的通知，1995年6月9日

14. 国税发【1995】94号，国家税务总局关于用外购和委托加工收回的应税消费品连续生产应税消费品征收消费税问题的通知，1995年5月16日

15. 财税【1994】95号，财政部、国家税务总局关于调整金银首饰消费税纳税环节有关问题的通知，1994年12月24日

第四章　营业税

1. 国税发【1993】149号，国家税务总局关于印发《营业税税目注释(试行稿)》的通知，1993年12月27日

2. 财税字【1994】2号，财政部、国家税务总局关于对若干项目免征营业税的通知，1994年3月29日

3. 国税发【1994】159号，国家税务总局关于营业税若干征税问题的通知，1994年7月18日

4. 财税字【1997】63号，财政部、国家税务总局关于对社会团体收取的会费收入不征收营业税的通知，1997年5月21日

5. 国税函【2000】514号，国家税务总局关于融资租赁业务征收流转税问题的通知，2000年7月7日

6. 财税【2001】118号，财政部、国家税务总局关于人寿保险业务免征营业税若干问题的通知，2001年8月18日

7. 国税发【2002】9号，国家税务总局关于印发《金融保险业营业税申报管理办法》的通知，2002年1月30日

8. 国税发【2002】25号，国家税务总局关于交通运输企业征收营业税问题的通知，2002年3月12日

9. 财税【2002】191号，财政部、国家税务总局关于股权转让有关营业税问题的通知，2002年12月10日

10. 国税发【2003】3号，国家税务总局关于外商投资企业和外国企业从事金融资产处置业务有关税收问题的通知，2003年1月7日

11. 财税【2003】16号，财政部、国家税务总局关于营业税若干政策问题的通知，2003年1月15日

12. 财税【2004】39号，财政部、国家税务总局关于教育税收政策的通知，2004年2月5日

13. 财税【2004】93号，财政部、国家税务总局关于扶持城镇退役士兵自谋职业有关税收优惠政策的通知，2004年6月9日

14. 国税发【2004】136号，国家税务总局关于商业企业向货物供应方收取的部分费用征收流转税问题的通知，2004年10月13日

15. 财税【2005】18号，财政部、国家税务总局关于加强军队转业干部、城镇退役士兵、随军家属有关营业税优惠政策管理的通知，2005年2月23日

16. 财税【2005】186号，财政部、国家税务总局关于下岗失业人员再就业有关税收政策问题的通知，2006年1月23日

17. 国税函【2006】1310号，国家税务总局关于加强代理报关业务营业税征收管理有关问题的通知，2006年12月31日

18. 国税函【2007】414号，国家税务总局关于中国电信集团公司和中国电信股份有限公司所属子公司业务销售附带赠送行为征收流转税问题的通知，2007年4月6日

19. 财税【2008】24号，财政部、国家税务总局关于廉租住房经济适用住房和住房租赁有关税收政策的通知，2008年3月3日

20. 国税函【2008】254号，国家税务总局关于风景名胜区景点经营收入征收营业税问题的批复，2008年3月21日

21. 国家税务总局令第19号，非居民承包工程作业和提供劳务税收管理暂行办法，2009年1月20日

22. 财税【2009】23号，财政部、国家税务总局关于延长下岗失业人员再就业有关税收政策的通知，2009年3月3日

23. 财税【2009】111号，财政部、国家税务总局关于个人金融商品买卖等营业税若干免税政策的通知，2009年9月27日

24. 国税函【2009】752号，国家税务总局关于教育部考试中心及其直属单位与其他单位合作开展考试有关营业税问题的通知，2009年12月23日

25. 财税【2010】10号，关于延长下岗失业人员再就业有关税收政策审批期限的通知，2010年3月4日

26. 财税【2010】8号，关于国际运输劳务免征营业税的通知，2010年4月23日

27. 国税函【2010】300号，国家税务总局关于国际电信业务营业税问题的通知，2010年6月28日

28. 财税【2010】84号，财政部、国家税务总局关于支持和促进就业有关税收政策的通知，2010年10月22日

29. 财税【2011】12号，财政部、国家税务总局关于调整个人住房转让营业税政策的通知，2011年1月27日

30. 财税【2012】71号，关于在北京等8省市开展交通运输业和部分现代服务业营业税改征增值税试点的通知，2012年7月31日

第五章 关税

1. 主席令第35号，中华人民共和国海关法，2001年1月1日

2. 国务院令第392号，中华人民共和国进出口关税条例，2004年1月1日

3. 海关总署第58号令，中华人民共和国海关入境旅客行李物品和个人邮递物品征收进口税办法，1996年8月10日

4. 国务院令第416号，中华人民共和国进出口货物原产地条例，2005年1月1日

5. 海关总署第148号令，中华人民共和国海关审定进出口货物完税价格办法，2006年3月28日

6. 海关总署第149号令，中华人民共和国海关特别优惠关税待遇进口货物原产地管理办法，2006年5月30日

7. 税委会【2012】22号，国务院关税税则委员会关于2013年关税实施方案的通知，2012年12月10日

8. 国务院令第403号，中华人民共和国保障措施条例，2004年3月31日

9. 海关总署公告2010年第43号，关于调整进出境个人邮递物品管理措施有关事宜，2010年7月2日

第六章 个人所得税

1. 国税发【2004】97号，关于在中国境内无住所的个人执行税收协定和个人所得税法若干问题的通知，2004年7月23日

2. 财税字【1995】98号，关于在华无住所的个人如何计算在华居住满五年问题的通知，1995年9月16日

3. 国税发【1994】148号，关于在中国境内无住所的个人取得工资薪金所得纳税义务问题的通知，1994年6月30日

4. 国税发【1994】89号，征收个人所得税若干问题的规定，1994年3月31日

5. 财税【2005】94号，关于个人所得税有关问题的批复，2005年6月2日

6. 国税发【1995】50号，机动出租车驾驶员个人所得税征收管理暂行办法，1995年3月14日

7. 财税【2004】11号，关于企业以免费旅游方式提供对营销人员个人奖励有关个人所得税政策的通知，2004年1月20日

8. 财税【2003】158号，关于规范个人投资者个人所得税征收管理的通知，2003年7月11日

9. 国税发【1994】179号，关于个人对企事业单位实行承包经营、承租经营取得所得征税问题的通知，1994年8月1日

10. 国税函【2002】146号，关于个人所得税若干业务问题的批复，2002年2月9日

11. 国税函【2000】257号，关于个人取得专利赔偿所得征收个人所得税问题的批复，2000年4月24日

12. 国税函【1997】385号，关于影视演职人员个人所得税问题的批复，1997年6月27日

13. 国税发【2000】60号，关于企业改组改制过程中个人取得的量化资产征收个人所得税问题的通知，2000年3月29日

14. 财税【2008】65号，关于调整个体工商户个人独资企业和合伙企业个人所得税税前扣除标准有关问题的通知，2008年6月3日

15. 国税发【1997】43号，个体工商户个人所得税计税办法(试行)，1997年3月26日

16. 财税【2000】125号，关于调整住房租赁市场税收政策的通知，2000年12月7日

17. 财税【2005】102号，关于股息红利个人所得税有关政策的通知，2005年6月13日

18. 财税【2005】107号，关于股息红利个人所得税有关政策及其补充政策的通知，2005年6月24日

19. 国税函【2005】364号，关于企业为股东个人购买汽车征收个人所得税的批复，2005年4月22日

20. 国税发【2005】9号，关于调整个人取得全年一次性奖金等计算征收个人所得税方法问题的通知，2005年1月21日

21. 财税【2005】35号，财政部、国家税务总局关于个人股票期权所得征收个人所得税问题的通知，2005年3月28日

22. 财税字【1994】20 号，关于个人所得税若干政策问题的通知，1994 年 5 月 13 日

23. 国税发【1999】202 号，国家税务总局关于远洋运输船员工资薪金所得个人所得税费用扣除问题的通知，1999 年 10 月 25 日

第七章　企业所得税

1. 主席令第 63 号，中华人民共和国企业所得税法，2007 年 3 月 16 日

2. 国务院令第 512 号，中华人民共和国企业所得税法实施条例，2007 年 12 月 6 日

3. 国发【2007】39 号，关于实施企业所得税过渡优惠政策的通知，2007 年 12 月 26 日

4. 国发【2007】40 号，关于经济特区和上海浦东新区新设立高新技术企业实行过渡性税收优惠的通知，2007 年 12 月 26 日

5. 财税【2008】1 号，关于企业所得税若干优惠政策的通知，2008 年 2 月 22 日

6. 财税【2008】121 号，关于企业关联方利息支出税前扣除标准有关税收政策问题的通知，2008 年9 月 19 日

7. 财税【2008】160 号，关于公益性捐赠税前扣除有关问题的通知，2008 年 12 月 31 日

8. 国税发【2008】30 号，企业所得税核定征收办法，2008 年 3 月 6 日

9. 国税发【2008】116 号，企业研究开发费用税前扣除管理办法，2008 年 12 月 10 日

10. 国科发火【2008】172 号，高新技术企业认定管理办法，2008 年 4 月 14 日

11. 国税函【2009】3 号，国家税务总局关于企业工资薪金及职工福利费扣除问题的通知，2009 年1 月 4 日

12. 财税【2009】27 号，关于补充养老保险费补充医疗保险费有关企业所得税政策问题的通知，2009 年 6 月 2 日

13. 财税【2009】49 号，关于开采油气资源企业费用和有关固定资产折耗摊销折旧税务处理问题的通知，2009 年 4 月 12 日

14. 财税【2009】69 号，关于执行企业所得税优惠政策若干问题的通知，2009 年 4 月 24 日

15. 财税【2009】70 号，关于安置残疾人员就业有关企业所得税优惠政策问题的通知，2009 年 4 月30 日

16. 财税【2009】72 号，关于部分行业广告费和业务宣传费税前扣除政策的通知，2009 年 7 月31 日

17. 财税【2009】125 号，关于企业境外所得税收抵免有关问题的通知，2009 年 12 月 25 日

18. 财税【2009】133 号，财政部、国家税务总局关于小型微利企业有关企业所得税政策的通知，2009 年 12 月 2 日

19. 国家税务总局 2010 年第 2 号公告，国家税务总局关于“公司＋农户”经营模式企业所得税优惠问题的公告，2010 年 7 月 9 日

20. 财税【2010】65 号，财政部、国家税务总局、商务部、科技部、国家发展改革委关于技术先进型服务企业有关企业所得税政策问题的通知，2010 年 11 月 5 日

21. 财税【2011】58 号，关于深入实施西部大开发战略有关税收政策问题的通知，2011 年 7 月27 日

22. 财税【2011】117 号，关于小型微利企业所得税优惠政策有关问题的通知，2011 年 11 月 29 日

23. 财税【2012】27 号，财政部、国家税务总局关于进一步鼓励软件产业和集成电路产业发展企业所得税政策的通知，2012 年 4 月 20 日

24. 财税【2012】48号，关于广告费和业务宣传费支出税前扣除政策的通知，2012年7月3日

第八章 企业特定事项的所得税处理

1. 国家税务总局2003年第6号令，企业债务重组业务所得税处理办法，2003年1月23日

2. 国税发【2003】第45号，国家税务总局关于执行《企业会计制度》需要明确的有关所得税问题的通知，2003年4月24日

3. 国税函【2005】319号，国家税务总局关于非货币性资产评估增值暂不征收个人所得税的批复，2005年4月13日

4. 主席令第63号，中华人民共和国企业所得税法，2007年3月16日

5. 国税函【2008】112号，国家税务总局关于下发协定股息税率情况一览表的通知，2008年1月29日

6. 国税函【2008】264号，国家税务总局关于做好2007年度企业所得税汇算清缴工作的补充通知，2008年3月24日

7. 国税发【2009】88号，国家税务总局关于印发《企业资产损失税前扣除管理办法的通知》，2009年5月4日

8. 财税【2009】59号，财政部、国家税务总局关于企业重组业务企业所得税处理若干问题的通知，2009年4月30日

9. 财税【2009】60号，财政部、国家税务总局关于企业清算业务企业所得税处理若干问题的通知，2009年4月30日

10. 财税【2009】57号，财政部、国家税务总局关于企业资产损失税前扣除政策的通知，2009年4月16日

11. 国税函【2009】388号，国家税务总局关于印发《中华人民共和国企业清算所得税申报表的通知》，2009年7月17日

12. 国家税务总局2010年第19号公告，国家税务总局关于企业财产转让等企业所得税处理问题的公告，2010年10月27日

第九章 特定目的与行为类税

1. 国发【1985】19号，中华人民共和国城市维护建设税暂行条例，1985年2月8日

2. 财税【1985】55号，财政部关于《中华人民共和国城市维护建设税暂行条例》执行日期等问题的通知，1985年2月15日

3. 财税【1985】69号，财政部关于贯彻执行《中华人民共和国城市维护建设税暂行条例》几个具体问题的规定，1985年3月22日

4. 财税【1985】143号，财政部关于城市维护建设税几个具体业务问题的补充规定，1985年6月4日

5. 国税发【1994】51号，国家税务总局关于城市维护建设税征收问题的通知，1994年3月12日

6. 财税【1996】84号，财政部、国家税务总局关于出口货物征收城市维护建设税、教育费附加有关问题的通知，1996年12月27日

7. 财税【2004】79号，财政部、国家税务总局关于继续免征三峡工程建设基金的城市维护建设税、教育费附加的通知，2004年5月28日

8. 财税【2005】72号，财政部、国家税务总局关于增值税、营业税、消费税实行先征后返等办法有关城建税和教育费附加政策的通知，2005年5月25日

9. 国发【1986】50号，征收教育费附加的暂行规定，1986年4月28日

10. 国务院令第448号，国务院关于修改《征收教育费附加的暂行规定》的决定，2005年8月20日

11. 国务院令第11号，中华人民共和国印花税暂行条例，1988年8月6日

12. 财税【1988】255号，中华人民共和国印花税暂行条例施行细则，1988年9月29日

13. 国税地【1988】13号，国家税务局关于对印花税暂行条例施行前书立、领受的凭证贴花问题的规定，1988年1月1日

14. 国税地【1988】25号，国家税务局关于印花税若干具体问题的规定，1988年12月12日

15. 国税函发【1990】433号，国家税务局关于汇总缴纳印花税税额计算问题的通知，1990年4月25日

16. 国税发【1991】155号，国家税务局关于印花税若干具体问题的解释和规定的通知，1991年9月18日

17. 国税发【1994】25号，国家税务总局关于资金账簿印花税问题的通知，1994年2月5日

18. 国税发【1994】95号，国家税务总局关于外商投资企业和外国企业征收印花税有关问题的通知，1994年4月7日

19. 财税【1994】65号，财政部、国家税务总局关于印花税违章处罚问题的通知，1994年10月10日

20. 国发明电【1998】5号，国务院关于调整证券(股票)交易印花税税率的通知，1998年6月11号

21. 国税发【2004】15号，国家税务总局关于印花税违章处罚有关问题的通知，2004年1月29日

22. 国税函【2004】150号，国家税务总局关于进一步加强印花税征收管理有关问题的通知，2004年1月30日

23. 财税【2004】170号，财政部、国家税务总局关于改变印花税按期汇总缴纳管理办法的通知，2004年11月5日

24. 财税【2005】11号，财政部、国家税务总局关于调整证券(股票)交易印花税税率的通知，2005年1月24日

25. 财税【2004】173号，财政部、国家税务总局关于对买卖封闭式证券投资基金继续予以免征印花税的通知，2004年11月5日

26. 财税【2003】183号，财政部、国家税务总局关于企业改制过程中有关印花税政策的通知，2003年12月8日

27. 财税【2006】104号，财政部、国家税务总局关于证券投资者保护基金有关印花税政策的通知，2006年7月27日

28. 国税函【2009】9号，国家税务总局关于企业集团内部使用的有关凭证征收印花税问题的通知，2009年1月5日

29. 国务院令第224号，中华人民共和国契税暂行条例，1997年7月7日

30. 财法【1997】52号，中华人民共和国契税暂行条例细则，1997年10月28日

31. 国税发【1997】176号，国家税务总局关于契税征收管理若干具体事项的通知，1997年11月25日

32. 国税发【1998】31号，国家税务总局、国家土地管理局关于契税征收管理有关问题的通知，1998年3月9日

33. 财税【1998】96号，财政部、国家税务总局关于契税征收中几个问题的批复，1998年5月

29 日

34. 财税【2004】134 号，财政部、国家税务总局关于国有土地使用权出让等有关契税问题的通知，2004 年 8 月 3 日

35. 财税【2008】175 号，财政部、国家税务总局关于企业改制重组若干契税政策的通知，2008 年 12 月 29 日

36. 财税【2003】141 号，财政部、国家税务总局关于被撤销金融机构有关税收政策问题的通知，2003 年 7 月 3 日

37. 财税【2005】103 号，财政部、国家税务总局关于股权分置试点改革有关税收政策问题的通知，2005 年 6 月 13 日

38. 财税【2008】137 号，关于调整房地产交易环节税收政策的通知，2008 年 10 月 22 日

39. 财税【2005】45 号，财政部、国家税务总局关于城镇房屋拆迁有关税收政策的通知，2005 年 3 月22 日

40. 国发【2010】35 号，国务院关于统一内外资企业和个人城市维护建设税和教育费附加制度的通知，2010 年 10 月 18 日

第十章　资源税

1. 国务院令第 139 号，中华人民共和国资源税暂行条例，1993 年 12 月 25 日

2. 财法字【1993】43 号，中华人民共和国资源税暂行条例实施细则，1993 年 12 月 30 日

3. 国税发【1994】15 号，国家税务总局关于印发《资源税若干问题的规定》的通知，1994 年 1 月 18 日

4. 国税发【1998】49 号，国家税务总局关于印发《中华人民共和国资源税代扣代缴管理办法》的通知，1998 年 4 月 15 日

5. 国税函【2002】1037 号，国家税务总局关于明确资源税扣缴义务人代扣代缴义务发生时间的批复，2002 年 12 月 10 日

6. 国务院令第 605 号，中华人民共和国资源税暂行条例，2011 年 9 月 30 日

7. 财政部、国家税务总局令第 66 号，中华人民共和国资源税暂行条例实施细则，2011 年 10 月 28 日

8. 财法字【1995】6 号，中华人民共和国土地增值税暂行条例实施细则，1995 年 1 月 27 日

9. 财税字【1995】48 号，财政部、国家税务总局关于土地增值税一些具体问题规定的通知，1995 年5 月 25 日

10. 国税函【2007】645 号，国家税务总局关于未处理土地使用权证转让土地有关税收问题的批复，2007 年 6 月 14 日

11. 财税字【1995】61 号，财政部、国家税务总局、国家国有资产管理局关于转让国有房地产征收土地增值税中有关房地产价格评估问题的通知，1995 年 6 月 23 日

12. 国税发【1996】4 号，国家税务总局、国家土地管理局关于土地增值税若干征管问题的通知，1996 年 1 月 10 日

13. 国税发【1996】48 号，国家税务总局、建设部关于土地增值税征收管理有关问题的通知，1996 年4 月 5 日

14. 国税函【2002】615 号，国家税务总局关于做好土地增值税征收管理有关问题的通知，2002 年 7 月 10 日

15. 国税发【2006】187 号，国家税务总局关于房地产开发企业土地增值税清算管理有关问题的通知，2006 年 12 月 28 日

16. 国税发【2009】91 号，国家税务总局关于印发《土地增值税清算管理规程》的通知，2009 年 5 月 12 日

17. 国税函【2010】201 号，关于房地产开发企业开发产品完工条件确认问题的通知，2010 年 5 月 12 日

18. 国税函【2010】220 号，国家税务总局关于土地增值税清算有关问题的通知，2010 年 5 月 19 日

19. 国税发【2010】53 号，国家税务总局关于加强土地增值税征管工作的通知，2010 年 6 月 3 日

20. 国务院令第 483 号，中华人民共和国城镇土地使用税暂行条例，2006 年 12 月 31 日

21. 财税【2006】186 号，财政部、国家税务总局关于房产税、城镇土地使用税有关政策的通知，2006 年 12 月 25 日

22. 财税【2008】152 号，财政部、国家税务总局关于房产税城镇土地使用税有关问题的通知，2008 年 12 月 18 日

23. 国务院令第 511 号，中华人民共和国耕地占用税暂行条例，2007 年 12 月 1 日

24. 财政部、国家税务总局令第 49 号，中华人民共和国耕地占用税暂行条例实施细则，2008 年 2 月26 日

25. 财税【2010】42 号，财政部、国家税务总局关于城市和国有工矿棚户区改造项目有关税收优惠政策的通知，2010 年 5 月 4 日

26. 财税【2010】88 号，财政部、国家税务总局关于支持公共租赁住房建设和运营有关税收优惠政策的通知，2010 年 9 月 27 日

第十一章 财产类税

1. 国发【1986】90 号，中华人民共和国房产税暂行条例，1986 年 9 月 15 日

2. 财税【2000】42 号，财政部、国家税务总局关于医疗卫生机构有关税收政策的通知，2000 年 7 月10 日

3. 国税函【2001】770 号，国家税务总局关于中国人民银行总行所属分支机构免征房产税城镇土地使用税的通知，2001 年 10 月 22 日

4. 国税发【2003】89 号，国家税务总局关于房产税城镇土地使用税有关政策规定的通知，2003 年 7 月 15 日

5. 财税【2004】123 号，财政部、国家税务总局关于暂免征收军队空余房产租赁收入营业税房产税的通知，2004 年 7 月 21 日

6. 财税【2008】123 号，关于加油站罩棚房产税问题的通知，2008 年 9 月 19 日

7. 财税【2009】34 号，财政部、国家税务总局关于文化体制改革中经营性文化事业单位转制为企业的若干税收优惠政策的通知，2009 年 3 月 26 日

8. 财税【2009】155 号，财政部、国家税务总局关于经营高校学生公寓和食堂有关税收政策的通知，2009 年 12 月 24 日

9. 财税【2009】11 号，财政部、国家税务总局关于继续执行供热企业增值税 房产税 城镇土地使用税优惠政策的通知，2009 年 2 月 10 日

10. 财税【2009】3 号，关于对外资企业及外籍个人征收房产税有关问题的通知，2009 年 1 月 12 日

11. 财税【2007】120 号，财政部、国家税务总局关于国家大学科技园有关税收政策问题的通知，

2007年8月20日

12. 财税【2001】5号，财政部、国家税务总局关于非营利性科研机构税收政策的通知，2001年2月9日

13. 财税【2000】97号，财政部、国家税务总局关于对老年服务机构有关税收政策问题的通知，2000年11月24日

14. 国务院令第482号，中华人民共和国车船税暂行条例，2006年12月29日

15. 主席令第43号，中华人民共和国车船税法，2011年2月25日

16. 国税发【2007】98号，国家税务总局、中国保险监督管理委员会关于保险机构代收代缴车船税有关问题的通知，2007年8月14日

17. 国税发【2008】48号，国家税务总局关于车船税征管若干问题的通知，2008年5月8日

18. 国税发【2005】79号，国家税务总局关于加强机动车辆税收管理有关问题的通知，2005年5月11日

19. 国务院令第610号，中华人民共和国海关船舶吨税暂行办法，2011年12月5日

20. 国务院令第294号，中华人民共和国车辆购置税暂行条例，2000年10月21日

21. 国税发【2000】211号，国家税务总局、交通部关于做好代征车辆购置税工作有关问题的通知，2000年12月20日

22. 财综【2000】10号，财政部、国家计委、交通部、国家税务总局关于开征车辆购置税取代车辆购置附加费等有关问题的通知，2000年1月14日

23. 国税发【2002】118号，国家税务总局关于车辆购置税有关问题的通知，2002年9月11日

24. 国税发【2004】48号，国家税务总局关于核定部分车辆最低计税价格有关问题的补充通知，2004年4月13日

25. 国税发【2004】160号，国家税务总局关于车辆购置税税收政策及征收管理有关问题的通知，2004年12月17日

26. 国税发【2005】47号，国家税务总局关于车辆购置税税收政策及征收管理有关问题的补充通知，2005年3月29日

27. 国税函【2005】731号，国家税务总局关于加强机动车辆税收管理有关问题的补充通知，2005年7月20日

28. 财税【2001】39号，财政部、国家税务总局关于防汛专用等车辆免征车辆购置税的通知，2001年3月16日

29. 财税【2004】66号，财政部、国家税务总局关于农用三轮车免征车辆购置税的通知，2004年9月7日

30. 财税【2009】12号，财政部、国家税务总局关于减征1.6升及以下排量乘用车车辆购置税的通知，2009年1月16日

31. 财税【2009】154号，财政部、国家税务总局关于减征1.6升及以下排量乘用车车辆购置税的通知，2009年12月22日

32. 国务院令第116号，中华人民共和国车船税法实施条例，2011年11月23日